Ontdek
Auvergne

Inhoud

Auvergne – veelgestelde vragen	7
Favorieten	12
In vogelvlucht	14

Reisinformatie, adressen, websites

Informatie	18
Weer en reisseizoen	20
Heenreis en rondreizen	21
Overnachten	25
Eten en drinken	27
Actieve vakantie en sport	31
Feesten en evenementen	35
Praktische informatie van A tot Z	37

Kennismaking – Feiten en cijfers, achtergronden

Auvergne in het kort	42
Geschiedenis	44
Ongerepte natuur – de nationale parken van Auvergne	50
Op de vulkaan	55
Het rode salersrund	58
Gezichten van Auvergne	60
Vercingetorix en de Arverni	64
Architectuur om God te eren	66
De zwarte madonna's van het Massif central	70
Burchten en kastelen	72
De kazen van Auvergne	74
De baas, het bedrijf, de stad – Clermont-Ferrand en Michelin	76
In de maquis – de Résistance in Auvergne	78
Met de ezel door de Cevennen	80

Onderweg in Auvergne

Bourbonnais — 84
Tussen de Allier en de Sioule — 86
Moulins — 86
Souvigny — 90
Montluçon — 92
St-Pourçain — 95
Het Siouledal — 97
Vichy — 105
Montagne Bourbonnaise — 111

Vulkanisch Auvergne — 112
Tussen Limagne en Puys — 114
Riom — 114
Volvic — 121
De 'moerassen' van de Limagne — 124
Clermont-Ferrand — 125
St-Saturnin — 133
De Comté d'Auvergne — 134
Issoire — 136
Gorges d'Alagnon en Blesle — 141
Brioude — 141
Lavaudieu — 145
Parc des Volcans – Monts Dômes en Monts Dore — 150
Puy de Dôme — 150
Vulcania, Orcival — 151
St-Nectaire — 157
Murol en Lac Chambon — 160
Besse-et-St-Anastaise — 161
Monts Dore en Puy de Sancy — 164
In het Dordognedal, La Tour d'Auvergne — 167

Tussen Allier en Loire — 170
Livradoisbergen en de Velay — 172
Thiers — 172
Het dal van de Dore — 175
Ambert — 178
Arlanc — 180
La Chaise-Dieu — 181
Gorges de l'Allier — 186
Le Puy-en-Velay — 192
Naar de bron van de Loire — 201
Montagne de la Margeride — 204

Inhoud

De Cantal	206
Het hoogland van Auvergne	208
St-Flour	209
Chaudes-Aigues	216
Massiac, Murat	217
De Cézallier	218
Mauriac, Monts du Cantal	220
Salers	226
Vallée de la Cère	229
Aurillac	230
Montsalvy	237
Tussen Lot en Tarn	238
Van de Aubrac naar de Cevennen	240
De Aubrac	241
Mende	246
Pays d'Olt – in het dal van de Lot	251
Conques	257
De Cevennen	258
Florac	259
Gorges du Tarn	266
Sévérac-le-Château	273
Millau	274
Rond de Causse Noir	278

Op ontdekkingsreis

Muziek uit de middeleeuwen – Maison du Luthier in Jenzat	102
De wijnen van Auvergne	118
De bedevaartskerk St-Julien in Brioude	146
De keten van vulkanen	152
De messen van Thiers	176
Dodendans in La Chaise-Dieu	182
De pelgrimsroute van Le Puy-en-Velay	202
Leven in de Hautes Terres	212
Capitaine Merle en de kathedraal van Mende	248
De Corniche des Cévennes en de oorlog van de camisards	262

Inhoud

Kaarten en plattegronden

Stadsplattegronden

Moulins	89
Montluçon	92
Vichy	107
Riom	116
Clermont-Ferrand	126
Issoire	138
Brioude	144
Le Puy-en-Velay	194
St-Flour	210
Aurillac	233
Mende	247
Millau	277

Routekaarten en detailkaarten

St-Pourçain, fietstocht over de Route des Vins	96
Jenzat en omgeving	103
Wijngebieden in Auvergne	119
Bedevaartskerk St-Julien in Brioude	147
Keten van vulkanen, wandeling	154
Wandeling naar de Roche Tuilière	156
Val de Courre, wandeling	166
Messenwijk in Thiers	177
Abdij La Chaise-Dieu	183
Kanotocht op de Allier	189
Pelgrimsroute van Le Puy-en-Velay	203
St-Flour en de dalen van de Cantal	213
Wandeling naar de burons op de Puy Violent	228
Wandeling over de Route des Crêtes	235
Kathedraal van Mende	249
Corniche des Cévennes	263
Wandelingen in Montpellier-le-Vieux	279

▶ Dit symbool verwijst naar de uitneembare kaart

Weidse landschappen met kleine plaatsjes, hier Égliseneuve in de Livradois

Auvergne – veelgestelde vragen

Leer Auvergne kennen

Het Massif central is een van de mooiste landschappen van Europa en valt op door zijn schone bergbeken, vulkaanmeren en middeleeuwse stadjes en burchten. Als u zich concentreert op het **Parc régional des Volcans d'Auvergne**, ten zuidwesten van Clermont-Ferrand, krijgt u een goed overzicht van de regio. Liefhebbers van een actieve vakantie kunnen hier wandelen, voor wie geïnteresseerd is in cultuurhistorie staan hier de belangrijkste kerken uit de romaanse tijd en trotse burchten en kastelen. Massatoerisme is overal ver te zoeken, de meeste plaatsen hebben hun landelijke charme nog uitstekend weten te bewaren.

Hoe reist u door Auvergne?

Afgezien van de grote steden en de warmwaterkuuroorden zijn de toeristisch interessante plaatsen nauwelijks of zeer slecht met het openbaar vervoer te bereiken. De meeste bezoekers reizen dan ook met de auto of met een camper – voor deze laatste zijn overal speciale parkeerplaatsen aangegeven. Maar ook voor een tocht op de motorfiets zijn de landelijke, bochtige landwegen heel geschikt. Vooral in de zomer zijn er veel motorrijders op pad. Georganiseerde reizen naar Auvergne worden vooral als kunst- of wandelvakanties aangeboden, maar ook hier is het aanbod niet erg groot.

Wat zijn de belangrijkste bezienswaardigheden?

In het noorden zijn de historische stadjes **Moulins** – met een uitstapje naar de abdij Souvigny – en het mondainere **Vichy**, dat als kuuroord grootse tijden heeft meegemaakt, de moeite waard. Voorbeelden van de speciale vorm van de romaanse kerkarchitectuur zijn in grote aantallen te vinden in vulka-

Kanovaarders op de Tarn

Auvergne – veelgestelde vragen

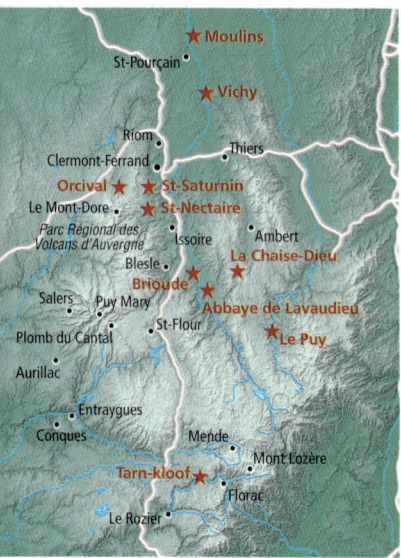

De belangrijkste reisdoelen

nisch Auvergne: in **St-Saturnin**, **Orcival** en **St-Nectaire** vindt u de mooiste romaanse kerken van Auvergne. Iets meer naar het zuiden ligt in de omgeving van **Brioude**, de toegang tot de spectaculaire Allierkloof, de **Abbaye de Lavaudieu**, het fraaiste klooster van de streek. **La Chaise-Dieu** en het middeleeuwse pelgrimsoord **Le Puy** zijn eveneens vanwege hun belangrijke kerk- en kloostergebouwen bekend. De grootste attractie, helemaal in het zuiden van de Auvergne, is de enkele honderden meters diepe **Tarnkloof**.

Welke plaatsen zijn romantisch?

Enkele dorpen behoren met trots tot 'Les plus beaux villages de France.' De website www.les-plus-beaux-villages-de-france.org geeft een opsomming, met plattegronden en de respectievelijke voordelen, of het nu de ligging, de bijzondere gebouwen, de plaatselijke gastronomie of de regionale wijnbouw betreft. Mijn persoonlijke favorieten zijn het nog niet zo bekende **Blesle** en **St-Saturnin**. Een grotere keus aan goede hotels vindt u in **Salers**, **Ste-Énimie** en het romantische **Besse-et-Saint-Anastaise**.

Goede standplaats voor het verkennen van bezienswaardigheden?

Issoire, **Brioude** en **Besse-et-St-Anastaise** zijn centraal gelegen standplaatsen, vanwaar u alle belangrijke kerken, veel interessante kastelen, burchten en middeleeuwse stadjes in minder dan een uur autorijden kunt bereiken. Alle drie de plaatsen bieden goede en betaalbare hotels, plezierige campings en een grote keus aan restaurants.

Is een uitstapje naar Clermont-Ferrand de moeite waard?

Zeker. Clermont-Ferrand is het stedelijk centrum van de regio en bezit twee universiteiten. De studenten zorgen voor een constant aanbod van cultuur en er zijn veel leuke gelegenheden waar u overdag en 's avonds wat kunt eten en drinken. De oude stad kent onmiskenbaar mooie gedeelten, in veel straten lijkt de tijd eeuwenlang te hebben stilgestaan.

Tips voor een rondreis door Haute-Auvergne?

Deze tocht ontsluit het **gebergte van Haute-Auvergne**. U rijdt vanuit Clermont-Ferrand over het Plateau de Gergovie, het Gergovia uit de oudheid, naar St-Saturnin, de eerste romaanse moederkerk op deze route. Een omweg naar het kasteel La Batisse is de moeite waard. De volgende stop is het Lac d'Aydat, een meer in een gedoofde vulkaankrater; in het Maison du Parc Montlosier aan de voet van de vulkaan-

Auvergne – veelgestelde vragen

kegel Puy de la Vache kunt u meer te weten komen over het vulkaanlandschap.

Via Château de Cordès gaat het naar Orcival, nog een romaanse moederkerk in Auvergne. Een pauze bij de Col de Guéry met zijn twee vulkanische kammen nodigt uit tot een wandeling. In Le Mont Dore gaat een kabelbaan naar een van de hoogste toppen, de Puy de Sancy, waarna u via de Col de la Croix-Morand naar het mooie Lac Chambon en naar Murol met zijn romaanse burcht rijdt.

Na een omweg naar de romaanse kerk St-Nectaire gaat het naar Besse-et-St-Anastaise, een grijze basaltstad met een middeleeuws karakter. Vandaar kunt u via het Lac Pavin het Cézallierplateau op rijden voor een kortere weg naar Riom-ès-Montagne, maar de route door het Allierdal is wel de moeite waard vanwege de twee romaanse kerken in Issoire en Brioude. Bij Massiac beginnen de bergen van de Cantal, waar u echter eerst omheen rijdt om Allanche en Riom-ès-Montagne te bezoeken, twee veefokkersdorpen als uit een prentenboek.

Op de heenrit door de Vallée de Cheylade ziet u het Massif cantalien van

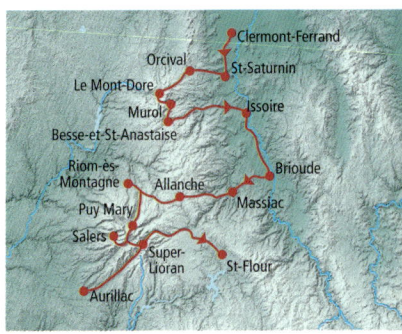

Door Haute-Auvergne

zijn spectaculairste kant: het dal wordt steeds smaller en vervolgens voert een avontuurlijke kronkelweg omhoog de Pas de Peyrol op. Van de top van de Puy Mary rijdt u omlaag naar Mandailles-St-Julien, vervolgens via de D 317 het Cèredal in, en rijdt dan weer omhoog naar Super-Lioran, waar u met de kabelbaan de tweede grote top, de Plomb du Cantal, kunt bereiken. Als er nog tijd over is, maakt u nog een omweg naar Salers, Château d'Anjony en Aurillac, zo niet dan rijdt u naar St-Flour, met zijn

Bloemen sieren de straten in het dorp Éstaing aan de Lot

Wandelaars in het dal van de Fontaine Salée in de Monts Dore

Musée de la Haute-Auvergne, waar de snelweg naar het noorden begint.

Waar zijn oude handwerktechnieken te zien?

Auvergne is binnen Frankrijk een be-

Wandelen, kanoën, zwemmen

waarplaats van oude, traditionele cultuurtechnieken, zoals kaasmakerijen, wijnkelders en oude handwerktechnieken. Musea, kaasmakers, wijnkelders en veel ambachtslieden hebben zich regionaal of departementaal verenigd en maken reclame voor zichzelf onder de naam 'Route de ....'. Bij de toeristenbureaus kunt u brochures krijgen met kaarten en een korte beschrijving van de plaatsen. Een aanbeveling is 'Route des fromages d'Auvergne' (www.fromages-aop-auvergne.com), die langs de plaatsen voert waar de bekendste kaassoorten van de regio worden gemaakt. De kazen van Auvergne zijn in heel Frankrijk beroemd.

Waar kunt u het beste wandelen?

Wandelen kunt u overal in Auvergne. De vulkaanketen van de Monts Dômes bij Clermont-Ferrand is heel spectaculair (karakter van een middelgebergte, zie Op ontdekkingsreis blz. 152), evenals het Massif du Sancy bij Le Mont Dore (alpien) en de dalen rond de Plomb du Cantal (hoogalpien). Wie het liever wat vlakker heeft, wandelt tussen de wijnstokken ten zuiden of ten noorden van Clermont-Ferrand (zie Op ontdekkingsreis blz. 118) of in de Livradois. De wandeling over het jakobspad van Le Puy naar Conques (zie Op ontdekkingsreis blz. 202) is behoorlijk zwaar.

En kanoën?

Door de grotendeels ongerepte bergrivieren is het Massif central favoriet bij kano- en kajakliefhebbers. In het noorden is de gemoedelijke Sioule, met standplaats Ébreuil, heel geschikt voor beginners. De bovenloop van de Allier bij Langeac en de Lot bij Entraygues zijn al wat uitdagender. De populairste bestemming is echter de smalle, spectaculair steile Tarnkloof, helemaal in het zuiden. In de zomer, als het water het laagst staat, is het er tamelijk druk, in het voorjaar biedt deze kloof zeker een uitdaging. Als standplaats is Le Rozier-Peyreleau aan te bevelen, dat ook meteen een goed uitgangspunt voor uitstapjes is.

Waar kunt u zwemmen?

De rivieren en meren in het Massif central behoren tot de schoonste van Europa; in de **Allier** paaien zelfs weer zalmen, die onder strenge bescherming staan. Ook de **Sioule** bij Ébreuil, de **Lot** ten westen van Mende en de **Tarn** zijn geschikt om te zwemmen. Naar meren als het **Lac d'Aydat**, **Lac Chambon** en het **Lac Pavin** trekken in warme weekends in juli en augustus ook veel stedelingen uit het agglomeraat Clermont-Ferrand. Denk altijd aan een goede zonnebrandcrème (vooral bij de hooggelegen meren) en aan zwemschoenen om de voeten te beschermen op kiezelige rivieroevers.

Waar vermaken kinderen zich het best?

Wie met kinderen reist, kan het beste naar een goed uitgeruste camping gaan. De kampeerterreinen bij Vichy, aan het Lac Chambon, bij Langeac, in Issoire, aan de Tarn en bij Millau bieden voldoende vermaak (met speeltuinen, zwembaden en strandjes). Daar komen nog de vele leuke bestemmingen in de omgeving bij, op de eerste plaats de vele kasteelruïnes, waar in de zomer van alles rond het thema middeleeuwen wordt georganiseerd, zoals boogschieten, ruiterspelen, enzovoort.

Waar zijn de beste festivals?

Voor het grootste middeleeuwenfestival van Frankrijk, in september, dost heel Clermont-Ferrand zich uit in renaissancekleding. Het festival van het straattheater in Aurillac of de Contreplongées de l'été in Clermont-Ferrand, allebei in augustus, bieden moderne jeugdcultuur – het is moeilijk om tussen beide te kiezen: de grote stad biedt meer variatie, maar in Aurillac gaat het er ontspannener aan toe. In St-Flour is de sfeer bij het grote Festa del Pais begin augustus bijzonder traditioneel.

Middeleeuws feest in Le Puy-en-Velay

Charroux bij Gannat, een klein dorp als uit de middeleeuwen. Zie blz. 98.

De markt in Brioude is een ontmoetingsplaats van echte Auvergnaten. Zie blz. 143.

Favorieten

De reisgidsen van de ANWB worden geschreven door mensen die hun boek voortdurend up-to-date houden en daarom steeds weer dezelfde plaatsen bezoeken. Uiteindelijk ontdekt elke schrijver dan toch welke plaatsen hij persoonlijk tot zijn favorieten rekent.

Een dorp dat ver van de toeristische gebaande paden ligt, een heel bijzonder strandje, pleinen die uitnodigen tot ontspanning, oorspronkelijke natuur, gewoon plaatsen waar men zich prettig voelt en steeds weer wil terugkeren.

Besse-et-St-Anastaise is het mooiste plaatsje van Auvergne. Zie blz. 162.

Het stadje Chanteuges 'kleeft' tegen de steile helling van de Allierkloof. Zie blz. 190.

Café Tam-Tam in Le Puy-en-Velay, een trendy trefpunt met uitzicht. Zie blz. 198.

Op de Puy Mary ligt de bergwereld van de Cantal aan uw voeten. Zie blz. 223.

Restaurant Source du Pêcher in Florac, dorpsidylle aan de bronvijver. Zie blz. 260.

Kanoën op de Tarn door de spectaculairste kloof van Europa. Zie blz. 268.

In vogelvlucht

Bourbonnais
Het stamland van de Bourbonkoningen van Frankrijk, het huidige departement Allier, is een zacht glooiend heuvellandschap, dat zich met vele kastelen en burchtruïnes uitstrekt tussen de rivieren de Allier en de Sioule. Moulins en Montluçon zijn traditionele plaatsen met een mooie oude stadskern, Vichy teert op zijn oude roem als kuuroord, maar heeft ook veel sportmogelijkheden voor de jonge garde. Van het wijngebied bij St-Pourçains kunt u de Sioule volgen door een nauwe kloof tot in de vulkaanbergen. Zie blz. 84.

Vulkanisch Auvergne
Ten westen van Clermont-Ferrand, de hoofdstad van Auvergne, liggen vulkanische bergen. De Monts Dômes bestaan uit groene kegels; de Monts Dore worden gekenmerkt door geërodeerde trogdalen en basaltruggen. De Allier stroomt door de vruchtbare dalvlakte, de Limagne, naar het zuiden. Burchten en traditierijke stadjes rijgen zich aaneen als parels aan een ketting. Het kernland van Auvergne, het westen van het departement Puy-de-Dôme, heeft ook de beroemdste romaanse kerken van de regio. Zie blz. 112.

Cantal
In het departement Cantal vormen de hoogste gevels van het Massif central de kroon van Auvergne. Het leven op de Hautes Terres is altijd bijzonder hard geweest; tegenwoordig gelden de eenzame bergdalen rond de toppen van de Plomb du Cantal en de Puy Mary als de mooiste landschappen van het Massif central. Rond het Massif du Cantal zijn stadjes en dorpen als Salers, Aurillac en St-Flour geheel opgebouwd uit het grijze vulkanische basalt waarop ze staan. Zie blz. 206.

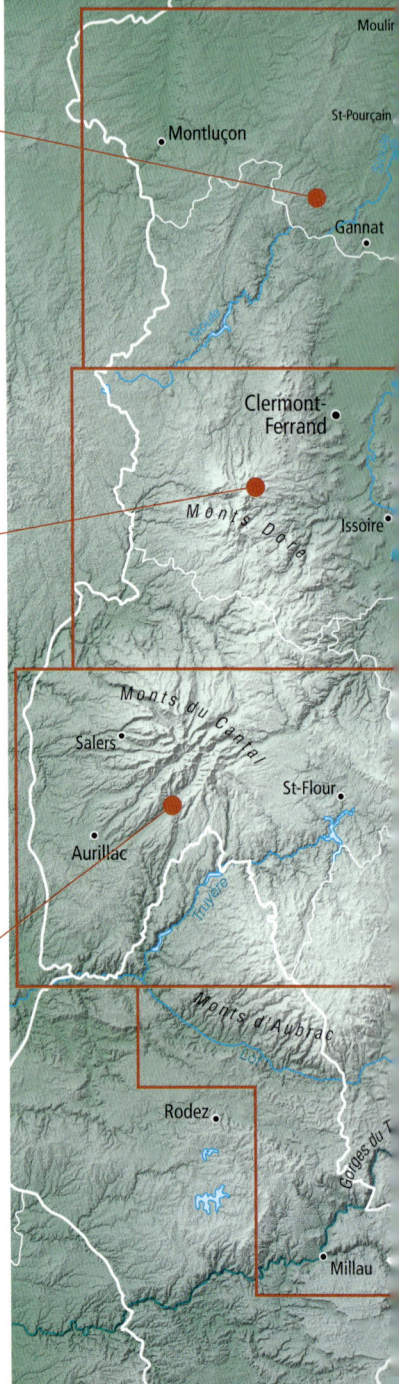

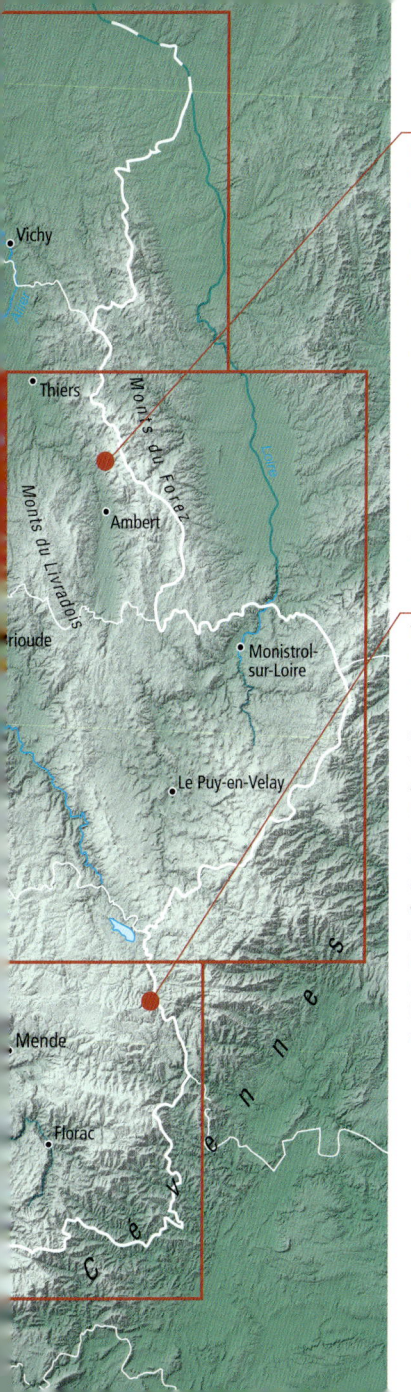

Tussen Allier en Loire

Ten oosten van Clermont-Ferrand, eerst nog in het departement Puy-de-Dôme, gaat het van de 'messenstad' Thiers langs het riviertje de Dore naar het zuiden. In het westen rijzen de Livradoisbergen op, tegenover die van de Forez. De abdijkerk La Chaise-Dieu en het pelgrimsstadje Le Puy-en-Velay zijn meer naar het zuiden de belangrijkste stops. De Velay, tegenwoordig het departement Haute-Loire, behoort tot de mooiste streken van het Massif central; de landschappen doen aan die van Toscane denken, de plaatsen aan Zuid-Frankrijk. In Le Puy begint ook de pelgrimsweg van Auvergne, die via de Allierkloof de Margeridehoogvlakte op gaat. Zie blz. 170.

Tussen Lot en Tarn

De zuidrand van het Massif central valt niet meer onder de bestuursregio Auvergne, maar voor een deel onder Languedoc-Roussillon (departement Lozère) en voor een deel onder Midi-Pyrénées (departement Aveyron). De hoogvlakte van de Aubrac in het noorden is spreekwoordelijk schraal, maar het verder zeer fraaie dal van de Lot is regenrijk. Dan volgen de Cevennenbossen en de Causses, de verkarste kalkplateaus, waartussen de riviertjes de Tarn, de Jonte en de Dourbie honderden meters diepe kloven hebben uitgesleten. Met het stadje Millau, beroemd om zijn leerbewerking, begint dan eindelijk de Midi, het mediterrane zuiden van Frankrijk. Zie blz. 238.

Reisinformatie, adressen, websites

Wandelaar bij het Lac de Guéry in de Monts Dore

Informatie

Internet

Veel aanbieders in Auvergne hebben ook een Engelstalige website. Als u de zoekterm intypt in zoekmachines, kunnen streepjes en accenten worden weggelaten. Om het aantal treffers te vergroten kunt u de zoekmachine www.yahoo.fr proberen of Google instellen op zoeken naar Franse websites.

www.auvergne-toerisme.nl
Info over activiteiten, evenementen en onderdak, per regio, toegankelijk via een kaart (Ned.), Franse versie: www.auvergne-tourisme.info.

www.rendezvousenfrance.com
Website van het Franse verkeersbureau (Ned.)

www.auvergne-centrefrance.com
Uitgebreide informatie over de departementen van Auvergne (Fr.).

www.campingfrance.com
Campings, per regio.

www.causses-cevennes.com
Info over het zuiden van het Massif central (Fr., Eng., Ned.).

www.parcs-naturels-regionaux.tm.fr
De natuurparken in het Massif Central (Fr.).

www.chamina.com
Organiseert wandelingen in het Massif central (Fr.). Ook kunt u via deze website een gids huren (Paypal).

www.cyberbougnat.net
Evenementen, fora, links (onder Guide Web), uitgebreide info over Clermont-Ferrand.

Franse verkeersbureaus

... in Nederland
Atout France –
Frans Bureau voor Toerisme
Postbus 15984
1001 NL Amsterdam
info.nl@atout-france.fr
www.nl-franceguide.com

... in België
Atout France –
Frans Bureau voor Toerisme
Louizalaan 222
B-1050 Brussel
tel. 02 505 38 28
fax 02 505 38 29
info.be@atoutfrance.fr
www.be-franceguide.com

... in Frankrijk
Info over geheel Auvergne:
Comité Régional du Tourisme (CRT)
Internet:
www.auvergne-tourisme.info
Via deze enigszins onoverzichtelijke website (zoekfunctie rechts onderaan) kunt u verschillende brochures, zoals lijsten van hotels, vakantiehuizen en campings, en informatiemateriaal over actieve vakanties bestellen en downloaden (*télécharger*).

Info per departement
Elk departement heeft zijn eigen verkeersbureau (Comité départemental du Tourisme: CDT):

CDT Allier (03):
www.allier-tourisme.com
Pavillon des Marronniers
Parc de Bellevue, BP 65
03402 Yzeure Cedex
tel. 04 70 46 81 50

CDT Cantal (15):
www.cantaltourisme.fr
36, rue de Sistrières
15000 Aurillac
tel. 04 71 63 85 00
CDT Haute-Loire (43):
www.auvergnevacances.com
1, place Mgr-de-Galard
43012 Le-Puy-en-Velay Cedex
tel. 04 71 07 41 65
CDT Puy-de-Dôme (63):
www.planetepuydedome.com
Place de la Bourse
63038 Clermont-Ferrand Cedex 1
tel. 04 73 42 22 50
CDT Lozère / Cévennes (48):
www.lozere-tourisme.com
14, bd Henri-Bourillon
48001 Mende,
tel. 04 66 65 60 00
CDT Aveyron (12):
www.tourisme-aveyron.com
17, rue Aristide-Briand
BP 831, 12008 Rodez
tel. 05 65 75 40 12

Info ter plaatse

U kunt ter plaatse informatie krijgen bij de gemeentelijke verkeersbureaus, het Office du Tourisme of het Syndicat d'Initiative (adressen zijn bij de betreffende plaatsen te vinden, of anders op www.tourisme.fr).

In grote plaatsen zijn de bureaus het gehele jaar door 's ochtends en 's middags geopend, in kleine vakantieplaatsen alleen in het hoogseizoen. Hier vindt u stadsplattegronden, lijsten van accommodaties en brochures over bezienswaardigheden in de omgeving of tips voor mooie wandelingen.

Kaarten

De kaart 'Auvergne' (1:250.000, rode serie, nr. 111) van het Institut Géographique National (www.ign.fr) is als wegenkaart doorgaans wel afdoende. De kaarten van de groene serie (1:100.000), in totaal zes voor Auvergne (nr. 42, 43, 49, 50) en de Cevennen (nr. 58, 59) zijn gedetailleerder. De Marco Polo-kaart Languedoc-Roussillon, Auvergne (1:130.000; MAIRDUMONT) is gemakkelijker te vinden.

Leestips

J. Carrière: *De sperwer van Maheux,* Arbeiderspers: Amsterdam 1972; een familiesaga uit de Cevennen.
B. Craplet: *Auvergne Romane,* 1978; kunstgeschiedenis van de belangrijkste stijl- en bouwperiode in Auvergne.
S. Friedmann: *Ein Dorf in den Cevennen,* Droemer Knaur 1996; een Duitse vestigt zich in een dorp in de Cevennen.
D. Humbert: *Ein kurzer Augenblick des Glücks,* Droemer Knaur 2007; een Duitser in de Auvergne na 1945.
R. L. Stevenson: *Reis met een ezel door de Cevennen,* Hoogland & Van Klaveren: Hoorn 2008, zie blz. 80
L. Tieck: *Het oproer in de Cevennen,* Den Haag 1833; roman uit 1826 over de Oorlog van de camisards.
H. Wipper: *Franse Sint-Jacobsroute. Van Le Puy tot de Pyreneeën,* ANWB: Den Haag 2008.
Massif central, driemaandelijks tijdschrift. In Frankrijk bij de kiosk.

Wandelkaarten

De IGN-kaarten op schaal 1:25.000 (blauwe serie) bestrijken samen geheel Auvergne. Daarnaast zijn er de Topoguides van de Franse lange-afstandspaden (GR) en de regionale wandelpaden (€ 7,50-15). Catalogus op het internet, verkrijgbaar bij gespecialiseerde boekwinkels of op www.ffrandonnee.fr.

Weer en reisseizoen

Als gevolg van de aanzienlijke hoogteverschillen biedt Auvergne een gevarieerd beeld wat klimaat betreft. De regio staat bekend om grote temperatuurdalingen en heftige regens. De actuele weerssituatie vindt u op het internet op www.meteo.fr.

Hoogseizoen
De zes weken van de Franse schoolvakantie tussen 15 juli en eind augustus gelden als toeristisch hoogseizoen, naast de kerst- en paasvakanties. In deze perioden zijn de prijzen voor overnachting gemiddeld 30-40 % hoger dan daarbuiten.

Het klimaat door het jaar heen

De zomers kunnen heet zijn, met een gemiddelde dagtemperatuur van meer dan 30 °C, en u moet rekening houden met een sporadische regenbui.

Het voorjaar, als uitlopers van depressies boven de Atlantische Oceaan tegen de hellingen van het Massif central leeg regenen, is regenachtig. Daarom is Auvergne het gehele jaar een *pays vert*, een groen land.

De meestal heldere, zonnige herfst is voor wandelaars de beste reistijd: de bossen hullen zich in gouden kleuren en door de heldere lucht kunt u ver kijken.

In de winters valt er ondanks de klimaatverandering nog altijd voldoende sneeuw; Auverge is daarom ook bijzonder geschikt voor skivakanties (zie blz. 33). Het sneeuwseizoen duurt tot eind maart.

Kampeervakantie

De beste periode voor een kampeervakantie is half juli tot half augustus, maar ook dan moet u rekening houden met zware onweersbuien en regen. Daar hebben ook kanoërs last van, want bij hoog water worden er geen boten verhuurd.

Als het weer in Auvergne tegenvalt, kunt u in het noorden, in de Bourbonnais, of in het zuiden, aan de Tarn, vaak beter weer vinden.

Kleding

Vergeet niet regenkleding en een paraplu mee te nemen. Goede wandelschoenen en een warme trui zijn ook onontbeerlijk. Om te zwemmen en te kanoën hebt u waterschoenen nodig en voor in het restaurant bovendien een iets nettere garderobe.

Het weer in Auvergne (Clermont-Ferrand)

Heenreis en rondreizen

Douane

De grenscontroles zijn afgeschaft, maar burgers van de Europese Unie hebben een paspoort of identiteitskaart nodig (kinderen moeten hun eigen reisdocument bij zich hebben!). Huisdieren moeten tegen hondsdolheid zijn ingeënt en moeten zijn gechipt.

Voertuigen

Wie maximaal zes maanden een personenauto of caravan mee wil nemen Frankrijk in, heeft alleen een **rijbewijs** en een voertuigbewijs nodig (een verlopen rijbewijs wordt in Frankrijk niet geaccepteerd; het beste is een Europees rijbewijs in bankkaartformaat). Het wordt aanbevolen de groene kaart van de verzekering bij u te hebben.

Sinds juli 2012 moet in elke auto een **blaasapparaat** (*éthylotest,* ca. € 1,50/stuk, verkrijgbaar bij apotheken, cafés, benzinestations) aanwezig zijn. Automobilisten moeten daarmee voor ze in de auto stappen zelf testen of ze nog mogen autorijden of niet. Er worden echter nog geen boetes opgelegd als u het blaasapparaat niet hebt.

Douanebepalingen

Binnen de EU hoeven geen invoerrechten te worden betaald voor goederen voor persoonlijk gebruik. Als limiet geldt: 110 l bier, 90 l wijn (waarvan max. 60 l mousserend) of 10 l sterkedrank en 800 sigaretten, 400 cigarillos, 200 sigaren of 1 kg tabak.

Voor mensen van buiten de EU en voor inkopen in duty-free shops gelden echter nog de oude limieten van 200 sigaretten (of 100 cigarillos of 50 sigaren), 1 l sterkedrank (of 2 l wijn) en 50 ml parfum.

Heenreis

Met de auto

Vanuit Nederland en België rijdt u via Parijs of via Metz en Dijon. Op de route via Parijs is het toltarief (*péage*) voor de Franse snelweg iets hoger (www.autoroutes.fr).

Na Parijs rijdt u over de A 71 via Orléans en Bourges naar Montluçon of Clermont-Ferrand. Op de zuidelijke route verlaat u de A 6 bij Mâcon en rijdt u over de goed onderhouden Route Nationale N 79 naar Moulins. Wie direct wil doorrijden naar het zuiden van Auvergne, gaat via Lyon naar St-Étienne, en vandaar over de N 88 naar Le Puy.

Naar de Cevennen rijdt u het voordeligst over de snelweg A 75 van Clermont-Ferrand via St-Flour naar Millau. Deze weg is vooralsnog niet tolplichtig.

Tip: alle péagebedragen kunnen bij de tolhokjes per creditcard of bankpas worden betaald. Dat scheelt natuurlijk heel wat tijd.

Met de trein

Er zijn geen directe autotreinen naar Auvergne, maar u kunt wel de autotrein nemen naar Narbonne, van waaruit u Auvergne vanuit het zuiden kunt betreden. Bij andere treinverbindingen moet u veel overstappen. Vanuit Nederland en België reist u het snelst via Parijs, met de Thalys. Omdat alle stations in Parijs kopstations zijn, moet u vervolgens van het Gare de l'Est of het Gare du Nord met de taxi of de metro dwars door de stad naar het Gare de Lyon rijden. Vandaar staan u enkele malen per dag verbindingen met Clermont-Ferrand (reistijd 3 uur 30 min.), circa 7 x per dag met Moulins (reistijd 2 uur 30 min.) of Aurillac (reistijd 5 uur 45 min.) ter beschikking. Als u naar Le Puy wilt,

Reisinformatie

is het korter om de TGV naar St-Étienne te nemen (reistijd 4 uur 15 min.). Info: www.nshispeed.nl (tel. 0900 92 96/ keuze 2), www.b-europe.com (tel. 070 79 79 79) of www.sncf.fr.
Inlichtingen over kortingen van de Franse spoorwegmaatschappij SNCF vindt u op de website: www.sncf.fr.
Fietsen meenemen: als u per trein reist, mag u de eigen fiets niet als bagage meenemen. In de Thalys mag de fiets mee als u hem verpakt in een speciale fietshoes en als het voorwiel is gedemonteerd. U kunt de fiets ook als pakket opsturen en moet hem dan goed verpakken (www.treinreiziger.nl; www.velo.sncf.com).

In Frankrijk kan de fiets in sommige binnenlandse treinen gratis als handbagage worden vervoerd. Deze treinen zijn op de dienstregeling te herkennen aan een fietspictogram.

Met het vliegtuig

Air France, KLM en BritAir onderhouden het hele jaar door verbindingen met de internationale luchthaven Clermont-Ferrand Auvergne (vroeger Aulnat, boekingsafkorting CFE) via Parijs. Er gaan vanaf Amsterdam ook directe vluchten met Régional. Na de landing in Parijs op luchthaven Charles-de-Gaulle, moet u door de stad naar het vliegveld Orly (binnenlandse vluchten) reizen: gratis shuttlebus *(navette)* Roissyrail naar het station van de RER-sneltrein lijn B naar Station Antony, vandaar shuttlebus Orlyval.

Op de smalle bergweggetjes komt u maar langzaam vooruit

Heenreis en rondreizen

Behalve de internationale luchthaven CFE zijn er nog regionale vliegvelden bij Vichy (Charmeil), Aurillac (Tronquières) en Le Puy-en-Velay (Loudes). In het hoogseizoen landen hier vliegtuigen uit Parijs. Overstapmogelijkheden zijn er echter niet.

Afstanden

Parijs – Clermont-Ferrand	382 km
Parijs – Aurillac	548 km
Montluçon – Le Puy	222 km
Clermont-Ferrand – Le Puy	132 km
Le Puy – Aurillac	166 km

Autorijden

De wegen in Auvergne verkeren doorgaans in goede conditie en zijn zonder problemen te berijden. Afhankelijk van de weersomstandigheden kunnen enkele belangrijke passen in Haute-Auvergne van oktober tot april wegens sneeuwval gesloten zijn. Op smalle bergwegen heeft het bergop rijdende verkeer voorrang. Zo nodig moet een tegenligger dan een stukje achteruit rijden om de bergop rijdende auto te laten passeren. Denk ook aan uw snelheid.

In de buurt van grote steden zijn in de afgelopen jaren vrijwel alle kruisingen in rotondes veranderd. U moet voorrang verlenen aan de auto's die zich al op de rotonde bevinden. Wie twijfelt over hoe hij moet rijden, kan het beste eerst een 'ererondje' op de rotonde rijden en even rustig naar alle borden kijken.

Verkeersregels

In Frankrijk geldt een maximumsnelheid afhankelijk van het type weg:
– Autoroute (A plus nummer): tolplichtige snelweg, behalve in de omgeving van grote steden. Maximumsnelheid 130 km/u (bij nat wegdek 110 km/u).
– Route Nationale (N plus nummer): maximumsnelheid 90 km/u, bij vierbaanswegen 110 km/u (bij nat wegdek 80 km/u, resp. 100 km/u).
– Route Départementale (D plus nummer): vergelijkbaar met een provinciale weg; maximumsnelheid 90 km/u.
– Binnen de bebouwde kom mag u niet sneller rijden dan 50 km/u.
– Voor motorfietsen geldt een maximumsnelheid van 90 km/u op snelwegen en 80 km/u op andere wegen.

Wie zijn rijbewijs nog geen twee jaar bezit, mag buiten de bebouwde kom maximaal 80 km/u, op autowegen 100 km/u en op snelwegen 110 km/u rijden.

Bij regen en sneeuw moet dimlicht worden gevoerd. De alcoholpromillagegrens ligt bij 0,5.

Benzinestations

Loodvrije benzine (*sans plomb,* 89 octaan), super (*super,* 95 octaan) en super plus (98 octaan) is in Frankrijk iets goedkoper dan in Nederland en België, evenals diesel (*gazole* of *gazoil*). Er wordt ook super 95-E10 verkocht; langs snelwegen wordt ook autogas (GPL/LPG) verkocht. Bezinestations bij grote supermarkten zijn aanzienlijk duurder. Doorgaans worden alle gangbare creditcards geaccepteerd. Pas op: benzinestation in kleine plaatsen en langs landwegen zijn meestal tussen 12-14.30 uur gesloten!

Parkeren

Langs een geel gemarkeerde trottoirband is parkeren verboden. Om in de *zones bleues* (gemarkeerd met blauwe trottoirbanden) te parkeren, hebt u een parkeerschijf nodig. Er geldt een maximale parkeerduur van 1 uur; 's nachts tussen 19 en 8 uur is het parkeren gratis.

Boetes

Boetes zijn in Frankrijk erg hoog: bij een snelheidsovertreding van 15 km/u loopt u de kans te worden bestraft met een geldboete van € 140, bij 25 km/u loopt dat al op tot € 230. Fout parkeren kost maximaal € 90, door rood licht rijden € 380 en alcoholovertredingen kunnen oplopen tot € 4570.

Als u als buitenlander in Frankrijk op heterdaad wordt betrapt, vragen de 'flics' tegenwoordig vaak betaling in contant geld (of u mag niet verderrijden tot de boete is voldaan). Als u bij een ongeval betrokken bent en schuld hebt, kunt u ook verscheidene dagen worden vastgehouden.

Autopech en ongelukken

Alarmnummer politie: tel. 17
Op snelwegen kunt u via praatpalen hulp bij pech oproepen; als u op een andere weg pech krijgt met de auto, belt u de AIT-Assistance, tel. 0800 08 92 22. Het is belangrijk dat u de groene kaart van de verzekering bij u hebt.

Huurauto

Een huurauto kunt u het beste van tevoren via een verhuurbedrijf in Nederland reserveren. Zeker in het hoogseizoen, van half juli tot eind augustus, is dat aan te bevelen. Als u ter plaatse een auto wilt huren, kan het hotel of het Office de Tourisme u verder helpen. Als u bij een van de internationale verhuurbedrijven huurt, kunt u de auto ook bij een kantoor aan het eind van uw reis inleveren.

Vervoermiddelen

Trein

De trein kan als vervoermiddel in Auvergne de auto niet vervangen. Er zijn wel enkele fraaie trajecten, zoals de rit van St-Flour over het beroemde Garabitviaduct (zie blz. 216) naar Aubrac of die van Langeac door de Gorges de l'Allier, de kloof van de Allier (zie blz. 186).

Kinderen beneden de 12 jaar krijgen bij de SNCF korting op kaartjes; bovendien zijn er kortingen voor ouderen en mensen tussen 12 en 25 jaar. Info op de website van de SNCF (www.sncf.fr) of op het station (*gare SNCF*).

Vliegtuig

Blz. 22 en informatie bij de betreffende regio's.

Belangrijke verkeersborden

Aire de ...	Verzorgingsplaats
Cédez le passage	Geef voorrang
Déviation	Omleiding
Rappel	Herinnering
Sens unique	Eenrichtingsweg
Serrez à droite	Rechts houden
Sortie	Uitrit

Overnachten

Camping

In het hoogseizoen, de maanden juli en augustus, bestaat het overgrote deel van het toerisme in Auvergne uit kampeervakanties. Behalve Fransen zijn dan vooral Nederlanders op pad. Toch hoeft u in de regel niet te reserveren, want het aanbod, van luxekampeerterrein tot dorpsweide, is overweldigend. In vrijwel elke gemeente vindt u een goed geleide gemeentelijke camping *(camping municipal)*, waar in ieder geval douches, wasruimten en electriciteit te vinden zijn.

Goede campings beschikken over verschillende speeltoestellen, sport- en voetbalvelden, vaak ook over een zwembad, een supermarkt en een restaurant. Grote kampeerterreinen verhuren in de regel ook *mobilhomes* of *chalets* genoemde houten huisjes met een keuken, een hoek met een tafel en twee slaapkamers.

Campers *(camping-cars)* zijn overal welkom, niet alleen op de terreinen die in brochures als de *Guide Camping* van het Verkeersbureau als speciaal daarvoor geschikt worden aangemerkt. Info op het internet: www.campingdefrance.com.

Het is aan te bevelen om voor 17 uur of na 19 uur bij het kampeerterrein aan te komen, om de **wachtrijen** te vermijden. Wie niet houdt van de traditionele hurktoiletten, moet voor inschrijving even de sanitaire voorzieningen inspecteren en kan dan eventueel naar een volgend adres doorrijden. De meeste campings hebben gemeenschappelijk *sanitaires* voor mannen en vrouwen. Voor stroomvoorziening zijn adapters nodig, zowel voor het Franse stekkersysteem als voor het internationale systeem met drie pennen.

Het CRT d'Auvergne (zie blz. 18) geeft een lijst uit van alle campings in Auvergne. Info op het internet: www.campingfrance.com.

Landelijke romantiek en vaak ook nauwer contact met de inwoners biedt Camping à la Ferme (op de boerderij). Adressen zijn in de CRT-brochure *Accueil à la Campagne* te vinden.

Hotels

Voor alle hotels geldt dat u in het hoogseizoen vroeg moet reserveren. De hoteliers vragen van tevoren altijd een aanbetaling per creditcard. Als u in Auvergne op de bonnefooi onderweg bent, kunt u telefonisch informeren en vóór 16 uur proberen een kamer te reserveren. De kamers worden als tweepersoonskamers verhuurd, ofwel met een tweepersoonsbed *(grand lit)* of met twee aparte bedden *(lits séparés)*. Het ontbijt (€ 7-20 €/persoon) is meestal niet bij de prijs inbegrepen.

Wat prijs-kwaliteitverhouding betreft zijn de hotels van de keten **Logis de France** aan te bevelen. Daarbij zijn ongeveer tweehonderd kleine, meestal

Hotellijsten

Een uitvoerige opsomming van hoteladressen vindt u in de elk jaar bijgewerkte hotelgids die het CRT d'Auvergne (zie blz. 18) gratis verstuurt en waarin alle belangrijke informatie (tarieven, inrichting etc.) is opgenomen. Ook de hotelgidsen Gault-Millau en Guide Michelin, die ook in boekwinkels in Nederland en België verkrijgbaar zijn, zijn heel bruikbaar.

door een familie gedreven en voordelige hotels aangesloten. Ze beschikken doorgaans ook over een restaurant met regionale keuken en worden, afhankelijk van het comfort, geclassificeerd met een tot drie schoorstenen (geel op een groene achtergrond). Brochures zijn verkrijgbaar bij het CRT d'Auvergne (zie blz. 18) en bij de Fédération des Logis de France, www.logishotels.com/nl.

Kasteelhotels

In Auvergne staan veel kastelen, waarvan sommige hun kamers voor betalende gasten hebben opengesteld. Ze zijn meestal buiten de steden en in een rustige en idyllische omgeving gelegen. Reken op prijzen tussen € 90 en 950 voor een tweepersoonskamer. Er zijn verschillende organisaties die dit soort accommodatie op het internet aanbieden:
www.relaisdusilence.com
www.relaischateaux.fr
www.chateauxhotels.com

Vakantiehuizen

Vakantiehuizen *(gîtes ruraux)* zijn bij uitstek geschikt voor een ontspannen vakantie met kinderen. Ze worden in het hoogseizoen alleen per week en altijd alleen vanaf zaterdag verhuurd. Bed-

Prijzen
Er bestaan aanzienlijke prijsverschillen tussen het hoog- en het laagseizoen. Bij vakantiehuizen lopen die zelfs op tot bijna 50 %. Het hoogseizoen valt samen met de Franse zomervakantie (juli/augustus) en de weken rond Kerstmis en Pasen.

dengoed en handdoeken moeten worden meegebracht. Vakantiehuizen zijn in vier categorieën onderverdeeld (een tot vier korenaren). Via de websites www.resinfrance.com, www.clevacances.fr en www.gites-de-france.fr kunt u een vakantiehuis zoeken en reserveren. Ze zijn gerangschikt per regio, departement of per plaats.

Bed & breakfast

Wie op zoek is naar individueel onderdak en prijs stelt op een verblijf met sfeer, kan kiezen voor een *chambre d'hôte,* de Franse variant van de bed & breakfast. Er worden ook kamers in heel 'gewone' huizen verhuurd, maar u kunt ook gericht zoeken naar oude boerderijen, kleine kasteeltjes of gerestaureerde landgoederen, bijvoorbeeld op websites als www.gites-de-france.fr of www.chambresdhotes.org. Enkele verhuurders bieden hun gasten behalve ontbijt ook een *table d'hôte,* een 'gasttafel' met regionale, vaak stevige gerechten uit eigen keuken, aan.

Het CRT d'Auvergne (zie blz. 18) verstuurt de catalogus *Accueil à la Campagne*, en bij de regionale en lokale Offices de Tourisme kunt u ook uitgebreide informatie krijgen. Via de doorgaans bijzonder vriendelijke huiseigenaren leert u de eigenaardigheden van Auvergne kennen.

Wandelhutten

Langs de wandelroutes van de Grande Randonée liggen talrijke eenvoudige hutten voor wandelaars *(gîtes d'étappe),* waarvoor u zich meestal wel vooraf moet aanmelden. De **Guide Gîtes d'Étape et Réfuges** is verkrijgbaar bij Annick et Serge Mouraret, 74, rue Albert-Perdreaux, 78 140 Vélizy, tel. 01

34 65 11 89. Zoeken op plaats of wandelroute is mogelijk op de website www.gites-refuges.com.

www.stayokay.nl, onder 'internationaal'.

Jeugdherbergen

De Franse jeugdherbergen zijn verenigd in de Fédération Unie des Auberges de Jeunesse, 27, rue Pajol, 75018 Paris, www.fuaj.org. In het gebied rond het Massif central zijn alleen in de plaatsen Gannat, Le Mont Dore, Le Puy en in St-Martin des Olmes bij Ambert jeugdherbergen te vinden. U kunt ook zoeken naar jeugdherbergen in Auvergne op de website van Stayokay,

Hotels online boeken

De website van het Office de Tourisme www.tourisme.fr heeft links naar verschillende boekingssystemen met hotels vanaf 2 sterren voor ongeveer € 100. Een hotel zoeken is ook mogelijk via bijvoorbeeld www.france-hotel-guide.com. Bij de meeste in dit boek genoemde hotels staat een website vermeld. Via die website reserveren is altijd goedkoper.

Eten en drinken

De keuken van Auvergne

De bergachtige, van oudsher arme streek heeft een eenvoudige, boerse keuken ontwikkeld, die met bescheiden middelen voedingsrijke resultaten moest bereiken: er wordt vooral met kool, aardappelen, melkproducten, groenten en wilde vruchten gekookt; tot de fijnere ingrediënten behoren eekhoorntjesbrood (*cèpes*) en tamme kastanjes (*marrons*). Sauzen krijgen hun sterke smaak van de blauwschimmelkaas bleu d'Auvergne, en bij vis en vlees wordt soms gentiaansaus (*à la gentiane*) gegeven.

De specialiteiten van Auvergne verloochenen hun boerse herkomst niet, maar zijn heel verrassend. Zoals de *tripoux* – met ingewanden, kruiden, knoflook en sjalotjes gevulde schapenmaag, gesmoord in witte wijn. Tripoux vindt u vooral in de Cantal en is tot in de Cevennen vaak ook ingemaakt in een potje te koop.

Truffade

Een nationaal gerecht van Haute-Auvergne is de *truffade,* aardappelschijfjes, gekookt met cantalkaas. De truffade wordt *aligot,* als de aardappels gepureerd worden.

Aardappels (*pommes de terre*) spelen in Auvergne een grote rol. Ze worden hier, afhankelijk van het regionale dialect, *trifo, triflo* of *trifaou* genoemd, en ze zijn ook inderdaad een soort truffels (*truffe*) voor de arme mensen: er bestaat zelfs een *pâté aux pommes de terre* (pastei met aardappels, geserveerd met zure room) en een *tapade* genaamde aardappelomelet.

Pounti, faude en zalmpastei

Rissoles (met varkensvlees of kaas gevulde deegenvelopjes) of *tourte de saumon* (zalmpastei) zijn niet gemakkelijk te vinden, maar zijn de moeite van het proberen waard. Dat geldt ook voor *chou farci* (koolbladeren gevuld met uien, ei, veldzuring, spek en brood) en *faude* (kalfsborst, gevuld met groenten).

Een recept voor truffade

Het bekendste regionale gerecht is op alle menu's te vinden. Zo maakt u het: kook in plakken gesneden aardappelen tot ze gaar zijn, giet het water af, op een klein restje na, en voeg de helft van de verse cantalkaas toe (grof geraspt of in stukjes gesneden). Laat nog ca. 10 min. doorgaren, waarbij u met een houten lepel blijft roeren tot de massa een romige structuur krijgt. Geef er *jambon cru* (rauwe ham) bij en een droge rode wijn, bijvoorbeeld een Boudes.

gen; hun uiterlijk en smaak worden dan ook regelmatig gecontroleerd.

Eenpansgerechten

Eenpansgerechten spelen een grote rol, vooral de *soupe aux choux*, een koolsoep die gevuld wordt met verschillende vleessoorten, spek, wortels, witte bonen en aardappelen. Hij wordt ook wel *potée auvergnate* genoemd.

Een specialiteit van de Châtaigneraie, het 'kastanjeland' ten zuiden van Aurillac, en de Cevennen zijn de van de plaatselijke tamme kastanjes bereide *soupe de châtaignes* (kastanjesoep) en de *pâté aux marrons* (kastanjepastei).

Pounti is een in de oven gebakken pastei met groenten, gedroogde pruimen en gehakt. Dit heerlijke gerecht komt vooral veel in de omgeving rond St-Flour als hoofdgerecht op tafel.

Groene linzen

De beroemde *lentilles vertes* (groene linzen) uit de Velay zijn een in heel Frankrijk geliefde specialiteit – ze worden als bijgerecht bij *saucisse* (rookworst) of *petit salé* (een soort casselerrib) gegeten, maar ook als salade of in de soep. Ze komen oorspronkelijk uit het Midden-Oosten, en zijn duidelijk kleiner dan gewone linzen. Deze fijne, kleine peulvruchten hebben een AOC-merk gekre-

Vleesgerechten

Typische vleesgerechten die in deze arme streek vroeger slechts zelden op tafel kwamen, zijn lam (*agneau*), eend (*canard*), haas of konijn (*lièvre* of *lapin*).

De *coq au vin* uit Auvergne is wereldberoemd. De in wijn gesmoorde (bij voorkeur in de inheemse chanturgue, zie blz. 119) kip, die tegenwoordig in heel Frankrijk wordt gegeten, zou in de Gallo-Romaanse tijd in Auvergne zijn uitgevonden.

Ook het in Zuidwest-Frankrijk zo populaire *confit* staat hier vaak op de menukaart. Het is in zijn eigen vet ingemaakt eenden- of ganzenvlees, dat meestal met salade of brood wordt gegeten.

De *joue de porc* daarentegen is fijn, door koken van de varkenswang losgekomen vlees dat in de darm wordt gebraden.

Visgerechten

Onder de vissen staan forellen uit de bergbeken als consumptievis hoog aangeschreven. Ze worden vaak met spek bereid (*truite au lard*), net als de *omble chevalier*, een eveneens populaire, op zalm gelijkende vis uit de bergmeren (trekzalm).

De weinige zalmen in de Allier moeten tegenwoordig streng worden beschermd, maar in de 19e eeuw lieten ambachtslieden nog in hun contract opnemen dat ze hoogstens tweemaal per week zalm te eten kregen! De traditionele *saumon aux lentilles,* zalm met linzen, wordt tegenwoordig met geïmporteerde vis bereid.

Nagerechten

Als dessert eet men vaak *clafoutis* – een taart van roerdeeg met niet ontpitte kersen, die ook wel *millard* wordt genoemd. Er bestaat ook een variant die met bramen *(mûres)* wordt gebakken. De bosbessen voor de heerlijke *tarte aux myrtilles* worden tussen juli en september geplukt. De *pompe aux myrtilles,* een bosbessentaart met deksel, is afkomstig uit Thiers; de *pompe aux pommes* is een appeltaart met deksel.

Kazen

De kazen van Auvergne zijn op zichzelf al de reis waard, zeker omdat ze in deze tijd van globalisering maar uiterst zelden in het buitenland te koop zijn. Cantal, saint-nectaire, fourme d'Ambert en bleu d'Auvergne behoren tot de beste kaasspecialiteiten van Frankrijk (zie blz. 74).

Van koffie tot gentiane

Bij **koffie** zijn in Frankrijk nog niet de internationele termen in zwang. Een *café* is een espresso, een *café crème* een 'lange' espresso met melk, een *café au lait* een espresso met veel melk. Een gelegenheid die café wordt genoemd, is een bar, een café waar koffie met iets erbij wordt verkocht, wordt salon de thé genoemd.

Ook bij water kan verwarring optreden: *eau minérale* is mineraalwater zonder koolzuur, water met prik bestelt u als *eau gazeuse.* Voor beide soorten mineraalwater is Auvergne met zijn talrijke minerale bronnen het belangrijkste productiecentrum van Frankrijk; Saint-Yorre, Perrier of Badoit zijn de bekendste namen.

Als lekkere **frisdrank** en een goed alternatief voor cola en aanverwanten hebben de Fransen de *sirops,* vruchtensiropen in verschillende smaken die met water moeten worden verdund. Heel populair zijn *sirop de pêche* (perzik) en *sirop de fraise* (aardbei).

Onder de **wijnen** is is de saint-pourçain uit de Bourbonnais de bekendste, de witte en rode wijnen van Auvergne winnen echter snel terrein (zie blz. 118).

Wat **likeuren** betreft biedt Frankrijk een grote keus, waaronder de anijslikeur *pastis,* die altijd met water moet worden gedronken en een echte specialiteit uit het zuiden is. Een product uit de bergstreken van de Cantal en de Aubrac is *gentiane,* een gelige, ietwat bittere likeur uit de wortels van de gentiaan. U kunt hem in alle cafés van Auvergne bestellen.

Toques d'Auvergne

Om de regionale keuken te stimuleren hebben de koks uit Auvergne de gastronomische vereniging 'Toques d'Auvergne' opgericht. De Toques veredelen de boerse gerechten van het Massif central met hun creatieve kookkunst. De restaurants liggen vaak iets buiten het centrum en bieden veel charme in een landelijke omgeving. Een brochure met adressen is verkrijgbaar bij het Office de Tourisme, en op internet vindt u ze op: www.toques-auvergne.com.

Reisinformatie

Producten van de boerderij

Op elke dorpsmarkt kunt u regionale producten van de boerderij vinden. Een van de grootste gespecialiseerde markten voor producten 'de la ferme' is de Marché St-Joseph in Clermont-Ferrand (Rue Jeanne-d'Arc, tegenover het station). Op de eerste vrijdag van de maand verkoopt het genootschap Ferme La Jonquille uit Murat-le-Quaire bij La Bourboule hier ook zijn producten. Hierin zijn meer dan veertig producenten verenigd. Zij bieden een breed palet van regionale producten aan: kaas, worst, ham, wijn, honing, confiture, gebak ...

Restaurants

Leven en eten als God in Frankrijk? Dan moet u wel het nodige geld meebrengen. Veel restaurants richten zich meer op het gemiddelde Franse gezin dat een vakantie van vier weken moet bekostigen. Goedkope menu's en grote porties frites zijn dan de aangewezen oplossing. Hierna volgen enkele tips om onnodige teleurstellingen op het gebied van buiten de deur eten te vermijden:
– Sluit geen compromissen! Ga liever af en toe naar een echt goed restaurant en geef daar iets meer uit, terwijl u iets vaker naar de markt gaat voor inkopen voor een picknick om de portemonnee te ontzien.
– Ga vooral 's middags bij voorkeur in een eenvoudig eethuis eten. Daar serveert men in de regel traditionele gerechten uit Auvergne als dagschotel (*plat du jour*), maar er zijn vaak ook heel smakelijke broodjes met kaas en vleeswaren van de boerderij te krijgen.
– In brasserieën en crêperieën kunt u zich beperken tot het eten van kleine gerechten en hoeft u niet direct een heel menu te bestellen, zoals het in een restaurant meestal wel gebruikelijk is.
– Een goed tip voor karakteristiek en tegelijkertijd goedkoop eten zijn de *ferme-auberges*, de 'boerderij-eethuizen', die regionale specialiteiten uit eigen teelt of eigen fok op tafel brengen (informatie en adressen verkrijgbaar bij het toeristenbureau van de betreffende plaats).

Winkelen en markten

Op de markten van Auvergne worden de boerenproducten van de streek verkocht. De meeste boeren van Auvergne zijn gewoon hun producten nog volgense traditionele methoden te vervaardigen en zelf op de markt te brengen. Of het nu beenham (*jambon à os*) is, of aan de lucht gedroogde, met eekhoorntjes brood verfijnde worst (*saucisson aux cèpes*), geitenkaas (*chèvre*) of zes maanden gerijpte bergkaas (*tomme de montagne*) – al deze heerlijkheden komen niet uit industriële massaproductie voort, maar zijn met de hand gemaakt van natuurlijke ingrediënten.

Daarnaast bestaan er ook goedkopere zuilvelproducten, die herkenbaar zijn aan de toevoeging 'laitier' – terwijl een product van de boerderij als 'fermier' wordt aangemerkt. De beroemde saint-nectaire bijvoorbeeld draagt als laitier een wit zegel en als fermier een groen; cantal stamt alleen met een ovaal etiket rechtstreeks van de boerderij, met een rechthoekig komt hij van de melkfabriek.

U moet ook de confiture en het ingemaakte fruit een keer hebben geproefd, en niet te vergeten ook de gesuikerde vruchten, waarom de Riom bebekend is. In de wijngebieden van Basse-Auvergne zijn vaak ook wijnboeren op de markten te vinden, die hier hun wijnen te koop aanbieden.

Bij de meeste plaatsen worden in dit boek de marktdagen vermeld. Veel vakantieplaatsen organiseren in juli en augustus enkele malen een avondmarkt (*marché nocturne*), waarop de boeren tussen 17 en 21 uur hun producten aanbieden. Er kan dan ook van alles worden geproefd.

Actieve vakantie en sport

Vissen

De populairste natuurwateren, ver van elke vervuiling af gelegen, zijn de bovenloop van de Allier met de zijrivieren Seuge, Senouire en Dore en de Alagnon en de Truyère in de Cantal (Info: www.jcpoiret.com).

Waar u een **visvergunning** (*carte de pêche*) kunt krijgen, hoort u bij het toeristenbureau ter plaatse. Bij Gîtes de France (zie blz. 26) vindt u onder de rubriek 'Gîte de pêche' ook speciale vakantiewoningen voor vissers.

Fietstochten

Tijdens fietstochten kunt u de landschappen van Auvergne, ver van de drukke verkeerswegen, goed leren kennen. Op de geasfalteerde ventwegen hebt u niet veel last van auto's. De licht heuvelachtige landschappen langs de bovenloop van de Sioule, bij Chatelguyon en in de Limagne rond Issoire zijn bijzonder populaire gebieden voor fietstochten. Een goede conditie is wel een voorwaarde. Sportievelingen kunnen ook de vulkaanbergen veroveren, waar het overwinnen van de passen als sportieve topprestatie mag gelden.

Mountainbikes (Fr. VTT = *vélo tout terrain*) zijn op veel plaatsen te huur. Wijd en zijd zijn uitgestrekte routes voor trektochten per mountainbike uitgezet; brochures en plattegronden zijn te krijgen bij het plaatselijke toeristenbureau. De Fédération Française de Cyclotourisme (www.ffct.org) heeft verschillende thematische tochten in zijn programma opgenomen.

Fiets meenemen, zie blz. 22. De fietsuitrusting moet tegen alle weersomstandigheden bestand zijn (waterdichte tassen, handschoenen enz.). Zelfs in augustus en bij zonneschijn kan de temperatuur op de passen lager zijn dan 15 °C, bij regen ligt hij zelfs rond het vriespunt (nadere info: www.adfc. de/763_1).

Parapente

Een populair afspringpunt voor parapente of deltavliegen (*vol libre*) is de steile top van de **Puy de Dôme**, ten zuidwesten van Clermont-Ferrand. In de opwaartse winden tegen de hellingen glijdt u over een afstand van bijna 800 m naar omlaag. Verschillende scholen verhuren de uitrusting (scherm en helm; winddichte kleding zelf meenemen!) en geven ook een basisinstructie. Andere mogelijkheden tot parapente zijn er vanuit Vichy, in **Le Mont-Dore**, aan de **Puy Mary** (www.parapente-puy-mary.com) en aan de **Mont Mézenc**. Info: Fédération Française de Vol Libre, www.ffvl.fr.

Golf

Golf wordt vooral in de kuur- en thermische baden van Auvergne gespeeld. De banen: Vichy/Bellerives (18 holes); Le Mont-Dore (9 holes); Royat (9 holes); Orcines (18 holes); Nassigny (Montluçon, 18 holes), Le Puy (9 holes). Info: Fédération Française de Golf, www.ffgolf.org (onder 'Guide de golfs').

Kanoën en rafting

Wildwaterfans gaan rechtstreeks naar de **Gorges de l'Allier**, de in de bovenloop van de Allier gelegen kloof. Deze behoort tot de categorie licht wildwater en is de gehele zomer bevaarbaar. In de plaatsen langs de Allier worden kano's en kajaks verhuurd. Er worden ook georganiseerde tochten aangeboden. De belangrijkste bases vindt u in Langeac, Monistrol d'Allier en in Chapeauroux.

Het bekendste traject in het Massif central is de Tarn, in de Cevennen. Deze kloof is spectaculair, maar de loop van de rivier is zo eenvoudig dat hij ook voor gezinnen met kleinere kinderen probleemloos te bevaren is. Op alle kampeerterreinen worden kano's verhuurd. Het is het drukst in Ste-Énimie, La Malène en Les Vigne daarentegen zijn rustiger en liggen ook nog eens dichter bij de smalste doorgang in de kloof bij Les Détroits en Cirque des Baumes (tip: www.campingblaquiere.fr).

Daarnaast zijn ook de **Sioule** (verhuurstations bij Ébreuil, Pont de Menat en Châteauneuf-les-Bains) en de **Lot** (stations in Entraygues en Chanac) populaire peddelrivieren.

Bij de **verhuurstations** krijgt u behalve een kano ook een zwemvest, een waterdichte ton voor bagage en proviand, en routebeschrijvingen. Het vervoer terug naar het beginpunt is bij de bootverhuur inbegrepen.

In de zomer en het begin van de herfst staat het water in de rivieren relatief laag – soms moet u uitstappen en de boot trekken. Daarom is het verstandig watersandalen of gymschoenen te dragen om grip te krijgen op de gladde stenen. Na een hevig omweer kunnen smalle stroompjes echter veranderen in woest kolkende rivieren. Een rivierengids (spots met niveaus vanaf klasse III) vindt u op www.eauxvives.org.

Paardrijden

Bij Gîtes de France (zie blz. 26) worden onder de rubriek 'Gîte et cheval' ruitervakanties *(séjour équestre)* aangeboden. Ook de regionale en lokale toeristenbureaus hebben adressen van rijstallen *(centre équestre)*.

Behalve vakanties op een ruiterbedrijf worden via de websites van het CRT (zie blz. 18) ook meerdaagse ritten door Auvergne en de Bourbonnais aangeboden.

Watersport

De **kratermeren** van het vulkanische Auvergne zijn geliefd voor allerlei watersporten. In het hoogseizoen worden op veel meren boten verhuurd, zoals op het Lac d'Aydat tussen Clermont-Ferrand en Le Mont-Dore, op het Lac Chambon bij St-Nectaire en op het Lac Pavin. Ook op de stuwmeren, zoals die bij Fades-Besserve of Bort-les-Orgues, kunt u zeilen.

Skiën

Ondanks de klimaatverandering is Auvergne nog relatief zeker van sneeuw en betrekkelijk voordelig. Voor het alpineskiën *(ski alpin)* komen twee gebieden met hoogten rond 1800 m in aanmerking: de Cantalbergen met het skioord Super-Lioran en de Puy de Sancy met de plaatsen Super-Besse en Le Mont-Dore. Wilt u langlaufen *(ski nordique)* dan bieden de middelgebergten van Auvergne zo'n 800 km loipen.

Wandelen

In Auvergne vindt u een duizenden kilometers omvattend netwerk aan wandelpaden – rondwandelingen, meerdaagse tochten, tochten over veedrijverspaden *(drailles)* of ecologische leerpaden.

Tip

Ballonvaren

In een heteluchtballon *(montgolfière)* kunt u het schitterende landschap van Auvergne het best bewonderen. In Clermont-Ferrand biedt Objectif, de op een na grootste Franse toeristische ballonvaartfirma, verschillende tochten aan, bijvoorbeeld Chaîne des Puys € 220 of Puy de Sancy € 300. Steunpunt: Aéroport d'Aulnat, tel. 04 73 90 30 66.

Beroemde **langeafstandspaden** (GR: Grande Randonnée) doorkruisen Auvergne: GR 4 loopt langs de vulkaankraters van de Monts Dômes en over de kammen van de Cantalbergen. GR 66 steekt de Mont Aigoual over, GR 68 de Mont Lozère, GR 70 volgt de voetstappen van Robert Louis Stevenson (zie blz. 80). Op sommige plaatsen kunt u samen met een pakezel wandelen (zie blz. 273). De lokale toeristenbureaus bieden **routebeschrijvingen** (gratis of als wandelgids te koop). Info op het internet: www.gr-infos.com.

De beste informatie voor grote en kleine wandeltochten vindt u in de **Topoguides** van de Fédération Française de la Randonnée Pédestre (bij de boekhandel) met routebeschrijvingen en verwijzingen naar wandelhutten *(gîtes d'étape)*. Deze organisatie verzorgt de markeringen en het onderhoud van de langeafstandspaden, de regionale wandelpaden (Grande Randonnée de Pays) en de lokale PR (Promenades et Randonnées). Markeringen: GR wit-rood, GR de Pays geel-rood, PR geel. Info: www.ffrandonnee.fr.

Goede wandelkaarten op schaal 1:25.000 worden gemaakt door het Institut Géographique National (IGN, Série Bleue, www.ign.fr).

Overnachten: langs de langeafstandspaden is eenvoudige accommodatie voor wandelaars te vinden. **Huttengidsen** kunt u als pdf downloaden op www.gites-refuges.com (€ 5). Deze hutten bieden plaats voor 8-35 personen in slaapzalen. Neem een slaapzak mee. De maximale verblijfsduur is drie nachten.

Reizen met kinderen

De landschappen van Auvergne, de meestal ondiepe rivieren en meren, en natuurlijk ook de middeleeuwse burchtruïnes vormen een paradijs voor kinderen vanaf ongeveer 6 jaar. Neem voor kleine kinderen een kinderdrager mee, want van een buggy hebt u vaak meer last dan gemak. Vooral in de zomervakantie, als de vele **middeleeuwenfeesten** (zie blz. 36) worden gehouden, is Auvergne interessant voor kinderen. Auvergne is in trek bij Nederlandse toeristen, dus de kans is groot dat u speelkameraadjes tegenkomt met wie de kinderen kunnen praten.

Behalve de '**levende musea**' (*écomusées*), van het papiermuseum Richard de-Bas bij Ambert tot de demonstraties van de messenslijpers in Thiers, is het **Vulcaniapark** bij Puy de Dôme (vlak bij Clermont-Ferrand) een aanrader. Het is van spectaculaire techniek voorzien – er wordt zelfs een vulkaanuitbarsting gesimuleerd (zie blz. 151).

Daarnaast zijn ook de **wildparken** interessant, zoals het wisentpark bij Ste-Eulalie op het Margerideplateau (zie blz. 245), het wolvenpark bij Marvejols in de Region Aubrac (zie blz. 245) en het gierenobservatiestation aan de Jonte (zie blz. 52 en 280).

Met kinderen is een verblijfplaats aan een van de **kanorivieren**, zoals aan de Tarn in het zuiden, aan de Sioule bij Vichy of aan de bovenloop van de Allier ten westen van Le Puy, ideaal. Een mooie **standplaats** voor het verkennen van Centraal-Auvergne is de streek bij Brioude en Issoire: vanhier kunt u in dagtochten zeer veel bezienswaardigheden bereiken. In Langeac zit ook een heel mooi kampeerterrein waar u prettig met kinderen verblijft.

Mountainbikers in de Vallée de la Fontaine Salée in het Massif Sancy

Feesten en evenementen

De traditionele feesten van Auvergne hangen samen met het ritme van het boerenjaar: de koeien die de bergen op gaan, de graanoogst, de wijnoogst; daar komen nog de christelijke feestdagen bij.

Landelijke feesttradities

Een van de bekendste voorbeelden waren de processies van de **Vierge de Vassivière** in Besse ten zuidoosten van de Puy de Sancy. Bij de *montée*, het de bergen in drijven van het vee, in juli, wordt de zwarte madonna de bergen in gedragen naar de kapel van Vassivière. Daar blijft ze de hele zomer, terwijl de runderen op de bergweiden grazen. Bij de *dévalade*, eind september, keert ook de madonna terug naar Besse. Inmiddels heeft men zich echter aan de behoeften van de toeristen aangepast; het grote feest in Besse wordt nu begin augustus gehouden, als de meeste toeristen er zijn. Dan wordt er boven aan het Lac Pavin een geheel salersrund aan het spit gegrild.

In andere plaatsen zijn de feesttradities ingeslapen. Slechts enkele plattelandsgemeenten organiseren nog grote feesten: bekend zijn bijvoorbeeld het **Fête des Vins** van St-Pourçain, waaraan alle wijndorpen uit de omgeving meedoen, en het **Fête de l'Ail** in het knoflookgebied van Billom.

Feestagenda

Religieuze feesten
11 mei: bedevaartsdag Saint-Mayeul in Souvigny
Pasen: Witte Donderdagsprocessie van de witte boetelingen (Pénitents Blancs) in Le Puy
Pasen: Fête du Précieux Sang in Billom (Goede Vrijdagsprocessie)
Hemelvaartsdag: Notre-Dame in Orcival (processie)
Zo. na 11 juni: Saint-Amable in Riom (processie Brayauds in klederdracht)
Half augustus: Mariaprocessie in Le Puy
Zo. rond 25 september: *dévalade* in Besse-et-St-Anastaise

De beste evenementen
Begin juni: middeleeuwenfeest 'Dauphin d'Auvergne' in Montferrand (Clermont-Ferrand); www.montferrandmedieval.org
Eind juli: folklorefestival in Gannat (muzikanten uit de hele wereld)
Juli/augustus: 'Foire à la Brocante' in Allanche (rommelmarkt)
Begin augustus: 'Festa del Pais' in Saint-Flour (grote veemarkt, proeverijen, traditionele muziek)
3e weekend in augustus: festival van het straattheater in Aurillac; www.aurillac.net
Augustus: 'Festival de La Chaise-Dieu' (kerkmuziekconcerten in de abdijkerk); www.chaise-dieu.com
Augustus/september: 'Fête des Vins' in Saint-Pourçain (wijnfeest)
Half september: 'Fête du Roi de l'Oiseau' in Le Puy (een week lang is deze plaats renaissancestad); www.roideloiseau.com
3e weekend in oktober: 'Fiéira de la Castanha' in Mourjou, Cantal (kastanjefeest)

Het grootste **Mariafeest** van Auvergne is dat van Le Puy-en-Velay. Er komen gelovigen uit veraf gelegen gebieden op af, en ook veel Spanjaarden. De beroemde Vierge Noir, het zwarte Mariabeeld (zie blz. 70), wordt in een grote processie rondgedragen.

Jeugdcultuur

De grote steden van Auvergne organiseren tegenwoordig in de zomer moderne festivals met popgroepen en straatkunstenaars.

Het **Festival de Théâtre de Rue** in Aurillac, met internationale performancekunst, half augustus, is in heel Europa bekend (zie blz. 237). Vichy zet 's zomers met **Nouvelle Vague** livemuziek en strandfeesten op het programma (zie blz. 109).

In Clermont-Ferrand vinden twee zomerfestivals plaats: het **Trans'Urbaines** met hiphopgroepen, begin juli, tot eind augustus gevolgd door **Contre-Plongées de l'Été**, een reeks evenementen met concerten en performanceartiesten (zie blz. 131).

Ridderfeesten en rommelmarkten

In de zomer – in het toeristenseizoen – hebben veel burchten en middeleeuwse stadjes speciale evenementen voor hun gasten. Sinds het grote succes van het renaissancekostuumfeest in Le Puy proberen ook andere plaatsen met kostuumfeesten en ridderspelen op dit succes mee te liften. In juli en augustus is er geen weekend waarin niet ergens een ridderfeest of ambachtenmarkt wordt gehouden. Daarbij komen nog de rommelmarkten (*foires à la brocante*).

Uitgaansleven

Het uitgaansleven is niet erg ontwikkeld. Alleen de universiteitssteden Clermont-Ferrand en Aurillac, waar veel jonge mensen wonen, hebben interessante cafés en disco's. Elders gaat men in Auvergne tegen 10 uur naar bed. De restaurants lopen tegen die tijd snel leeg. Alleen in Le Puy en in de plaatsen aan de Tarn is er in het hoogseizoen iets meer te doen.

Bij het straattheaterfestival in Aurillac

Praktische informatie van A tot Z

Ambassades en consulaten

Nederlandse ambassade
7-9, rue Eblé, 75007 Parijs
Tel. 01 40 62 33 00
www.frankrijk.nlambassade.org

Nederlands consulaat
104, rue du Président-Édouard-Herriot, 69002 Lyon
Tel. 04 78 37 45 97
Fax 04 72 41 75 07
consulatpaysbaslyon@wanadoo.fr

Belgische ambassade
9, rue de Tilsitt, 75840 Parijs
Tel. 01 44 09 39 39
Fax 01 47 54 07 64

Belgisch ereconsulaat
8, rue de la République
69001 Lyon
Tel. 04 78 62 67 38
lyon.consulatbelge@wanadoo.fr

Elektriciteit

De netspanning bedraagt 220 Volt. Voor apparaten met een platte stekker hebt u geen adapter nodig, geaarde stekkers passen echter niet.

Feestdagen

1 januari: nieuwjaarsdag (*Jour de l'An* of *Nouvel An*)
tweede paasdag (*Lundi de Pâques*)
1 mei: Dag van de Arbeid (*Fête du Travail*)
8 mei: capitulatie van Hitler-Duitsland; eind van de Tweede Wereldoorlog (*Fête de la Victoire de 1945*)
Hemelvaartsdag (*Ascension*)
tweede pinksterdag (*Pentecôte*)
14 juli: nationale feestdag, bestorming van de Bastille
15 augustus: Maria-Tenhemelopneming (*Assomption*)
1 november: Allerheiligen (*Toussaint*)
11 november: Wapenstilstand; einde van de Eerste Wereldoorlog (*Armistice de 1918*)
25 december: Kerstmis (*Noël*)

Fooi

De prijzen in hotels en restaurants zijn altijd inclusief service. In bars en cafés is het echter wel gebruikelijk om af te ronden. In een goed restaurant is het gebruikelijk om ongeveer 5 % van het bedrag op de rekening bij te tellen. Bij betaling per creditcard is het het beste om de fooi er contant aan toe te voegen.

Geld

De munteenheid is de euro, de eurocent wordt hier nog steeds centime genoemd.

EC/Maestro-cards worden door de meeste bankautomaten geaccepteerd, maar bij supermarkten en in benzinestations minder vaak.

Betaling per **creditcard** is in Frankrijk heel normaal. Kaarten van Visa, MasterCard, Diners Club of AmEx worden in vrijwel alle hotels, benzinestations, restaurants en warenhuizen geaccepteerd. Ook tolgeld kan zonder problemen met de creditcard worden voldaan. Het is echter wel verstandig om enig contant geld op zak te hebben, voor het geval er problemen met het elektronische betalingsverkeer ontstaan.

Het **prijsniveau** voor toeristische diensten en bijkomende kosten ligt in de Auvergne relatief hoog.

entree museum:	€ 4-8
1 cola (0,2 l)	€ 2,50
1 bier (0,25 l):	€2,20-3,30
1 ijsje:	€ 2,50
1 pizza:	€ 8-11
eenvoudig menu:	€ 12-15
kanohuur ½ dag:	€ 17

Kranten

Het regionale dagblad van het Massif central is *La Montagne*, dat in Frankrijk als nogal conservatief bekendstaat (www.lamontagne.fr). U vindt er ook een overzicht van plaatselijke evenementen. In het hoogseizoen worden in de toeristische gebieden ook buitenlandse kranten verkocht.

Medische verzorging

Volgens afspraken binnen de EU kunnen mensen met een verzekering zich ook in Frankrijk laten behandelen. Alleen in ziekenhuizen kan via de **Europese Gezondheidskaart** (EHIC) worden betaald, artsen vragen nog altijd contante betaling. Vraag, als u zelf afrekent, om een *feuille de soins*, een rekening waarop de geleverde prestaties staan gespecificeerd. Als u deze overhandigt, vergoedt de verzekering thuis het gedekte deel van de kosten.

Voor een spoedgeval kunt u naar elk ziekenhuis gaan. Een extra reisverzekering waarin ook in kosten voor ongevallen en overlijden wordt voorzien, wordt aanbevolen.

Apotheken zijn te herkennen aan een oplichtend groen kruis van neonbuizen. Ze verkopen duidelijk meer medicijnen zonder recept dan in Nederland en België en ze zijn ook goedkoper.

De adressen van **nachtapotheken** zijn op of bij de deur vermeld.

Noodgevallen

Algemeen alarmnummer: 112
Politie: 17
Brandweer: 18
Ambulance (SAMU): 15
Autopech: ANWB (Nederlandstalig) 04 72 12 12 12

Openingstijden

De winkels zijn doorgaans ma.-za. 9-12 en 15.30-19 uur geopend; na het middaguur staat het leven hier vrijwel volledig stil. Levensmiddelenwinkels (*épiceries*) en bakkerijen (*boulangeries*) gaan vaak al eerder open. Alleen warenhuizen zijn doorlopend geopend; de grote supermarkten (*hypermarchés*) aan de stadsranden vaak zelfs tot 22 uur. Zaterdag is de belangrijkste winkeldag; alle winkels blijven tot in de avond geopend. Daar staat tegenover dat veel winkels en ook banken op maandag gesloten zijn.

Ook op zondagochtend is er eigenlijk altijd wel ergens een bakker of kruidenierswinkel open.

Op dagen tussen feestdagen en weekends zijn veel banken, winkels en kantoren gesloten.

Banken: 9-12, 14-16 uur, vele ook op za.; ze zijn dan op ma. dicht.

Musea en kastelen: buiten juli/aug. altijd tussen de middag gesloten. Ze zijn in de regel geopend van 9/10-12 en 14-17/18 uur, juli en aug. doorlopend tot 19 uur. De laatste rondleiding in kastelen begint een uur voor sluitingstijd. Musea zijn ma. of di. gesloten.

Postkantoren (*bureaux de poste*) zijn in de steden meestal ma.-vr. 9-19 en za. 9-12 uur geopend, in de dorpen wordt een middagpauze in acht genomen.

Restaurants: meestal 11.30-14.30 en 18.30-24 uur, vaak zo. avond en ma. gesloten.

Post

Postzegels *(timbres)* zijn ook verkrijgbaar bij bars-tabac.
Porto voor Nederland en België: gewone brief en kaart: € 0,83.

Souvenirs

Specialiteiten om als souvenir mee te nemen zijn vooral culinaire producten, van ingelegde waren als *tripoux* tot ham, worst en wijn en fijne kaassoorten. Een zeer stijlvol souvenir is een mes uit Laguiole of Thiers. 's Zomers worden regelmatig rommel- *(brocante)* en antiekmarkten gehouden.

Telefoon

Internationale voorkiesnummers:
00 (of +), dan voor
Frankrijk: 33, Nederland: 31
België: 32
Gesprekken vanuit het buitenland: na het internationale voorkiesnummer vervalt de eerste nul van het tiencijferige abonneenummer.
Gesprekken binnen Frankrijk: abonnees in Frankrijk hebben een tiencijferig telefoonnummer dat altijd volledig moet worden ingetoetst. Groene nummers *(numéro vert)* zijn gratis, voor *azur* betaalt u het lokale tarief en voor *indigo* het volledige tarief.

Voor **telefooncellen** hebt u een telefoonkaart *(télécarte)* nodig, die vanaf 50 eenheden *(cinquante unités)* bij het postkantoor, in krantenkiosken, bistro's en bars-tabac verkrijgbaar is. **Voordelige tarieven** gelden doordeweeks 21.30-8 uur en za. 14 uur tot ma. 8 uur.
Nationale inlichtingen: 12

Mobiele telefoons

De ontvangst van de mobiele telefoon is in Auvergne meestal goed; de apparaten loggen automatisch in op het betreffende partnernetwerk. In afgelegen berggebieden of bijvoorbeeld in de Tarnekloof is er echter geen bereik. Nederlandse en Belgische netwerken werken met bepaalde bedrijven in Frankrijk samen, zodat de servicenummers hetzelfde blijven.

Wie veel wil telefoneren, kan het beste in Frankrijk een prepaidkaart kopen, bijv. de *mobicarte* van Orange (vanaf € 5/6 dagen geldig tot € 100/1 jaar geldig). U krijgt dan een Frans nummer en hoeft bij inkomende gesprekken de buitenlandse verbinding niet zelf te betalen – dat is echter alleen mogelijk met een SIM-lockvrije mobiel.

Tijd

In Frankrijk is het even laat als in Nederland en België, ook gedurende de zomertijd (MET plus 1 uur).

Veiligheid

Houd u aan de gebruikelijke voorzorgsmaatregelen, maar Auvergne is over het algemeen veiliger dan de meeste andere gebieden in Frankrijk.

Pas vooral op op de heenreis via de 'Lyon-Route' (snelweg A 6), die berucht is om de nachtelijke overvallen op geparkeerde campers en andere vormen van diefstal.

Vooral bij uitstapjes vanuit een dal de bergen in moet u erop bedacht zijn dat de temperaturen op 2000 m hoogte lager zijn. Zelfs in de zomer kunnen ze tot beneden 5 °C dalen.

Kennismaking – Feiten en cijfers, achtergronden

St-Saturnin is een van de grote kerken uit de romaanse periode in Auvergne

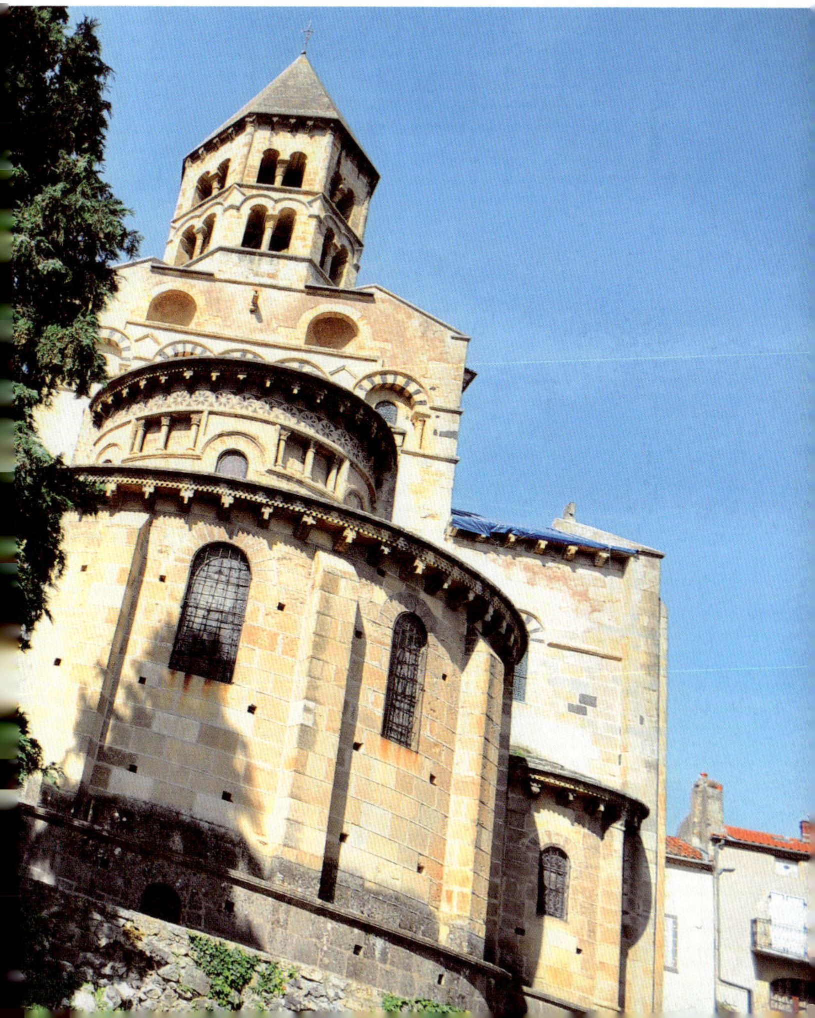

Auvergne in het kort

Oppervlak: Auvergne 26.013 km² = 4,8 % van Frankrijk; 240 km 'breed' (oost-west), 300 km 'hoog' (noord-zuid) (zonder Cevennen)
Hoofdstad: Clermont-Ferrand, ca. 140.000 inwoners (2011), het gehele stadsgebied 460.000 inw.
Talen: Frans als officiële taal, Occitaans als regionaal dialect
Landnummer: 00 (of +) 33
Tijdzone: MET met EU-zomertijd

Geografie en natuur

Afgezien van de vulkanen, die veel jonger zijn (zie blz. 55), behoort het Massif central tot het oeroude Armoricaanse gebergte dat sinds de ontstaantijd, ongeveer 350 miljoen jaar geleden, geleidelijk tot een zacht afgerond middelgebergte is afgesleten. De hoogste toppen zijn die van de Puy de Sancy (1885 m) in de Monts Dore, van de Plomb du Cantal (1855 m) in de Cantal en van de Mont Lozère (1699 m) in de Cevennen.

Auvergne beslaat een groot deel van het Massif central. In het noorden wordt tegenwoordig ook de Bourbonnais, het stamland van de Bourbonkoningen, ertoe gerekend. In het zuiden loopt de grens langs de rivier de Lot; daarachter liggen de kalkplateaus van de Causses en de Cévennen, waarmee het gebergte zich uitstrekt naar de Midi, het warmere mediterrane zuiden van Frankrijk.

Het landschap wordt gekenmerkt door schone bergrivieren, gemengde bossen op de middelste en grassteppen en almen op de hogere niveaus. Van noord naar zuid strekt Auvergne zich uit van het coulisselandschap van de Bourbonnais via de kale hoogten van het vulkaangebergte tot de in de zomer zeer warme kloven van het Caussesgebied.

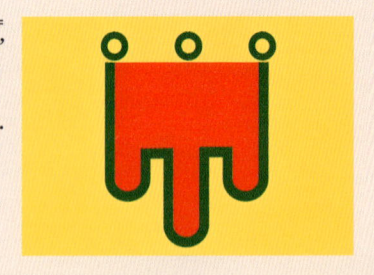

Staat en regering

Auvergne strekt zich uit over de departementen Allier (03), Puy-de-Dôme (63), Cantal (15) en Haute-Loire (43), samengevoegd in de regionale raad van Auvergne; de Cevennen behoren tot het departement Lozère (48), regio Languedoc-Roussillon. De regionale raad (Conseil régional) van Auvergne wordt voor een periode van vier jaar gekozen. De socialist Réné Souchon is in maart 2010 voor een tweede ambtstermijn als president gekozen. Hij heeft een budget van circa € 650 miljoen, waarmee onder andere de infrastructuur moet worden bekostigd.

Economie en toerisme

Als gevolg van het bergachtige landschap was Auvergne lang moeilijk toegankelijk en economisch nauwelijks ontwikkeld. Deze achterstand blijkt nu nog uit het feit dat de dienstverlenende sector (65 %) een lager en de industrie (22 %) een hoger aandeel heeft in de totale economie dan in heel Frankrijk. De chemische en rubberindustrie vormen de grootste sector, waarin de autobandenproductie met de firma's Michelin, Kleber en Dunlop rond Clermont-Ferrand het grootste aandeel bezit. Door een geslaagde structuurverandering konden ook nieuwe industrieën worden opgebouwd, bijvoorbeeld in de glasvezelproductie; de voormalige 'messenstad' Thiers is tegenwoordig een belangrijk centrum in de Franse metaalverwerking (met een groot aantal Turkse werknemers). De op twee na grootste industriesector is de verwerking van agrarische producten. Maar hoewel Auvergne als geheel groeipercentages laat zien die hoger liggen dan het Franse gemiddelde, bevindt de regio zich absoluut gezien nog achter in het laatste segment.

In de hooggelegen streken, zoals de Cantal of de Aubrac is nog een vijfde van de beroepsbevolking werkzaam in de landbouw (in heel Frankrijk 4 %), het grootste gedeelte in de veeteelt (het aandeel weilanden in Auvergne bedraagt 67 %, in heel Frankrijk 35 %). Daarbij komen de teelt van suikerbieten, maïs en graan in de Limagne en in de Bourbonnais en houtproductie in de bosgebieden.

Het toerisme kwam al halverwege de 19e eeuw op gang (met thermische baden als Vichy), maar pas met de aanleg van de snelwegen, zoals de A 75 naar het zuiden, begon het een steeds grotere rol te spelen. Daarbij zijn de Franse toeristen, die op bezoek gaan bij hun familie of in de streek waar zij vandaan komen, van groot belang. Er zijn maar liefst 170.000 toeristenbedden (incl. campingplaatsen), naast nog eens 410.000 bedden in tweede huizen; de helft van alle overnachtingen gebeurt bij familieleden thuis.

Bevolking

Auvergne telt 1,44 miljoen inwoners, wat gelijkstaat aan 2,2 % van de bevolking van Frankrijk. Daarbij komen ongeveer 800.000 weggetrokken Auvergnaten alleen al in Groot-Parijs (volgens L'Auvergnat à Paris). Met een gemiddelde bevolkingsdichtheid van ongeveer 52 inw./km² (heel Frankrijk 115 inw./km², Nederland 449 inw./km², België 364 inw./km²) kan Auvergne tot de dunst bevolkte streken van Europa worden gerekend. Natuurlijk staan tegenover het departement Puy-de-Dôme met 79 inw./km² nog dunner bevolkte gebieden als de Cantal met 26 inw./km². Het dunst bevolkt is het departement Lozère in het zuiden met slechts 15 inw./km².

Auvergne telt 1310 gemeenten, waaronder 63 % met minder dan 500 inwoners en slechts 1 % met meer dan 10.000 inwoners. Toch woont ruim 90 % van alle Auvergnaten in gemeenten met meer dan 2000 inwoners.

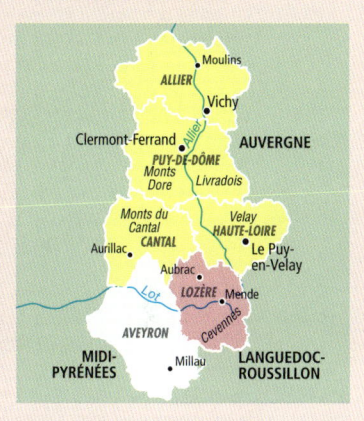

Religie

Van oudsher gelden de inwoners van Auvergne als conservatief, chauvinistich en diep religieus. De heiligenverering speelt een grote rol, zoals die van de 'zwarte madonna,' die in talrijke feesten en processies wordt uitgedragen.

Geschiedenis

Prehistorie en oudheid

Na 25.000 v. Chr. Vroegpaleolithicum: jagers-verzamelaars van de Périgordien- en Magdaléniencultuur leven in de rivierdalen, vindplaats bij Chilhac.

7000-3000 v. Chr. Neolithicum: akkerbouw van de Chasseycultuur; in het begin nog actief vulkanisme in de Monts Dômes.

3000-1500 v. Chr. Bronstijd: Massif central gekoloniseerd door de Liguriërs, aan wie nog de naam van de Loire (Lat. *Liger*) herinnert.

8e eeuw v. Chr Komst van de Kelten (Galliërs) uit het gebied van de Donau, die door de Germanen werden verdreven.

121 v. Chr. De Romeinen trekken Gallië binnen; verovering van de Provincia Gallia Narbonensis (tegenwoordige Provence).

52 v. Chr. Opstand van de Galliërs onder Vercingetorix uit de stam van de Arverni wordt door Caesar neergeslagen; daarna latinisering van Gallië als provincie van het Romeinse Rijk.

Tot 2e eeuw Gallo-Romeinse tijd: onder de Pax Romana begint een periode van bloei en ontwikkeling, tijdens welke de Romeinse beschaving en het Gallische cultuurgoed met elkaar versmelten. Auvergne behoort als Civitates Arvernorum tot de provincie Aquitanica, met als centrum het onder keizer Augustus gestichte Augustonemetum, later Clermont.

Vroege middeleeuwen

3e eeuw Kerstening van Auvergne door de heilige Austromonius (*saint Austremoine*), zijn leerlingen zijn Nectarius (*saint Nectaire*) en Marius (*saint Mary*).

471 Inval van de Visigoten; de Romeinse prefect Apollinaris Sidonius (*Sidoine Apollinaire*) wordt bisschop van Clermont en organiseert het verzet tegen de Barbaren.

486-511 De Franken onder de Merovingische koningen Chlodowech (*Clovis*) en Theuderik (*Thierry*) veroveren Gallië; de Franken gaan over tot het christendom.

534 Gregorius, later bisschop van Tours, wordt in Clermont geboren. In zijn *Geschiedenis der Franken* komt de in de 6e eeuw uit het samengaan van de Gallo-Romeinse en de Frankisch-Germaanse cultuur gegroeide rijksbewustzijn onder de Merovingen tot uiting. Het romaanse element blijft vooral ten zuiden van de Loire (basis van de Langue d'Oc) en in de geromaniseerde steden bewaard.

672	Auvergne behoort tot het rijksdeel Aquitanië, dat als hertogdom zelfstandig wordt.
732	Karel Martel *(Charles Martel)* verslaat de Spaanse Arabieren bij Poitiers en wordt stamvader van de Karolingische dynastie.
768-814	Karel de Grote *(Charlemagne)* koning van het Frankische Rijk. In 800 wordt hij door de paus tot keizer van het westen gekroond. Na zijn dood (814) begint het verval van het zich van de Pyreneeën tot Denemarken uitstrekkende rijk, dat in 843 wordt verdeeld.
9e/10e eeuw	Toenemende feodalisering van het land, wat eerst tot afname van de koninklijke macht en dan ook tot vermindering van de macht van de hertogen leidt. In plaats daarvan regeren kleine vorsten *(seigneurs, vicomtes)* in kleine gebiedjes rond burchten, die nu overal verrijzen. Zo kan Willem de Vrome *(Guillaume le Pieu)*, hertog van Aquitanië en graaf van Auvergne (hij sticht in 910 de abdij Cluny), zijn macht in Auvergne nauwelijks uitoefenen. De politieke en economische omstandigheden worden uiterst onzeker, omdat de seigneurs in een permanente staat van oorlog met elkaar verwikkeld zijn en het land verwoesten en plunderen.

De feodale burcht Château d'Anjony bij het dorp Tournemire in de Cantal

Geschiedenis

975	Vredesgelofte van Le Puy, dat het centrum van de 'Godvredebeweging' wordt: een dag in de week moeten de adellijke geslachten de vrede bewaren.
987	Begin van de in Parijs residerende Capetingendynastie.
999	Gerbert uit Aurillac wordt als Silvester II tot eerste Franse paus gekozen.
1043	Stichting van het klooster La Chaise-Dieu door de heilige Robert van Turlande uit de abdij St-Julien in Brioude. Het groeit uit tot een van de invloedrijkste kerkelijke centra in Auvergne.
1095	Paus Urbanus II roept op het Concilie van Clermont op tot de eerste kruistocht.
12e eeuw	Bloeitijd van de romaanse periode in Auvergne.
1154	Door het huwelijk van Aliénor de Guyenne (Eleonora van Aquitanië) met de Engelse koning Hendrik II Plantagenet vervalt Auvergne aan de Engelse Kroon.

Strijd om de Franse eenheid

1189	De Engelse koning Richard Leeuwenhart draagt aan koning Filips II Augustus zijn rechten op Auvergne over.
1213	Filips II onderwerpt Auvergne, dat daarmee voorgoed van Aquitanië wordt losgemaakt.
1219	De Albigenzische Kruistochten van de Kroon en de Noord-Fransen tegen de Katharen, een aan het vroegchristelijk ideaal opgehangen sekte in Zuid-Frankrijk, vernietigen de eigen cultuur van de Langue d'Oc en brengen in 1229 de regio aan de Tarn en rond Rodez aan de Kroon. Vervolgens krijgt Alfons de Poitiers Auvergne en resideert in Riom. Na zijn dood in 1271 vervalt het graafschap weer aan de Kroon.
1328	Louis de Bourbon wordt door koning Filips IV als hertog erkend, hij resideert in Moulins.
1360	Tijdens de Honderdjarige Oorlog (1339-1453) krijgt hertog Jan de Berry Auvergne in leen; hij resideert in Riom. De negentien 'goede steden' aan Frans-koninklijke kant worden versterkt, maar de rest van het land wordt steeds weer door invallen van de Engelsen en de met hen verbonden edellieden en hun plunderende bendes handlangers verwoest.

1416	Auvergne vervalt door huwelijk aan het hertogdom Bourbon.
1527	Karel de Bourbon-Montpensier (de connétable de Bourbon) kiest tijdens de Italiaanse veldtocht van koning Frans I de kant van de Habsburgse keizer Karel V, maar sneuvelt bij de aanval op Rome. Al zijn gebieden vervallen als vrijgekomen leen terug aan de Kroon. Bourbon is daarmee het laatste grote onafhankelijke hertogdom dat onder bestuur van het koningshuis komt.
1559	Begin van het regentschap van Catharina de'Medici. Haar dochter, Marguerite de Valois (bekend als Reine Margot) is gravin van Auvergne. Na allerlei intriges en romances wordt zij door haar echtgenoot Hendrik IV in Usson onder huisarrest geplaatst.
1562-1589	Hugenotenoorlog. In 1575 slagen de hugenoten, die in 1572 tijdens de slachting van de Bartholomeusnacht hun leider hadden verloren ('Parijse bloedbruiloft'), erin Issoire, Ambert en Gévaudan te veroveren onder de beruchte capitaine Merle. Pas onder koning Hendrik IV wordt het conflict door het Edict van Nantes (1598) beëindigd.
1623	Blaise Pascal, een van de grote wiskundigen van de nieuwe tijd, wordt in Clermont geboren. Hij berekent later met experimenten op de Puy de Dôme het gewicht van de lucht.
1630	Kardinaal Richelieu, de 'éminence grise' onder koning Lodewijk XIII, laat honderden burchten in Auvergne slopen om de macht van de adellijke geslachten te breken.
1665	Definitieve onderwerping van de adel in Auvergne door de uitspraak van de Grand Jour d'Auvergne onder Lodewijk XIV: 692 edelen worden veroordeeld, 450 onttrekken zich na de eerste executies door vlucht en ballingschap aan hun straf.

Emigratie en hongersnoden

1685	Opheffing van het Edict van Nantes en hernieuwde hugenotenvervolging; begin van de emigratie uit Auvergne.
1693	De grote hongersnood, veroorzaakt door een mislukte graanoogst, versterkt de emigratiebeweging.
1702-1704	Camisardsoorlog in de Cevennen (zie blz. 262).
1757	Gilbert du Motier, marquis de La Fayette, die later een rol zal spelen in de Amerikaanse Onafhankelijkheidsoorlog, wordt in Auvergne (op Château de Chavaniac) geboren.

Geschiedenis

1789	Begin van de Franse Revolutie. In 1793 bereikt ze ook Auvergne, als de revolutionaire regering alle kloosters opheft en vrijwel alle kerkelijke klokkentorens en vieringstorens laat slopen.

Auvergne in het moderne Frankrijk

1855	Aansluiting van Clermont-Ferrand op het spoorwegennet.
1862	Keizer Napoleon III bezoekt Auvergne met zijn gevolg; Vichy wordt vervolgens populair als badplaats van het Tweede Keizerrijk.
1871	Stichting van de Derde Republiek na de vernietigende nederlaag van het keizerrijk in de oorlog tegen Pruisen.
1884	Gustave Eiffel, die later met zijn toren in Parijs beroemd zal worden, bouwt het viaduct van Garabit voor de eerste spoorlijn dwars door Auvergne naar Montpellier.
1936	Verkiezingsoverwinning van het linkse Volksfront onder Léon Blum, wiens regering echter al een jaar later valt. Frankrijk staat zonder daadkrachtige regering tegenover de agressieve expansiepolitiek van Hitler, die in 1936 met de annexatie van het Rijnland begint en in 1938 tot de 'Anschluss' van Oostenrijk leidt.
1940	Frankrijk capituleert na een twee weken durende 'Blitzkrieg.' Vichy wordt de hoofdstad van het met Hitler collaborerende 'vrije' Frankrijk onder maarschalk Pétain.
1944	Begin juni, enkele dagen voor de landing van de geallieerden in Normandië, begint de Résistance haar eigen offensief op de Mont Mouchet in de Margeride.
1946	Stichting van de Vierde Republiek; de meeste Vichymeelopers blijven in functie.
1958	Stichting van de Vijfde Republiek onder Charles de Gaulle.
1969	De uit Auvergne afkomstige Georges Pompidou wordt president.
1974-1981	De uit Auvergne afkomstige Valéry Giscard d'Estaing is president.
1984	Ingebruikneming van de snelweg A 72 van Clermont-Ferrand naar St-Étienne.
1999	De snelweg A 71/A 75 vanuit Parijs bereikt Millau; de verbeterde verkeersverbinding bevordert het toerisme.

Het Viaduc de Millau, de spectaculairste brug in het Massif central

2002	Opening van het grote vulkaaninformatiecentrum 'Vulcania' in de Monts Dômes bij Clermont-Ferrand.
2004	Voltooiing van het Viaduc de Millau over het Tarndal, de hoogste hangbrug ter wereld (2460 m lang, 343 m hoog).
2006	Ingebruikneming van de tram in Clermont-Ferrand; René Souchon van de Socialistische Partij (Parti Socialiste) wordt gekozen tot president van de regionale raad van Auvergne.
2009	In Clermont-Ferrand gaat de tentoonstelling L'Aventure Michelin open.
2011	Als gevolg van uitgebleven sneeuwval lijdt Auvergne onder grote droogte; in juni worden waterbesparende maatregelen afgekondigd. Vooral de veeboeren en de kanoverhuurders hebben onder de droogte te lijden.
2012	Het conservatieve Auvergne stemt met meer dan 56 % voor de socialistische presidentskandidaat François Hollande.

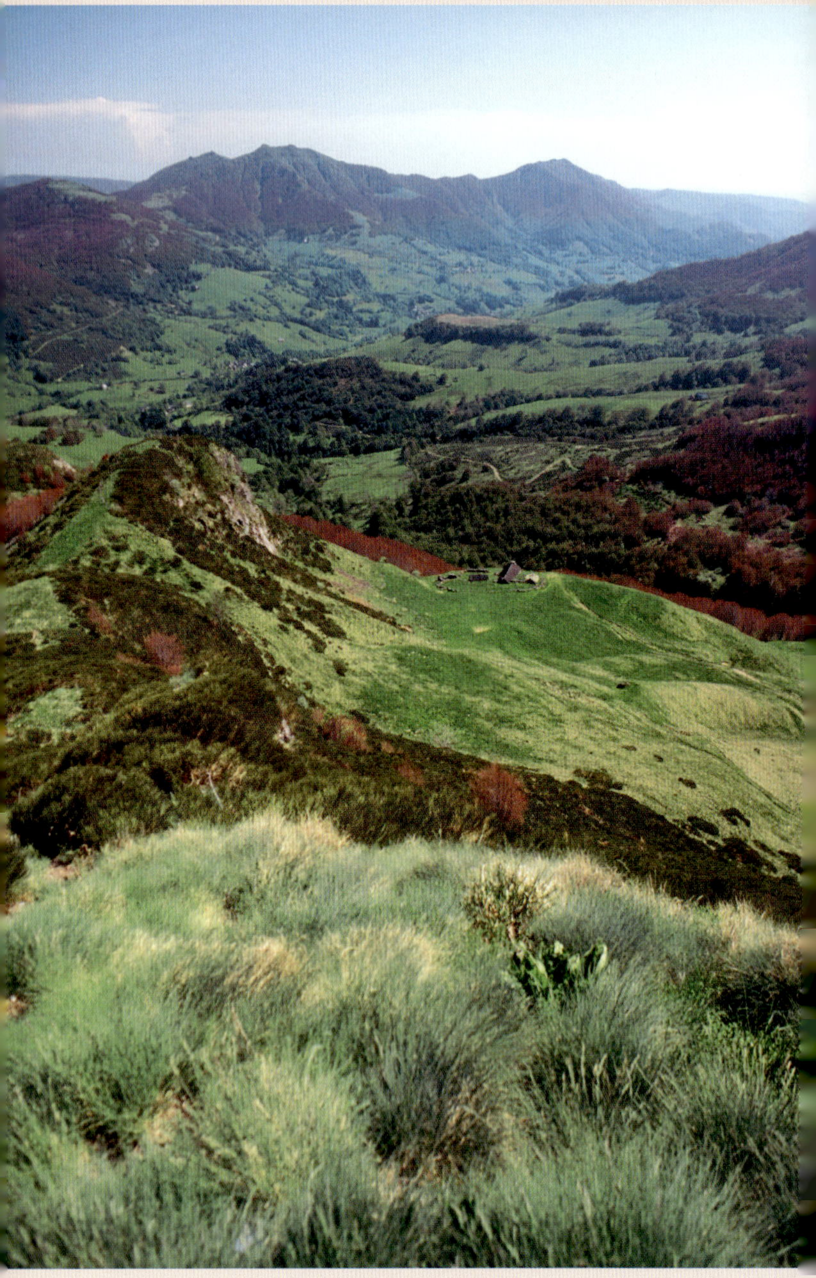

Zo'n 40 % van het oppervlak van de huidige vier departementen van Auvergne is uitgeroepen tot regionaal park. Goed bewegwijzerde wandelpaden, ruiterpaden en loipen ontsluiten een van de indrukwekkendste natuurlandschappen van Europa.

Beboste bergtoppen wisselen af met kale pieken, vulkaankegels met glooiende rivierdalen; daartussen strekken zich hoogvlaktes uit, waarop slechts af en toe een gehucht of een afgelegen boerderij van grauw natuursteen regionale park strekt zich over 120 km uit van de Puy de Dôme bij Clermont-Ferrand tot de Plomb du Cantal bij Aurillac en wordt doorkruist door langeafstandspad GR 4. Hier grazen de salersrunderen van Auvergne, een taai ras met een rossige vacht en lange gebogen hoorns (zie blz. 58). Op de hooggelegen almen van de Cantal, de *aigades,* vindt u boven de 1300 m-grens valkruid, gele gentiaan, harlekijn, ranonkel, langs de beken steenbreek en witte boterbloem, op rotsige plaatsen wilgenroosjes en het grote bergviool-

Ongerepte natuur - de nationale parken van Auvergne

opduikt. Met dit dunbevolkte natuurpark houdt Auvergne ook een rijke vegetatie en dierenwereld in stand. Ongeveer 2000 plantensoorten zijn door botanici geteld, waarbij op verschillende hoogten steeds weer andere vegetatievormen overheersen.

Vulkanisch Auvergne

Het landschap tussen de Monts Dore en de Cantal, de geologisch oudste vulkaangebieden, is bijna alpien. Al in 1977 werd daar, om het toerisme te bevorderen, het **Parc naturel régional des Volcans d'Auvergne** gesticht, dat het vulkaanmassief Monts Dômes, Monts Dore, de Cézallierhoogvlakte, de Monts du Cantal en het granietplateau Artense in het westen omvat (www.parc-volcans-auvergne.com). Het 395.000 ha grote

Het Mandaillesdal in de Cantal

tje. Vanaf 1600 m hoogte gedijen nog dwergjeneverbes, bosbessen en dophei, naast paradijslelie en wolfsklauw. De wandelaar kan in de bergen gemzen, moeflons en marmotten tegenkomen.

In de gentiaan, die afhankelijk van de hoogte in juni of juli bloeit, zijn de mensen in Auvergne vooral geïnteresseerd vanwege zijn verborgen kant: de diep in de aarde stekende, vuistdikke wortel. De *gentianaires,* uitgerust met een speciale vork met een meer dan 2 m lange steel die hem de benodigde hefboomwerking geeft, graven ze van begin mei tot eind oktober uit de grond. In destilleerderijen wordt er een bitter aperitief, de gentiane, van gemaakt.

Regionale parken op internet
Op de website www.parcs-naturels-regionaux.tm.fr vindt u tips voor onderdak, wandelingen, kunstnijverheid, enzovoort.

Gieren boven de Causses

De inspanningen om het unieke landschap van de Causses en zijn fauna en flora te bewaren, strekken zich ook uit tot het herintroduceren van de gier, die hier omstreeks 1940 uitstierf. Deze aaseter, die uitsluitend dode dieren eet, was in de jaren dertig van de 20e eeuw systematisch met wapens en gif uitgeroeid, omdat de boeren hun schapen wilden beschermen. In 1981 – na een lange gewenningsperiode in volières – werden de eerste exemplaren, die uit de Pyreneeën waren overgebracht, vrijgelaten. In de kloven van de Jonte en de Tarn leven sindsdien weer zo'n 180 gieren (zie blz. 280). Naast bemoeienissen om de enkele overgebleven exemplaren van de genetkat te beschermen, probeert men ook de bestanden van de auerhoen, de bever, de moeflon en de adelaar op peil te houden.

De hoogvlaktes in het zuiden, de Margeride en de Aubrac, zijn oeroude weidevlakten, grotendeels boomloze, vlakke weilanden. In het voorjaar worden ze overdekt door hele tapijten van wilde witte narcissen, die nog altijd worden 'geoogst' en aan de parfumerieën in Grasse worden geleverd. Wandelaars zijn blij met de insecten etende zonnedauw en kunnen zo ongestoord genieten van het gele slaapmutsje, de kruidwilg (de kleinste boom ter wereld) en de wolfsklauw.

Tegenwoordig worden hele weidevlakten weer bebost en andere als dierreservaten ingericht. Bij Ste-Eulalie, tussen Saugues en Aumont-Aubrac, bijvoorbeeld worden weer wisenten geïntroduceerd. Veel Fransen, en vooral de plaatselijke bevolking, staan sceptisch tegenover het grote wolvenpark in Gévaudan bij Marvejols, waar Gérard Ménatory al tientallen jaren de strijd aanbindt tegen de diepgewortelde angst voor dit ten onrechte in een kwaad daglicht gestelde dier.

Livradois-Forez

In het oosten van de Auvergne werd in 1986 het **Parc naturel régional du Livradois-Forez** gesticht. Het omvat op 310.000 ha de middengebergten de Monts du Forez en de Livradois aan weerszijden van het riviertje de Dore en strekt zich meer dan 100 km ver uit tussen Thiers en Le Puy-en-Velay. In westelijke richting reikt het tot aan Billom. Sinds het ontstaan van het park worden er van staatswege investeringen gedaan in het stimuleren van plaatselijke kunstnijverheid en in de aanleg van toeristische attracties in de natuur (www.parc-livradois-forez.org).

Op de middelhoge bergtoppen van de Monts du Forez en in de Livradois hebben eiken- en beukenbossen de overhand; in de hogere gebieden overheersen de sparren. Tot 1000 m hoogte wisselen akkergebieden de dichte bossen af, daarboven liggen de zomerweiden van de herders, die hier *hautes chaumes* worden genoemd. De talrijke meren en riviervlakten van dit heuvellandschap vormen belangrijke rustgebieden voor trekvogels op hun reis naar het zuiden.

De Causses

Het **Parc naturel régional des Grands Causses** met een oppervlakte van 315.000 ha rond Millau werd in 1995 gesticht. Causses is de benaming van de kale hoogvlakten aan de zuidrand van het Massif central, waartussen rivieren als de Tarn, de Jonte en de Dourbie – onopvallende beekjes in de zomer, maar als de sneeuw gaat smelten uitgroeiend tot kolkende bergrivieren – diepe kloven hebben uitgesleten met spectaculaire, honderden meters hoge rotswanden.

Strenge winters en verzengend hete zomers dragen bij aan de onvruchtbaarheid van het land en de weidebouw heeft dan ook een mediterraan karakter. In plaats van runderen worden hier vooral schapen gehouden. Omdat het regenwater te snel in de poreuze kalkbodem wegzakt, groeien op de Causses alleen brem, grassen en heide. Er hebben zich reusachtige druipsteengrotten gevormd, die de spectaculairste bezienswaardigheden van dit gebied zijn.

Nationaal park Cevennen

Het **Massif des Cévennes** vormt als uitloper van het Massif central de overgang tussen het vulkaanlandschap van Auvergne in het noorden en de Languedoc in het zuiden. Het is een eigenzinnig landschap met een ongenaakbare schoonheid. De meest voorkomende gesteenten zijn leisteen, graniet en kalk. De beide grote bergen van de Ce-

De Gorges de la Jonte in de Causses bij Le Rozier

vennen, de Mont Aigoual en de Mont Lozère, zijn daarentegen tot op gemiddelde hoogte met bossen begroeid: dennen in het door het Atlantische klimaat gekenmerkte noorden, en in het zuiden vooral tamme kastanjes, waarvan de vruchten hier vroeger het belangrijkste voedingsmiddel van mens en dier waren. Een gebied ten zuiden van Aurillac, de Châtaigneraie, is zelfs naar de 'broodboom' vernoemd. Tegenwoordig worden de kastanjes, nu de mensen wegtrekken en de bomen niet meer actief worden geteeld, steeds meer verdrongen door naaldbomen, maquis en heide. Veel bomen zijn al begin 20e eeuw gerooid om de weidebouw te kunnen uitbreiden.

Het in 1970 gestichte **Parc National des Cévennes** omvat een kerngebied van 84.000 ha (rond Mont Lozère, Mont Aigoual en Causse Méjean) en een randgebied van 230.000 ha; in het kerngebied wonen minder dan vijfhonderd mensen. Een regionaal natuurpark moet het hebben van de vrijwillige deelname van de gemeentelijke besturen en is in gelijke mate gericht op natuurbescherming en economische ontwikkeling. Een nationaal park daarentegen is in de wet vastgelegd en beschermt de natuur en de ecosystemen volgens strengere regels.

Rivieren en meren

Auvergne bezit talrijke bronnen en is daarmee het waterreservoir van Frankrijk; het gebied voedt de ontwateringsstelsels van de Dordogne en de Loire, die – door de waterscheiding van de Cevennen gekeerd – beide naar het westen, naar de Atlantische Oceaan stromen en twee van de grootste rivieren van het land zijn.

De belangrijkste rivier van de Auvergne is de **Allier**. Hij ontspringt helemaal in het zuiden, vlak bij de Mont Lozère, en stroomt langs Brioude, Vichy en Moulins over de Limagnevlakte, tot hij bij Nevers in de Loire uitmondt. Onderweg neemt hij talrijke andere rivieren op, zoals de **Alagnon** vanaf de Plomb du Cantal, de **Dore** uit de Livradois en de **Sioule** uit de Monts Dômes. Dit afwateringsstelsel vormde ooit het belangrijkste vervoerstraject van Auvergne, waarover de producten die het gebied opleverde werden verscheept, en dat traditierijke steden als Thiers, Issoire en Brioude met de rest van Frankrijk verbond.

In het zuiden vormen de **Cère** en de **Truyère**, die de wildwaterbeken van de Plomb du Cantal en de Aubrac opnemen en in het westen uitmonden in de Dordogne, die op de Monts Dore ontspringt, een eigen rivierenstelsel. De **Dordogne** is inmiddels de grootste waterkrachtleverancier van Frankrijk. De stuwdammen, waarvan de eerste, bij Bort-les-Orgues, nog in Auvergne ligt, hebben een capaciteit van 1800 MW en leveren jaarlijks 3000 GWh elektriciteit. Maar ook elders vindt u grote meren die zich achter reusachtige stuwdammen uitstrekken, zoals in de Cère bij Aurillac of de Truyère bij St-Flour.

Alleen de langste rivier van Frankrijk, de **Loire**, die ten zuiden van Le Puy-en-Velay ontspringt, is kanalisering en daarmee de verdwijning van zijn meanderende armen en riviervlakten bespaard gebleven.

Op de vulkaan

Waar u ook gaat in Auvergne, meestal staat u op vulkanische grond. De vulkanen in het Massif central zijn voor een deel nog zeer jong, uit het oogpunt van de geograaf komen ze nog maar net kijken. Het vulkanisme is echter al veel eerder begonnen, tijdens het ontstaan van de Alpen en de Pyreneeën.

In het tertiair verscheen als gevolg van de verschuiving van platen een spleet in het oudere Armoricaanse granietmassief, waardoor magma zich een weg kon banen naar het aardoppervlak. Daarbij ontstonden de 'oude' vulkanen van de Velay, de Cantal en de Monts Dore. Deze massieven, die vroeger enorm waren, zijn de afgelopen 20 miljoen jaar enorm door erosie aangetast. De Cantalvulkaan zou zich tussen St-Flour en Mauriac, Aurillac en Issoire over een oppervlakte van 2500 km² hebben uitgestrekt en met 3000 m hoogte de grootste vulkaan van het Europese continent zijn geweest. Zijn massief is in de loop van de ijstijden vervangen door enkele bergtoppen. De Cantal en de Monts Dore, die in deze eerste fase van het vulkanisme zijn ontstaan, vormen nu het grootste deel van het Parc naturel régional des Volcans (zie blz. 51); hier verheffen zich ook de hoogste toppen van Auvergne, de Puy de Sancy (1885 m) en de Plomb du Cantal (1855 m).

De Monts Dômes

Pas zeer veel later begon het vulkanisme in de Monts Dômes ter hoogte van Clermont-Ferrand: de Puy de Pariou met zijn twee kraters is pas 8500 jaar niet meer actief, de Puy de la Vache naar schatting 7500 jaar. In de Monts Dômes, waar de meer dan tachtig vulkaankegels zich als schakels aan een ketting aaneenrijgen (vandaar ook de naam Chaîne des Puys), zijn de vulkanische verschijnselen die het landschap in geheel Auvergne hebben bepaald, bijzonder goed zichtbaar. De Puy de Pariou en de Puy de Côme hebben allebei de klassieke vorm van de vulkaankrater. Hun ringkraters, die tot het 'spuwende' Strombolitype worden gerekend, ontstonden door een explosieve uitstoting van as en puimsteen uit de kraterpijp, waarvan de afzettingen de kenmerkende kegelvorm van de hellingen veroorzaakt. Als er vervolgens nog magma in de kraterpijp opwelt en de krater vult, kan deze uitlopen, waardoor slechts een halve ringwal overblijft, zoals bij de Puy de la Vache het geval is.

De meest karakteristieke en met 1465 m de hoogste berg van de Monts Dômes is echter de Puy de Dôme, een koepelvulkaan die tot het naar een vulkaan op Martinique genoemde Peléetype behoort. Koepelvulkanen ontstaan door het langzaam opwellen van traag stromende magma, dat als het afkoelt een berg met steile flanken zonder krater vormt, omdat het magma dat de kraterpijp vult ook stolt als de druk uit het binnenste van de aarde afneemt. Tot dit type vulkanisme worden ook de lavastromen gerekend, die ten tijde van het jongste vulkanisme als rivieren van de Puy in de Limagne stroomden. Zo ontstonden de bergruggen die de vlakte domineren, waarop edelen in de middeleeuwen hun burchten bouwden (zoals Châtelguyon en Tournoël). Deze lavastromen veranderden echter ook de loop van de rivieren en waren verantwoordelijk voor het ontstaan van het Lac Chambon. Dergelijke lavastromen waren er ook al in de periode van de oudere vulkanen, alleen op veel grotere schaal. De reusachtige plateaus van de Cézallier, de Aubrac en de Margeride – alle tussen 1000 en 1500 m hoog – zijn door uit de enorme vulkanen in de Cantal en in de Monts Dore stromende lava ontstaan.

'Aiguilles' en basaltzuilen

Kleinere, maar ook indrukwekkende herinneringen aan deze periode zijn de *aiguilles* ('naalden'), oeroude lavapijpen, die door erosie geheel vrij zijn komen te liggen en als rotspunten omhoog steken. Het beste voorbeeld hiervan is de Rocher d'Aiguilhe in Le Puy, een 80 m hoge rotsnaald, die door een kapel wordt bekroond. Waar de lava door spleten in de aarde omhoog kon worden gedrukt, ontstonden hoge, tegenwoordig door erosie blootgelegde basaltwanden in een typerende orgelpijpvorm, zoals bij Bort-les-Orgues.

Een ander fascinerend fenomeen van het vulkanisme en de kracht van erosie is de 'reliëfinversie': oudere dalen waarin lava stroomde, kregen daardoor een zeer harde bedding die de erosie weerstond, terwijl de vroegere hellingen van het dal langzaam wegsleten. De oude dalbodem werd zo een hoogvlakte die door jongere dalen wordt omgeven. Voorbeelden zijn de Montagne de la Serre bij St-Saturnin en het Gergoviaplateau.

In Auvergne loopt u vrijwel overal over vulkanen – hun aantal wordt door vulkanologen op wel tweeduizend geschat. Het is nutteloos om over de mogelijkheid van hernieuwde activiteit – die zeker niet onwaarschijnlijk is – te speculeren. Tenslotte is de beweging van de Alpen, waarmee alles begonnen is, nog geenszins tot een eind gekomen.

Favoriet

Thermische kuuroorden

Van het vulkanische verleden van Auvergne getuigen de minerale bronnen van Volvic en Vichy en een hele reeks geneeskrachtige thermische bronnen, zoals die van Royat (zie foto). Met elf geneeskrachtige baden – een derde van alle Franse thermische kuuroorden – was het Massif central een van de belangrijkste thermische centra van Europa. Vele werden al door de Romeinen gebruikt. Eind 19e eeuw werden ze ook voor toeristen interessant en begin 20e eeuw was Auvergne de chicste vakantiebestemming van Frankrijk. Tegenwoordig hebben veel baden het echter moeilijk om met hun oude gebouwen nog klanten te lokken; de sfeer doet tegenwoordig wat ouderwets aan. Het bad met de 'modernste' uitstraling is op dit moment Vichy, dat gekozen heeft voor de wellness-trend en het stadsbeeld met moderne architectuur probeert te verjongen. Heel charmant is aan de andere kant Chaudes-Aigues, dat in een ongerepte natuur ligt en een beetje doet denken aan een plaatsje in het Zwarte Woud. Op het internet: www.auvergne-thermale.com en www.villesdeaux.com.

Het rode salersrund

In Haute-Auvergne, de bergstreken van de Cantal, de hoogvlakten van de Aubrac en van Cézallier, houden de boeren zich vrijwel uitsluitend met veeteelt bezig. Eind mei werden vroeger de rode salersrunderen, die alleen in Auvergne voorkomen, de hooggelegen bergweiden op gedreven, in oktober keerden de kudden terug.

De herders leefden in die periode met hun dieren op de hoge weiden (*aigades* genaamd) in zogenaamde *burons*, kleine hutten van natuursteen, waar ze ook kaas maakten (zie blz. 228). Deze manier van veehouderij heeft zich uit de behoeften van de boerenoverlevingseconomie ontwikkeld: om de dalen in de zomer voor de akkerbouw te kunnen gebruiken liet men het vee op de hoge almen grazen. Sinds de EU door haar subsidiebeleid de combinatie van veehouderij en akkerbouw zo ongeveer bestraft, is dat niet meer nodig. Er worden tegenwoordig steeds minder dieren naar de hoge almen gedreven (ook al zegt een legende dat de dieren zullen verbleken als ze niet meer de bergen in gedreven worden).

Taai en onafhankelijk

De runderen van het salersras, die vooral in de bergen van de Cantal weiden, zijn oorspronkelijke dieren met een mahoni- tot cognackleurige vacht en lange hoorns, die naarmate ze ouder worden de krijgshaftige gebogen vorm aannemen die hen aan Spaanse stieren doet denken. Het ras, in de 19e eeuw door een zekere Tyssandier d'Escous door kruising met Pyreneeënrunderen verbeterd, wordt als melkvee voor de kaasmakerij, maar ook om de kwaliteit van het vlees geprezen. De nomadische oorsprong is voor een deel bewaard gebleven: de dieren gelden als moedig, onafhankelijk en robuust – en dus uitstekend geschikt voor het onregelmatige terrein en de klimatologische bijzonderheden van bergachtige streken (sterke temperatuurswisselingen, veel neerslag), waar ze bijna zes maanden lang min of meer vrij op de almen leven.

Met stamboom en AOC-merk

Met in totaal 160.000 exemplaren kan het salersrund niet zeldzaam worden genoemd – het blonde aubracrund, dat op de hoogvlakten van de Margeride tot in het dal van de Lot voorkomt, bereikt slechts een derde van dat aantal. Maar vergeleken met de 1,6 miljoen witte charolaisrunderen, die vooral in de Bourbonnais op de weilanden te zien zijn, is de populatie piepklein. Het charolaisrund is in Frankrijk vleesleverancier nummer een, al schijnt zijn roem wat af te nemen: een testjury van het magazine *GaultMillaut* zette zijn vlees op de twee na laatste plaats in een rij van tien. Het salersrund eindigde op de zesde plaats, met de volgende beoordeling: 'Bleekroze kleur, fijne structuur, uitstekende sappigheid, zeer mals, smelt op de tong.'

De melk van de salerskoe is grondstof voor de beroemde cantalkaas, die zijn kruidige smaak krijgt van de kruiden en grassen op de hoge almen. De vleesproductie speelt daarentegen geen erg grote rol. Dat ligt er enerzijds aan dat de boer in Auvergne van oudsher een zeer persoonlijke verhouding met zijn dieren heeft. In de eeuwenlange kleinschalige economie bezat een boer meestal hoogstens een tiental koeien; de boerenfamilie leefde van de melk en een sterfgeval werd eerder als een verdrietige gebeurtenis gezien dan als een welkome gelegenheid voor een feestmaal.

Ook tegenwoordig nog krijgen de dieren allemaal een naam; sinds bij de Kamer van Koophandel in Aurillac een officieel *Herd Book Salers* wordt bijgehouden, moeten de namen met een per jaar wisselende letter beginnen. In dit stamboek worden alle dieren van het salersras opgenomen, inclusief hun genealogie – en dat zegt wel iets over hoe serieus de fokkers in Auvergne het ras nemen.

De montée

Nauwelijks is de laatste sneeuw van de Cantalhellingen verdwenen of de salersrunderen worden naar hun weiden gebracht – de *montée* is net als de *dévalade* eind september in plaatsen als Salers, Besse, Condat en Riom-ès-Montagne de belangrijkste gebeurtenis van het jaar. De plaats waar de dieren zich bevinden, geldt vervolgens als betrouwbare weersvoorspelling: als ze in het dal grazen, wordt het weer slecht, beklimmen ze de hellingen, dan komt er zon.

Gezichten van Auvergne

Conservatief, koppig, chauvinistisch en gierig zouden de inwoners van Auvergne zijn, maar ze zouden ook veel doorzettingsvermogen en werklust hebben. De uit Auvergne afkomstige schrijver Alexandre Vialatte heeft deze vooroordelen gecorrigeerd: de gierigheid van de Auvergnard zou door zijn gulheid worden overtroffen, zegt hij.

Wat op het eerste gezicht in tegenspraak lijkt, blijkt een treffende karakterisering van een boerentemperament – gekenmerkt door het dagelijks leven in het dorp en landelijke armoede. Inderdaad worden alle genoemde eigenschappen in de hoekige boerenkoppen van de mensen in de kleine dorpen teruggevonden. U vindt hier de vrolijke gelatenheid van het zuiden noch de verbeten zakelijkheid van het noorden. De echte Auvergnard straalt steeds een zekere ernst uit, maar ook tevredenheid met zichzelf: de weinig vriendelijke natuur dwingt hem misschien wel tot ernst, en de tevredenheid kan uit het gevoel zijn ontstaan dat alles wat men bezit, aan die meedogenloze natuur is ontfutseld.

Boerensterfte

Zoals bijna overal het geval is, zijn het tegenwoordig vrijwel alleen nog de ouderen die dit Auvergne vertegenwoordigen. Zij hebben de moeilijke tijden nog meegemaakt, toen de mensen in vochtige huizen van natuursteen woonden en tot het voorjaar met een cantalkaas moesten doen. Armoede en gebrek aan voor de landbouw geschikte oppervlakken hebben nog tot in de jaren tachtig van de 20e eeuw het leven bepaald en daardoor steeds grote delen van de bevolking gedwongen om weg te trekken. Wat de pest was voor veel andere landen, was de emigratie voor Auvergne, constateerde de intendant Legrand d'Aussy aan het eind van de 18e eeuw. De vlucht uit de onvruchtbare bergen van het Massif central was al in de 15e eeuw begonnen, maar bereikte zijn hoogtepunt in de 19e eeuw, toen industriegebieden als het Île-de-France arbeidskrachten uit heel Frankrijk aantrokken. Niet alleen de armoede op het land, maar ook de grote druifluisepidemie, die met de wijnstokken in Auvergne ook het bestaan van duizenden boerenfamilies vernietigde, veroorzaakte de massale volksverhuizing.

Zo beweerden scherpe tongen in de jaren tachtig van de 19e eeuw dat Parijs in feite de grootste stad van Auvergne was. Al in 1883 telde men 150.000 mensen uit de departementen Cantal en Puy-de-Dôme in de hoofdstad. Een typische Auvergnard verdiende de kost als kolendrager, wie genoeg gespaard had, opende een bistro met bijbehorende kolenhandel, die dan Vins-Bois-Charbon ('wijn-hout-kolen') of Bougnats (van het Auvergnaanse *charbougna*, 'kolen') werd genoemd. De meeste Auvergnards vestigden zich in Parijs in de omgeving van het Gare de Lyon, waar de treinen uit Auvergne aankomen, tot aan de Faubourg St-Antoine in de wijk Bastille. Van 1882 tot 2009 hadden ze zelfs hun eigen krant, de *Auvergnat de Paris*.

De laatste grote 'boerensterfte' sinds de jaren zestig van de 20e eeuw (meer dan 50 % van de boeren in Haute-Auvergne verlieten hun boerderijen) leidde niet alleen tot landvlucht, het verdwijnen van kleine dorpen en het veranderen van boerenland in bosgebied, maar zorgde ook tot een toegenomen verstedelijking. Voor de Tweede Wereldoorlog woonde slechts een vierde van de bevolking in steden, maar nu is dat aantal verdriedubbeld. In het stedelijk gebied Clermont-Ferrand, de met 260.000 inwoners grootste agglomeratie, woont tegenwoordig een vijfde van alle Auvergnards.

Thuis in de vakantie

Aan de andere kant leidde de aanleg van de snelweg naar het zuiden in de jaren negentig van de 20e eeuw weer tot groei van de bevolking, in ieder geval op papier. Steeds meer huizen, met name langs de Allier in de Grande Limagne bij Issoire werden ingericht als vakantiewoning of als tweede woning gebruikt. In de zomervakanties stromen de weggetrokken kinderen van de jaren zeventig en tachtig van de 20e eeuw terug naar hun dorpen, waar in het beste geval opa en oma nog zijn achtergebleven.

Maar een levendige dorpseconomie kan op deze basis natuurlijk niet van de grond komen en dus vindt u in deze dorpen tegenwoordig nog maar zelden een winkel of een café.

De oude tradities worden echter zo goed en zo kwaad als het gaat in stand gehouden, ook als de datum voor een traditioneel feest naar augustus moet worden verplaatst, omdat dan alle mensen er weer zijn. Zo spelen jonge mensen op de markt in Issoire de oude liederen met *vielle à roue* en *musette* (zie blz. 102 en 212) en dansen op het grote feest van Haute-Auvergne in Besse tieners in de tradionele klederdracht de *bourrée*. Dat is de karakteristieke, snelle dans van Auvergne, die steeds met meer paren wordt gedanst. De vrouw heeft daarbij een leidende rol; zij probeert de man koket uit te dagen ...

Geneuzel en gesis

De rol van Auvergne als culturele 'waterscheiding' tussen het noorden en het zuiden van Frankrijk wordt vooral duidelijk in de taal. Naar schatting 300.000 Auvergnards spreken nog de regionale taal, hoofdzakelijk in de Cantal en op de Cézallier, zo'n 800.000 verstaan hem nog.

Tussen de *langue d'oc* (Zuid-Frans) en de *langue d'oïl* (Noord-Frans) ligt volgens de moderne linguïstiek het Auvernhat: een brede overgangszone die zich dwars door het land uitstrekt, van de Atlantische Oceaan tot aan de Jura. In hoeverre het Auvernhat echter als dialect van het Occitaans tot een grote taalfamilie behoort (waartoe ook het Catalaans en het Piëmontese-Noord-Italiaanse regionale dialect worden gerekend) is betwist. Vooral Pierre Bonnaud is van mening dat het Auvernhat een zelfstandige taal is. Hij heeft een transcriptie ontwikkeld die de gemeenschappelijke elementen met de *langue d'oc* verbergt en de taal meer Noord-Frans maakt, zoals critici beweren.

Het gesproken Auvernhat wordt gekenmerkt door bepaalde eigenaardigheden, vooral het in het stripboek *Asterix en het ijzeren schild* uitvoerig geparodieerde *chuintement,* het neuzelen, wat voortkomt uit de vele sj- en dsj-klanken. Verder herinneren de vele op -a eindigende woorden en de vocabulaire aan het Spaans.

De bourrée op cd

Een mooi souvenir voor muziekliefhebbers is een cd waarop bekende musici traditionele muziek vertolken, zoals de accordeonvirtuozen Jean Ségurel, Marc Michel en Jo Sony. De *vielle à roue*, de draailier, zorgt voor de oorspronkelijke klankkleur.

Het Sanflorain, de variant uit St-Flour, schijnt nog het meest te lijken op het middeleeuwse Auvernhat – Nederlandse bezoekers verstaan er met hun school-Frans in ieder geval niets van, om nog maar te zwijgen van de bijzonderheden van het idioom of de bizarre manier om de tijd aan te geven, zoals *leù tri ca de la doa mancà dou,* letterlijk: 'driekwart van twee min twee,' dus een uur drieënveertig. In het algemeen zijn de inwoners van Auvergne echter nogal zuinig met woorden – ze noemen zichzelf zwijgzaam; 'de taal heeft geen botten,' zegt men hier. Ze uiten zichzelf liever met daden dan met woorden.

Uit Auvergne aan de top

Een daadkrachtige Auvergnard uit de 20e eeuw was Georges Pompidou, president van Frankrijk van 1969 tot 1974, die in 1911 in Montboudif in de Cantal werd geboren; in St-Flour staat een pompeus monument ter nagedachtenis van hem. Hij was echter geen typische inwoner van het gebied en stond eerder bekend als modernist: 'de stad moet aan de auto worden aangepast' was zijn motto. De sloop van de Parijse markthallen en de aanleg van de ringweg rond de hoofdstad zijn onder zijn verantwoordelijkheid gebeurd, gedurende zijn ambtstermijn als president.

Ook zijn opvolger Valéry Giscard d'Estaing, die het ambt tot 1981 bekleedde, is afkomstig uit Auvergne. Hij is van adellijke komaf en kan zijn stamboom terugvoeren tot de tijd van koning Filips II. Giscard, in 1926 in Koblenz geboren, werd na zijn presidentschap voorzitter van de regionale raad van Auvergne. Zijn laatste grote project voor hij in 2004 aftrad, was de aanleg van een 'kunstmatige vulkaan' in het Vulcaniapark bij Clermont-Ferrand.

Inmiddels heeft de voormalige president een reusachtig barokkasteel in het dorpje Estaing aan de Lot gekocht, dat als residentie van zijn familie wordt gerestaureerd.

Alexandre Vialatte

De bekendste schrijver uit Auvergne is tot dusver Alexandre Vialatte (1901-1971). Hij was lange tijd journalist van het dagblad *La Montagne*; zijn familie was afkomstig uit Ambert, waar de schrijver ook zijn laatste rustplaats heeft gevonden. Veel van zijn verhalen zijn in Auvergne gesitueerd. Vialatte vertelt over de geschiedenis en de eigenaardigheden van de regio op een kenmerkende toon vol van de ironie van de waarnemer en de empathie van de plaatselijke patriot. De emigratie van veel van zijn streekgenoten naar Parijs beschrijft Vialatte met behulp van zijn voorliefde voor paradoxen: ze zouden altijd al francofiel zijn geweest...

Er is nauwelijks iets van Vialatte vertaald. Ook Franse boeken zijn moeilijk te vinden, maar worden nog wel tweedehands aangeboden.

Vercingetorix en de Arverni

Net als de Bretonnen zijn ook de Auvergnards directe afstammelingen van de Keltisch-Gallische oerbevolking van Frankrijk. De oorlogszuchtige stam van de Arverni, die het de Romeinen onder Caesar lastig maakte, was hier in het Massif central gevestigd. Ook na hun moeizame onderwerping bleven de Arverni in de ontoegankelijke berggebieden wonen en gaven hun naam aan het gebied.

Al rond 800 v.Chr. trokken de eerste Kelten uit het Donaugebied over de bedding van de Rhône in de richting van het Massif central en vermengden zich daar met de Liguriërs die hen waren voorgegaan. Na de 5e eeuw v.Chr. vormden Keltische stammen in Frankrijk en Zuid-Duitsland de hoogontwikkelde La Ténecultuur. Ze kenden geen schrift, maar legden op kunstzinnig gebied, in sieraden en keramiek, een grote vaardigheid aan de dag. Hun uitgestrekte, versterkte nederzettingen (oppida) getuigen van een sociaal gelaagde maatschappij met leidende families, soldaten, handwerkers en boeren. Niet in de laatste plaats zouden de Kelten, die door de Romeinen Galliërs werden genoemd, als veeboeren de kaasmakerij hebben uitgevonden – in ieder geval de Franse versie daarvan.

Het rijk van de Kelten

De Romeinen hadden al vroeg contact met de Kelten. In 387 v.Chr. bestormde de Keltische stam de Senones, onder Brennus, Rome en plunderde de stad. Andere stammen trokken in de 4e eeuw tot in Klein-Azië op en bereikten ook de Britse eilanden. In de 2e eeuw ten slotte sloot zich een stamverband aaneen in het centrum van Frankrijk: de Keltische stam de Arverni, met hun centrum in de Limagne, onderwierp de naburige stammen tot de Rhônevallei en verenigde een rijk dat gevaarlijk dreigde te worden voor de Romeinen aan hun noordgrens.

In 121 werd Rome door de dan Griekse stad Massilia (Marseille) en de Keltische stam de Aedui, die rond Bribacte (Autun) gevestigd was, gevraagd hen te steunen in hun strijd tegen de Arverni. Onder Quintus Fabius Maximus (Allobrogicus) versloegen de Romeinen het leger van koning Bituitus in de slag bij de samenloop van de Rhône en de Isère. Het gebied aan de bovenloop van de Rhône werd vervolgens als de provincie Narbonensis (de tegenwoordige Provence) bij het Romeinse Imperium ingelijfd. Het rijk van de Arverni viel uiteen; de laatste troonpretendent, Celtillus, werd rond 80 v.Chr. door edelen vermoord.

Vercingetorix

Niet veel later begon Julius Caesar zijn Gallische oorlog, toen hij in 58 v.Chr. militair ingreep over de grens van de provincie Narbonensis. Vier jaar later was hij opgerukt tot aan de Atlantische Oceaan, was hij naar Groot-Brittannië gevaren en had hij ook de Rijn overgestoken. Maar in Gallië braken steeds weer opstanden uit. De laatste was de strijd onder de jonge vorst van de Arverni, Vercingetorix, de zoon van Celtillus. Hij organiseerde de grote opstand tegen Caesar, waaraan alle Galliërs deelnamen.

Het garnizoen bij Cenabum (Orléans) werd afgeslacht; bij Gergovia, het oppidum van de Arverni in de buurt van Clermont-Ferrand (zie blz. 132), brachten de legers van de Kelten Caesar een zware nederlaag toe. De 'onverslaanbare' moest zich terugtrekken en kon pas bij de Rhône de opmars van de Galliërs stoppen; bij Alesia werd het Gallische leger verslagen en Vercingetorix gevangen genomen. Zes jaar later liet Caesar hem in Rome ter dood brengen. In de 19e eeuw heeft vooral de Franse nationalistische beweging van Vercingetorix een nationale held gemaakt, die pas in de strips van Asterix door allerlei parodistische schimscheuten van zijn sokkel werd gestoten ('Alesjia? Ik weet nietsj van Alesjia!').

Gallo-Romeinse cultuur

Na deze nederlaag legden de vorsten van Gallia Celtica zich snel neer bij de Romeinen en hun cultuur. Onder de 'Pax Romana', de Romeinse vrede, begon een fase van bloei en ontwikkeling. De latinisering van de stedelijke bovenlagen oefende een blijvende invloed uit op de taalontwikkeling; alleen op het land bleven de Keltische cultuur en de oude druïdencultus bewaard. Auvergne behoorde als Civitates Arvernorum tot de provincie Aquitanica, met als centrum het onder keizer Augustus gestichte Augustonemetum, het latere Clermont.

Nadat het christendom zich al in de 2e eeuw in de steden van Gallië had verbreid, begon met de missionaris Austromonius, een joodse christen uit Emaus, eind 3e eeuw de algehele kerstening van Auvergne. In de periode van de ondergang van de antieke wereld bleef in de kloosters van Auvergne de kennis van de oude wereld bewaard. Zij gaven hem door aan de nieuwe heersers van Europa, de Merovingen en de Karolingen uit de Germaanse stam van de Franken.

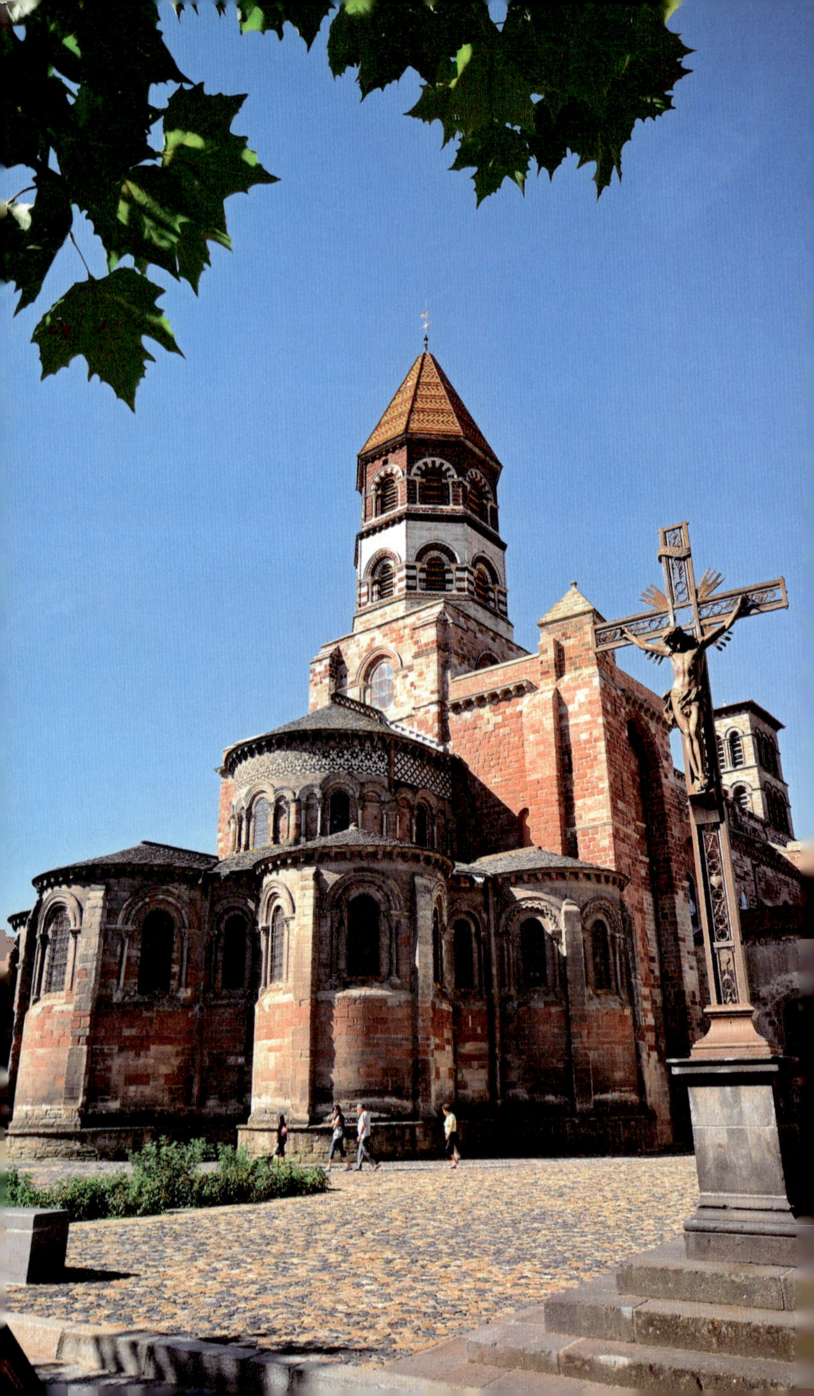

De opvallendste elementen van de befaamde romaanse kerken van Auvergne zijn de kapitelen: gebeeldhouwde meesterwerken met originele interpretaties van bijbelse motieven en wonderlijke uitingen van middeleeuwse fantasie.

Laatantieke tradities

In de Gallo-Romeinse tijd, vooral in de late keizertijd, beleefde Auvergne een tot op heden ongeëvenaarde bloei. De keizer van het West-Romeinse Rijk resideerde weliswaar in Trier, en later in Lyon, maar Clermont-Ferrand, het toenmalige Augustonemetum, was een van de belangrijkste steden van het westelijk rijksdeel. Sinds ongeveer 470 n.Chr. werd Auvergne een soort enclave in het door horden Germanen overspoelde West-Romeinse Rijk. Dat Auvergne lang bleef vasthouden aan de traditie van het vroegchristelijke, Latijnse erfgoed bewijzen de *Vitae* van de prefect Sidonius Apollinaris (die als bisschop het verzet tegen de heidense barbaren organiseerde) en die van Gregorius van Tours (die in Augustonemetum is geboren en getogen en later als bisschop van Tours de geschiedenis van de Franken opschreef).

Architectuur om God te eren

Door de oude, meestal onbekende meesters werden 'verhalende' kapitelen gemaakt die het eenvoudige volk nauwer in contact brachten met de Bijbel, maar ook heidense tradities en hun groteske fabeldieren in het christelijke geloof integreerden. Steeds weer duiken duivels, demonen, draken en antieke fabeldieren op – als waarschuwing voor het kwaad, dat op deze manier een gezicht had gekregen.

Van de fresco's, die in de middeleeuwen elke kerk sierden, zijn er maar weinig overgebleven. De fresco's op de tribune van de St-Julien in Brioude of de afbeelding van St.-Austremonius in Ébreuil (eind 12e eeuw) behoren tot de oudste. Ook schilderijen uit latere perioden vertellen veel over de kerkversiering, zoals de Dag des Oordeels van Ennezat (rond 1420) of de beroemde Dodendansfresco in de kloosterkerk van La Chaise-Dieu (15e eeuw). U krijgt de beste indruk van de kleurigheid van de kerken van vroeger in St-Austremoine in Issoire, waar geprobeerd is de schilderingen van het interieur te reconstrueren.

Dit erfgoed moet nog levend zijn geweest, toen Auvergne tussen 1050 en 1250 de bloeitijd van zijn religieuze architectuur beleefde. Al onder de Frankische Merovingenkoningen, die tot het christendom waren overgegaan, werden veel nieuwe kloosters gesticht (St-Pourçain, Issoire, Mozac), en onder de Karolingen volgden er nog meer – binnen een eeuw ontstonden Brioude (rond 817), Mauriac, Marsac, Blesle, Ébreuil, Aurillac, St-Allyre de Clermont, Moissat en Sauxillanges (927).

De kerk St-Julien in Brioude

Het westen ontwaakt

Na een eeuw van verval, de invasies van de Noormannen en van hongersnoden zorgden kloosterscholen uit Auvergne rond het jaar 1000 voor beslissende impulsen. De Godsvredebeweging van Le Puy tegen de anarchie van de adel, de verkiezing van Gerbert van Aurillac tot paus, het begin van de grote pelgrimstochten naar Santiago de Compostela (zie blz. 202) en niet in de laatste plaats de aanwezigheid van de Cluniacenzische hervormingsbeweging (Souvigny, Mozac, Ébreuil, St-Flour) getuigen allemaal van het belang van Auvergne in de romaanse periode. De tegenwoordig unieke concentratie van romaanse kerkelijke gebouwen valt vooral op vergeleken bij de noordelijke provincies van Frankrijk, waar veel minder voorbeelden van de vroege bouwkunst bewaard zijn gebleven.

Romaanse stijl in Auvergne

De bouw van de oude kathedraal van Clermont, die in 946 werd gewijd en waarvan alleen nog de crypte bewaard is gebleven, kan als het begin van de romaanse stijl in Auvergne worden aangezien. In werkelijkheid begon de school die tegenwoordig als Auvergnestijl wordt aangemerkt pas betrekkelijk laat en duurde tot ver in de tijd van de vroege gotiek van het Île-de-France voort.

De vijf kerken van het zuivere Auvergnetype zijn allemaal in de eerste helft van de 12e eeuw ontstaan, van de Notre-Dame du Port in Clermont (1099 begonnen) tot de St-Saturnin (kort voor 1157 gewijd). Voorwaarden voor deze vruchtbare bouwperiode waren drie gelukkige omstandigheden: in 1095 had paus Urbanus II in Clermont opgeroepen tot de Eerste Kruistocht, waardoor de zwaarbewapende ridders uit het land waren verdwenen. Bovendien hadden de Albigenzische Kruistochten tot 1129 de koninklijke macht in Auvergne gesterkt. En ten slotte brachten pelgrims, die via Clermont en Brioude reisden om de Via Podiensis naar Santiago de Compostela te bereiken, voldoende geld in de kas van het domkapittel en de kerken.

Kapiteel in St-Nectaire

De kapitelen zijn vooral interessant vanwege hun levensechte taferelen: zoals in de St-Austremoine van Issoire een priester die zijn tong uitsteekt, in St-Nectaire de beulsknechten van de geseling van Christus in 12e-eeuws ridderkostuum, en de opstanding van St.-Nectarius, die heel realistisch voor zijn kerk plaatsvindt. Steeds weer zien we personificaties van de ondeugden toorn, wellust en gierigheid.

Typisch voor Auvergne zijn motieven van een aap die door een man aan een lijn gehouden wordt (een mens die door zijn ondeugden wordt achtervolgd?), en een ezel die harp speelt (een symbool van de domheid?). De motieven zijn zo moeilijk te duiden omdat de overleveringen meestal allang vergeten zijn.

Dat de belangrijkste kerken van de Auvergneschool, de Notre-Dame du Port in Clermont-Ferrand, de Notre-Dame in Orcival, de St-Austremoine in Issoire, de kerken van St-Nectaire en St-Saturnin, allemaal in het gebied van het toenmalige diocees Clermont liggen, schijnt ook te bewijzen dat hier een programma aan ten grondslag lag dat door een school van bouwmeesters en bouwers werd uitgevoerd.

Romaanse kerken

Karakteristieke eigenschappen van de romaanse stijl in Auvergne zijn de eigenzinnige schikking van de bouwelementen en het fraaie beeldhouwwerk aan de kapitelen. Het grondplan is een driebeukige basiliek met tongewelf, waarvan de zijbeuken, zoals die van de grote pelgrimskerken in Le Puy en Conques, gaanderijen bezitten.

Het koorgedeelte is bijzonder weelderig uitgevoerd. De kooromgang die in de richting van het altaar door zuilen (meestal met bijzonder verfijnde kapitelen) wordt begrensd, geldt als een unieke ontwikkeling van de Auvergnestijl. Het oudste in Frankrijk bekende voorbeeld (10e eeuw) is te vinden in de Notre-Dame du Port in Clermont-Ferrand. Om bij de reliekschrijn van de heilige te komen (deze stond meestal achter het altaar) trokken de pelgrims door deze omgang. Altijd vanaf de linkerkant, om het altaar om redenen van eerbied aan de rechterkant te hebben.

Een ander typerend kenmerk is de karakteristieke oostgevel, de 'Auvergnepiramide.' De hoogte van de bouwelementen neemt getrapt toe, beginnend met de apsiskapellen van de dwarsbeuken, via koorkapellen, kooromgang, dwarsschip en het *massif barlong* tot de meestal achthoekige vieringstoren. Bij het *massif barlong* genaamde bouwelement gaat het om een alleen in Auvergne voorkomende afgeschuinde overgang van het dwarsschip tot de vieringstoren.

Als bijzonderheid zijn vaak incrustaties van verschillend gekleurde stenen in geometrische motieven als sierelement aangebracht. Verder maken de kerken van Auvergne van buiten eerder een eenvoudige indruk. Omdat ze meestal van licht kalk- of zandsteen zijn gebouwd, zijn ze niet zo donker als de gebouwen uit de gotiek, waarvoor bij voorkeur zwart volvicsteen werd gebruikt, zoals bij de St-Amable in Riom en bij de kathedraal van Clermont-Ferrand. De aan wind en regen blootgestelde westgevel bezit in de regel geen gebeeldhouwde elementen, en ook de portalen zijn maar zelden voorzien van uitvoerig beeldhouwwerk.

De gotiek in Auvergne

Sinds het begin van de 12e eeuw begon men in het noorden, in het Île-de-France, 'gotisch' te bouwen, maar in Auvergne zette deze stijl zich pas laat door. Gotische kerken werden sinds het eind van de 13e eeuw in de centra van hertogelijke, grafelijke of bisschoppelijke macht gebouwd; er zijn er slechts een tiental tegenover honderden romaanse kerken. Opvallend zijn de kathedraal Notre-Dame de l'Assomption in Clermont en de kerk in La Chaise-Dieu, maar ook in Riom aan het hof van Jean de Berry of in Moulins onder de Bourbons, in Vic-le-Comte, Ébreuil, St-Flour en in Ambert werd in deze stijl gebouwd.

De zwarte madonna's van het Massif central

Een bijzonderheid in Auvergne zijn de zwarte madonna's, de 'vierges noires.' Deze beelden worden in veel kerken in Auvergne vereerd en bij processies rondgedragen.

Tot in de 10e eeuw was het vereren van vergoddelijkte beelden in Europa verboden. Met de romaanse stijl raakte een nieuw type beeld in zwang. Overal verschenen nu beelden van als heiligen vereerde eerste missionarissen, maar vooral van Maria: een vrouw die in een trotse houding, u recht aankijkend, op een troon zit, met op haar schoot de Zegevierende Jezus, met het boek des levens in de hand. Het is geen kind, maar een verkleinde man, die Maria beschermt, op respectvolle afstand.

Ook het vergulde beeld van Maria van Orcival uit het begin van de 14e eeuw is volgens dit patroon gemaakt; het voorbeeld voor dit type, in het Frans *Vierge en Majesté* genaamd, was waarschijnlijk de beroemde Gouden Madonna van Clermont, die – rond 946 gemaakt – tot haar omsmelting tijdens de Franse Revolutie het oudste religieuze beeld van Frankrijk was. Ook veel andere beelden hebben de Revolutie niet overleefd en moesten in de 19e eeuw worden gekopieerd. Slechts weinige bleef, begraven of ingemetseld, de antiklerikale woede bespaard.

Madonna van de goede dood

Vaak zijn het gezicht en de handen van deze beelden zwart, voor een deel omdat het oude olijfhout donker is geworden, maar voor een deel ook omdat ze zwart geschilderd zijn. Ze zijn in de regel versierd met verguld zilver of goudkleurig beschilderd. De kleur zwart staat daarbij voor haar verbintenis met de dood: zoals zij Jesus ter wereld bracht, zal Maria de gelovigen thuisbrengen in het rijk van God.

De zwarte madonna van Le Puy bijvoorbeeld wordt sinds de 13e eeuw vereerd. Koning Lodewijk IX zou haar van zijn kruistocht tegen het Egyptische Damietta hebben meegebracht. Het zou dus een vroegchristelijk koptisch beeld hebben kunnen zijn. Het is helaas niet meer mogelijk dit preciezer vast te stellen: het origineel werd tijdens de Franse Revolutie in het openbaar verbrand.

Bijzondere beelden

De afbeelding van heiligen als een ernstige, afwezige persoon die aan een orthodoxe icoon doet denken, kenmerkt ook andere beroemde beelden uit de romaanse periode in het Massif central, zoals dat van Saint-Baudime in St-Nectaire (zie blz. 159) en van St-Fides in Conques (zie blz. 257).

De madonna van Orcival

71

Burchten en kastelen

De middeleeuwen zijn in Auvergne niet slechts de tijd van de kerkenbouw – er is nauwelijks een heuvel of basaltkegel, die niet met een vesting of burcht wordt bekroond. Auvergne telt tegenwoordig naar schatting nog ongeveer vijfhonderd kastelen en burchten.

De regio was als leenrecht lange tijd zwaar betwist tussen de hertogen van Aquitanië en de Franse Kroon en was in honderden kleine territoria uiteengevallen, waarvan de heren met elkaar oorlog voerden vanuit hun vestingen. Pas aan het eind van de Honderdjarige Oorlog konden de koningen hun macht officieel doorzetten, maar het duurde nog tot ver in de 17e eeuw tot de adel werkelijk was onderworpen.

Nadat kardinaal Richelieu de versterkte burchten had laten slopen (zie blz. 47), verrezen in de rivierdalen van de Allier, de Sioule, de Besbre en de Cher prachtige kastelen en landhuizen, zodat er tegenwoordig nog onder één familienaam vaak naast een schilderachtige burchtruïne ook een schitterend kasteel staat. In Frankrijk wordt daarin geen onderscheid gemaakt: zowel een burchtruïne als een intact sierslot valt onder de term château.

Het opvallendste kenmerk van alle historische architectuur is het gebruik van de karakteristieke plaatselijke steensoort: zwarte lava in het gebied van de Monts Dômes (Clermont, Riom), grijze basalt in de Cantal en Cézallier, en licht kalksteen in de Limagne en in de Bourbonnais.

De burchten uit de middeleeuwen bezitten nog veel elementen die op de verdediging gericht waren: de zware donjontoren met de vertrekken van de seigneur, een dubbele muurring met toegangswegen met een knik erin, tinnen en weererkers – het beroemdste voorbeeld is Anjony in de Cantal. Kastelen daarentegen zijn meer bedoeld voor representatieve doeleinden en bezitten vaak een grote, aan drie zijden door gebouwen geflankeerde binnenplaats, een bordestrap en een in barokke stijl aangelegde tuin achter het hoofdgebouw. Het belangrijkste element is de grote ontvangst- en balzaal op de eerste verdieping.

Nu zijn veel chateaus opengesteld voor publiek: burchtruïnes met nagespeelde riddergevechten, zoals Murol, kastelen met originele inrichting, zoals Cordès, burchten waar u wijn kunt proeven, zoals Châteaugay of imposante vestingen, zoals Polignac. Er zijn zelfs kastelen met een multimediashow, zoals Chavaniac, het voormalige stamslot van de marquis de la Fayette. In het zuiden is het Château de Peyrelade bij Millau interessant, dat al meer dan dertig jaar volgens middeleeuwse technieken wordt herbouwd.

Wie het nodige te besteden heeft, kan echter ook in een adellijke sfeer logeren, want heel wat kastelen zijn als hotel geopend of verhuren enkele kamers aan gasten.

Kastelenroute

De Offices de Tourisme van de betreffende regio stellen brochures beschikbaar van een **Route des Châteaux d'Auvergne**, waarop openingstijden en aanbod staan aangegeven (www.route-chateaux-auvergne.org). Op www.relaischateaux.com kunt u een kasteel als hotel uitzoeken.

Frankrijk is het spreekwoordelijke kaasland: er zouden tussen Calais en Cannes maar liefst 365 soorten zijn – voor elke dag een. Zevenenveertig soorten hebben het kwaliteitsmerk AOC gekregen. Daarvan zijn er acht afkomstig uit Auvergne of de Cévennen.

De beschermde oorsprongsbenaming AOC (appellation d'origine contrôlée), een onderscheiding die in Frankrijk allang niet meer alleen aan wijnen wordt uitgereikt, heeft voor de Fransen grote betekenis. De producten moeten uit een bepaald gebied afkomstig zijn, de productie ervan wordt gecontroleerd en de kwaliteit door een jury gekeurd. Het merk is sinds 2002 automatisch overgegaan in de AOP (appellation d'origine protégée) en geldt sindsdien in de gehele EU.

Alle beroemde kazen van Auvergne kregen hun pregnante smaak door het feit dat ze van rauwe melk *(lait cru)*, dus niet van gepasteuriseerde melk, worden gemaakt. Een rauwemelkskaas verandert gedurende het rijpingsproces voortdurend van smaak en consistentie, van jong en vers wordt hij geleidelijk aan droger, kruidiger en sterker van smaak.

De AOC-kazen

De harde **cantal** wordt in kazen van 35 tot 50 kg geproduceerd. Voor zo'n hoeveelheid is 450 l melk nodig van de koeien van het salersras (zie blz. 58).

De kazen van Auvergne

Saint-nectaire en bleu behoren tot de beste kaassoorten van Auvergne

Na een eerste rijping van twee maanden worden de kazen opnieuw geperst en zijn dan 40 cm hoog en breed. De jonge kaas is nog zacht; later lijkt hij wat consistentie betreft op parmezaan – en krijgt hij een zeer sterke smaak. Cantal wordt op grote schaal in zuivelbedrijven geproduceerd *(cantal laitier)*, maar smaakt dan duidelijk vlakker dan de *cantal fermier*, die van de boerderij afkomstig is.

De salers is eigenlijk een cantal, maar is aan strengere AOC-bepalingen onderworpen. De gebruikte melk mag alleen van een producent afkomstig zijn die de kaas zelf maakt, en dat alleen tussen 15 april en 15 november; de koeien moeten op de hoge weiden staan. Hij kan daarom uitsluitend *à la ferme,* op de boerderij, worden geproduceerd – en is daarom zeldzamer dan de cantal en ook duurder.

Hetzelfde geldt voor de **laguiole** uit de Aubrac, eveneens een afgeleide van de cantal. Het bijzondere aan deze kaas is dat hij alleen van de melk van de 'blonde' aubrackoe mag worden gemaakt.

De **bleu d'Auvergne** is een romige blauwschimmelkaas van koemelk, die in vorm, grootte en gewicht lijkt op de van schapenmelk gemaakte roquefort, alleen smaakt hij milder. Hij mag in het grootste gebied van alle Auvergne-appelations worden geproduceerd, namelijk overal in de vulkaangebergten tussen Riom en de rivier de Lot in het zuiden. Zijn blauwe adering komt van de sporen van de *Penicillium glaucum,* die de smaak verfijnen. Een zeer erop gelijkende soort is de **bleu des Causses** uit het departement Lozére, die een eigen AOC bezit.

De **fourme d'Ambert** is eveneens met blauwschimmel geaderd *(persillé)*, maar heeft een enigszins notige, zeer zachte smaak. Volgens de AOC-regels moet de melk op de hellingen van het Doredal rond het stadje Ambert op een hoogte van boven 600 m worden geproduceerd. Na de eerste rijping in een vorm wordt de kaas met lange naalden ingespoten met de schimmelsporen, en vervolgens wordt hij zes weken opgeslagen in een koele kelder, bij 98 % luchtvochtigheid. Tegenwoordig wordt de fourme in tien zuivelbedrijven en door nog slechts één producent gemaakt.

Ook de **saint-nectaire**, in de vorm van een dikke schijf met een oranje of grijsgroene korst, ongeveer 1,5 kg zwaar, wordt al meer dan duizend jaar gemaakt – hij dankt zijn naam aan de maréchal de Senecterre, die hem in de 17e eeuw aan Lodewijk XIV voorzette. De saint-nectaire heeft een zachte, soepele consistentie met een notige smaak. Zijn productiegebied is het kleinste van Frankrijk en omvat slechts 72 gemeenten in de Monts Dore. Er zijn vier zuivelbedrijven, maar nog 250 *producteurs à la ferme.*

En er komen nog veel meer ...

... kazen uit Auvergne, die geen AOC bezitten: bleu de Laqueuille, bleu de Trizac, brique de Jussac, bûchettes bleues, carré d'Aurillac, cérilly, chambérat, fourme de Rochefort, fourme de Saint-Anthème, fournols, galette de la Chaise-Dieu, gaperon, lavort, murol, pavin, pavé de la Dore, saint-amant, saint-agur, savaron, tomachon, tomme d'Auvergne, velay ...

Vooral de **gaperon** wordt veel op markten gezien. Het is een pikante, haast kogelronde kaas van geiten- en koemelk. Hij is afkomstig uit de Limagne, het laagland tussen Billom en Maringues, en is gekruid met peper en knoflook. De korst is wit – of grijzig als hij van de boerderij komt.

De baas, het bedrijf, de stad – Clermont-Ferrand en Michelin

In Clermont-Ferrand is een van grootste autobandenfabrieken ter wereld gevestigd: de firma Michelin is al sinds jaren in een nek-aan-nekrace verwikkeld met het Japanse concern Bridgestone. In 2008 stond Michelin aan kop. Bij zoveel economische macht kan men wel zeggen: Clermont-Ferrand is Michelin en Michelin is Clermont-Ferrand.

Tot de Franse onderneming behoren inmiddels 68 fabrieken in achttien landen en op vijf continenten, de meeste in Europa, waaronder tot 1993 ook in Nederland. Tot de dag van vandaag is deze multinational een familiebedrijf gebleven, met het hoofdkantoor nog altijd in Clermont-Ferrand. En nog altijd verrast het bedrijf, dat na de tragische dood door een ongeval van erfgenaam Édouard Michelin door Michel Rollier wordt geleid, met innovaties: de tweede is een luchtloze band met rubberen spaken, die zelfs trappen kan beklimmen.

Succes met rubber

Dit bedrijf, dat met het bandenmannetje Bibendum de oudste bedrijfsmascotte ter wereld bezit, kan terugblikken op een fantastische geschiedenis. In 1830 – Frankrijk maakte juist een enorme industriële groeiperiode door – stichtten Aristide Barbier, een door speculatie rijk geworden notaris, en Édouard Daubrée in Clermont, aan de oever van de Tiretaine, een fabriek voor landbouwmachines. En, zoals het leven dan gaat, trouwde Daubrée met de nicht van de Schot Macintosh, die enkele jaren eerder de oplosbaarheid van rubber in benzine had ontdekt en net bezig was om met waterdichte zeilen en regenmantels een vermogen te verdienen. Eerst werden in de fabriek rubberen ballen voor kinderen, tuinslangen en aandrijfriemen gemaakt, maar het succes was zo groot dat de rubberverwerking een steeds groter aandeel in beslag ging nemen.

In de jaren tachtig van de 19e eeuw namen de kleinkinderen van de oprichter Barbier, Édouard en André Michelin, de zaak over en brachten in 1889 de afneembare fietsband op de markt. Toen enkele jaren later een nieuw voertuig verscheen, de automobiel, maakten de gebroeders Michelin bij wijze van proef banden met 'luchtkamers.' Omdat geen enkele fabrikant hun idee overnam, bouwden ze zelf een auto voor de race Parijs-Bordeaux-Parijs. Hij kwam als een van de laatste aan, maar de Michelinbanden hadden een beslissend voordeel laten zien: zowel chauffeur als chassis hebben veel minder te lijden. Het succes van Michelin begon.

Michelin in Clermont

De firma groeide en de stad met haar. Omdat het bedrijf er overal zichtbaar was, was Michelin lange tijd synoniem voor Clermont-Ferrand. François Michelin, die het concern veertig jaar leidde, tot 1999, was een echte *patron*, spaarzaam op het gierige af, wantrouwig tegenover alle werknemers, een overtuigd katholiek en een nog overtuigder antivakbondsman: 'FM' verbood zijn mensen regelrecht zich in een vakbond te organiseren. Michelin had goede connecties in de politiek en kon lange tijd de vestiging van andere industrieën tegenhouden en de stad zo tot een paternalistische afhankelijkheid dwingen.

Maar ook tot Michelin drong de globalisering door. Recent werden als gevolg van de crisis van 2009, die een vermindering van de afzet van 14% tot gevolg had, ontslagen van vijftienhonderd werknemers aangekondigd. Al in 1990 hadden duizenden arbeiders de firma moeten verlaten. In 1979 verschaft de onderneming nog dertigduizend inwoners van Clermont-Ferrand werk, maar in 2008 waren er nog maar veertienduizend 'Bibs,' zoals werknemers bij Michelins zichzelf noemen. Bovendien bezuinigde Michelin ook op zijn sociale voorzieningen: de crèches en scholen werden overgedaan aan de stad, die ze nu zelf moest financieren, de arbeiderswoningen werden verkocht. Dat was een zware slag voor de stad en de regio die zich al bijna honderd jaar met Michelin identificeert: hier hoeft men maar *l'usine,* de fabriek, te zeggen – en iedereen weet wat er wordt bedoeld.

Guide Michelin

In 1900 werd de *Guide Michelin* voor het eerst uitgebracht en werd datgene uitgevonden wat wij nu toerisme noemen. De boeken werden gratis aan automobilisten uitgedeeld en vermeldden restaurants, werkplaatsen, hotels en apotheken (waar destijds benzine werd verkocht). Een geniale zet, waarachter het idee school dat door deze tips de banden sneller zouden slijten. Van de uitgave van 1939 werd overigens in Washington een roofdruk gemaakt die aan Amerikaanse officieren werd uitgereikt, opdat de troepen na de landing in Normandië niet zouden verdwalen.

In de maquis – de Résistance in Auvergne

In juni 1940 zei Charles de Gaulle via Radio London: 'de vlam van het Franse verzet kan niet worden gedoofd, hij zal niet doven.' Auvergne werd de plaats waar het verzet, de Résistance, zich terugtrok.

Na de vernietigende nederlaag van het Franse leger had de bejaarde maarschalk Philippe Pétain, een held uit de Eerste Wereldoorlog, de leiding over de regering overgenomen en Hitler om een wapenstilstand laten vragen. De jonge generaal en onderminister van Defensie De Gaulle vloog daarop naar Londen. Direct na zijn aankomst hield hij zijn beroemde radiotoespraak – die weliswaar door geen Fransman werd gehoord, omdat men begrijpelijkerwijze met andere dingen bezig was.

Het Vichyregime

Frankrijk was voor de helft bezet, Parijs in Duitse handen en de ongeveer honderdduizend gevallenen maakten dat het land zich pijnlijk bewust werd van zijn technologische achterstand. De regering vestigde zich in Vichy in Auvergne. In het eerbiedwaardige badhotel werden nu ministeries ondergebracht.

In Auvergne werd het Vichyregime onder Pétain, waarvan de politie en het bestuur zich opstelden als zetbazen van de nazi's, eerst positief ontvangen. De rechts-conservatieve propaganda van een terugkeer naar de 'oude waarden' kon in deze door landbouw gekenmerkte streek gemakkelijk op instemming rekenen. De uit Auvergne afkom-

Résistancemonument op de Mont Mouchet

stige schrijver Henri Pourrat ontving in 1941 dan ook de Prix Goncourt voor zijn boek *Vent de Mars*, waarin hij het leven op het land verheerlijkte.

In het begin werden de verzetsmensen dan ook als verraders gezien. Maar in 1942, toen de Duitsers het zuiden van Frankrijk bezetten, waren netwerken gevormd van communisten, gedeserteerde soldaten en criminelen. Er sloten zich jonge mensen bij hen aan, die zich aan de STO, de dwangarbeidsorganisatie in Duitsland, wilden onttrekken.

Résistance

De eenzame berggebieden in Auvergne boden relatief veilige schuilplaatsen voor de verzetsstrijders. Ze noemden zich de *maquisards* naar het Franse woord voor struikgewas *(maquis)*. In 1943 kreeg de Résistance hulp van de Engelsen die uit vliegtuigen radioapparatuur, wapens en springstof afwierpen. Er kwamen nu steeds meer sabotageacties, meestal gericht op spoorlijnen en elektriciteitsdraden. Het Vichyregime richtte de beruchte militie op en het kwam tot gewapende operaties. Tot 20 augustus 1944, het eind van het regime, breidden de gevechten zich uit tot een openlijke burgeroorlog, compleet met fusilleren van gijzelaars en veemmoorden. Honderden mensen, die in handen van de Gestapo waren gevallen, pleegden uit angst voor foltering zelfmoord.

De opstand

In april 1944 rekende iedereen op de landing van de geallieerden en besloten de leiders van de Résistancegroepen in Auvergne een opstand voor te bereiden. Eind mei werden zo'n 3700 mannen op de Mont Mouchet (zie blz. 205) verzameld. Deze 1428 m hoge berg is het dunst bevolkte hoekje van het toch al dunbevolkte Auvergne.

Op 1 juni rukten Duitse troepen vanuit Clermont-Ferrand op tegen de verzetsstrijders in de maquis. De gevechten duurden, met kleine schermutselingen, tot 6 juni 1944. D-Day begon met een oproep van de BBC aan de Fransen om in opstand te komen en 's avonds waren de geallieerden geland. Nu werden de Duitsers in Auvergne steeds nerveuzer: op 10 juni rukten drie Duitse eenheden met zware artillerie vanuit Le Puy, Langeac en St-Flour op en behandelden iedereen die zij in de tot vrij Frankrijk uitgeroepen dorpen rond de Mont Mouchet aantroffen als terrorist. Bij deze zware gevechten konden de *maquisards* onder kolonel Gaspard, in het burgerleven Émile Coulaudon, hun positie dan ook alleen tot de nacht van 11 juni behouden. Toen moesten ze naar het zuiden vluchten.

Wraak en bevrijding

De burgerbevolking betaalde een hoge prijs: de dorpen Ruynes-en-Margeride en Clavières werden platgebrand en de meeste mannelijke inwoners gedood. De gevechten breidden zich als een lopend vuur uit over geheel Auvergne. Op 27 augustus werd ten slotte Auvergne door de strijders van de maquis bevrijd, alleen Clermont-Ferrand werd zonder strijd door de Wehrmacht ontruimd.

Op de Mont Mouchet, waar het in de gevechten verwoeste hoofdkwartier van de maquis lag, werd in 1946 een monument opgericht en in 1989 het Musée de la Résistance, met indrukwekkende documentatie, geopend (zie blz. 205).

Met de ezel door de Cevennen

In de herfst van 1878, vijf jaar voor het verschijnen van zijn wereldsucces *Treasure Island*, vertrok Robert Louis Stevenson voor een reis door de Cevennen. Tegenwoordig kunt u in zijn voetsporen dit eenzame bosgebied verkennen.

In Le Monastier, een klein plaatsje ten zuiden van Le Puy, waar Stevenson de uitrusting voor zijn wandeltocht bijeen zocht, bekeek men zijn onderneming met een mengeling van scepsis en verwondering, alsof de jong Schot op het punt stond een reis naar de maan of naar de onherbergzame noordpool te maken: 'Van een toerist van mijn slag had men in deze omgeving nog nooit gehoord.' Als lastdier en enige gezelschap kocht Stevenson een ezelin, die hij – nog onbekend met haar karakter – Modestine ('de bescheidene') noemde. Voor zijn vertrek waarschuwde de dorpsbevolking hem nadrukkelijk voor de kou, rovers, wolven en een zekere dood.

Met al hun sombere voorspellingen zagen ze een probleem dat zich werkelijk zou voordoen over het hoofd: de ezelin was koppig. Vanaf de tweede reisdag werd het probleem opgelost met behulp van een stok. Het onwillige dier begon vrolijk te draven.

Naar het gedroomde doel

Van de Mont Mézenc ging het in de richting van Allier en van daar, de grens van de Velay, het wilde en bergachtige Gévaudan in. Al snel moest Stevenson vaststellen, dat zijn weg door een schijnbaar eindeloze verlatenheid voerde, die hem aan het rauwe Schotse Hoogland herinnerde, een koud, troosteloos en onherbergzaam gebied, zonder bomen, schijnbaar zonder leven, waar een ijzige wind waaide. Maar eenmaal onderweg 'om de beschaving achter zich te laten en de noden en moeilijkheden van het bestaan aan den lijve te ondervinden' was de reactie van de schrijver anders dan te verwachten was: 'Toen ik mij 's ochtends in een verlaten stuk bos in Gévaudan bevond, zonder te weten waar noord en zuid was, zo verloren in mijn omgeving als de eerste mens op aarde, een schipbreukeling op het vasteland – toen bleek dat een deel van mijn dagdromen werkelijkheid was geworden.'

Een wild en prachtig landschap

Na een kort oponthoud in het klooster Notre-Dame des Neiges ging de tocht verder naar de Mont Lozère, vanwaar het zicht bij helder weer over de Languedoc te laten over de Middellandse Zee reikt. Stevenson had zelfs mensen gesproken die witte schepen langs Montpellier en Sète voorbij hadden zien varen. Omdat het weer was omgeslagen en het uitgestrekte heuvellandschap 's ochtends blauw en goudkleurig in de door de zon beschenen ochtenddauw aan zijn voeten lag, werd ook Stevenson geïnspireerd door het wilde, prachtige landschap. Aan de steile hellingen klampten zich eiken en tamme kastanjes vast, hier en daar stortten wilde beken zich door een kloof met grote rotsblokken in het dal – de natuur werd in pakkende beelden beschreven, zodat de lezer de reis het liefst direct zelf wil nadoen.

Ook de geschiedenis komt in het verslag van zijn reis uitgebreid aan bod, voornamelijk de geloofsstrijd tussen de camisards en de katholieken. Over Le Pont-de-Montvert, het bastion van de camisards, liep Stevenson door het dal van de Tarn naar het lieflijke Florac en vandaar door het dal van de Mimente naar Cassagnas en St-Germain-de-Calberte. Twaalf dagen na zijn vertrek eindigde de trektocht van de jonge schrijver met de lange afdaling uit de Cevennen naar St-Jean-du-Gard.

In 1879 verscheen *Travels with a donkey in the Cevennes*, het tweede boek van Stevenson; het eerste, dat een jaar eerder was verschenen, was ook een reisverslag geweest, over een kanotocht door België en Noord-Frankrijk, die veel jonge mensen inspireerde tot een dergelijke excursie. Pas het avontuurlijke, spannende en heerlijk onwaarschijnlijke verhaal over het schateiland (1883), dat eerder als bijproduct was ontstaan, bracht de schrijver echter roem en rijkdom.

In de voetsporen van Stevenson

Nu volgt het langeafstandspad GR 70 de voetsporen van de beroemde Schot (Topoguide 700); u kunt de route ook met een (pak)ezel lopen; info bij de toeristenbureaus (zie blz. 18) en de organisatie 'Sur le chemin de R.L. Stevenson', Rue Célestin-Freinet, 48400 Florac, tel. 04 66 45 05 32; www.cevennes.com/stevenson.htm (daar ook informatie over de IGN-wandelkaarten). Wandelroute: in totaal 220 km, twaalf dagen; vanaf Mont Lozère: circa 60 km.

Er is in 2008 een Nederlandse vertaling van Stevensons boek verschenen, getiteld *Reis met een ezel,* Uitgeverij Hoogland & Van Klaveren, Hoorn.

Onderweg in Auvergne

Uitzicht van de Puy de Sancy op de kammen van de Monts Dore

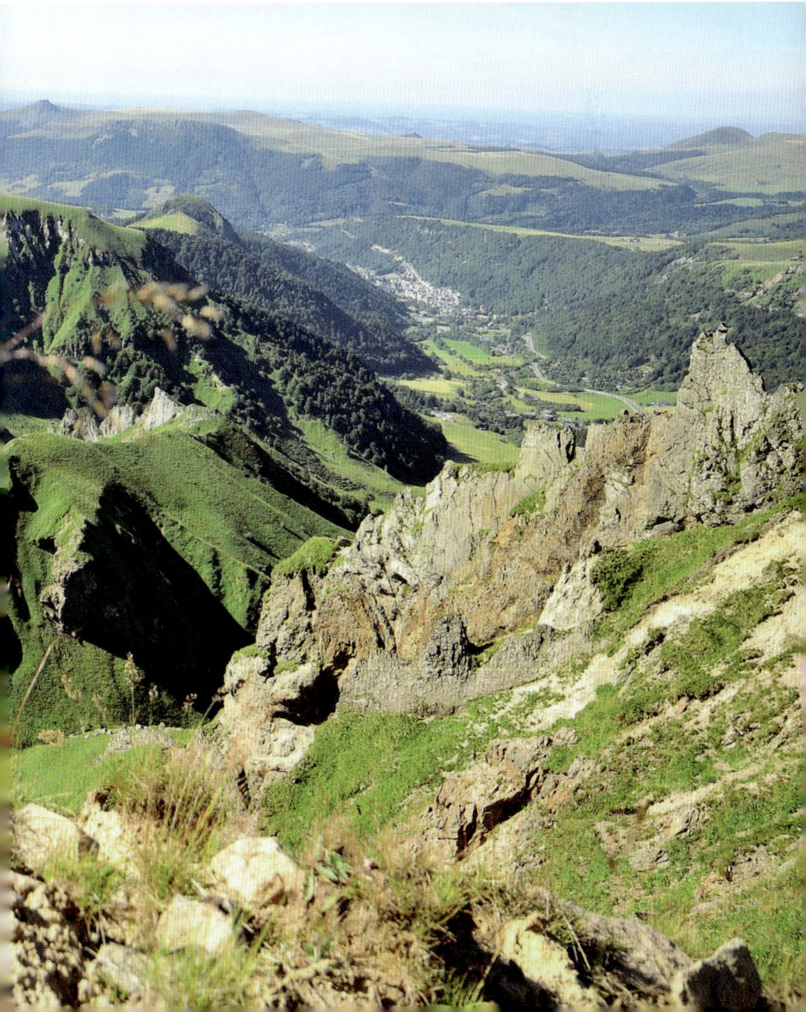

IN EEN OOGOPSLAG

Bourbonnais

Hoogtepunten ✺

Moulins: dit traditierijke stadje aan de Allier overtuigt met een bezienswaardige oude stad. Niet overslaan: de fraaie cafés in hun historische decor en het Musée Anne-de-Beaujeu, dat schilderijen, beelden en kunstnijverheid van een van de meest glansrijke hoven van Frankrijk ten tijde van de renaissance laat zien. Zie blz. 86.

Vichy: dit kuuroord beleefde zijn hoogtepunt tijdens het keizerrijk onder Napoleon III en bezit nog altijd gebouwen uit deze periode. Tegenwoordig vindt u hier moderne sportvoorzieningen, schitterende parken – en een heleboel chique winkels. Zie blz. 105.

Op ontdekkingsreis

Muziek uit de middeleeuwen – Maison du Luthier in Jenzat: de draailier was vroeger aan de vorstelijke hoven te horen en later alleen nog in de volksmuziek. In het dorpje Jenzat bij Gannat is een museum in een oude werkplaats aan dit instrument gewijd. Het is als de *cabrette*, de doedelzak, kenmerkend voor de muziek van Auvergne. Zie blz. 102.

Bezienswaardigheden

Romeinse opgravingen in Néris-les-Bains: restanten van de antieke thermenstad. Zie blz. 94.

Charroux: een klein versterkt middeleeuws stadje. Zie blz. 98.

Château de La Palice: roemrijke vorstelijke residentie, een van de mooiste kastelen van Frankrijk. Zie blz. 110.

Actief en creatief

Fietstocht langs de wijnroute: vanaf St-Pourçain rijdt u over de Route des Vins door heuvelig gebied naar leuke wijndorpen. Zie blz. 95.

Per kano door de Gorges de la Sioule: het mooiste landschap van de Bourbonnais per kano ontdekken. Verhuurbedrijven zie blz. 101.

Sfeervol genieten

Le Grenier à Sel in Montluçon: een comfortabel hotel met een goed restaurant in een romantisch gebouw. Voor bijzondere gelegenheden. Zie blz. 94.

Auberge des Aubrelles in St-Pourçain: lekker ontpannen zitten op het terras van dit restaurant aan het riviertje de Sioule. Zie blz. 97.

La Véranda in Vichy: een chic restaurant in een villa waar keizer Napoleon III al eens te gast was. Zie blz. 108.

Uitgaan

Grand Café in Moulins: een van de tien mooiste belle-époquecafés van heel Frankrijk. Zie blz. 90.

Opera in Vichy: de schitterende inrichting van de op een na mooiste artnouveauopera ter wereld is zeker een bezoek waard, programma online beschikbaar. Zie blz. 106.

Tussen de Allier en de Sioule

De Bourbonnais is een licht glooiend heuvellandschap, rijk aan thermische bronnen en historische stadjes. Schilderachtig door hagen omzoomde weiden, imposante burchten en de machtige eiken van het Forêt de Tronçais definiëren de schoonheid van deze ooit zo belangrijke provincie van Frankrijk.

Het stamland van het Huis Bourbon is van oudsher nauw met Auvergne verbonden geweest en komt nu overeen met het departement Allier. De zacht glooiende heuvels wijzen de weg naar de bergwereld van het Massif central. Het klimaat is warmer en droger, zodat fietsers en kanovaarders hier prettige omstandigheden aantreffen – en het typische bocagelandschap, met kleine percelen en veel hagen, maakt lange tochten per fiets of motor tot een waar genoegen.

De drie stedelijke centra zijn Moulins, Montluçon en Vichy; de twee eerste zijn oude residentiesteden van de Bourbonhertogen en het prachtig aan de Allier gelegen Vichy kan tot de bekendste kuuroorden van Frankrijk worden gerekend.

De Allier, de grootste rivier, doorkruist de Bourbonnais van zuid naar noord en biedt onderweg mooie kanoroutes en ook plaatsen waar kan worden gezwommen. Hij behoort tot de schoonste rivieren van Europa. Iets ten noorden van St-Pourçain mondt de Sioule uit in de Allier, die in de Monts Dore ontspringt en zich door een romantisch dal naar de vlakte van de Limagne omlaag slingert.

Moulins ✳ ▶ E 1

De oude hoofdstad van de Bourbonnais ligt aan de Allier en is tegenwoordig een modern stadje met een mooi oud centrum. De naam komt van de schipmolens die tot het eind van de 18e eeuw bij honderden in de stroming lagen te deinen. Moulins beleefde zijn bloeitijd in de 15e eeuw, toen de hertogen van Bourbon hun residentie in de stad hadden. Tegenwoordig is Moulins hoofdstad van het departement Allier en heeft het ook een beetje industrie, maar Vichy en Montluçon hebben de plaats wat aantal inwoners en economisch belang betreft allang overvleugeld.

De oude stad

Mooie vakwerkhuizen en burgerwoningen uit de 15e tot de 18e eeuw (waaronder een waarin Jeanne d'Arc zou hebben overnacht) flankeren de straat naar de **Place de l'Hôtel-de-Ville,** waar op zaterdag markt wordt gehouden. Op dit plein staat de **Tour Jacquemart** [1], een ruim 30 m hoge klokkentoren uit 1445. Het uurwerk bestaat uit vier figuren: Jacquemart en Jacqueline, de ouders, geven de volle uren aan, en de

INFO

Internet
Departement Allier: www.alliertourisme.com (ook in het Nederlands).

Heenreis en vervoer
De **snelweg A 71** is de levensader van Allier. Via deze weg komt u overal gemakkelijk en snel. Een omweg is vaak ook de moeite waard.
Luchthaven: het *Aéroport Clermont-Ferrand Auvergne* wordt direct vanuit Amsterdam aangevlogen, maar u komt er ook via Parijs (www.clermont-aeroport.com).

Plein in de oude stad van Moulins met de Jacquemarttoren

kinderen Jacquot en Jacquette de kwartieren (beklimming mogelijk juni-sept).

De steegjes rond de **Place de l'Ancien-Palais** vormen het meest idyllische hoekje van het oude Moulins. Ze worden omzoomd door prachtige vakwerkhuizen met hoge, uitkragende gevels. De meeste zijn omstreeks 1460 voor de ambtenaren aan het hertogelijk hof gebouwd.

Kathedraal Notre-Dame

Rue de Paris, ma.-za. 9-12, 14-18, zo. 15-18 uur

Het laatgotische, eind 15e eeuw in flamboyant-gotische stijl gebouwde koor van de kathedraal **Notre-Dame** onderscheidt zich duidelijk van de neogotische uitbreiding met de westelijke torens uit de 19e eeuw. Binnen maken de vroeg-16e-eeuwse glas-in-loodramen indruk met de intensiteit van hun kleuren. Het drievleugelige altaarstuk van deze kathedraal, dat tegenwoordig in de sacristie wordt bewaard, is beroemd. Naast de Maagd Maria voor een regenboog op het middenstuk, toont het in 1502 voltooide schilderij historische figuren: rechts hertog Pierre II de Bourbon, links Anne de Beaujeu met haar dochtertje Suzanne, beide knielend in gebed. De schilder, die als Maître de Moulins in de kunstgeschiedenis is ingegaan (tegenwoordig identificeert men hem als Jean Hey), geldt als een van grootste kunstenaars van de Franse late gotiek. Een ander portret van dit echtpaar, uit dezelfde periode,

Moulins

Bezienswaardigheden
1. Tour Jacquemart
2. Kathedraal Notre-Dame
3. La Mal Coiffée
4. Musée Anne-de-Beaujeu en Maison Mantin
5. Rue du Pont-Ginguet
6. Centre National du Costume de Scène

Overnachten
1. Hôtel de Paris
2. Hôtel Balladins
3. Camping de la Plage

Eten en drinken
1. À l'Ancien Palais
2. Grand Café

Winkelen
1. Marché Couvert

Actief en creatief
1. Kanostation

Uitgaan
1. La Bodega

vindt u op het venster van de H. Catharina, rechts van de ingang.

Voor de westelijke torens van de kathedraal staan de oudste restanten van het vroegere Bourbonkasteel: de uit de 14e eeuw stammende donjon, die zijn curieuze naam **La Mal Coiffée** 3, de 'slecht gekapte' dankt aan zijn geknikte dakspanten.

Musée Anne-de-Beaujeu en Musée Mantin 4

Place du Colonel-Laussedat, di.-za. 10-12, 13-18, zo. 14-18, juli/aug. zo. 13-18 uur, www.mab.allier.fr, toegang € 5, 12-25 jaar € 3, jonger gratis

Rechts van de donjon strekte zich vroeger de in 1755 afgebrande residentie van de hertog uit tot aan het Pavillon Anne-de-Beaujeu. Dit bouwwerk is in de 15e eeuw neergezet en geldt als een van de eerste in Frankrijk in de stijl van de Italiaanse renaissance.

Tegenwoordig is het **Musée Anne-de-Beaujeu** in het paviljoen gevestigd. Er worden prehistorische en Gallo-Romeinse vondsten uit de omgeving, beelden uit de middeleeuwen en de renaissance, wapens, fayence en schilderijen tentoongesteld. In de toegangshal staat een model van de Bourbonresidentie voor de verwoesting.

In 2010 werd het **Maison Mantin** voor het publiek opengesteld. Dit is de rond 1890 op het plein van het Bourbonkasteel gebouwde villa van de schatrijke jurist, politicus en verzamelaar Louis Mantin (1851-1906). Hij had de villa bij testament aan de stad vermaakt, maar er mocht honderd jaar lang niets aan of in het huis worden veranderd. Na deze Doornroosjesslaap kunt u nu tot in de details waarheidsgetrouw zien hoe een 'bourgeois' in de 19e eeuw leefde. Mantin had zelfs al elektrisch licht! Behalve zijn eigen slaapkamer was er ook een met rode zijde ingerichte dameskamer, waar Mantin zijn geliefde Louise-Gabrielle Alaire ontving.

Place d'Allier

Het middelpunt van de benedenstad is de Place d'Allier, een druk ontmoetingspunt met talrijke brasserieën, waaronder het in 1899 opgerichte **Grand Café** 2 met zijn schitterende belle-époque-inrichting. De grote **Marché Couvert** 1 is ook een bezoek waard: hier kunt u de meest uiteenlopende regionale specialiteiten kopen – kazen, vleeswaren, honing en wijn uit St-Pourçain (zie blz. 95).

Tussen het plein en de rivier ligt de Quartier des Mariniers, ooit de wijk waar de vissers woonden. Daar werd de **Rue du Pont-Ginguet** 5 een straat uit de 16e eeuw met typische houten huizen, bijna volledig in historische stijl gerenoveerd. Een van de huizen is als

Musée du Bâtiment opengesteld voor het publiek. U kunt er voorbeelden zien van bouwtechnieken uit vroeger tijden.

Centre National du Costume de Scène 6

Rte de Montilly, www.cncs.fr, dag. 10-18 uur, toegang € 5, jonger dan 12 jaar gratis

Aan de overkant van de rivier is sinds 2006 in een oude 18e-eeuwse kazerne het Centre National du Costume de Scène gevestigd, dat zo'n tienduizend kostuums van de Comédie Française, de Opéra de Paris en uit de Bibliothèque Nationale bewaart en toont.

Overnachten

Elegant – **Hôtel de Paris** 1: 21, rue de Paris, tel. 04 70 44 00 58, www.hotelde paris-moulins.com, 2 pk € 80-135, gezinskamer € 266. Bijzonder stijlvolle, deftige sfeer (3*) in een historisch stadspaleis. Het bijbehorende restaurant **Jacquemart** geldt als het beste van de stad (za. lunch, zo. diner en ma. gesl. Menu's € 29-59).

Modern – **Hôtel Balladins** 2: 9/19, place Jean-Moulin, tel. 04 70 35 50 50, fax 04 70 35 50 60, www.balladins.com, 2 pk €65-73. Modern ketenhotel in een nieuw gebouw (voormalig Kyriad), rustig gelegen, dicht bij het centrum (Place d'Allier) in de oude visserswijk. De kamers tonen doorleefd, maar bieden een goede prijs-kwaliteitverhouding.

Camping – **Camping de la Plage** 3: Route de Clermont-Ferrand, Chemin de Halage, tel. 04 70 44 19 29. Schaduwrijk terrein aan de westoever van de Allier, iets ten zuiden van de Pont Régemortes aan een stuwmeer in een zijarm van de rivier; met restaurant en kanostation.

Eten en drinken

In de brasserieën aan de Place d'Allier serveert men goedkope bistrogerechten. 's Zomers trekt het geïmproviseerde 'strandrestaurant' **La Paillote** op het kampeerterrein aan de andere kant van de rivier veel gasten. Daar kunt u heerlijk buiten eten.

Heksenhuisje – **À l'Ancien Palais** **1**: 25, rue de l'Horloge, tel. 04 70 44 35 40, zo. diner en ma. gesl., menu lunch vanaf € 16, diner € 18-32. In een fraai historisch huis in de oude stad aan de voet van de klokkentoren wordt een goede Franse en regionale keuken geserveerd. Er zijn maar weinig tafels; reserveren aanbevolen.

Jugendstil – **Grand Café** **2**: 49, place d'Allier, tel. 04 70 44 00 05, vast menu € 18-34. Traditioneel café met een prachtige, origineel bewaard gebleven inrichting uit 1899, in art-nouveaustijl. Op de kaart staan regionale en Lyonnaise gerechten, in de zomer kunt u ook buiten aan het plein zitten in plaats van onder het spiegelplafond.

Tip

St-Menoux ▶ E 1

Het dorpje St-Menoux ten noorden van Souvigny is genoemd naar de H. Menolphus, een Ierse bisschop die hier rond 740 overleed. Zijn sarcofaag in de romaanse kerk (achter het hoogaltaar) deed dienst als *débredinoire*: geesteszieken *(bredins)* werden genezen als ze hun hoofd door een opening staken. Daaraan herinnert de Course des Bredins, eind juli, een boertige optocht van clowns en andere 'gekken.'

Actief

Kanotochten – **Kanostation** **1** in juli en aug. bij de Camping de la Plage aan de westelijke rivieroever, tel. 04 70 44 14 14. Tochten op de Allier vanaf Vichy.

Uitgaan

Trendy kroeg – **La Bodega** **1**: 12, rue du Four/Rue des Bouchers, tel. 04 70 20 59 55. Ontmoetingsplaats voor jong publiek met een Latinosfeer in een historisch vissershuis.

Info

OdT: 11, rue F.-Péron, 03006 Moulins, tel. 04 70 44 14 14, fax 04 70 34 00 21, www.pays-bourbon.com.

Souvigny ✴ ▶ E 1

In de 10e eeuw stichtten de benedictijnen van Cluny hier een abdij. Omdat twee abten van dit beroemde klooster hier begraven zijn, werd de abdij een bedevaartsoord (in 2001 zijn de graven teruggevonden). In de 15e eeuw, toen ook de machtige hertogen van Bourbon zich in Souvigny lieten begraven, werd de huidige, imposante kerk, met een lengte van 84 m, gebouwd.

De hertogelijke graven, met levensgrote liggende beelden, getuigen eens te meer van de pracht en praal aan het hof in Moulins. Rechts van het koor, in de Oude Kapel, is de architectuur nog in flamboyant-gotische stijl. Links, in de Nieuwe Kapel uit de 15e eeuw, is al de beeldtaal van de renaissance te herkennen. Hier zijn Karel I en zijn vrouw Agnès de Bourgogne begraven en later ook de grote hertogen Jean II († 1488), Pierre II († 1503) en Anne de Beaujeu (†

In de tuin van de Abdij Souvigny

1522) en Suzanne de Bourbon († 1521) (zie blz. 87).

Ertegenover is in de **St-Marckerk** een klein museum ingericht met middeleeuwse beelden, waaronder de **Zodiaque de Souvigny** uit de 12e eeuw. Op deze stenen zuil zijn de sterrenbeelden, seizoenswerkzaamheden, fabeldieren en volkeren die aan het 'eind van de wereld' wonen afgebeeld.

Overnachten

Romantisch – **Grandhotel Montespan Talleyrand:** Bourbon l'Archambault, Place des Thermes, tel. 04 70 67 00 24, www.hotel-montespan.com, 2 pk € 73-127, ontbijt € 13, menu € 26-44. In historische, stijlvol ingerichte huizen uit de 16e en 17e eeuw, midden in het centrum (3*). Romantische kamers, voor een deel nog voorzien van oude balkenplafonds en vakwerk, ook appartementen voor gezinnen. In de voormalige kelders is tegenwoordig het fitnesscentrum ondergebracht.

Eten en drinken

Rustiek en regionaal – **Auberge Les Tilleuls:** Souvigny, Place St-Éloi, tel. 04 70 43 60 70, www.auberge-tilleuls.com, zo. diner en ma. gesl., menu € 14-39. Rustieke sfeer, compleet met houten balken, maar de regionale keuken wordt met veel fantasie gepresenteerd. Lid van de vereniging Menus Bourbonnais.

Montluçon

Bezienswaardigheden
1. St-Pierrekerk
2. Notre-Dame
3. MuPop (Musée des Musiques Populaires)
4. Château des Ducs de Bourbon

Overnachten
1. Le Grenier à Sel
2. Château St-Jean
3. Hôtel des Bourbons

Eten en drinken
1. Le Bœuf and Cow

Festiviteiten

Foire Médiévale: eind juli, begin aug., een groot middeleeuwenfeest, met markt en nagespeelde gevechten.

Montluçon ▶ C 2

De stad aan de voet van een hertogelijk kasteel in het dal van de Cher is tegenwoordig het economisch centrum van de Bourbonnais. Met de opening van het Canal du Berry in 1834-1840 begon de industriële ontwikkeling: ijzererts uit Berry werd naar Montluçon getransporteerd en hier met kolen uit de nabijgelegen Commentry tot metaal verwerkt. De op initiatief van Napoleon aangelegde waterweg werd weliswaar in 1955 gesloten, maar toen hadden zich al nieuwe industrieën gevestigd, zoals Dunlop, tegenwoordig de grootste werkgever, en de SAGEM, een elektromechanisch bedrijf. In 1892 koos Montluçon als eerste stad in Frankrijk een socialistische burgemeester; diens zoon, A. Marx Dormoy, werd minister in de Volksfrontregering en in 1941 door het Vichyregime vermoord.

De industriële en arbeiderswijk, de **Ville Gozet**, ontwikkelde zich voornamelijk op de linkeroever van de Cher. Aan de overkant van de rivier ligt het historische Montluçon met veel fraaie vakwerkhuizen uit de 15e en 16e eeuw rond het oude Bourbonkasteel, waarbij de **Boulevard de Courtais**, die de oude stad vrijwel geheel omringt, de loop van de vroegere stadsmuur volgt.

Oude stad

Begin een stadswandeling op de **Place Piquand** (parkeerterrein aan de Avenue Marx-Dormoy). Langs de binnenste ring rond de burchtheuvel – Rue Grande, Rue des Serruriers, Rue de la Fontaine – staan veel interessante oude huizen (het oudste uit de 13e eeuw).

De **St-Pierrekerk** 1 aan de Rue des 5-Piliers is een romaans gebouw met een wat scheve gevel, die tussen de vakwerkhuizen nauwelijks opvalt. In deze kerk wordt een beeld van Magdalena in de stijl van de zwarte madonna's vereerd. De vele briefjes met gebeden die zich op haar altaar ophopen, getuigen van haar religieuze belang. Langs mooie renaissancegevels loopt u omhoog naar de **Notre-Dame** 2, die in de 15e eeuw werd gebouwd. Vandaar voert de Passage du Doyenné naar de Place de la Comédie, waar op zaterdag een bloemenmarkt wordt gehouden.

MuPop (Musée des Musiques Populaires) 3

3, rue Notre-Dame, tel. 04 70 08 73 50, www.mupop.fr, 2 mei-15 sept. di.-zo. 10-18 uur, 16 sept.-30 apr. di.-zo. 14-18 uur, 1-20 jan. gesl. € 7, met korting € 4, kinderen (6-18 jaar) € 2

Dit museum was vroeger in het kasteel ondergebracht, maar heeft in 2013 een prachtig nieuw onderdak gekregen, gedeeltelijk in een historisch paleis, en gedeeltelijk in moderne nieuwbouw. Het is gewijd aan de volksmuziek uit de 19e eeuw tot de popmuziek van de late 20e eeuw en geldt als een van de speerpunten van het huidige museumlandschap in Frankrijk.

Château des Ducs de Bourbon 4

Een straatje bij de Notre-Dame loopt omhoog naar het kasteel van de Bourbons, waarvan de bouw begin 15e eeuw is begonnen. De residentie bezit een lange houten gaanderij langs de gevel en een vierkante klokkentoren.

Op de terugweg neemt u de **Rue Grande**, de door historische burgerwoningen geflankeerde belangrijkste winkelstraat van het oude Montluçon. Tegenwoordig is de straat populair als uitgaanscentrum. Er zitten veel leuke cafés en restaurants.

Overnachten

Historisch en chic – **Le Grenier à Sel** 1: zie tip blz. 94.
In het kasteel – **Château St-Jean** 2: Parc St-Jean, tel. 04 70 02 71 71, www.chateaustjean.net, 2 pk € 100-140, ontbijt € 11. Romantisch slothotel (4*) aan de rand van de stad, aan de weg naar

Romantisch plaatje in de oude stad, bij Hotel Le Grenier à Sel

Tip

Historisch en chic – Le Grenier à Sel

Het Grenier à Sel is het stijlvolste hotel in Montluçon (4*): een chique ambiance in een romantisch gebouw, er zijn maar zeven kamers (reserveren!), allemaal met een authentiek accent. Er hoort een uitstekend restaurant bij. 's Zomers kunt u op de mooie binnenplaats eten. Chef-kok Jacky Morlon heeft vele boeken over de keuken van Auvergne geschreven.
Le Grenier à Sel ▶ : 10, rue Ste-Anne, tel. 04 70 05 53 79, www.legrenierasel.com, 2 pk € 130-140, ontbijt € 11, menu € 25 (lunch) tot € 64.

Néris-les-Bains, met zwembad en park, slechts 20 kamers. Op de website worden trots beroemde gasten vermeld, van Lance Armstrong tot Patricia Kaas. Chic restaurant in de voormalige kapel (ma.-za. lunch, menu € 23, vr./za. ook diner, menu € 36-67).
Zeer degelijk – Hôtel des Bourbons 3 : 47, av. Marx-Dormoy, tel. 04 70 05 28 93, fax 04 70 05 16 92, www.hotel-des-bourbons.com, 2 pk/half pension € 77-86, menu € 20-44. Een goed geleid hotel (2*) in een mooi eind 19e/begin 20e-eeuws gebouw bij het station, 43 modern ingerichte kamers; met restaurant.

Eten en drinken

Eenvoudige brasserieën en bistro's vindt u aan de Place Piquand en de Rue Grande. U kunt bijzonder stijlvol dineren in de hotels Grenier à Sel en Château St-Jean.
Bistro-ambiance – Le Bœuf and Cow 1 : 5, place Notre-Dame, tel. 04 70 05 12 13, dag. 11.30-1 uur, à la carte vanaf € 9. Moderne bistrokeuken in regionale stijl. Er hangt een aangenaam losse sfeer. Populair bij jongeren.

Info en festiviteiten

OdT: 5, place Piquand, 03100 Montluçon, tel. 04 70 05 11 44, fax 04 70 03 89 91, www.montlucontourisme.com.
Weekmarkt: za. in de oude stad.
Grande Braderie: juni, muziekfestival.
Mariaprocessie: zo. na 8 sept.

Néris-les-Bains ▶ C 3

De Galliërs kenden al de genezende kracht van de bronnen van dit kuuroord. Onder de Romeinen werd Aquae Nerii een van de badplaatsen van het noorden, met thermen, villa's, paleizen en een theater. De inval van de Franken maakte een eind aan deze idylle en pas in de 16e eeuw kregen de Fransen weer oog voor hun gezondheid: Rabelais noemde de baden van Néris in zijn *Pantagruel*.

Bij opgravingen zijn veel Gallo-Romeinse vindplaatsen blootgelegd: het amfitheater aan de doorgaande weg (door bomen aan het oog onttrokken), Romeinse thermen op het terrein van het zwembad en iets hoger langs de weg de vijftienhonderd jaar oude noordmuur van de laatantieke voorganger (4e eeuw) van de romaanse kerk (12e eeuw): tot 8 m hoogte wisselen rijen natuursteen af met rijen baksteen. Ernaast getuigen 65 sarcofagen onder glas van een begraafplaats uit de 6e eeuw, toen de H. Patroclus van Néris er missionaris was.

Overnachten

U vindt veel hotels en pensions rond de thermische bronnen.

Mooie tuin – **Hôtel du Centre Proxima**: 10, rue du Cap.-Migat, tel. 04 70 03 10 74, fax 04 70 03 15 37, www.hotelproxima.com, 2 pk €48-52, 2 pk met avondmenu € 86. Een keurige Logis de France (1*), in het centrum, met parkeerterrein.

Camping – **Camping Municipal du Lac**: Route de Commentry (D 998), tel. 04 70 03 24 70, www.ville-neris-les-bains.fr. Grote, goed geoutilleerde camping aan het meer, met chalets.

Info

OdT: Carrefour des Arènes, 03310 Néris-les-Bains, tel./fax 04 70 03 11 03, www.ville-neris-les-bains.fr.

St-Pourçain ▶ E 3

Als u van Moulins het Allier-dal inrijdt, begint bij Chemilly het wijngebied van het *Pays saint-pourcinois*. Onderweg is het de moeite waard om een omweg te maken, bijvoorbeeld naar het **Château de Botz**, dat wordt bewoond en kan worden bezichtigd (juli, aug. di.-zo. 10-12, 14.30-17 uur) of naar het **Château de Fourchault** bij Besson, dat verlaten is en als het kasteel van Doornroosje staat te vervallen.

St-Pourçain ligt in het dal van de Sioule, die langs kiezelige zandbanken, moerasvelden en wijnhellingen meandert. Het is een leuk wijnbouwersstadje, waarvan de geschiedenis teruggaat tot de Romeinen. Alle straatjes komen uit op de hooggelegen Place du Maréchal-Foch, iets opzij van de doorgaande weg. Op het plein staat de **Tour de l'Horloge**: deze klokkentoren is in 1480 door de Kroon gebouwd als belfort (*beffroi*), om de burgers te beschermen tegen aanvallen van de adel uit Auvergne.

Musée de la Vigne du Terroir

Cour des Bénédictins, juli-half sept. dag. 10.30-12, 14.30-18, mei/juni/sept. wo., za., zo. 14.30-17 uur.

Van het plein loopt een gang naar de Cours des Bénédictins; daar is in het **Maison du Bailli** (16e eeuw) een wijnmuseum ondergebracht. Indrukwekkend is een enorme druivenpers, waarmee vier man in één keer 300 kg druiven konden persen. Hij komt uit de 17e eeuw, toen hier nog tienmaal zoveel wijn werd gemaakt als nu.

Aan de overkant betreedt u via een zijportaal de **Ste-Croixkerk**, die tussen de 11e en de 15e eeuw als kerk voor een benedictijnenconvent werd gebouwd. Hij bleef onvoltooid, maar er werd provisorisch aan verdergebouwd, zodat een wonderlijke mengeling van stijlen ontstond. Het interieur is duister, want op vensters is bespaard.

Fietstocht over de Route des Vins

45 km, ook per auto mogelijk, ca. 5 uur, kaart, zie blz. 96

In het Massif central komt u veel fietsers tegen; veel amateurwielrenners komen hier trainen op de zwaarste etappes van de Tour de France. In St-Pourçain kunt u op de camping een fiets huren en zijn de heuvels in de omtrek glooiend. Verwacht echter geen gemakkelijke vlakke wandelfietstocht!

In elk dorp zijn wijnkelders (*caves*) te vinden, waar u de saint-pourçain kunt proeven en kopen (www.vin-saintpourcain.fr): Domaine des Bérioles in Cesset, Cave Fugier in Montfand, Les Caves de la Causerie en Domaine de la Sourde in Louchy-Montfand, Cave Courtinat in Venteuil, Domaine des Matelots, Cave Jallet en Cave Laurent in Saulcet.

Voor een uitstapje naar het wijnbouwgebied volgt u de 'Route des Vins' van St-Pourçain naar het zuiden. Wie niet

Bourbonnais

op de D987 wil blijven, kan ook over zijwegen naar de Sioule rijden. Zo bereikt u **Chareil-Cintrat** (▶ E3) met een eerbiedwaardig renaissancekasteel uit de 16e eeuw (half juni-half sept. di.-zo. 10-12, 14-18 uur). Het kasteel is niet alleen vanwege zijn renaissance-inrichting een bezoek waard, maar in de tuin worden ook oude druivensoorten gekweekt. Voor een iets langere, sportievere tocht kunt u vanhier nog een ommetje maken naar **Chantelle** (zie blz. 100), dat hoog boven een steile helling van de Sioule ligt.

Dan gaat het verder naar het noorden, via Montord naar **Cesset** (Donjon de Chenillat uit de 14e eeuw, particulier bezit), maar daarvoor moet u wel enige hoogteverschillen overwinnen. Dan verder naar **Louchy-Montfand** met het Château de la Motte, dat nu een –heel betaalbaar – kasteelhotel is en in de 16e eeuw rond een achthoekige donjon uit de 11e eeuw is gebouwd (www.chateau-de-la-motte-allier.fr, 2 pk € 75-95). De volgende etappe is **Saulcet**, waar de romaanse kerk uit de 13e eeuw stamt. In plaats van het riviertje de Gaduet bij Venteuil over te steken, kunt u over de heuvelrug naar Bransat rijden, waar een 15e-eeuwse brug de rivier overspant.

Ook **Verneuil-en-Bourbonnais** (▶ E 2) is een mooi wijnstadje. Vroeger zetelde hier een koninklijke voogd (*châtelain*); er zijn nog veel vakwerkhuizen en de burchtruïne bewaard gebleven. De St-Pierrekerk (13e eeuw) met zijn originele wandschilderingen uit de 15e eeuw, waarop hovelingen en geestelijken te zien zijn, geldt als zeer belangrijk. Het strijkijzermuseum in een middeleeuwse schuur (Musée du Lavage et du Repassage, mei-sept. di.-zo. 14-18 uur, vanaf 12 jaar € 2,50) is meer curieus. De directe weg vanuit Saulcet voert over een heuvelrug en door het dal van de Guèze. Terug kunt u beter de eenvoudiger weg nemen over de D2009.

Château de Billy ▶ F 3

03260 Billy, juli, aug. dag. rondleiding 10, 11, 14, 14.30-18, mei, juni, sept. di.-zo. 10, 11, 14-17 uur, apr., okt. alleen za., zo., € 4,50, beneden 10 jaar gratis

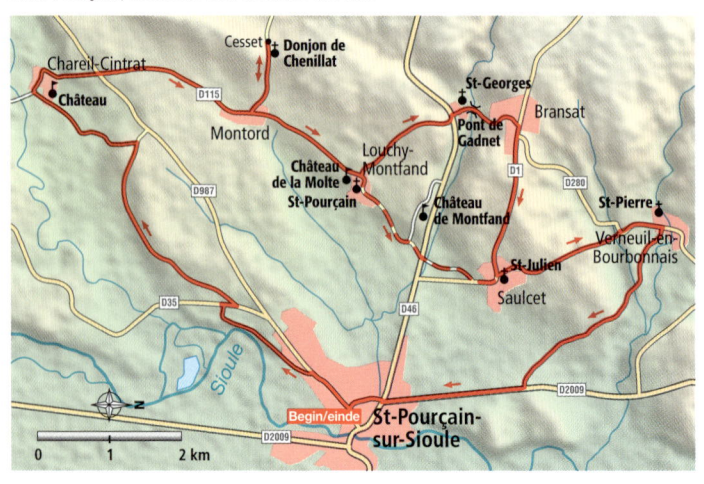

Saint-Pourçain, fietstocht over de Route des Vins

Ten oosten van St-Pourçain domineert het Château Billy met zijn nog goed bewaard gebleven muur vanaf een hoge positie het Allierdal. De burcht is tussen de 12e en 14e eeuw gebouwd en was ooit strategisch een belangrijk punt langs de Romeinse weg van hat noorden naar Clermont. Van alle zeventien voogdijburchten van de Bourbons was deze de sterkste en machtigste. De huizen lijken nog altijd onder de vleugels van de burchtruïne te willen schuilen. Eind juli wordt bij de burchtruïne het Fête du Moisson gehouden, rond oude oogsttechnieken, in augustus zijn er animaties en begin september een rommelmarkt.

Overnachten

Herberg – **Le Chêne Vert:** 35, bd Ledru-Rollin, 03500 St-Pourçain-sur Sioule, tel. 04 70 47 77 00, fax 04 70 47 77 39, www.hotel-restaurant-chene-vert.com, 2 pk € 60-70, ontbijt € 7,50, menu € 18 (alleen lunch), € 27 en 41. Het beste hotel ter plaatse (2*) met 29 verzorgde kamers achter mooie groene luiken, jammer genoeg direct aan de hoofdweg. Met restaurant.

Camping – **Camping Municipal de la Ronde:** Quai de la Ronde, tel. 04 70 35 13 69, www.campingiledelaronde.fr, vlak bij de stad, eenvoudige camping op een eiland in de Sioule (toegang vanaf de D987 richting Chantelle). Ook fietsverhuur.

... buiten de stad, in Bayet ▶ E 3

In het kasteel – **Château des Edelins:** 03500 Bayet, tel. 06 08 00 99 23, www.edelins.eu, 2 pk 2 nachten plus diner vanaf € 99, 2 pk juli/aug. € 95. Kamers en appartementen in een mooi kasteeltje in een dorpje aan de Sioule; vanuit St-Pourçain is het ca. 9 km/10 min. met de auto.

Eten en drinken

Aan de rivier – **Auberge des Aubrelles:** 32, rue des Béthères, tel. 04 70 45 41 65; richting Camping de la Moute, dagschotel vanaf € 9, menu lunch vanaf € 15, diner € 22-47. Gezellig restaurant met terras aan de Sioule. Op de kaart staan vis en regionale specialiteiten die met veel creativiteit worden opgediend.

Winkelen

Regionale producten – **Aux Produits Regionaux:** 41, bd Ledru-Rollin, verkoop van wijnen van zo'n twintig wijnboeren uit de streek en regionale producten (kaas, honing, confit de canard).

Info en festiviteiten

OdT: Place Maréchal-Foch, 03500 St-Pourçain, tel. 04 70 45 32 73, www.ville-saint-pourcain-sur-sioule.com.
Weekmarkt: za. op de Boulevard Ledru-Rollin.
Vlooienmarkt (Grande Brocante) op de za. na 14 juli.
Wijnfeest met proeven in het laatste weekend van augustus.

Het Siouledal

Het dal van de Sioule, die bij St-Pourçain in de Allier mondt, vormt een aantrekkelijk vakantiegebied voor kano- en fietsliefhebbers. De Gorges de la Sioule bij kasteel Chouvigny behoren tot de beste kanoroutes van Frankijk.

Gannat ▶ E 4

Gannat zou in elke film de rol van typisch Frans provincie- ▷ blz. 100

Favoriet

Het romantische Charroux ▶ E 3

Ten noorden van Gannat, tussen Jenzat en Chantelle, ligt het middeleeuwse versterkte dorp Charroux. De oeroude huizen en romantische straatjes nodigen uit tot een uigebreide verkenning, het beste aan de hand van de brochure met plattegrond en verklaring, die bij het toeristenbureau verkrijgbaar is. Er is een klein museum, en u kunt winkelen bij de in de verre omtrek bekende mosterdmakerij Huiles & Moutardes (zie blz. 100).

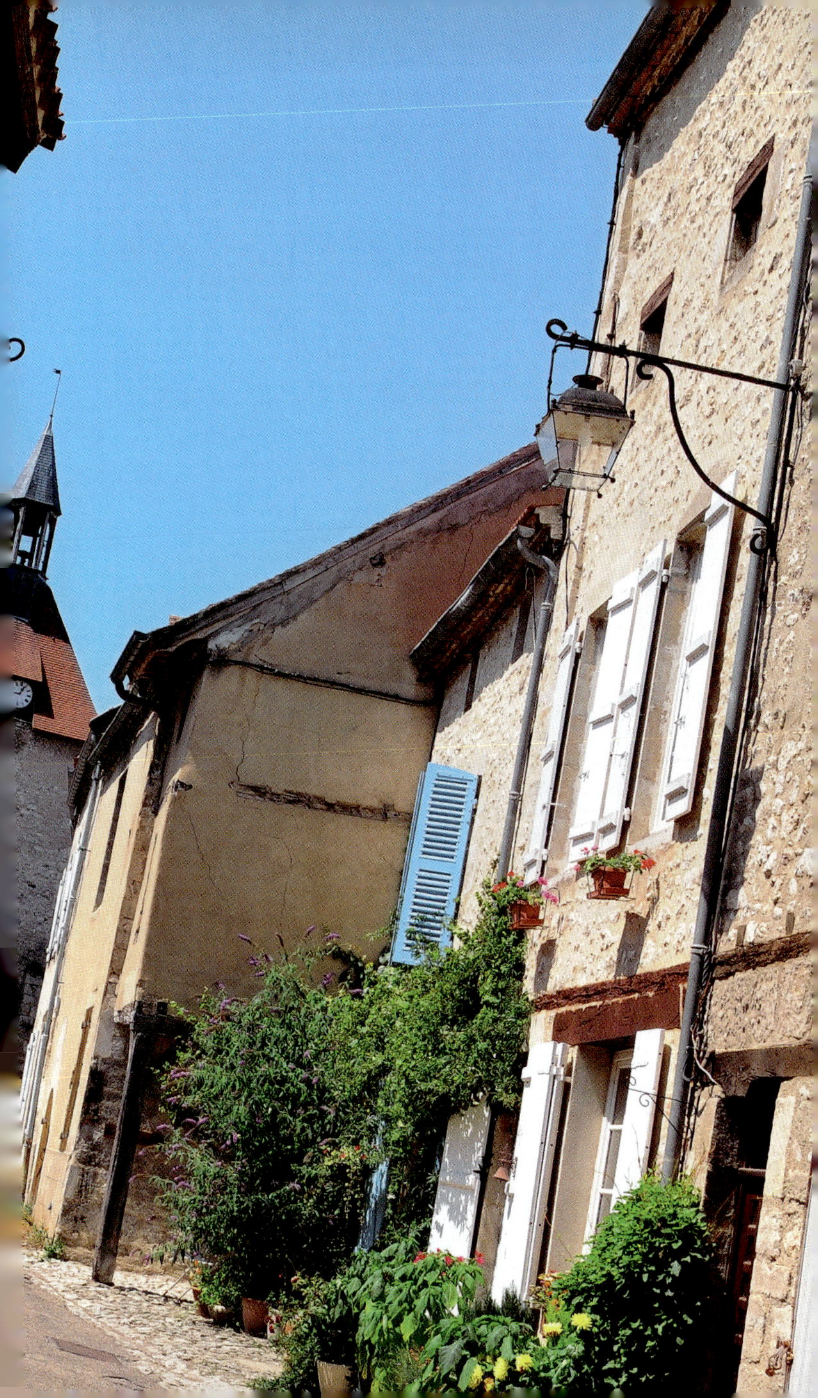

Op het kerkplein van Gannat

stadje kunnen spelen – maar is met zijn Grande Rue het winkelcentrum aan de bovenloop van de Sioule. De **Ste-Croixkerk** is heel interessant: twaalf romaanse zuilen met beschilderde kapitelen werden in de gotische verbouwing uit de 13e eeuw opgenomen.

In de burcht uit de 12e eeuw is het **Musée Municipal** (1, place Rantian) gevestigd, dat als grootste schat een evangeliarium uit de 10e eeuw toont (juli/aug. 10.30-12.30, 14.30-18.30, mei, juni, sept., okt. 14.30-18 uur, di. gesl. € 3,50).

Jenzat ▶ E 3

In de omgeving van Gannat is het dorp Jenzat met kampeerterrein aan de Sioule een bezoek waard (D 216). Hier worden al meer dan honderd jaar draailieren gemaakt (zie blz. 102).

Chantelle ▶ E 3

Via Charroux zie (blz. 98) bereikt u het plaatsje Chantelle, aan een steile helling boven de Bouble gelegen. Hier vindt u een abdij van benedictinessen, die natuurlijke cosmetica vervaardigen en verkopen (Abbaye Saint-Vincent, dag. 9.30-11.30, 14-17 uur).

Overnachten

Achter klimop – **Maison du Prince de Condé**: Place d'Armes, 03140 Charroux, tel./fax 04 70 56 81 36, www.maison-conde.com, 2 pk met ontbijt € 69-108. Vijf kamers (niet roken) in een prachtig, geheel met klimop overwoekerd historisch gebouw, met stijlvol antiek ingericht. Schitterende tuin.

Winkelen

Olie en mosterd – **Huiles & Moutardes**: 3, rue de la Poulaillerie, Charroux, www.huiles-et-moutardes.com, met webshop. Verschillende soorten mosterd naar oude recepten, noten en walnotenolie, honing en ingemaakte vleesconserven.

Info en festiviteiten

OdT: Mairie, 03800 Gannat, tel. 04 70 90 00 50, www.bassin-gannat.com; Place de la Mairie, 03140 Chantelle, tel./fax 04 70 56 62 37.
Weekmarkt za. en wo. in Ganat.
Cultures du Monde: in Gannat, de twee laatste weken van juli, internationaal festival met groepen uit Afrika, Azië en Zuid-Amerika, ook muziek uit Auvergne van de bekende groep La Bourrée Gannatoise, www.culturestraditions.org.

Ébreuil en de Gorges de la Sioule ▶ D 4

Het stadje Ébreuil bezit met de **St-Légerkerk** een van de oudste voorbeelden van de romaanse stijl in Auvergne (ma.-za. 9-11.30, 17-18.30 uur). Hij werd gebouwd als abdijkerk van een in de 10e eeuw gesticht benedictijnenklooster, waarvan het gebouw in 1770 moest wijken voor een hospitaal naast de kerk. Voor de westgevel plaatste men in de 12e eeuw een drie verdiepingen hoog klokportaal, dat ook als weertoren dienstdeed. Fraaie details zijn de zegenende Christus in het timpaan en de als dierenklauwen vormgegeven deurknoppen van het portaal.

Binnen volgt de structuur het schema van de romaanse stijl van Auvergne, ook al ontbreken de oksalen. In de koooromgang staat achter het altaar de reliekschrijn van de H. Leodegarius (*Léger*) van hout met zilverapplicatie. Ook de fresco's uit het eind van de 16e eeuw op de zuilen zijn interessant, waaronder die van de H. Joris met de draak, de Kruisiging en de wijding van de kerk door de patroonheilige. De fresco's in de voorhal, van verschillende heiligen, zijn nog ouder.

Château de Chouvigny ▶ D 4
15 juni-15 sept. di.-zo. 14-19 uur, of op afspraak, tel. 04 70 90 44 95
Stroomopwaarts langs de Sioule bereikt u de **Gorges de Chouvigny**, de nauwe kloof in de Sioule, die nauwelijks breed genoeg is voor de weg. Enkele pensions bieden romantische accommodatie met uitzicht op de rivier. Erboven troont het **Château de Chouvigny**, dat eigendom was van de familie La Fayette en kan worden bezichtigd.

De kloof eindigt bij de route nationale naar Montluçon, waar direct onder de nieuwe betonnen brug de **Pont de Menat** de Sioule overbrugt, een vroegmiddeleeuwse brug van grote brokken steen. Daarboven verheft zich de ruïne van het **Château Rocher** (te voet bereikbaar, klim van een uur), dat deze belangrijke rivierovergang verdedigde.

Overnachten

Landelijk pension – **La Chouvignotte:** Les Gorges de la Sioule, tel./fax. 04 70 90 91 91, www.chouvignotte.com, 2 pk met ontbijt € 65. Gisèle Duriaux en haar man Jean-Claude leiden een landelijk pension langs de D 915, direct aan de rivier. Oude balken, natuurstenen muren, een gemetselde schoorsteen en antieke meubels kenmerken de sfeer van deze midden in de natuur gelegen accommodatie.
Camping – **Camping de la Filature:** Route de Chouvigny, tel. 04 70 90 72 01, www.campingfilature.com. Een groot terrein, direct aan de rivier, geleid door een Engelse familie, met café-restaurant. ▷ blz. 104

Op ontdekkingsreis

Muziek uit de middeleeuwen – Maison du Luthier in Jenzat

In het dorpje Jenzat bij Gannat weten ze alles van de draailier. Deze mengvorm van viool, mandoline en accordeon werd daar, in het hart van de Bourbonnais, meer dan een eeuw lang gemaakt. U vindt ook mooie exemplaren in het museum in St-Flour (zie blz. 212).

Kaart: ▶ E 3
Planning: ca. een halve dag.
Openingstijden: Maison du Luthier, 8, rue des Luthiers, 03800 Jenzat, www.maison-luthier-jenzat.fr, juni-sept. za., zo. 14.30-18.30, juli, aug. za.-wo. 14.30-18.30 uur, €4.
Tip: wie wat meer tijd te besteden heeft, kan deze dagtocht passend afsluiten met een overnachting in het dorpje Charroux, aan de andere kant van de Sioule, in hotel Maison du Prince de Condé, zie blz. 100.

De draailier, in het Frans *vielle à roue*, is het traditionele muziekinstrument van Auvergne. Samen met de *cabrette*, de plaatselijke doedelzak met zijn schrille geluid (zie blz. 212), begeleidde de draailier de *bourrée*, de beroemdste volksdans van Auvergne, die al sinds de 17e eeuw bekend is. De bewegingen van deze dans symboliseren de kokette vlucht van een jong meisje dat wegrent voor een jongeman die verliefd op haar is, maar toch steeds weer naar hem terugkeert.

De draailier

De draailier is een snaarinstrument. De toon wordt voortgebracht door een wiel dat – rondgedraaid door een zwengel – vier of vijf snaren aanstrijkt. De zo ontstane basisklank kan door de speler ritmisch worden beïnvloed en door toetsen in melodielijnen worden omgezet, terwijl de grondtoon gestaag blijft klinken.

Middeleeuwse troubadours trokken al met een soort draailier van kasteel naar kasteel. In de renaissance werd de *vielle* populair aan het hof; de ronde klankkast werd met kostbaar inlegwerk versierd. Het succes blijkt duidelijk uit de dodendansfresco in La Chaise-Dieu, waarop een draailier is afgebeeld.

Tot de 19e eeuw daalde het aanzien van de draailier, tot hij alleen nog door bedelaars en rondtrekkende muzikanten werd gebruikt. Als instrument van eenvoudige mensen bleef hij echter in de volksmuziek erg in trek.

Werkplaatsmuseum in Jenzat

Een van de bekendste productiecentra van de draailier was Jenzat in het Siouledal ten noorden van Gannat. Daar begon aan het eind van de 18e eeuw een zekere Gilbert Pajot met de bouw van draailieren. Zijn werkplaats zou vijf generaties lang blijven bestaan. Pajot was de beroemdste *luthier* (instrumentenbouwer) van Frankrijk; zijn instrumenten zijn nog altijd beroemd om hun klank. Na de Eerste Wereldoorlog verminderde de interesse voor de draailier en de *cabrette*. De viool en de accordeon namen hun plaats in. De grote spelers stierven, de vraag liep terug en er kwam concurrentie onder de instrumentenmakers. Als laatste ging in 1939 de werkplaats van Pajot in Jenzat dicht.

Halverwege de jaren tachtig van de 20e eeuw werd in Jenzat het huis van de in 1920 overleden Jacques Antione Pajot gerestaureerd. Nu laat het als Maison du Luthier de oude technieken zien (www.maison-luthier-jenzat.fr). Het museum toont een grote collectie werktuigen, draailieren en historische foto's. 's Zomers worden er optredens van jonge *vielle*spelers of folkgroepen georganiseerd.

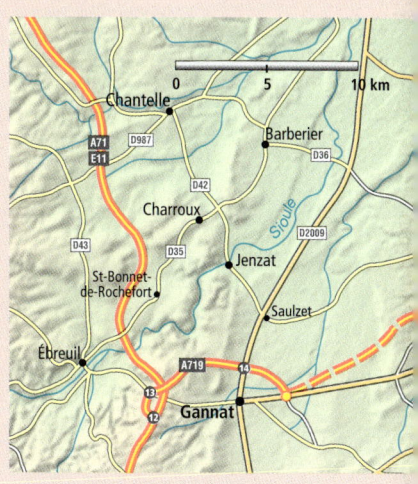

De draailier nu

Pas de toegenomen belangstelling voor de folkmuziek in de jaren zeventig van de 20e eeuw leidde tot een nieuwe generatie *luthiers*. Vooral de folkpopgroep Malicorne bracht de draailier weer in de mode. Sinds 1975 vinden in St-Chartier bij La Châtre (Indre) de Rencontres de Luthiers et Mâitres Sonneurs plaats, een groot festival met jongere en oudere kunstenaars, waarop de draailier een grote rol speelt.

Maar ook in Auvergne zijn er tegenwoordig in verschillende plaatsen festivals gewijd aan de 'Keltische muziek'; de Agence des Musiques Traditionelles d'Auvergne (AMTA, www.amta.com.fr) in Riom is opgericht als vertegenwoordiger van traditionele musici. Op de website vindt u actuele informatie over de concerten in Auvergne.

Actief

Kanotochten – **Canoë Nature Sioule et Bouble:** 39, rue de la Guillotière, Ébreuil, tel. 04 70 90 77 64, tochten tussen Pont de Menat en Ébreuil.
Sioule Loisirs: N144, Pont de Menat, tel. 04 73 85 52 87, www.sioule-loisirs.com. Tochten tussen Châteauneuf-les-Bains en St-Gal. Station bij de Menatbrug, met pizzeria, juli/aug. dag., behalve di.

Info en festiviteiten

OdT: 2, rue Porte Charrat, 03450 Ébreuil, tel. 04 70 90 77 55 www.valdesioule.com, met accommodatie en alle activiteiten.
Weekmarkt: do., Place de la Mairie.

Châteauneuf-les-Bains ▶ D 4

Verder stroomopwaarts aan de Sioule ligt Châteauneuf-les-Bains, een klein kuuroord dat zich langs de rivier uitstrekt. De ondiepe Sioule kabbelt hier langs kiezeloevers en is populair bij kanovaarders.

Over Manzat (D227, D90, D19) bereikt u **Queuille** (▶ D 4), met een van de mooiste panorama's van Frankrijk: van de picknickplaats kijkt u 200 m ver over de gestuwde Sioule, die in grote bochten groene schiereilandjes omarmt. Dit landschap ontstond toen de rivier zijn bedding uitsleet – voor de hardere basaltlagen week hij gewoon uit.

Nu gaat het via St-Georges-de-Mons naar Les Ancizes-Comps (D 987) omlaag naar de **Barrage de Besserve** ▶ C 4, een 235 m lange muur, die de Sioule tot aan Miremont afsluit en opstuwt. Vanhier hebt u het mooiste uitzicht op het **Viaduc des Fades,** de hoogste spoorbrug van Europa.

Overnachten

Traditioneel en eenvoudig – **Hôtel de la Poste:** Le Bordas, D231, tel. 04 73 86 68 98, 2 pk ca. € 45-70. Een eenvoudig en traditioneel hotel met een restaurant en een terras, 9 kamers, regionale keuken.
Camping – **Camping du Got:** tel. 04 73 86 67 85. Stadscamping aan de oever van de rivier, tegenover het dorp, direct aan de rivier onder de veel schaduw gevende bomen gelegen.

Info

OdT: Le Bourg, 63390 Châteauneuf les Bains, tel. 04 73 86 67 86, www.chateauneuflesbains.com.

Herinnering aan mondaine tijden – de Opera van Vichy

Vichy ✱ ▶ F 3

Vichy – een naam waarin de glans en de misère van de Grande Nation doorklinken. Tegenwoordig is de stad aan de Allier het grootste kuuroord van Frankrijk, gekenmerkt door vriendelijke, provinciaalse charme. Al in Gallo-Romeinse tijden werd de helende kracht van de thermische bronnen, die de Romeinen Aquae calidae noemden, gebruikt.

Sinds het eind van de 16e eeuw trok Vichy weer kuurgasten, maar in de 19e eeuw brak de grote tijd van de helende baden aan en werd het noorden van Auvergne met zijn vele thermische bronnen de vakantiebestemming van de welgestelde Fransman – met Vichy in de hoofdrol. Het elegante oord aan de Allier ontving in de 17e eeuw onder meer madame de Sévigné, in de 18e eeuw de moeder van Napoleon en ten slotte Napoleon III als gast.

Vooral de keizer, die hier in de jaren zestig van de 19e eeuw verschillende malen kwam kuren, maakte Vichy en zijn water in heel Frankrijk bekend – al gauw vervoerde men zandstenen kruiken met water per trein naar de salons van Parijs. Vichy beleefde een enorme groei: in de jaren dertig van de 20e eeuw telde men meer dan honderdduizend gasten per jaar en werd de stad om zijn mondaine culturele programma het 'Franse Bayreuth' genoemd.

Het einde van het elegante leven in deze badplaats kwam met de Duitse bezetting van Frankrijk in de Tweede Wereldoorlog. Vichy werd onder maarschalk Pétain en de Franse fascist Pierre Laval hoofdstad van de rest van de

Vichy

Bezienswaardigheden
1. Halle des Sources
2. Centre Thermal des Dômes
3. Palais des Congrès-Opéra
4. Rotonde du Lac
5. St-Blaisekerk/Notre-Dame des Malades
6. Source des Célestins
7. Rue Clemenceau

Overnachten
1. Hôtel Grignan
2. Camping Beau Rivage

Eten en drinken
1. La Véranda/Hôtel Aletti Palace
2. La Table d'Antoine
3. Grand Café

Winkelen
1. Centre Commerciale Les Quatres Chemins
2. Grand Marché Couvert

Actief
1. Plage des Célestins
2. Spa les Célestins
3. Centre Thermal Callou

Franse staat, de 'État français'; er kwamen ministeries in de grote hotels. Na de oorlogsjaren was het met de bloeitijd voorgoed voorbij.

Sinds eind jaren tachtig van de 20e eeuw probeert men een modern sportcentrum van de stad te maken om een jonger publiek te trekken. Het Centre Omnisports aan het Lac d'Allier biedt watersporters, onder wie het Olympisch team van Frankrijk mogelijkheden tot zeilen, waterskiën, roeien, kanoën en kajakken. De hotels zijn gemoderniseerd en de thermen van fitnessruimten en andere voorzieningen voor moderne kuurgasten voorzien.

Parc des Sources

De drukke Rue de Paris met zijn winkels en brasserieën verbindt als belangrijkste verkeersader het station met de thermenwijk. Het centrum daarvan is het Parc des Sources, waar ook het Office de Tourisme te vinden is, ondergebracht in het voormalige **Hôtel du Parc** (19, rue du Parc), dat na 1940 de ambtswoning van maarschalk Pétain was.

Onder de smeedijzeren overkapping door, die van het Franse paviljoen van de Wereldtentoonstelling in Parijs in 1900 afkomstig is, bereikt u de **Halle des Sources** 1 (Rue du Parc, Rue Lucas), een ragfijn jugendstilbouwwerk, waar de gasten het volgens Madame de Sévigné 'afschuwelijk smakende' water drinken – sterk zwavelig en lauw als urine. Links erachter ligt het voorname pseudo-oosterse **Centre Thermal des Dômes** 2 (132, bd des États-Unis) met een op Irakese voorbeelden gebaseerde mozaïekkoepel. In de entree van het kuurcentrum staat een 2,35 m hoge Gallo-Romeinse mijlpaal *(borne itinéraire),* die de afstand tussen Aquae calidae (Vichy) en Augustonemetum (Clermont) aangeeft, en aan de muren is een jugendstilfresco te zien, dat ter gelegenheid van de opening in 1903 is gemaakt.

Aan de zuidzijde van het Parc des Sources staat het **Palais des Congrès – Opéra** 3 (1, rue du Casino). Het bestaat uit het Grand Casino, dat in 1865 in het bijzijn van de keizer werd geopend en in 1902 met de Salle de l'Opéra werd uitgebreid. De decoratie in goud- en rozetinten, naar voorbeeld van de Opéra Garnier in Parijs, is puur jugendstil. In deze zaal werd op 10 juli 1940 Pétain tot staatshoofd gekozen; aan de tachtig parlementariërs die tegen stemden en voor een deel in de weken daarop werden vermoord, herinnert een plaquette in de entreehal. Aan de achterzijde grenzen hieraan een hoefijzervormige galerie met winkels en het fijnmazige muziekpaviljoen, waarin concerten worden gegeven.

Wie geïnteresseerd is in architectuur, mag de **Boulevard de Russie** niet missen, waar de historische hotels zich aaneenrijgen; er werd zelfs een Venetiaans palazzo gekopieerd (Rue de Belgique).

Parcs d'Allier

Langs de huisjes in vakwerkstijl aan de Boulevard des États-Unis, waar keizer Napoleon III en zijn gevolg logeerden, bereikt u het park aan de oever van de Allier, met mooie oude bomen, kinderspeelplaatsen en minigolfterreinen. In het noorden kijkt de in het water gebouwde **Rotonde du Lac** 4, het clubhuis van de jachtclub, op het in 1868 ontstane stuwmeer Lac d'Allier, in het noorden zet de groenstrook zich voort.

Oude stad en Source des Célestins

Naar het zuiden ligt de verhoogde oude stad, met de **St-Blaisekerk** 5 (Rue d'Allier), waarvan de oudste gedeelten uit de 12e eeuw stammen en die een zwarte madonna bevat.

Bourbonnais

> ### *Tip*
>
> **Glorie van de belle époque**
> Restaurant van het roemrijke Aletti Palace Hôtel uit 1905 aan het Parc des Sources, dat een eervolle vermelding in de gidsen van Gault-Millau en Michelin heeft verdiend. De villa achter het van glazen vensters voorziene ijzeren paviljoen was overigens de Villa Strauss, eigendom van de kapelmeester van Vichy, waarin keizer Napoleon III tijdens het eerste van zijn twee bezoeken resideerde. Hij is in de stijl van die tijd ingericht. De kleinzoon van Naoleon zou zich er nog thuis voelen.
> **La Véranda** ▶ : 3, place Joseph-Aletti, tel. 04 70 31 78 77, menu's € 23, 36, 56, kindermenu € 9.

De moderne aanbouw is geheel in art-décostijl en gewijd aan 'Notre-Dame des Malades.' In de richting van de Allier daalt u af door het **Parc des Célestins** naar een ovaal paviljoen, om daar te proeven van de 'hemelse bron,' de **Source des Célestins** 6 – deze zou bij vrouwen hetzelfde effect hebben als champagne ...

Rue Clemenceau 7

U mag Vichy echter niet verlaten zonder de Rue Clemenceau te hebben gezien, de beroemde winkelstraat met zijn marmeren plaveisel en modewinkels. Iets verder in de richting van het station rijgen zich rond de grote Place Charles-de-Gaulle imposante jugendstilgebouwen aaneen.

Overnachten

Ouderwetse thermenhotels met tarieven vanaf € 30 per kamer vindt u in de Rue de Paris en de Rue Clemenceau.

Belle époque – **Grignan** 1 : 7, place Sévigné, tel. 04 70 32 08 11, www.hoteldegrignan.fr, jan. gesl., 2 pk € 75-85, ontbijt € 10. Middenklassehotel (3*) uit de tijd van de belle époque, centraal, maar rustig gelegen aan een pleintje tussen het park en de Allier, met mooie, goed ingerichte kamers.

Camping – **Camping Beau Rivage** 2 : in Bellerive aan de linkeroever van de Allier, tel. 04 70 32 26 85, www.camping-beaurivage.com. Door een weg van de Allier gescheiden, goed uitgerust met keurig sanitair, zwembad met waterglijbaan, veel animatie en sportmogelijkheden. Langs deze oeverweg liggen nog enkele campings.

... buiten de stad

Oase in het groen – **Aux Jardins des Thévenets**: 10 km naar het westen, 03110 Espinasse Vozelle, Route de Gannat, tel. 04 70 56 57 04, www.jardins-des-thevenets.com, 2 pk met ontbijt € 95-105. Een landgoed in het groen, met Afrikaanse charme.

Eten en drinken

Belle époque – **La Véranda** 1 : zie kader linksboven.
Smaakvol – **La Table d'Antoine** 2 : 8, rue Burnol, tel. 04 70 98 99 71, www.latabledantoine.com, menu € 34-63. In een chique, ietwat futuristische sfeer creëert chef-kok Antoine Souillat een veel geroemde keuken op basis van de tradities van de streek; in de wijnkelder liggen meer dan 3500 flessen.
Met casino – **Grand Café** 3 : 7, rue du Casino, tel. 04 70 97 07 40, restaurant 12-14.30, 19-22.15 uur, menu € 18-32, brasserie 10-2 uur. Het Grand Café in het Parc des Sources combineert een brasserie met groot terras, een restaurant en een casino op de bovenverdieping. Van het terras uitzicht op de kuurconcerten,

in de brasserie een uitstekend saladebuffet en grillgerechten. Ernaast staat een historische draaimolen.

... buiten de stad

Toques d'Auvergne – **La Colombière:** 6 km naar het zuiden, 03200 Abrest, 136, route de Thiers, tel. 04 70 98 69 15, www.restaurantlacolombiere.fr, zo. diner en ma. gesl., menu € 31-75. Verse ingrediënten van de markt, mooi terras aan de Allier, met hotel.

Winkelen

Vichy is een winkelparadijs. De meeste winkels in het centrum, aan de Rue Clemenceau en de zijstraten daarvan, zijn zeven dagen per week tot minstens 20 uur geopend.

Winkelcentrum – **Les Quatres Chemins** [1]: 35, rue Lucas, zo., ma. 14-19.30, di.-za. 9.30-19.30 uur. Modern shopping center op twee verdiepingen met bioscoop en parkeergarage.

Regionale specialiteiten – **Grand Marché** [2]: Rue Jean-Jaurès, di., wo., do.-zo. 7-13, wo., vr., za. ook 15-19 uur. In de gerenoveerde markthal vindt u 65 producenten van regionale specialiteiten en een goede brasserie.

Actief

Zwemmen – **Plage des Célestins** [1]: Bd Kennedy. Het mooiste badstrand: 600 m fijn zand met zwembad, inclusief beachvolleybal.

Wellness – drie grote thermencentra, **Centre Thermal des Dômes** [2], de **Spa les Célestins** [2] en het **Centre Thermal Callou** [3], bieden onder www.destinationvichy.com verschillende behandelingen aan.

Info en festiviteiten

OdT: 19, rue du Parc, 03204 Vichy, tel. 04 70 98 71 94, www.vichy-tourisme.com. Biedt rondleidingen (o.a. opera, belle époque, Vichyregime, steeds om 15.30 uur vanaf het OdT).

Rommelmarkt: elke 2e za. van de maand vlooienmarkt op de Place Charles-de-Gaulle.

Opera, programmainfo: tel. 04 70 30 50 30, www.ville-vichy.fr/opera-vichy; van mei tot half okt. Saison en Été, incl. danstheater en concerten.

Les Jeudis de Vichy: elke do. in het hoogseizoen moderne muziek en kunstmarkt in het Parc des Sources.

Kuurconcerten in de openlucht: mei tot sept. in het muziekpaviljoen.

Vichy Nouvelle Vague: half juli tot eind aug. livemusik, sportanimaties en beach party's in het centrum en op het Plage des Célestins.

Cusset ▶ F 3

Cusset, een voorstad van Vichy, 4 km ten oosten van het station (richting Moulins), kreeg in 1440 bekendheid toen koning Karel VII na bemiddeling door de hertog van Bourbon hier vrede sloot met zijn zoon, de latere Lodewijk XI. Aan het eind van deze 'Praguerie' herinnert de Taverne Lodewijk XI aan de **Place Victor-Hugo,** die indruk maakt met zijn oude huizen.

Toen Lodewijk XI eenmaal koning was geworden, liet hij Cusset vanaf 1476 als bolwerk van de Kroon in het gebied van de Bourbons voorzien van de destijds machtigste, tegen artilleriebeschietingen bestande muren. De wegen rond de Cours, aangelegd op de plaats van de oude muren, lopen tegenwoordig in een grote boog om de stadskern aan de oever van de Sichon heen. Het **Musée de la Tour Prisonnière** (bd du

Gal-de- Gaulle) herinnert aan de oude tijd; ook de kazematten zijn voor een deel toegankelijk (juni-sept. di.-zo. 14-19 uur).

Eten en drinken

Sinds de 15e eeuw – **Taverne Louis XI:** Place V.-Hugo, bij de kerk, tel. 04 70 98 39 39, brasseriemenu € 13, restaurant € 28. Dit rustieke restaurant in een mooi oud vakwerkhuis zou koning Karel VII hebben ontvangen.

Château de La Palice ▶ F 3

Boulevard de l'Hôtel-de-Ville, 03120 Lapalisse, www.chateau-de-la-palice.fr, apr.-okt. dag. rondleidingen 9-12, 14-18 uur, € 6, kinderen € 3

Boven het dorp **Lapalisse**, ten oosten van Vichy, ligt een reusachtige kasteelburcht, een van de mooiste van heel Frankrijk. Het chateau aan de oever van de Besbre dateert voor een deel uit de 13e eeuw. Het andere deel is in de 16e eeuw door Florentijnse ambachtslieden gebouwd. Het is sinds 1430 in het bezit van de familie La Palice. In de Salon doré hangen twee kostbare Vlaamse wandtapijten uit de 15e eeuw met de afbeelding van de kruisvaarder Godfried van Bouillon. In de kapel ligt de beroemdste nazaat van de familie begraven, maarschalk De La Palice, die zijn naam heeft gegeven aan de Franse term voor 'gemeenplaats' (*lapalissades*).

Château d'Effiat ▶ E 4

Rue Cinq-Mars, 63260 Effiat, www.chateau-effiat.com, juli/aug. di.-zo. rondleidingen 14-19 uur, toegang € 7, 12-18 jaar € 4

Château d'Effiat, ten zuidwesten van Vichy, werd in 1627 door Antoine Coiffier de Ruzé, een vriend van Richelieu, gebouwd. De kardinaal maakte de marquis d'Effiat niet alleen superintendant van de koninklijke schatkist, maar ook gouverneur van de Bourbonnais en Auvergne. Het kasteel werd vooral bekend vanwege Ruzés zoon. Henri, al jong tot marquis de Cinq-Mars benoemd, groeide samen met de latere Lodewijk XIII op en leek een schitterende toekomst voor zich te hebben. Toen nam hij echter deel aan een samenzwering tegen de kardinaal die door de hoofd-

Landschap bij het Château d'Effiat

verantwoordelijke, de broer van de koning, Gaston d'Orléans, werd verraden: op 22-jarige leeftijd werd Cinq-Mars in 1642 op het schavot onthoofd.

Nog tot halverwege de 19e eeuw gold Effiat als het mooiste kasteel van de hele provincie. Maar in 1858 kwam het in het bezit van een rijk geworden burgerman; toen deze in financiële problemen kwam, liet hij de beide zijvleugels slopen en het materiaal verkopen (volvicstenen waren destijds kostbaar en gevraagd), de tuin werd tot een minimum teruggebracht. Toch is een bezoek nog de moeite waard: een fraaie oprijlaan voert naar het monumentale portaal, met het wapen van de marquis d'Effiat, waarachter zich de elegante binnenplaats bevindt. In de overgebleven gebouwen zijn enkele vertrekken op smaakvolle wijze in Lodewijk-XIII-stijl ingericht.

Montagne Bourbonnaise

De route voert door het bosrijke middelgebergte ten zuidoosten van Vichy en volgt dan de loop van de Allier terug naar Vichy.

Châtel-Montagne ▶ G 4

In Châtel-Montagne, krap 20 km ten oosten van Vichy (D 25), staat de romaanse priorijkerk **Notre-Dame** (1100-1150), die vroeger onder het klooster Cluny viel. De opbouw van de westgevel is vooral interessant. Op de **Puy du Roc** (45 min. te voet) rijzen de ruïnes van een burcht boven het dal van de Besbre uit.

Le Mayet-de-Montagne ▶ G 4

In het stadje Le Mayet-de-Montagne kunt u in het **Maison de la Montagne Bourbonnaise** alles te weten komen over regionale producten. Ze worden er ook verkocht.

Châteldon ▶ F 4

Een kasteel uit de 13e-15e eeuw rijst boven de plaats Châteldon, beneden in het dal, uit. Het **Logis des Vignerons** uit de 16e eeuw, met zijn houten balkon, is een bijzonder mooi oud wijnbouwershuis van vakwerk. Het werd rond 1900 tot een apotheek verbouwd (uit deze periode stammen de jugendstilelementen). Van de oude verdedigingsmuur is nog de **toren** aan de zuidgrens van de plaats over.

Terug naar Vichy

U rijdt terug naar Vichy over **St-Yorre** (▶ F 4), waar het gelijknamige tafelwater vandaan komt – tegenwoordig geproduceerd door de firma Perrier, die bijna de gehele waterverkoop rond Vichy in handen heeft.

Eten en drinken

Boerse keuken – **La Vieille Auberge**: in Le Mayet-de-Montagne, Rue de l'Église, tel. 04 70 59 34 01, www.vieilleauberge.fr, menu € 10-22,50. Stevige maaltijden (ham- en worstschotels, paddenstoelomelet) voor wandelaars in een rustieke herberg die volhangt met oude reclameborden.

Tip

Door naar Thiers

Wie verder de Forez-bergen in wil rijden, komt via de D 85 in het romantische Credognedal, over de D 114 volgt u het dal stroomopwaarts, langs de Cascade du Creux-Saillant, tot aan **St-Rémy-sur-Durolle** (▶ F 5; van de calvarieberg boven het dorp uitzicht over de Limagne tot de Margeridebergen) en op de 'messenstad' Thiers (zie blz. 172).

IN EEN OOGOPSLAG

Vulkanisch Auvergne

Hoogtepunten ✹

Puy de Dôme: deze opvallende vulkaan rijst uit boven Clermont-Ferrand en is een symbool van Auvergne. Het uitzicht op de vulkaankraters van de Puy de Dôme rondom is weergaloos. Zie blz. 150.

St-Nectaire: omgeven door beboste hellingen staat de mooiste romaanse kerk van Auvergne tussen de vulkanische bergen van de Monts Dore. Sinds de restauratie in 2006 straalt het interieur met hernieuwde glans. Zie blz. 157.

Besse-et-St-Anastaise: in dit stadje aan de oostflank van het Sancymassief is de middeleeuwse bebouwing volledig bewaard gebleven. Zie blz. 161.

Op ontdekkingsreis

De wijnen van Auvergne: de wijn is door de Romeinen ingevoerd, maar in de 19e eeuw werden de wijnstokken door de druifluis verwoest. Sinds enkele decennia beleeft de wijnbouw een nieuwe bloei, met wijnboeren die zeer fijne wijnen produceren. Zie blz. 118.

St-Julien in Brioude: waar de soldatenmartelaar Julianus stierf, lieten zich later keizers en hertogen begraven. Tot in de 14e eeuw was de grote kerk het religieuze centrum van Auvergne. Zie blz. 146.

De keten van vulkanen: de Monts Dômes strekken zich met meer dan tachtig vulkaankraters van noord naar zuid. U kunt er enkele beklimmen of een meerdaagse wandeltocht maken en ze allemaal aandoen. Zie blz. 152.

Bezienswaardigheden

Kathedraal van Clermont: deze inktzwarte kerk rijst als een rotsblok boven de stad uit. Zie blz. 128.

St-Austremoine in Issoire: de bijzonderste romaanse kerk in Auvergne: van binnen kakelbont beschilderd, zoals in de begintijd. Zie blz. 136.

Actief en creatief

Wandeling door de Vallée des Saints: een kleine wandeling langs bizarre rotsformaties. Zie blz. 140.

Kanotochten bij Brioude: een goed uitgerust verhuurstation organiseert verschillende tochten op deze rustig voortkabbelende rivier. Zie blz. 141.

Wandeling op de Puy de Sancy: het pad loopt in bochten beneden de Sancy-top langs door een verlaten en imposante bergwereld. Zie blz. 166.

Sfeervol genieten

Le Radio in Chamalières: fraai jarendertighotel in art-décostijl, goed restaurant en mooi uitzicht op Clermont-Ferrand. Zie blz. 130.

Le Paradis bij Royat: 's avonds dineren in het 'paradijs' met prachtig uitzicht over de gehele Limagne – maar ook overdag een heel mooi uitstapje. Zie blz. 133.

Les Grands Thermes in La Bourboule: in het thermenbad in art-décostijl kunt u zich met massages en jetdouches weer helemaal opladen. Zie blz. 166.

Uitgaan

Les Quatre Vents in Clermont-Ferrand: tussen indiemuziek (vaak live) en het kunstmatige strand ('s zomers) komen de hippe studenten bijeen. Zie blz. 131.

Tussen Limagne en Puys

Ten zuiden van de Sioule verschijnen al gauw de eerste vulkanische bergen aan de horizon – bijna altijd is de hoge kegel van de Puy de Dôme, die boven Clermont-Ferrand uitrijst, te zien. In de architectuur duikt steeds weer de zwarte lavasteen op, die van vroegere magmastromen is afgebroken en die verantwoordelijk is voor het altijd wat sombere beeld van plaatsen in Auvergne – vooral als het regent.

Het stadje Riom, op een strategische plaats op een heuvel, hoog boven de vlakte van de Allier, gelegen, behoort tot de belangrijke historische plaatsen van Basse-Auvergne. Vroeger was de plaats zelfs hoofdstad van het kroondomein. Ten westen van de stad begint met Volvic het vulkanische landschap van Auvergne, terwijl in het oosten de vruchtbare Limagne, de alluviale vlakte van de rivier de Allier, zich uitstrekt.

Clermont-Ferrand, de hoofdstad van Auvergne, is een moderne metropool, die in de historische oude stad nog veel van de allure van de renaissance bewaard heeft. Daarbij komt de met de grote Michelinfabriek samenhangende charme van oude industriegebouwen, naast een alternatieve cultuur die door de studenten van de grote universiteit wordt uitgedragen.

Clermont-Ferrand beheerst de Limagne en het Allierdal, waar plaatsen als Issoire en Brioude altijd in het voordeel waren, vergeleken bij Haute-Auvergne en de plaatsen in de vulkanische Monts Dore (zie blz. 150). Tegenwoordig maakt Basse-Auvergne indruk met een enorme hoeveelheid burchtruines, kastelen en wijndorpen.

Riom ▶ E 5

De patroonheilige van Riom, dat in Gallo-Romeinse tijd Ricomagus heette, is de H. Amabilis, die hier rond 475 stierf. Zijn relieken worden in de hoofdkerk bewaard en zijn nog altijd een belangrijk doel voor pelgrims.

Begin 13e eeuw werd Riom zetel van het koninklijk bestuur; rond 1270 ontstond de tegenwoordig nog herkenbare structuur van twee elkaar haaks kruisende hoofdassen en de verdedigingswerken, op de plaats waar nu de boulevard ligt. Nadat de stad in 1360 in bezit was gekomen van Jean de Berry, beleefde Riom een grote bloeitijd, want de kunstminnende hertog verzamelde architecten en kunstenaars aan zijn hof, dat al snel het hof in Parijs zou hebben overtroffen wat pracht en praal betreft.

Daarna viel de stad, die het privilege van zelfbestuur door gekozen consuls bezat, aan de Bourbons, maar bleef

INFO

Internet
Departement Puy-de-Dôme:
www.planetepuydedome.com
Departement Haute-Loire:
www.auvergnevacances.com
Nationaal park Vulkanen van Auvergne zie blz. 150

Heenreis en vervoer
De snelweg A 75 is ten zuiden van Clermont-Ferrand tolvrij. Daarmee reist u het snelst; een omweg is vaak de moeite waard.
Luchthaven: het Aéroport Clermont-Ferrand Auvergne wordt vanuit Parijs (CDG en Orly) aangevlogen (www.clermont-aeroport.com)

De Rue du Commerce, de hoofdstraat van Riom

trouw aan de koning. In 1542 werden in Riom de 'Grands Jours d'Auvergne' gehouden, buitengewone rechtszittingen onder koninklijke jurisdictie, die veel edelen hun bezit en hun leven kostten (zie blz. 47). Ruim honderd jaar later was Riom zijn hoofdrol kwijtgeraakt en vergaderde het koninklijke gerechtshof in Clermont. Sindsdien is Clermont-Ferrand de belangrijkste stad van Auvergne en vervolgens enorm gegroeid, terwijl Riom nauwelijks veranderde. De enige vernieuwing was de komst van het Hof van Appèl in 1804, waarvoor het hertogelijk paleis van Jean de Berry werd afgebroken. In dit gebouw vond in 1942 het proces van Riom plaats, een showproces van het Vichy-regime, waarbij de 'verantwoordelijken' voor de nederlaag van 1940 werden aangeklaagd: Léon Blum, Édouard Daladier, generaal Gamelin en anderen. Toen de verdedigers de verantwoordelijkheid van Pétain voor de nederlaag ter sprake brachten, werd het proces onmiddellijk opgeschort.

St-Amablekerk 1

Zwart andesiet, het basalt uit Volvic, kenmerkt het stadsbeeld. Sinds de aardbeving die de stad in de 14e eeuw vrijwel volledig vernielde, was dit gesteente als bouwmateriaal verplicht. Zwart is ook de overal zichtbare toren van de romaanse St-Amablekerk, waar de relieken van de stadsheilige worden bewaard. Het 12e-eeuwse gebouw, dat later een barokgevel kreeg, markeert het oude stadscentrum van voor de uitbreiding in de 13e eeuw.

Riom

- [4] Hôtel de Ville
- [5] Musée Mandet
- [6] Musée Régional d'Auvergne
- [7] Ste-Chapelle
- [8] Notre-Dame-du-Marthuret

Overnachten
- [1] Caravelle

Eten en drinken
- [1] L'Ane Gris
- [2] Brasserie du Commerce

Winkelen
- [1] Aux Clés du Palais

Bezienswaardigheden
- [1] St-Amablekerk
- [2] Tour de l'Horloge
- [3] Maison des Consuls

Tour de l'Horloge [2]

5, rue de l'Horloge, juli/aug. dag. 10-12, 14-18, wo. tot 21, anders di.-zo. 10-12, 14-17 uur

De 124 treden van de klokkentoren, met gotische basis en renaissanceopbouw, kunt u beklimmen. U hebt dan een prachtig uitzicht over de daken van Riom. Het plein beneden, kruispunt van de twee hoofdassen van de stad, werd ooit Coin des Taules ('Hoek van de borden') genoemd; daar stonden in de middeleeuwen de prijzen van de kooplieden en geldwisselaars vermeld.

Maison des Consuls [3]

30, rue de l'Hôtel-de-Ville

Langs de straten staan ettelijke historische gebouwen, zoals het Maison des Consuls uit 1527, zo genoemd vanwege de medaillons met Romeinse portretten. Er hebben nooit echte consuls, zoals de middeleeuwse stadsraden heetten, gezeten, maar het was het paleis van een officier van de koning. Schuin ertegenover staat het **Hôtel de Ville** [4] (stadhuis), met op de binnenplaats een bronzen beeld van Rodin (Gallia Victrix), met de trekken van zijn vriendin en collega Camille Claudel. In de ingangspartij is een brief van Jeanne d'Arc aan de burgers van Riom ingemetseld (ma.-vr. 8-17, juli/aug. ook za., zo. 10-17 uur).

Musée Mandet [5]

14, rue de l'Hôtel-de-Ville, di.-zo. juli/aug. 10-18, sept. tot juni 10-12, 14-17.30 uur, toegang € 3

Het museum op de hoek van de Rue Chabrol toont de grootste kunstcollectie van de Auvergne: Vlaamse, Hollandse en regionale schilderkunst uit de 17e/18e eeuw, waaronder afbeeldingen van historische gebeurtenissen en het leven op het land. Bovendien ziet u hier vondsten uit de Gallo-Romeinse tijd en de middeleeuwen.

Musée Régional d'Auvergne 6

10bis, rue Delille, juni-okt. di.-zo. 14 en 16 uur rondleidingen, toegang € 3
In de Rue Delille toont het Musée Régional d'Auvergne, ondergebracht in een groot stadspaleis uit de 18e eeuw, voorwerpen uit het traditionele leven in Auvergne: kaas maken en vee hoeden, kantklossen, klederdracht, muziekinstrumenten en sieraden.

Ste-Chapelle 7

Ingang bd Chancelier-de-l'Hospital, 1e etage, alleen met rondleiding: juli/aug. ma.-vr. 10-12, 15-17.30, mei, juni, sept. wo., do., vr. 15-17 uur
Als laatste van het paleis van hertog Jean de Berry bleef de laatgotische Ste-Chapelle bewaard, nu een bijgebouw van het Cour d'Appel. De bouwmeesters zouden ook aan het Louvre hebben gewerkt. De 15e-eeuwse glas-in-loodramen zijn beroemd.

Notre-Dame-du-Marthuret 8

Rue du Marthuret
De drukste straat van de stad is de Rue du Commerce, die met zijn winkels en brasserieën nog altijd zijn naam eer aandoet. De belangrijkste schat in de laatgotische Notre-Dame-du-Marthuret is het bijzonder levensechte beeld van de Vierge à l'Oiseau, dat eveneens in de 15e eeuw door kunstenaars aan het hertogelijke hof van Jean de Berry is gemaakt. Het toont Maria in 13-eeuwse kledij met Jezus op de arm, die op zijn beurt weer een vogel vasthoudt. Het thema is een apocrief verhaal, volgens welke Jezus een vogel van klei maakte en die met zijn adem tot leven wekte.

Mozac ▶ D 5

Slechts 1 km ten westen van Riom ligt Mozac, waar de **St-Pierrekerk** 44 kapitelen bezit die tot de kunstzinnigste van de romaanse stijl in Auvergne behoren. Hoewel het gebouw in latere tijden zijn romaanse karakter kwijtraakte en de meeste vroegromaanse kapitelen op hoge gotische zuilen nauwelijks te onderscheiden zijn, staan drie kapitelen, die later zijn herontdekt, op de grond, zodat de kunst van de steenhouwers van dichtbij kan worden bewonderd: een kapiteel bezit atlanten, de tweede toont vier engelen met de vier winden van de apocalyps en de derde een gedetailleerde scène van vrouwen rond een graf, met soldaten in ridderuitrusting. In het linker dwarsschip ziet u de met email versierde reliekschrijn van de H. Calminius (ca. 1170), die de abdij in de 7e eeuw stichtte.

Overnachten

Centraal, met brasserie – **Caravelle** 1: 21, bd de la République, 63200 Riom, tel. 04 73 38 31 90, www.hotel-la-caravelle.fr, 2 pk € 37-42, ontbijt € 6,50. Eenvoudig hotel aan de rand van de oude stad, met een eenvoudige brasserie. Voor een tussenovernachting acceptabel. Van buiten een beetje triest, maar de kamers zijn opgeknapt.

Eten en drinken

Een en al Auvergne – **L'Âne Gris** 1: 11bis, rue H. Gomot, tel. 04 73 38 25 10, behalve zo., ma. 12-14, 19.45-22 uur, pizza vanaf € 8,50, salades vanaf € 10. Rustieke taverne in boerenstijl, met pizza, steak en streekgerechten uit Auvergne. De gastheer is een echte autochtoon en doet denken aan een uit Asterix weggelopen Galliër.

Eenvoudig – **Brasserie du Commerce** 2: 6, rue du Commerce, tel. 04 73 38 33 50, vast menu vanaf € 10. Snacks, dagschotels en ijs, midden in de stad met een aardig, heel centraal gelegen terras. ▷ blz. 121

Op ontdekkingsreis

De wijnen van Auvergne

Van de wijngebieden in Frankrijk zijn die van Auvergne tegenwoordig het minst bekend. De Romeinen hebben de wijnstok echter al ingevoerd. Later was de wijn uit Auvergne geliefd bij koningen en pausen.

Kaart: ▶ E 2/3, D 5-E 7
Planning: de wijngebieden strekken zich over circa 100 km uit. Zonder haast en met hier en daar proeven moet u voor een volledige rondrit ongeveer vijf dagen uittrekken.
Proeven: de meeste wijnboeren stellen hun *cave* door de week vanaf 18 uur en zaterdag de gehele dag open voor *dégustation*.

Zo kan het ook: wie niet veel wil autorijden, gaat in Issoire naar de wijnwinkel Au bon Côteau, 22, place de la République, tel. 04 73 65 19 67, die alle bekende wijnen uit de streek in zijn schappen heeft liggen.

De Romein Plinius de Oudere schreef al dat de wijnen uit Auvergne hoog werden ingeschat. Maar namen als boudes, chanturgue of chateaugay zijn in Nederland en België zelfs bij wijnkenners nauwelijks bekend. De wijnen uit St-Pourçain waren ooit net zo beroemd als die uit Beaune en werden door de koningen van Frankrijk en de pausen in Avignon bijzonder gewaardeerd – en in grote hoeveelheden gedronken.

Tot halverwege de 19e eeuw was Auvergne met zijn vulkanische bodem een van de grote wijngebieden van Frankrijk. De omslag kwam met de phylloxeracrisis in 1892, toen de druifluisaantasting zich jaar na jaar verder uitbreidde: in 1885 werd de totale productie in Auvergne geschat op 1,6 miljoen hl, vijfentwintig jaar later waren het er nog maar 600.000.

Alleen de streek van St-Pourçain bleef destijds gespaard. De achteruitgang zette zich na de Eerste Wereldoorlog voort: tegenover 16.000 ha wijnbouwoppervlakte in 1920 staat tegenwoordig nog maar 5000 ha. Er worden nu twee grote gebieden onderscheiden: de eigenlijke Côtes d'Auvergne bij Clermont en St-Pourçain in de Bourbonnais.

De appellation saint-pourçain

Het wijngebied van **St-Pourçain** (▶ E 2/3) strekt zich als een 5 tot 7 km brede strook uit langs een zuidoostelijk gerichte hellingenketen van Moulins naar het zuiden tot aan Chantelle. Het omvat negentien gemeenten, met in het midden St-Pourçain. De hoogte van de hellingen aan de oevers van de Sioule, de Allier en de Bouble bedraagt 250 tot 400 m. De meest gebruikte druivensoort voor de witte wijn is sacy (plaatselijk ook tresallier genaamd), met daarnaast sauvignon, chardonnay en aligoté, voor rode wijn overheersen gamay en pinot noir.

De bekendste wijnen van deze appellation zijn de droge, fruitige witte wijnen, met een naar groen neigende kleur en een lichte appelnoot (productie ongeveer 5000 hl). Er wordt echter meer rosé (ca. 6000 hl) en rode wijn (8000-10.000 hl) geproduceerd. Vanuit St-Pourçain is een 'Route des Vins' uitgezet die kleine kunsthistorische bezienswaardigheden combineert met een bezoek aan kelders (*caves*) en romantische dorpen (zie blz. 95).

De Côtes d'Auvergne

De huidige, pas in 1977 vastgelegde Côtes d'Auvergne omvatten nog maar een derde van het vroeger veel grotere en beroemde wijngebied: een paar hellingen tussen Riom en Issoire. In de bodem vermengt zich de kalk-mergelgrond met vulkanische erosieproducten, wat de wijn zijn kenmerkende karakter geeft.

Wat druivensoorten betreft wordt de voorkeur gegeven aan chardonnay voor witte wijn, en aan gamay en pinot noir voor rode wijn en rosé. Drieënvijftig gemeenten mogen het merk Côtes d'Auvergne gebruiken; dit omvat vijf cru's, die door het AOC-merk aan bijzondere regels zijn onderworpen: boudes, chanturgue, châteaugay, corent en madargue. De jaarproductie bedraagt slechts 16.000 hl, geproduceerd door vijftig kelders en een genootschap, de Cave St-Verny in Veyre-Monton (gebied Chanturgue, tel. 04 73 69 60 11, www.saint-verny.com).

Van boer tot boer

Ten noorden van Riom ligt het gebied **Madargue**, met slechts 16 ha een zeer klein productiegebied. Het belangrijkste wijndorp is hier St-Bonnet-près-Riom (▶ E 5), waar bijvoorbeeld de Cave Boulin (24, rue Pasteur, tel. 04 73 63 34 17) ma.-vr. vanaf 18 uur, za. vanaf 15 uur proeverijen houdt.

Ten noorden van Clermont gaan de gebieden Chateaugay (64 ha) en Chanturgue (6 ha) in elkaar over. **Châteaugay** is genoemd naar de burcht Châteaugay (▶ D 5) die met een imposante donjon het plaatsje domineert (zie blz. 123). Er worden 's middags proeverijen gehouden in de onderaardse kerkers en vanaf 18 uur bij Domaine de la Croix-Arpin (Chemin Cléaux-Pompignat, tel. 04 73 25 00 08, www.pierregoigoux.fr).

Voor de over alle continenten uitgewaaierde Auvergnards is de chanturgue met zijn lichte viooltjesgeur de beste wijn ter wereld. Het is een kersenrode wijn van pure gamaydruiven, licht en fruitig, die heel geschikt is om wat langer te worden bewaard. Omdat hij echter op een oppervlakte van slechts 6 ha wordt verbouwd, is hij zelden te vinden. U kunt hem bijvoorbeeld proeven in **Blanzat** (▶ D 5) bij de Viticulteur Bonjean (Rue du Clos, tel. 04 73 87 90 50, ma.-vr. 18-20, za./zo. 10-12 en 14-18 uur) of in **Aubière** (▶ E 5) ten zuiden van Clermont, bijvoorbeeld bij de Cave Bourcheix (4, rue Saint-Marc, tel. 04 73 26 04 52, za. 8.30-12.30 en 15-18.30 uur), die sinds 1645 bestaat en circa 1 ha in het chanturguegebied beheert.

Het wijngebied **Corent** (32 ha) ligt in het Allierdal ten zuiden van Clermont op de oosthelling van de Puy de Corent, die recent in het nieuws was door de opgraving van een groot Gallisch oppidum (zie blz. 135). Het mooie wijndorp Corent is een bezoek waard. Proeven kunt u bijvoorbeeld in **Les Martres-de-Veyre** (▶ E 6) bij de Viticulteur Pradier (9, rue St-Jean-Baptiste, tel. 04 73 39 86 41, za. ochtend en op afspraak).

Vooral de wijnboeren van de **Boudes** (▶ E 7), van wie het gebied iets ten zuiden van Issoire tegen de helling ligt (45 ha), kunnen op veel succes rekenen. Het Domaine Sauvat (Boudes, tel. 04 73 96 41 42, www.sauvat-vins.com, ma.-za. 9-12 en 14-18 uur) is een zeer modern, meermalen bekroond bedrijf. Probeer de witte 'chardonnay bois' eens, met zijn toon van karamel, of de rode 'les demoiselles,' een intensieve wijn met een licht peperaccent.

Wijnbouw in het museum

Er zijn twee musea die zijn gewijd aan de wijnbouw in de streek – het ene in **St-Pourçain** (zie blz. 95), het andere in het wijndorp **Aubière** (▶ E 5), dat in het centrum ook nog fraaie historische architectuur te bieden heeft, maar tegenwoordig ingesloten raakt door de zuidelijke industriegebieden van Clermont-Ferrand. Het zeer moderne museum daar, het **Musée de la Vigne et du Vin**, geeft informatie over de productie van de côtes d'auvergne: er zijn traditionele gereedschappen te zien en een moderne dia-/filmpresentatie over de wijnbouw (in het Frans). U kunt er natuurlijk ook wijn kopen. Bij het parkeerterrein worden wijnsoorten uit Auvergne als voorbeeld verbouwd en er is een rondwandeling uitgestippeld over het wijngoed (www.ville-aubiere.com/cave.asp, juni/okt. ma.-vr. 14-18 uur, juli/aug./sept. wo.-zo. 14-18 uur, toegang € 4).

Winkelen

Regionale specialiteiten – **Aux Clés du Palais** 1: 11, rue St-Amable, bijvoorbeeld madargue- en chanturguewijn, likeuren, confituren.

Info en festiviteiten

OdT: 27, place de la Fédération, 63200 Riom, tel. 04 73 38 59 45, www.tourisme-riomlimagne.com.
Weekmarkt: za. bij St-Amable.
Vlooienmarkt: elke 2e za. van de maand aan de Boulevard Desaix.
St-Amable: kerkwijding, half juni.
Éclats de Fête: 20 juni tot 30 aug., verschillende evenementen, van vlooiencircus tot jazzconcert, voor een deel op de Coin des Taules, voor een deel in de openlucht bij de Caserne Vercingétorix, Rue Jeanne-d'Arc, of binnen in het Espace Couriat, Place José-Moron. Programma bij het OdT.
Journées du Patrimoine: half sept., met exposities en demonstraties van traditionele ambachten.

Châtelguyon ▶ D 5

Het drukke kuuroord Châtelguyon is het toeristische centrum van Basse-Auvergne – met veel hotels, tennisclub, golfbaan, mountainbikeroutes en klinieken voor gezondheidskuren. Veel gebouwen stammen van ca. 1900; het deftige Hôtel Splendid heeft net als veel andere zijn jugendstilgevel nog behouden, de Grands Thermes het interieur in oosterse stijl.

Overnachten

Jugendstilcharme – **Splendid**: 7, rue d'Angleterre, tel. 04 73 86 04 80, www.hotelsplendid-chatelguyon.com, 2 pk € 110-225, ontbijt € 12. Gemoderniseerd luxehotel (3*), direct aan het Parc Thermal, met zwembad, mooi park en fitnessruimte.
Camping – **Camping de la Balanède**: Rue de la Piscine, tel. 04 73 86 02 47, www.balanede.com. Goed toegerust, schaduwrijk kampeerterrein ten oosten van de D 985 richting Riom, met zwembad en speeltoestellen voor kinderen, ook chalets.

Info

OdT: 1, av. de l'Europe, tel. 04 73 86 01 17, www.ot-chatel-guyon.com. Hier vindt u kaarten met circa 300 km gemarkeerde fietsroutes.

Volvic ▶ D 5

In Volvic, aan de rand van een lavaplateau, wordt andesiet, een lavagesteente met een grote weerstand, gedolven. Het gesteente is lichtgrijs tot donker antraciet van kleur en was in de 17e eeuw zeer in trek voor sierpilasters aan stadspaleizen en kastelen. Volvic is ook bekend om zijn tafelwater, dat na zijn lange weg door de lava bijzonder zuiver is.

In de stad zijn enkele huizen uit de 16e eeuw te zien, naast de **St-Priestkerk**, met in het koor figuratieve kapitelen uit de romaanse periode. Het gemeentelijke **Musée Marcel-Sahut** in het kasteel Bosredon toont onder andere schilderijen van de vroege moderne tijd (zoals Manet, Gauguin en Daumier) en Aziatische en Afrikaanse voorwerpen (10-12, 14-17 uur, di. gesl.).

Iets boven de stad staat het **Maison de la Pierre** (Rue du Pont-Jany) in een oude onderaardse lavasteengroeve. Hier worden werktuigen en technieken van de steenwinning getoond (om de 45 min. rondleiding, juli/aug. dag. 10-19, apr. tot juni dag. 14-18, anders zo.-vr. 14-18 uur, laatste rondleiding 1 uur voor sluitingstijd – pas op, in de mijn kan het verraderlijk koud worden).

Château de Tournoël ▶ D 5

Rue des Remparts, 63530 Volvic, juli/aug. dag. 10-12.30, 14-19, apr., mei, juni, sept. wo.-ma. 14-18 uur, www.tournoel.com, toegang € 6, 6-16 jaar € 3

Het hoog boven Volvic gelegen Château de Tournoël was vroeger de machtigste burcht van de Limagne. Sinds 2000 wordt hij uitgebreid gerestaureerd, waarbij het middeleeuwse aanzien wordt bewaard. In de 13e eeuw was de Tournoëlburcht residentie van de beruchte graaf Guy d'Auvergne, die hier bisschop Robert van Clermont gevangen zette tot Filips II Augustus beval het kasteel te veroveren. Ook verder is de geschiedenis van de vesting niet arm aan intriges en vetes; niet in de laatste plaats behoorde hij eveneens toe aan Gaston d'Orléans (zie blz. 111), die zijn snode plannen tegen Richelieu op tijd liet varen, zodat de burcht niet werd gesloten.

Tournoël bestaat uit een hoekige, inmiddels gerenoveerde, en een ronde donjon uit de 14e eeuw, die in de 15e eeuw door een gebouw met weergang werden verbonden. Het kasteel wordt gerestaureerd. Het is de bedoeling dat het zijn oorspronkelijke vorm uit de renaissance terugkrijgt. De rijk bewerkte renaissanceportalen en vele zalen zijn te bezichtigen; ook het uitzicht van de toren over de hele Limagne, die zich in oostelijke richting onder de burcht uitstrekt, is niet te versmaden.

Château de Chazeron ▶ D 5

63410 Loubeyrat, rondleidingen mei-sept. dag. 14.30-18.30 uur; schatzoeken mei, juni, sept. wo., za., zo. 15 uur, juli/aug. dag. 14.30 en 16 uur, toegang € 5,20, kinderen € 4,20

De burcht Chazeron aan de D 227, richting Loubeyrat, werd in de 13e eeuw onder koning Filips II Augustus opgericht. Hij had hier een steunpunt gevestigd tegen de adel van Auvergne en met name tegen de heren van Tournoël. In 1940, onder het Vichyregime, werden de aangeklaagden in het showproces van Riom, onder wie Blum, Daladier en Gamelin, hier gevangen gezet. Ten tijde van de 'Zonnekoning' Lodewijk XIV had de marquis de Monestay de burcht in barokke stijl uitgebreid met een binnenplaats en twee vleugels. Een van de oude muren werd daarbij gesloopt en door een overdekt bordes vervangen, wat het complex een merkwaardig karakter geeft. Als u de enorme barokke binnenplaats bent overgestoken, staat u opeens op het smalle middeleeuwse voorplein.

Er is maar weinig veranderd. Tijdens rondleidingen bezoekt u de wapenzaal,

Tip

Regionale producten in Volvic

Het winkeltje **Chez Marie** aan de Place de l'Église verkoopt Auvergnespecialiteiten als maurin (vruchtenlikeur), tomme d'Auvergne, blauwe kaas, gaperon, *saucissons* en honing. Eveneens aan het plein bij de kerk zit de **Boulangerie Nury**, waar men traditionele broodsoorten als pain Brayauds en plaatselijk gebak als dalles de Volvic (boterkoek) of charabia (taartjes met appel, noten en rozijnen) verkoopt.

U kunt wijn proeven en kopen bij **Domaine sous Tournoël**. Die vindt u aan de Route de Châtelguyon, maak een afspraak bij M. Gaudet, tel. 04 73 33 52 12.

Château de Tournoël

de keuken en de met hout betimmerde salon en beklimt u de donjon. Voor gezinnen met kinderen is het 'schatzoeken' bedacht, maar daarvoor is het wel nodig dat u goed Frans spreekt.

Châteaugay ▶ D 5
Juni 15-19 uur op afspraak (tel. 04 73 87 24 35), juli/aug. dag. 15-19 uur, sept. alleen zo. 15-19 uur, toegang € 2,50, jonger dan 10 jaar gratis

De burcht Châteaugay, ten zuiden van Volvic, richting Clermont-Ferrand, heeft nog veel van het originele gebouw uit de 14e eeuw bewaard. Hij werd vanaf 1381 gebouwd onder Pierre de Giac, de kanselier van koning Karel VI. Tegenwoordig worden er 's zomers culturele evenementen gehouden.

De burcht ligt midden in het appellationgebied Châteaugay, dat tot de bekendste wijngebieden van Auvergne behoort (zie blz. 118). Op het voorplein kunnen de wijnen van de Caveau du Gay-Cœur worden geproefd en gekocht (ma.-za. vanaf 15 uur).

Overnachten

Fantastisch uitzicht – **La Châtellenie**: 8, rue des Remparts, 63530 Volvic, tel. 04 73 33 63 23, www.chatellenie.sitew. com, 2 pk € 53, ontbijt € 7. Eenvoudig hotel op een berg tussen Volvic en het Château de Tournoël gelegen, met een fantastisch uitzicht op de Chaîne des Puys.

Vulkanisch Auvergne

Eten en drinken

Aan de voet van de burcht – **Le Vigosche:** 63119 Châteaugay, Rue du Château, tel. 04 73 87 24 42, www.levigosche.com, dag. 12-14.30, do.-zo. ook vanaf 19 uur, menu € 23-54, salades vanaf € 12,50. Vriendelijk geleid restaurant, direct beneden de burcht, met een klein terras (reserveren!), goede regionale Auvergnekeuken.

Info

OdT: Place de l'Église, 63530 Volvic, tel. 04 73 33 58 73, www.volvic-tourisme.com.

De 'moerassen' van de Limagne

Ten oosten van Riom strekt zich het laagste deel uit van de Limagnevlakte, die nog altijd bedreigd wordt door overstromingen. Het was eeuwenlang een moerasgebied en werd pas sinds 1700 drooggelegd, met als gevolg dat het landschap hier wordt gekenmerkt door talloze ontwateringssloten die worden geflankeerd door populieren- en wilgenlanen.

In de plaats **Ennezat** (▶ E 5) liet Guy VI, hertog van Aquitanië, in 1070 de oudste nog bestaande kerk van de romaanse stijl in Auvergne bouwen. Hij werd 'Cathédrale du Marais' (*marais* = moeras, dus Kathedraal van het Moeras) genoemd. Het koor en de westgevel werden later weliswaar verbouwd, maar het schip met zijn galerijen komt nog altijd overeen met het ideale schema. Het interieur wordt gesierd door fresco's uit de 15e eeuw, die door kunstenaars van het hof van hertog Jean de Berry in Riom afkomstig zouden kunnen zijn.

Maringues (▶ E 5) was ten tijde van kanselier Michel de l'Hospital een van de toevluchtsoorden van de hugenoten, die hier grote vakwerkhuizen achterlieten, als teken van burgerlijke welstand. Het dicht bij de Allier gelegen stadje was vroeger beroemd om zijn leerlooierijen. Van de zestig werkplaatsen van halverwege de 19e eeuw bestaat nu alleen nog de **Tannerie Grandval,** die als museum de oude technieken demonstreert (juni-sept. dag. 14.30-18.30 uur).

Clermont-Ferrand

▶ D/E 5

De hoofdstad van Auvergne, waar met circa 260.000 inwoners ruim een vijfde van de gehele bevolking van Auvergne woont, is voortgekomen uit de Romeinse stad Augustonemetum en is altijd een belangrijk knooppunt geweest, waar vele verkeerswegen elkaar kruisen. Tot ver in de middeleeuwen was Clermont een van de belangrijkste steden van Frankrijk; in 1095 werd hier het concilie gehouden waarbij paus Urbanus II opriep tot de eerste kruistocht. De demagogie van zijn redevoering werkte perfect: met de kreet 'God wil het!' bevestigden geestelijken en ridders het kruis op hun gewaad en drie jaar later werd Jeruzalem tijdens een heftige slachting veroverd.

Tegenwoordig is de stad aan de voet van de Chaîne des Puys op de overgang naar de weidse vlakte van de hoofdstad

Brasserieën omzomen het kathedraalplein in Clermont-Ferrand

Clermont-Ferrand

Bezienswaardigheden
1. Beeld van Vercingetorix
2. Hôtel Fontfreyde
3. Kathedraal Notre-Dame de l'Assomption
4. Marché St-Pierre
5. Notre-Dame du Port
6. Musée Bargoin
7. Musée Henri-Lecoq

Overnachten
1. Hôtel de Lyon
2. Dav'Hôtel Jaude

Eten en drinken
1. Emmanuel Hodencq
2. Le SiSiSi
3. Le 1513 (Hôtel Savaron)
4. Taverne Löwenbräu
5. Taverne de Maître Kanter

Uitgaan
1. Bar des Beaux-Arts
2. Le Patio-Nata
3. Oxxo
4. Les Quatre Vents

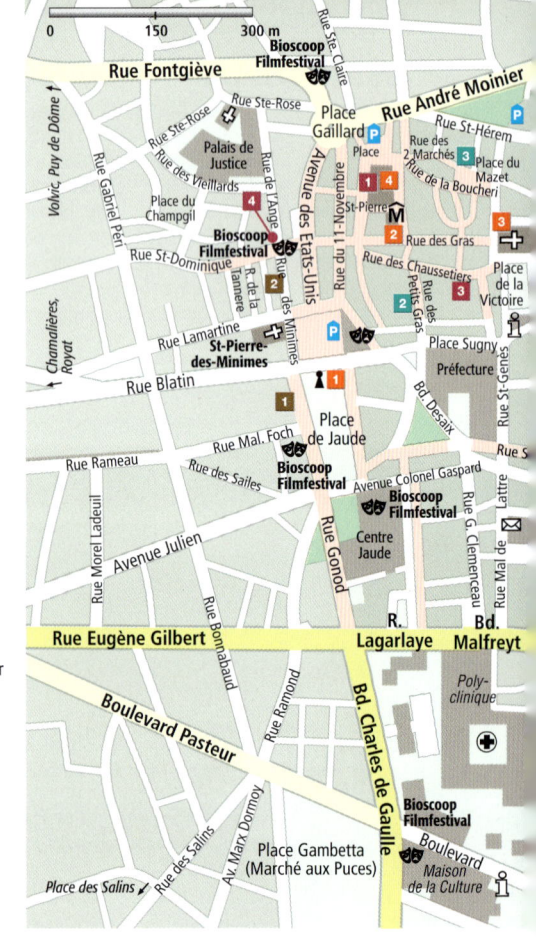

van het departement Puy-de-Dôme, cultureel en economisch centrum van Auvergne en bezit twee universiteiten met zo'n 30.000 studenten (Université d'Auvergne: rechten, economie, medicijnen; Université Blaise-Pascal: geesteswetenschappen, polytechnische school). Daarnaast is het stadsleven doordrenkt van Michelin, als grootste werkgever (zie blz. 76). Al tientallen jaren is Clermont een van de weinige steden in Auvergne met een linkse burgemeester.

Als u de stad nadert vanaf de keten van de Puys, dan vallen vooral de twee spitse, diepzwarte torens van de kathedraal op die boven de stad uitrijzen; van de andere kant af gezien torent steeds de Puy de Dôme boven de daken uit.

In veel straatjes in de oude stad lijkt het alsof in de 16e eeuw de tijd stil is blijven staan, maar de studenten zorgen wel voor een cultureel leven op grootstedelijk niveau. Het Festival van de korte film dat sinds 1979 elk jaar in februari wordt gehouden, geldt met ca. 149.000 bezoekers (2011) als het belangrijkste ter wereld voor korte films en videoproducties. Er worden ook retrospectieven getoond en thematische filmvoorstellingen georganiseerd.

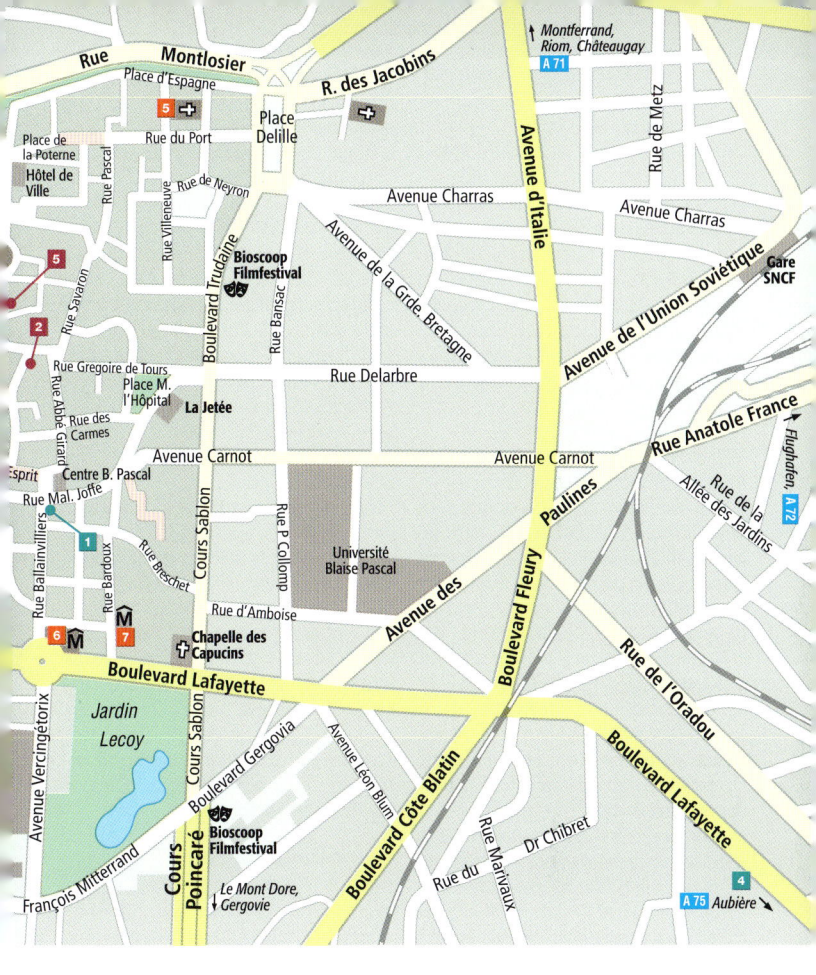

Place de Jaude

De uitgestrekte Place de Jaude, waaraan het stadstheater, warenhuizen, winkelcentra en bioscopen liggen, is tegenwoordig het middelpunt van de stad. In het midden ziet u het **beeld van Vercingétorix** 1, dat in 1902 door beeldhouwer Frédéric Auguste Bartholdi, die ook het Vrijheidsbeeld in New York op zijn naam heeft staan, is gemaakt. De op zijn paard gezeten held zwaait woest met zijn zwaard en overrijdt het lijk van een Romein. In het zuiden ligt het **Centre Jaude** 3, het grootste winkelcentrum van de stad.

Rue des Gras

In het noorden bereikt u via de Rue du 11-Novembre het voetgangers- en winkelgebied van de stad. De hoofdstraat, de Rue des Gras, loopt licht omhoog naar de zwarte kathedraal.

Vervolgens passeert u het **Hôtel Fontfreyde** 2, een fraai renaissancegebouw (nr. 34), dat vroeger als Musée du Ranquet aan de lokale geschiedenis was gewijd. Het is nu gerenoveerd en in vier zalen worden fotografie-exposities gehouden. De beroemde, door wiskundige en filosoof Blaise Pascal uitgevonden rekenmachine is nu in het Musée Lecoq aan de Boulevard Lafayette te zien.

De kathedraal 3

Place Edmond-Lemaigre

Boven de straat met zijn winkels en bistro's rijst, imposant als een gebergte, de **kathedraal Notre-Dame de l'Assomption** op, die door de UNESCO tot Werelderfgoed is uitgeroepen. Met de bouw van deze gotische kerk, die geheel uit volviclava is opgetrokken, werd rond 1250 begonnen. Van de kerk die er eerst stond, is alleen de vroegromaanse crypte uit de eerste helft van de 10e eeuw bewaard gebleven, naast Orléans een van de vroegste voorbeelden met ommegang en straalkapellen. Het portaal aan de zuidzijde, het glas in lood van de koorvensters (13e eeuw) en de portaalrozetten (14e eeuw) zijn de moeite waard. De zwarte madonna achter het koor is een Vierge en majesté (zie blz. 70) uit de 12e eeuw, de zogenaamde Notre Dame de la Bonne Mort. Een curieus detail vindt u aan het noordportaal: een in de stenen gekraste streep toont aan hoe hoog Clermont-Ferrand in de winter van 1833 was ingesneeuwd – op zo'n 2 m hoogte!

Door de 93 m hoge torens lijkt de kathedraal uit de verte enorm hoog; ze werden echter pas in de tweede helft van de 19e eeuw volgens de plannen van Viollet-le-Duc, die de gehele westgevel vormgaf, voltooid. De derde toren, aan de noordzijde, de Tour de la Bayette, kunt u beklimmen, wat door het uitzicht ook werkelijk de moeite waard is (toegang binnen, 9.30-11.30 en 14.30-17.30 uur, behalve zo. ochtend).

Door de oude stad

Bij een wandeling door de oude stad, rond de kathedraal, kunt u veel mooie renaissancepaleizen ontdekken. De pittoreske Rue de la Boucherie, vroeger de straat van de slagers, waar tegenwoordig ook groenten, kaas en vis worden verkocht, loopt naar de markthal **Marché St-Pierre** 4 (Place St-Pierre). Door het culinaire aanbod zult u uw pas vanzelf vertragen.

Ook in de straatjes aan de andere kant van de Rue des Gras, langs de Rue des Chaussetiers met het mooie **Hôtel Savaron** (nu restaurant **Le 1513** 3, zie blz. 130) rijgen zich de restaurants aaneen. Ten oosten van de kathedraal worden de straten stiller, maar ook hier zijn nog oude stadspaleizen met rijkversierde deuren, binnenplaatsen en wenteltrappen. In Rue Savaron, Rue Pascal en Rue du Port kunt u bij antiquairs en antiquariaten naar leuke vondsten op zoek gaan.

Notre-Dame du Port 5

Rue Notre-Dame-du-Port

De tweede belangrijke kerk, de bedevaartskerk Notre-Dame du Port (begin 12e eeuw), is een kenmerkend voorbeeld van de romaanse stijl in Auvergne. In plaats van het gebruikelijke oneven aantal bezit ze vier kapellen aan het koor. De kapitelen met figuratieve decoraties in de kooromgang zijn gesigneerd door ene Maître Robert en behoren tot de mooiste beeldhouwwerken van de romaanse periode.

De beroemde zwarte madonna van notenhout in de crypte is nog altijd een bedevaartsbestemming, met name op de zondag na 14 mei; het is een in de 17e eeuw gemaakte kopie van het originele romaanse beeld. Het portaal van het zuidelijke dwarsschip toont onder een gevelvormige dorpel (een kenmerkend detail van de romaanse stijl van Auvergne) de aanbidding van de koningen, een scène in de tempel en de doop van Christus.

Musée Bargoin 6

45, rue Ballainvilliers, di.-za. 10-12, 13-17, zo. 14-19 uur, toegang € 5, jonger dan 18 jaar gratis

Aan de zuidrand van de oude stad toont het Musée Bargoin een belangrijke prehistorische en Gallo-Romeinse collectie. Heel bijzonder zijn de spectaculaire bronzen voorwerpen (helmen, zwaarden) uit de Keltische tijd, die in Aulnat zijn aangetroffen, de vondsten uit de Mercuriustempel op de Puy de Dôme en drieduizend houten ex-voto's uit de Augusteïsche periode, die bij Chamalières zijn gevonden.

Muséum Henri-Lecoq 7

15, rue Bardoux, di.-za. 10-12, 14-17, zo. 14-17 uur, toegang € 5, met korting € 3

In het natuurhistorisch museum van de stad zijn tegenwoordig twee 'pascalines' te zien. Deze eerste rekenmachine werd rond 1642 door Blaise Pascal ontworpen – in de jaren zestig van de 20e eeuw zouden bij IBM nagebouwde pascalines zijn ingezet ter vereenvoudiging van de computerprogrammering.

Montferrand

Clermont kiest openlijk voor de weg naar de moderne tijd, maar in het traditionele Montferrand, ten noorden van de uitvalsweg naar de A 71, sluiten zich de huizen uit de gotiek en de renaissance aaneen tot een dorp in de stad. In Clermont resideerden de bisschoppen, maar Montferrand was zetel van de graaf van Auvergne, sinds Guy

> ### Tip
>
> **Het avontuur Michelin**
>
> Sinds 2009 is de tentoonstelling over de bedrijfsgeschiedenis van Michelin voor bezoekers geopend. Er worden allerlei voorwerpen getoond uit de geschiedenis van de mobiliteit, waaronder fraaie oldtimers en hele vliegtuigen, maar ook recente uitvindingen en ontwikkelingen. Het museum is ondergebracht in de oude fabriekshallen van Cataroux, die een mooi voorbeeld zijn van de industriële architectuur uit het begin van de 20e eeuw.
> L'Aventure Michelin: 32, rue du Clos-Four, naast het Stade Marcel-Michelin, www.aventure-michelin.com, dag. 10-19 uur, toegang € 8, 7-18 jaar € 5, jonger dan 7 jaar gratis. Heenreis A 71, afrit 15, of tramhalte Stade Marcel-Michelin.

VI rond 1120 hier een burcht liet bouwen en ook verder zijn de plaatsen wat karakter, geschiedenis en levensstijl betreft heel verschillend. Pas in 1630 werden de rivaliserende steden door een koninklijk decreet verenigd. Nog altijd heet een straat hier echter trots 'Rue entre les deux villes,' en als de inwoners van Montferrand in de bus stappen, gaan ze 'naar de stad.'

In de loop van de geschiedenis werd het ooit bloeiende Montferrand een soort Assepoester; de rijke burgers vertrokken en er bleven alleen kleine luiden over. Zo bleven de historische gebouwen, aangelegd op de geometrische plattegrond van een Zuidwest-Franse bastide, een spectaculaire uitverkoop en stadsvernieuwing bespaard: in de Rue de la Rodade, des Cordeliers, Jules Guesde en du Séminaire zijn nog zo'n tachtig huizen uit de 15e en 16e eeuw bewaard gebleven.

Musée d'art Roger-Quilliot

Place Louis-Deteix, dag. 10-18 uur

Het Musée d'art Roger-Quilliot is sinds 1991 in Montferrand ondergebracht in een oud ursulinenklooster, dat daarvoor als kazerne was gebruikt en door toparchitect Adrien Fainsilber met moderne elementen van staal en glas is uitgebreid. Het toont met vijftienhonderd voorwerpen de regionale kunst van de middeleeuwen tot nu, alles streng chronologisch geordend. Interessant zijn onder andere de vele beelden uit romaanse kerken in Auvergne en de moderne kunst van Franse ontwerpers en schilders.

Overnachten

Heel centraal – **Hôtel de Lyon** [1]: 16, place de Jaude, tel. 04 73 17 60 80, www.hotel-de-lyon.com, 2 pk vanaf € 70 (HP) of € 82 (VP), ontbijt € 8. Goed middenklassehotel (3*) in het centrum aan het drukke centrale plein, traditioneel gebouw met op de begane grond een klassieke brasserie. Bewaakt parkeerterrein, eenvoudige kamers, maar met geluiddichte ramen. Tot juni 2014 gesloten wegens renovatie.

Rustig gelegen – **Dav'Hôtel Jaude** [2]: 10, rue des Minimes, tel. 04 73 93 31 49, www.davhotel.fr, 2 pk € 61-79, 4 pk € 90, ontbijt € 9,50. Modern ingerichte, niet te kleine kamers in een traditioneel hotel (2*) in een drukke straat vol restaurants. Mooie ontbijtzaal in jaren-zeventigstijl.

... buiten de stad

Design? Art deco! – **Le Radio**: 43, av. Pierre-et-Marie-Curie, 63400 Chamalières, 3 km westelijk (richting Puy de Dôme), tel. 04 73 30 87 83, www.hotelradio.fr, 2 pk € 98-145, gezinskamer € 190, ontbijt € 13,50, restaurant za. lunch tot ma. lunch gesl., menu's € 30-98. Mooi, goed verzorgd art-decohotel (3*) uit begin jaren dertig, met goed restaurant (Toques d'Auvergne). Vanuit sommige kamers (vragen!) mooi uitzicht op Clermont en de kathedraal. Gratis internet via WLAN (wifi). In het restaurant zijn de gerechten net zo stijlvol als het hotel.

Eten en drinken

Haute cuisine – **Emmanuel Hodencq** [1]: Place St-Pierre, tel. 04 73 31 23 23, zo., ma. lunch en de laatste 2 weken van aug. gesl., www.hodencq.com, menu's € 42, 53, 80, 110, lunchmenu € 27. Volgens Gault-Millau het beste restaurant van de stad, in het complex van de Marché St-Pierre. Hier wordt een fijne Franse keuken voor bijzondere gelegenheden geserveerd.

Wijn voor jonge mensen – **Le SiSiSi** [2]: 16, rue Massillon, tel. 04 73 14 04 28, www.lesisisi.com, za. lunch, zo. en ma. gesl., lunch vanaf € 13,50, diner ca. € 20. Een bij jongeren populaire wijnbistro met een grote keuze aan wijnen uit Auvergne en schotels uit de crossoverkeuken.

Crêpes – **Le 1513** [3]: 3, rue des Chaussetiers, tel. 04 73 92 37 46, creperie1513.free.fr, dag.12-15, 18.30-0.30 uur, menu lunch € 11, à la carte € 6-18. Crêperie & grill in het in 1513 gebouwde Hôtel Savaron, een mooi renaissancegebouw. Grote keus aan salades en *galettes* (crêpes van boekweitmeel met een hartige vulling), die uit Auvergne zijn heerlijk. Kindvriendelijke service.

Brasserieën – in de straten van de Rue St-Dominique omhoog naar het Palais de Justice: bijv. **Taverne Löwenbräu** [4] met Elzasser keuken (7, rue St-Dominique), of aan de Place de la Victoire (bij het toeristenbureau) bijv. **La Taverne de Maître Kanter** [5]. Overal goede Elzasser bieren, *choucroute* (zuurkool) en *flammekueches*, à la carte € 15-30.

Uitgaan

Studentencafé – Bar des Beaux-Arts 1: 3, rue Ballainvilliers, tel. 04 73 92 04 59, ma.-za. 8-2 uur, *demi* € 2. Populair studentencafé met terras aan de straat. Binnen lijkt Beaux-Arts op een traditioneel Parijs café.

Jong publiek – Le Patio'Nata 2: 28, rue des Petits-Gras, tel. 04 73 37 91 82, ma.-za. 18-0.30 uur. Modern vormgegeven trendy café met een jong publiek. Specialiteiten zijn fondu en raclette.

Disco – Oxxo 3: 16, rue des Deux-Marchés, tel. 04 73 14 11 11, wo.-za. 23-5 uur. Discotheek met studentenpubliek. Er zijn vaak thema-avonden *(soirées),* op twee verdiepingen wordt vooral house en R&B gespeeld.

Indietent – Les Quatre Vents 3: 57, rue Pablo-Picasso (Bd Lafayette), tel. 04 73 26 35 96. Muziekbar in loftstijl, veel hout, aluminium en lichteffecten. In de zomer is er ook een zandstrand om op te chillen; bijna elke vr. een liveconcert, meestal indie, rock of folkpop. Anders treden er dj's op.

Info en festiviteiten

Maison du Tourisme: Place de la Victoire, 63000 Clermont-Ferrand, tel. 04 73 98 65 00; dependance aan de Place de Jaude (juni tot sept.), www.ot-clermont-ferrand.fr.

Espace Massif Central: in hetzelfde gebouw als het OdT, tel. 04 73 42 60 00, www.chamina.com. Wandelkaarten, boeken en meer.

Festival du Court Métrage: eind jan., begin feb., kortefilmfestival. Info: La Jetée, 6, place Michel-de-l'Hospital, www.clermont-filmfest.com.

Les Contre-Plongées de l'Été: talloze evenementen (muziek, animaties) half juli tot half aug. op de Place Jaude en de Place de la Victoire of in zalen, zoals het Centre Blaise Pascal; http://contreplongees.clermont-ferrand.fr.

Les Trans'Urbaines: begin juli, hiphop in de oude stad, met concerten, dans en meer, www.hiphopclermont.com.

Billom ▶ E 6

Het ten oosten van Clermont-Ferrand op de overgang van de Limagne naar de Livradois gelegen Billom heeft zijn middeleeuwse karakter behouden en wordt veel als locatie voor filmopnames gebruikt. In Gallo-Romeinse tijd lag de plaats aan de verbindingsweg van Lyon naar Bordeaux; in het oosten van Billom zijn nog restanten van deze weg te zien. De stad was echter het belangrijkste in de middeleeuwen, want sinds de 13e eeuw bezat hij een universiteit, destijds de vierde in heel Frankrijk.

In de oude stad getuigen vakwerk- en natuurstenen huizen uit de middeleeuwen en de renaissance, de zeshoekige klokkentoren uit de 16e eeuw en de overblijfselen van de verdedigingswerken van de vroegere bloeiperiode. De gotische **St-Cerneufkerk** met imposante kruisribgewelven bevat fresco's met afbeeldingen van het Laatste

---

Antiek

Clermont is de antiekstad van Frankrijk. Als u niet naar de hoog aangeschreven Salon de l'Antiquité, begin december, wilt gaan, dan kunt u elke zondagochtend op de **marché aux puces des Salins** op de Place Gambetta (ten zuiden van het Centre Jaude) op zoek gaan naar bijzondere dingen. Elke 1e za. van de maand is er een **marché des professionnels de la brocante** op de Place du 1er-Mai tussen Clermont en Montferrand met professionele handelaren uit heel Europa.

Oordeel en een Graflegging uit de 15e eeuw. Men zegt dat de reliekschrijn in de romaanse crypte delen van het kruis van Christus bevat. Het **Maison du Chapitre** deed ooit dienst als universiteitsgebouw. Ook de knoflookvelden in de omgeving, waar ongeveer een zesde van de totale productie van Frankrijk wordt geoogst, zijn beroemd.

Château de Montmorin ▶ E 6

63160 Montmorin, 1 juli tot 30 aug. dag. 9-12, 14-18 uur, laatste rondleiding 17 uur, bovendien 1 mei en 20/21 sept. 14-18 uur, www.chateau-de-montmorin.fr, € 5, 6-12 jaar € 2,50

Ten zuidoosten van Billom ligt op een verhoging de ruïne van het Château de Montmorin. Daar resideerde ooit de machtige familie Montmorin, die ten tijde van de Godsdienstoorlogen gouverneurs van Auvergne waren. Hoewel Richelieu Montmorin in 1634 liet slopen en de burcht daarna als steengroeve diende, bleven elf van de negentien torens bewaard. De poort met zijn mezekouwen (*machicoulis*) werd gerestaureerd; in de personeelsverblijven zijn in vier zalen wapenrustingen en wapens tentoongesteld. Van de toren met de vertrekken van de seigneur is echter alleen nog een berg puin over – er staat nog maar een muur overeind.

Royat ▶ G 5

Royat, vroeger een bekend kuurbad tegen hart- en vaatziekten, is uitgegroeid tot een voorstad van Clermont-Ferrand, en is als dure wijk populair geworden.

De indrukwekkende romaanse weerkerk **St-Léger** in de oude stad werd als citadel vormgegeven, compleet met tinnen, mezekouwen en een weergang. Op het plein aan de zuidzijde valt een 15e-eeuws kruis van lavagesteente op, waarin de twaalf apostelen zijn uitgehouwen. De trap aan de noordzijde voert omlaag naar de **Grotte des Laveuses**, waar bronnen uit de basaltmuren sproeien. In de lager gelegen elegante kuurwijk vindt u de **Grotte du Chien**, een lavagrot waar uit de spleten kooldioxide vrijkomt, en het kuurpark.

Overnachten, eten

Er zijn hier kuurhotels in alle categorieën; overzicht op www.ot-royat.com. Historische allure – **La Belle Meunière**: 25, av. de la Vallée, 63130 Royat, tel. 04 73 35 80 17, www.la-belle-meuniere.com, restaurant za. lunch, zo. diner en ma. gesl., 2 pk € 130, suite vanaf € 180, ontbijt € 15, menu € 35-75. Dit traditionele hotel van de keten Logis de France biedt gezellige, met antiek ingerichte kamers met een historische allure.

Gergovie ▶ E 6

Bij Gergovia behaalde Vercingetorix, vorst van de Arverni, in 52 v.Chr. zijn overwinning op de troepen van Caesar; 50.000 Romeinse legioensoldaten die het versterkte kamp van de Gallische opstandelingen aanvielen, werden in deze legendarische veldslag, tot ontzetting van Caesar, op de vlucht gejaagd. Dit was de eerste en laatste nederlaag van de Romein tijdens zijn Gallische veroveringsoorlog; korte tijd later moest Vercingetorix zich bij Alesia overgeven. Zes jaar bracht hij door in de kerkers van Rome, waarna hij in de triomftocht van Caesar werd meegevoerd en vervolgens gewurgd.

In 1865 nam het gehucht Merdogne, dat bij een plateau ten zuiden van Clermont lag, de naam 'Gergovie' aan, nadat in 1862 op deze hoogvlakte resten van een oppidum waren aangetroffen, een met aarden wallen versterkte vluchtburcht van de Galliërs. In 1900 werd vervolgens de zuil opgericht, met een Latijnse (!) inscriptie. In het **Maison de Gergovie** worden de geschiedenis en de archeologische vondsten toegelicht (juli/aug. dag. 10-19, mei tot okt. dag. 10-12.30, 14-18, anders alleen za., zo. 14-18 uur, www.ot-gergovie.fr., € 4, met korting € 3, jonger dan 6 jaar gratis). Op het plateau laat men bij een picknick graag vliegers op. Het biedt een mooi uitzicht.

Overnachten, eten

Op stand – **Hostellerie St-Martin:** Pérignat-les-Sarliève, 63170 Aubière, tel. 04 73 79 81 00, www.hostellerie-st-martin-perignat-sarlieve.federal-hotel.com, 2 pk € 90-195, suite € 240, ontbijt € 13. Een tot landelijk hotel (3*) verbouwd herenhuis, met elegant restaurant, een fraaie tuin en een zwembad, onder het Gergoviaplateau (8 km van Clermont-Ferrand vandaan). De kamers zijn vriendelijk, maar heel 'Frans' met veel bloemetjes ingericht.

Festiviteiten

Les Arvernales: eind juli een groot historisch Galliërspektakel met veel deelnemers in kostuum en een feestmaal met Gallische barden (reserveren).

Château de la Batisse ▶ D 6

63450 Chanonat, www.chateaude labatisse.com, tuin het hele jaar toegankelijk, het gebouw juli/aug. ma.-vr. 9.30- 11.30, 14-16, anders zon- en feestd. 15-16.30 uur; juli/aug. dag. middeleeuwenshow (info: www. compagnonsdegabriel.com), € 7,50, 4-15 jaar € 6

Tip

Excursie naar het paradijs

Op een heuvel boven Royat ligt dit burchtachtige huis; 's avonds dineert u hier met een fantastisch uitzicht over Clermont. Vroeger zouden op deze rots na elkaar een druïdenburcht, een Romeinse wachttoren, een roofridderburcht en ten slotte, sinds de 19e eeuw, het huidige 'paradijs' hebben gestaan. In stijlvolle, classicistische zalen en op het uitzichtplatform worden internationele Franse gerechten geserveerd. In ieder geval de moeite waard voor een uitstapje!
Le Paradis: Royat (▶ D 5), Avenue du Paradis (vanaf de hoofdweg Avenue de la Vallée aangegeven), tel. 04 73 35 85 46, www.le-paradis.net, zo. diner, ma. en di. gesl., menu's € 22, 30, 42.

Het kasteel aan de D 52, ten zuiden van Opme, is ontstaan uit een wachttoren die met die van Opme en Roche Blanche de eerste verdedigingsring van Clermont vormde. In de 17e eeuw liet de nieuwe eigenaar, uit het geslacht van Chasteauneuf, dat Batisse nog altijd bezit, nieuwe elementen in de stijl van zijn tijd toevoegen. Daarbij ontstond ook de klassieke tuin. Tijdens een bezichtiging ziet u verschillende zalen, gedeeltelijk in de stijl van de 15e eeuw en gedeeltelijk in die van de 18e eeuw. 's Zomers zijn er middeleeuwenshows.

St-Saturnin ▶ D 6

Aan de rand van het regionale park van het vulkanische Auvergne (zie blz. 51 en 155) kijkt St-Saturnin uit over de Limagne. Het imposante **Château de St-Saturnin** boven het dorpje – tegenwoordig een hotel – was vroeger de

Vulkanisch Auvergne

versterkte residentie van de familie La Tour d'Auvergne, waaruit ook Catharina d'Medici (1519-1589) stamt. Op twee zondagen in juli en twee in augustus zijn er vanaf 20.30 uur *Visites aux lumières,* met romantische belichting (verder rondleidingen: mei, juni za., zon- en feestd. 14-18 uur, juli tot half sept. 10-19 uur, laatste rondleiding 18 uur, toegang € 6, 6-18 jaar € 5).

Kunsthistorisch interessant is de **St-Saturninkerk,** met zijn lengte van 32 m de kleinste van de vijf hoofdkerken van de romaanse stijl in Auvergne. De kerk van lichte arkose, vlak bij het romantische dorpsplein, is ondanks zijn terughoudende eenvoud indrukwekkend. Hij is halverwege de 12e eeuw gebouwd en volgt het schema van Auvergne, hoewel door het afzien van voorhal en straalkapellen aan het koor een ongewone variant is ontstaan.

Overnachten

In het kasteel – **Château de St-Saturnin:** Place de l'Ormeau, 63450 Saint-Saturnin, tel. 04 73 39 39 64, www.chateaudesaintsaturnin.com, 2 pk, incl. ontbijt € 200-270. Zeer stijlvolle en comfortabele kamers in het kasteel; hemelbedden, historisch meubilair en allerlei ridderspullen.
Romantisch – **Maison des Archers:** Rue de la Boucherie, tel. 04 73 39 31 42, www.lamaisondesarchers.com, 2 pk, incl. ontbijt € 65. Drie romantische kamers in een oeroud huis.

De Comté d'Auvergne

Vic-le-Comte ▶ E 6

Vic-le-Comte is het centrum van de Comté, een heuvelachtig landschap, met op zijn vulkanische verheffingen talrijke feodale burchten. Op deze burchten liepen sinds de 13e eeuw alle veroveringspogingen van de Franse koningen stuk; de plaatselijke graven konden hun onafhankelijkheid tot de tijd van Richelieu (en de nieuwerwetse kanonnen) bewaren. De **St-Jeankerk** uit de 12e eeuw en de laatgotische, om zijn koorvensters beroemde **Ste-Chapelle,** het enige restant van het oude kasteel, zijn bezienswaardig. In de oude stad vormen mediterraan aandoende huizen de achtergrond voor de bedrijvigheid in het plaatsje.

Château de Busséol

Château de Busséol ▶ E 6

63270 Busséol, half juni tot half sept. 10-12 en 14.30-18, mrt. tot half juni en half sept. tot half nov. za., zo. 14.30- 17.30 uur, toegang volw. € 6,50, kinderen € 4

De Comté d'Auvergne

Ten noorden van Vic biedt het Château de Busséol een fantastisch uitzicht op de Limagne. Dit lieflijke landschap wordt ook wel het 'Toscane van Auvergne' genoemd, omdat het heuvellandschap, met hier en daar een plaatsje, een kerkje en een herenhuis, en de lappendeken van velden en weiden op die Italiaanse provincie lijkt. De op een markante vulkaankegel tronende burcht behoort tot de oudste van Auvergne. Met de bouw werd in 1170 begonnen. De grote zaal, de ronde donjon en de weergang zijn te bezichtigen.

Corent ▶ E 6

Dit nog geheel middeleeuwse plaatsje lijkt tegen de helling van de Puy de Corent te kleven en kijkt uit over de Allier die zich in lussen vanaf Longues door het dal slingert. De plaats is het centrum van de appellation Corent, een van de vijf AOC-gebieden van Auvergne (zie Op ontdekkingsreis blz. 118).

Op de hoogvlakte erboven wordt sinds 2001 een groot, ooit door een 8 m hoge palissademuur omgeven heiligdom van de Galliërs blootgelegd, waar dier- en wijnoffers werden gebracht en grote feestmalen werden gehouden, zoals in de oudheid over het feest van koning Lovernios werd verteld. Later werd het een Romeins, natuurstenen tempelcomplex. Het heiligdom werd omgeven door een stad met vakwerkhuizen, die sinds 130 v.Chr. bewoond was en na de verovering door Caesar al snel werd opgegeven. De opgraving werpt veel vragen op: was dit misschien het echte Gergovia?

Vulkanisch Auvergne

Montpeyroux ▶ E 6

Uitvoerig of bescheiden gerestaureerde huizen met overwegend gesloten luiken verraden in Montpeyroux, dat rond 1950 vrijwel geheel verlaten was, dat veel huizen als tweede woning worden gebruikt. De middeleeuwse sfeer van het dorp met zijn hoog oprijzende donjon uit de 13e eeuw wordt nergens verstoord door nieuwbouw. Het uitzicht op de onmiskenbare Puy de Dôme is heel fraai.

Champeix ▶ E 6

Ook Champeix, aan het riviertje de Couze de Chambon, lijkt uit een lang vervlogen tijd te stammen. Het was vroeger ook een bekend wijndorp. Erachter rijst het **Château du Marchidial** op, dat kardinaal Richelieu in 1633 liet slopen. Tegenwoordig is de plaats beroemd om zijn grote middeleeuwenfeest, in het tweede weekend van augustus; in juli en augustus wordt op woensdagavonden na 20 uur de **Marché Nocturne** gehouden.

Eten en drinken

Mediterrane sfeer – **L'Armoise:** 186, bd Charles-de-Gaulle, 63240 Longues, 4 km ten noorden van Vic-le-Comte, tel. 04 73 39 90 31, www.restaurantlarmoise. com, ma., za. lunch en zo. diner gesl., menu's € 16 (lunch) en 29-46. Creatieve keuken, elegante ambiance – wat u er aan de buitenkant niet vanaf ziet. Op de kaart veel mediterrane combinaties.

Issoire ▶ D 7

Het stadje Issoire ligt in het brede dal van de Allier, de breuklijn tussen de vulkanen van de Monts Dore en de Monts du Livradois, en is het economische centrum van de zuidelijke Limagne. De metaalverwerking speelt nog altijd een grote rol. Op dit moment is de aluminiumverwerker Pechiney Alcan de grootste werkgever in het gebied.

De stad werd gesticht in de Gallo-Romeinse periode. De missionaris Austremoine (Austromonius, zie blz. 44), die in de 4e eeuw veertig jaar lang de inwoners tot het christendom probeerde te bekeren en de eerste bisschop van Auvergne werd, is hier begraven. In 1577, tijdens de Godsdienstoorlogen, veroverde de beruchte capitaine Merle (zie blz. 248) de stad. Toen de stad twee jaar later door de katholieke troepen werd terugveroverd, raakte hij zwaar beschadigd en moest grotendeels opnieuw worden opgebouwd.

St-Austremoinekerk [1]
Place St-Paul

De Église St-Austremoine werd halverwege de 12e eeuw van arkose (licht, bijna geel afzettingsgesteente) gebouwd en is met 65 m lengte, na de St-Julien in Brioude, de op één na grootste romaanse kerk in Auvergne. De kenmerkende oostgevel – de bekende piramide met de opeenvolging van vieringstoren, dwarsopbouw *(massif barlong)*, koorsluiting, koorgang en straalkapellen – is vanaf een plein goed te zien. In de buitenmuren van de basiliek ziet u incrustaties van verschillend gekleurd gesteente, rond de apsis zijn boven de vensters afbeeldingen van de twaalf dierenriemtekens aangebracht.

Van binnen volgt de kerk, met zijn galerijen en een koorgang, het karakteristieke bouwschema. De kleurige beschildering van het interieur op een rode en zandkleurige ondergrond dateert van de 19e eeuw, maar geeft een goede indruk hoe de romaanse kerken, die meestal waren beschilderd, er oorspronkelijk kunnen hebben uitgezien.

De eveneens kleurig beschilderde koorkapitelen, die in hun indringendheid aan naïeve kunst doen denken, tonen scènes uit de Passie en de Wederopstanding van Christus; de bekendste stelt het Laatste Avondmaal voor. In de crypte, onder het koor, worden de relieken van de H. Austromonius bewaard in een kleine sarcofaag. Afgaande op de gebruikte techniek zou deze in de 12e eeuw kunnen zijn gemaakt.

In de oude stad

De in een ruit rond de oude stad lopende boulevardring markeert duidelijk de loop van de vroegere stadsmuren. Daarbinnen kunt u in de nauwe, bochtige straatjes nog een beetje op ontdekkingsreis gaan: het **Maison Bartin** 2 (Rue de la Berbiziale), het **Hôtel Charrier** 3 (18, place de la République) en het **Maison du Chancelier Duprat** 4 (Place St-Avit) zijn mooie renaissancehuizen. De langgerekte Place de la République, met het **Maison des Arcades** 5 op de hoek van de Rue Pissevin vormt het centrum van de oude stad. Ongeveer alle straten komen erop uit.

Boven het centrale plein rijst de **Tour de l'Horloge** 6 (4, rue du Ponteil) uit; de opvallende klokkentoren werd rond 1480 door twee rijke kooplieden, die het ambt van consul bekleedden, gebouwd. Issoire profiteerde destijds enorm van de vele pelgrims die op de relieken van de H. Austromonius af kwamen en beleefde een bloeitijd. U kunt de toren beklimmen; er is een tentoonstelling over de tijdmeting sinds de oudheid in ondergebracht (juli/aug. 10-18.30, mei, juni, sept., okt. di.-zo. 10-12, 14-18 uur, deur open tot 45 min. voor sluitingstijd, toegang € 6, met korting € 4).

Beelden, fresco's en andere kunstwerken uit de romaanse periode zijn te zien in het **Centre d'art roman Georges-Duby** 7 vlak bij de kerk (Parvis Raoul Ollier, juli/aug. dag. 10-18.30, mei, juni, sept., okt. di.-zo. 10-12, 14-18 uur, tel. 04 73 89 56 04). Samen met het Centre Culturel is het gevestigd in de gebouwen van een na 1702 gebouwde benedictijnenabdij.

Perrier en Puy d'Ysson ▶ E 7

Ten oosten van Issoire bereikt u het dorp **Perrier** (D26) in het dal van de Couze Pavin, dat aan de voet van vulkanische erosiehellingen ligt. Interessant zijn de **Grottes de Perrier**, grotwoningen die sinds het neolithicum in het zachte gesteente zijn uitgehakt en tot in de 19e eeuw bewoond zijn.

Via Solignat (D32) kunt u naar de top van de **Puy d'Ysson** rijden – vanaf de gedoofde vulkaan (856 m) hebt u mooi uitzicht over het Allierdal.

Overnachten

Chic en comfortabel – **Le Pariou** 1: 18, av. Kennedy, tel. 04 73 55 90 37, www.hotel-pariou.com, 2 pk € 82-90, ontbijt € 12,50, menu € 14,50 (lunch) tot € 39,50. Modern ingericht hotel (3*) aan de uitvalsweg naar het noorden (D716),

Tip

Romaanse stijl en muziek

Het **Centre d'art roman Georges-Duby** in Issoire (zie blz. 137 hiernaast) organiseert eind juli, begin augustus verschillende muziekevenementen in St-Austremoine en in andere romaanse kerken in Auvergne. Zo wordt een bezoek tot een heel bijzondere belevenis. Er wordt vooral oude kerkmuziek ten gehore gebracht, maar ook troubadour- en volksmuziek. Brochures met informatie en kaartjes zijn verkrijgbaar bij de toeristenbureaus; het programma vindt u op www.terres-romanes-auvergne.com/festival.htm.

Issoire

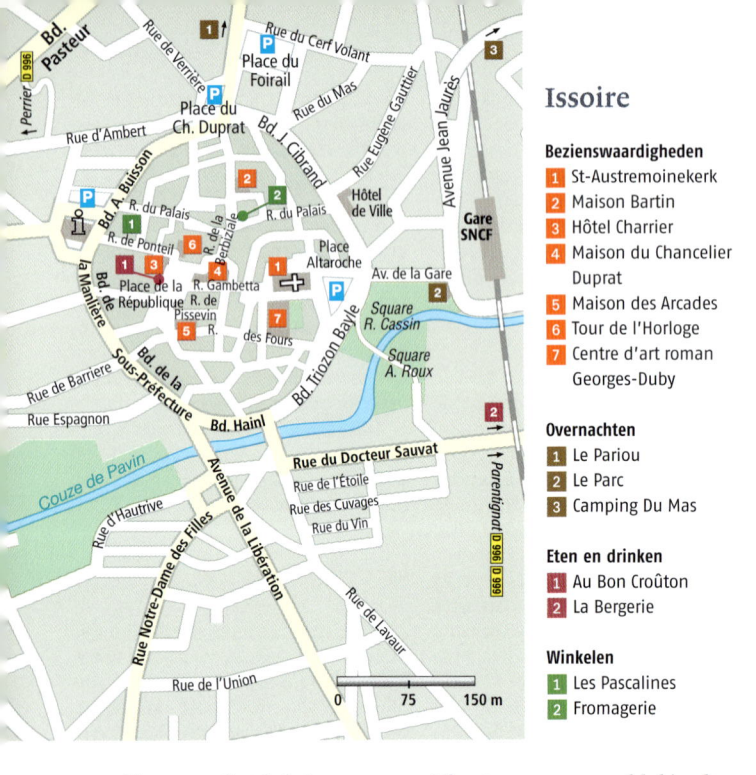

Bezienswaardigheden
1. St-Austremoinekerk
2. Maison Bartin
3. Hôtel Charrier
4. Maison du Chancelier Duprat
5. Maison des Arcades
6. Tour de l'Horloge
7. Centre d'art roman Georges-Duby

Overnachten
1. Le Pariou
2. Le Parc
3. Camping Du Mas

Eten en drinken
1. Au Bon Croûton
2. La Bergerie

Winkelen
1. Les Pascalines
2. Fromagerie

met chique, comfortabele kamers, een zonneterras met zwembad, een goed restaurant met groot terras en een eigen parkeerplaats.

Aan het park – **Le Parc** 2: 2, av. de la Gare, tel. 04 73 89 23 85, www.leparc-hotel-issoire.com, 2 pk € 66, ontbijt € 10, menu's € 23, 27, 38, 48. Middenklassehotel (2*) tussen het station en een park aan het riviertje de Couze de Pavin. Moderne kamers met lcd-tv en WLAN (wifi), mooie tuin, goed restaurant met terras.

Camping – **Camping Du Mas** 3: Av. du Dr-Bienfait, bij snelwegafrit 12, tel. 04 73 89 03 59, www.camping-issoire.com, apr. tot okt. Een grote, goed georganiseerde en ingerichte camping, een uitstekende standplaats voor tochten door Centraal-Auvergne. Leuk voor kinderen vanwege de enorme speeltuin.

U kunt zwemmen vanaf de kiezeloevers bij de vlakbij gelegen Allier-brug, richting Orbeil.

Eten en drinken

Veel eenvoudige eethuizen (ook Aziatische keuken, pizza's) rond de Place de la République en in de oude stad.

Toplocatie – **Au Bon Croûton** 1: 16, pl. de la République, tel. 04 73 55 16 99, www.restaurant-issoire.fr, menu € 11-22. Klein, familiair restaurant met terras op een toplocatie aan het centrale plein, eenvoudige keuken van Auvergne, maar ook fondu en brésade, een combinatie van barbecue en raclette, die aan tafel wordt bereid.

De beste keuken – **La Bergerie** 2: in 63490 Sarpoil, 10 km zuidoostelijk

(D999), tel. 04 73 71 02 54, www.laber geriedesarpoil.com, di., wo. en zo. diner gesl., menu € 22, 34, 46, 57, 78, kindermenu € 12. In een oud, mooi verbouwd station voor postkoetsen, chique sfeer. Moderne Franse keuken, alleen al de vormgeving van de gerechten is bijzonder. Cyrille Zen, de chef, is de jongste maître de cuisine van Auvergne. Reserveren!

Winkelen

Streekproducten – **Les Pascalines** 1: 24, rue du Ponteil. Regionale specialiteiten, vleeswaren, gebak, marmelade en likeuren, enz.

Kaas, kaas en nog eens kaas – **Fromagerie Le Montcineyre** 2: 26, rue de la Berbiziale, ma. en 's middags gesl. Groot aanbod aan kazen uit Auvergne en uit de rest van Frankrijk.

Info en festiviteiten

OdT: Place du Gal-de-Gaulle, 63500 Issoire, tel. 04 73 89 15 90, www.issoire.fr.
Weekmarkt: za. in de Rue de la Berbiziale en op de Place de la République.
Festival International de Folklore: internationale folkgroepen, 2e/3e weekend van juli, www.festival-issoire.fr.
Festival d'Art Roman: middeleeuwse muziek, kunstnijverheidstechnieken, zoals fresco's schilderen. Bovendien straatkunstenaars, middeleeuwse markt, zie blz. 137.

Door het Allierdal richting Brioude

Naar het zuiden toe rijgen zich mooie, bijna middeleeuws aandoende plaatsjes aaneen langs de Allier tot aan Brioude. In de plaatsen aan de rivier, zoals Nonette, Jumeaux, Brassac-les-Mines en Auzon, worden kano's en kajaks verhuurd, meestal op de campings. De Allier is van oudsher vanaf Jumeaux bevaarbaar en er zijn in dit gedeelte geen stroomversnellingen te verwachten.

Château de Parentignat ▶ E 7

63500 Parentignat, www.parentignat.com, juli/aug. 10-12.30, 14.30-18.30, juni en tot half sept. dag. 14.30-18.30, mei za., zo. 14.30-18.30 uur, toegang € 8, 7-17 jaar € 5

Het plaatsje Parentignat aan de oostzijde van de Allier (D 996) bezit een schitterend kasteel uit de 17e/18e eeuw, dat ook wel het Kleine Versailles van Auvergne wordt genoemd. In 1707 kocht Jean-Antoine de Lastic, die als abt in de Cantal rijk was geworden, de burcht, inclusief het omringende stadje, maar hij overleed drie jaar later. In 1775 liet zijn achterneef François de Lastic boven het dorp een voorplein aanleggen en verbouwde de burcht tot een 18e-eeuws kasteel met drie vleugels – alleen de twee buitenste torens herinneren nog aan het middeleeuwse gebouw.

Tijdens de bezichtiging ziet u de mooie zalen en schilderijen, voor een deel in de stijl van de 18e eeuw en voor een deel in de empirestijl van de 19e eeuw.

Usson ▶ E 7

Iets verderop kunt u afslaan naar Usson (D709), waar vroeger koningin Margot (zie blz. 47) door haar man, koning Henri IV, in ballingschap werd gehouden. Het stadje, eigenlijk meer een dorp, is sindsdien nauwelijks veranderd. Van de burchtkapel hebt u een mooi uitzicht op de keten van de Puys.

Nonette ▶ E 7

Direct langs de Allier rijdt u via Les-Pradeaux (D722) naar het romantische dorp Nonette. Het troont op een 170 m hoge basaltrots, met een burchtruïne, waaromheen de Allier een lus vormt.

Auzon ▶ E 7

Ook in de plaats Auzon, op een bergrug aan de monding van de Auzon (D34, D 6), lijkt de tijd te hebben stilgestaan. Middeleeuwse muren en veel oude huizen verlenen het dorp een pittoreske charme. De versterkte St-Laurentkerk bevat een romaans houten kruisbeeld en het ijzeren portaalbeslag uit de 14e eeuw. Via **Azérat** (▶ F 7), met een kerk van rood en okerkleurig natuursteen, bereikt u als u de Allier in oostelijke richting volgt Brioude (zie blz. 141).

Château Villeneuve-Lembron ▶ E 7

63340 Villeneuve, half mei tot half sept. dag. 10-12, 14-18.30, anders alleen di.-zo. en slechts tot 17.30 uur, € 5, tot 18 jaar gratis

Tip

Boudes en een wandeling naar de Vallée des Saints ▶ E 7

Bij Boudes, het wijndorp op de vlakte van Lembron (zie Op ontdekkingsreis blz. 118), voert een omweg naar de Vallée des Saints, die u tijdens een niet al te lange wandeling kunt bereiken (6 km, 2 uur). Het dal werd door een klein riviertje uit het zachte vulkanische tufsteen gesleten, waarbij opvallende erosievormen ontstonden. Steil oprijzende rotsen, waarvan de kleuren wisselen van okergeel naar rood, geven het schilderachtige dal het aanzien van een soort Cappadocië in miniatuurvorm. Omdat veel van de rotsformaties op monniken in pij lijken, kreeg het dal de naam 'dal van de heiligen.'

Op de linkeroever van de Allier voert een langere, alternatieve route naar Brioude. Eerst rijdt u over de D717 naar het dorp **Mareugheol**, dat nog oude verdedigingswerken bezit. Het **Château Villeneuve-Lembron,** 4 km naar het zuiden, heeft ook nog zijn feodale vorm met zijn typische kegeldaken en is beroemd om zijn 15e/16e-eeuwse muurschilderingen.

Overnachten

Kamperen en meer – **Château de Grangefort:** 63500 Les Pradeaux (▶ E 7), tel. 04 73 71 02 43, www.lagrangefort.eu, stacaravans aug. vanaf € 695/week, 2 pk € 90, 4 pk € 139. Een hoog boven de Allier gelegen kampeerterrein bij een kasteel, dat ook goed ingerichte bungalows, appartementen, chalets en stacaravans verhuurt, met zwembad en kanostation. Onder Nederlandse leiding. In het kasteel kunt u ook de wat ouderwets ingerichte *chambres d'hôte,* voor een deel met hemelbed, huren.

Gorges d'Alagnon en Blesle ▶ E 8

Via St-Germain-Lembron en de D909 bereikt u de Gorges d'Alagnon. Hoog boven het smalste deel van het Alagnondal beheerst de schilderachtige burchtruïne **Château de Léotoing** het panorama (heenreis over de D653 vanuit Lempdes).

Blesle

Bij de uitgang van de kloof ligt Blesle, dat nog volledig uit historische gebouwen bestaat. In deze plaats stond vroeger een benedictinessenklooster, dat in de 9e eeuw door een gravin van Auvergne gesticht was en direct onder de paus viel. Tot dit klooster behoorden de romaanse St-Pierrekerk (12e eeuw) en woongebouwen, die bij de verwoesting van de abdij tijdens de Franse Revolutie gespaard bleven. De zeer oude madonna van de St-Pierrekerk, de Notre-Dame du Cheylat, is beroemd.

Aan de baronnen van Mercœur, de rivalen van de abdij, herinneren de 27 m hoge donjon van een burcht uit de 13e eeuw en de gotische klokkentoren van de voor de rest gesloopte St-Martinkerk. In het centrum van de plaats is een uniek complex van ruim veertig vakwerkhuizen uit de 14e tot de 16e eeuw bewaard gebleven.

Overnachten

Charmant – **La Bougnate:** Blesle, Place du Vallat, tel. 04 71 76 29 30, fax 04 71 76 29 39, www.labougnate.fr, 2 pk € 85-119, ontbijt € 11, menu € 23. Een landelijk familiehotel, verzorgd, modern ingericht en met een bijzondere allure. Met een restaurant, dat moderne kookkunst en de oeroude tradities van Auvergne met succes met elkaar weet te verbinden.

Landelijk – **Ferme Auberge de Margaridou:** Aubeyrat (D909, tussen Lempdes en Blesle), tel./fax 04 71 76 22 29, www.alagnon.com, nov. tot jan. gesl., 2 pk met ontbijt € 75, met halfpension € 115, menu diner, na aanmelding, € 20. Een gerestaureerde schapenboerderij, midden in de natuur gelegen, met slechts vijf kamers en een zwembad. Gasten kunnen gebruikmaken van een *table d'hôte* met regionale producten.

Actief

Kookcursussen: via de website van de Ferme Auberge de Margaridou (zie boven) kunt u zich inschrijven voor een kookcursus.

Info en festiviteiten

OdT: Pl. de L'Église, 43450 Blesle, tel. 04 71 76 26 90, www.tourismeblesle.fr.
Rommelmarkt: eind juli wordt in Blesle een Marché à la Brocante gehouden.

Brioude ▶ F 8

Dit stadje, met zijn ca. 7200 inwoners, ligt iets van de Allier, waarvan het dal zich hier verbreedt tot een vruchtbare vlakte, vandaan. Landbouw en de verwerking van agrarische producten spelen hier economisch de grootste rol, naast toeleveringsbedrijven van de autoindustrie. De stad gaat terug tot de Gallo-Romeinse periode. De Keltische naam was Brivas (wat 'doorwaadbare plaats' betekent), en daarom worden de inwoners nog altijd Brivadois genoemd. Tegenwoordig is Brioude een bedrijvig stadje met goede winkelmogelijkheden en een actief cultureel leven. Het wordt wel aangeduid als de poort tot de Gorges de l'Allier.

St-Julienbasiliek [1]

Rue Notre Dame, juli/aug. dag. 9-19, anders 9-12, 14-17.30 uur, gratis toegang, rondleiding € 4

In het centrum van de oude stad van Brioude verheft zich de mooiste en oorspronkelijkste romaanse kerk van Auvergne – en met 74 m lengte is hij ook nog eens de grootste. De St-Julien wordt echter niet tot de beroemde vijf 'hoofdkerken' van de romaanse stijl in Auvergne gerekend (zie blz. 67), want er werd tot in de hoogtij van de gotiek aan gebouwd, zodat er vreemde stijlelementen aan werden toegevoegd. Juist deze mengeling van stijlen en de voorkomende stijlbreuken maken deze kerk echter zo interessant (zie Op ontdekkingsreis, blz. 146).

Espace Notre-Dame [2]

Place Grégoire-de-Tours, mei-sept. dag., behalve di. en zo. middag 10-12, 14.30-18.30 uur, € 3

Op de Place Grégoire-de-Tours, het plein achter het koor van de St-Julien, werden sinds 2005 fundamenten van een baptisterium, omringd door vele Merovingische graven, en een later afgebroken Mariakerk opgegraven. De kerk geldt als het oudste christelijke religieuze gebouw van de stad en na voltooiing van de werkzaamheden werd er een modern museumgebouw, het Espace Notre-Dame, overheen gebouwd. Behalve de fundamenten worden beelden, fresco's en kunst uit de middeleeuwen getoond, en bovendien nog een expositie over de grote bedevaarten.

Hôtel de la Dentelle

29, rue du Quatre-Septembre, hoteldeladentelle.com, apr.-okt. ma.-vr. 10-12, 14-18, za. 15-18 uur, toegang € 8, kinderen € 4

Door het straatje tegenover het westportaal bereikt u de Rue du Quatre-Septembre en een van de oudste huizen van de stad: het **Maison de Mandrin** [3] op de hoek rechts werd in 1373-1383 als vakwerkhuis gebouwd en huisvest nu een souvenirwinkel. Het huis is genoemd naar een legendarische struikrover die hier in 1754 een zeer gehate koninklijke beambte overviel. Ook het **Hôtel de la Dentelle** [4], iets verder naar rechts, is bezienswaardig. Het toont in een 15e-eeuws herenhuis een expositie over kantklossen.

Château de Lamothe

43100 Lamothe, juni tot sept. rondleiding do. en vr. 17 en 20 uur op afspraak, tel. 04 71 76 41 16

Het historische stadje Lamothe met zijn mooie middeleeuwse straatjes, aan de oostzijde van de Allier was de veertiende 'bonne ville' of koningsgetrouwe stad van Auvergne. Hier werden vroeger de dennenbomen op hun reis over de Allier en de Loire naar Nantes gestuurd, waar ze tot masten voor de Franse vloot werden verwerkt. Het kasteel van de familie La Mothe is nog in vrijwel dezelfde staat als in de 16e eeuw. Vooral de beschilderde cassetteplafonds van de Chambre du Pape, die het werk zijn van Florentijnse kunstenaars, zijn prachtig.

Overnachten

Mooi in het groen – **La Sapinière** [1]: Av. Paul-Chambriard, tel. 04 71 50 87 30, www.hotel-sapiniere-brioude.com, 2 pk € 116-118, ontbijt € 12, 2 pk, halfpension € 92/p. in 2 pk, € 63 €/p. in 4 pk. Dit mooie hotel uit de hogere middenklasse (3*) ligt iets boven de stad in het groen. Een oud landhuis werd met een aantal lichte serres uitgebreid; een goed restaurant met een groot terras aan de tuin, en een licht binnenzwembad. De kamers zijn individueel ingericht met historische accenten.

In de stad aan de ring – **Poste et Champanne** [2]: 1, bd du Docteur-Devins, tel. 04 71 50 14 62, fax 04 71 50 14 62, www.hotel-de-la-poste-brioude.com, in feb. gesl., 2 pk € 60, ontbijt € 8, menu's € 16 en 24. Een klein familiehotel, sinds 1928 (2*), met een goed restaurant; vriendelijke ontvangst; de kamers zijn licht en modern ingericht, die in de nieuwbouw om de hoek zijn rustiger.

Camping – **Camping La Bageasse** [3]: Route de la Bageasse, tel. 04 71 50 07 70. Ten zuiden van de stad, direct aan de Allier (bij een kleine stuwdam) gelegen camping met veel schaduw, zwembad, snackbar, maar geen chalets. Voor campers is er een terrein aan het eind van de Rue du Commerce (Parking du Centre Historique); kaartjes te koop bij het toeristenbureau. ▷ blz. 144

Favoriet

Boerenmarkt in Brioude 3

De grote zaterdagmarkt in Brioude is een van de mooiste van Auvergne. Voor de kleurige gevels van de Place Lafayette ontmoeten boeren uit de omgeving en stedelingen elkaar – allemaal echte Auvergnards en velen ook nog in oude klederdracht.

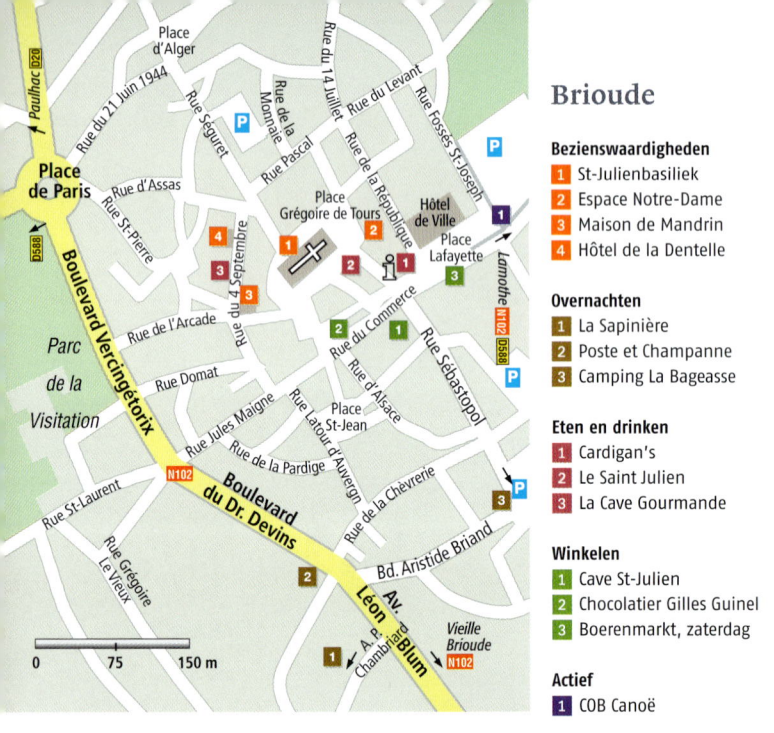

Brioude

Bezienswaardigheden
1. St-Julienbasiliek
2. Espace Notre-Dame
3. Maison de Mandrin
4. Hôtel de la Dentelle

Overnachten
1. La Sapinière
2. Poste et Champanne
3. Camping La Bageasse

Eten en drinken
1. Cardigan's
2. Le Saint Julien
3. La Cave Gourmande

Winkelen
1. Cave St-Julien
2. Chocolatier Gilles Guinel
3. Boerenmarkt, zaterdag

Actief
1. COB Canoë

Eten en drinken

Restaurant met loungebar – Cardigan's 1: Place Lafayette, tel. 04 71 50 06 16, www.cardigans-restaurant.com, di.-zo. 12-14,30, 18-24 uur, ma. gesl., plat du jour € 9, salades vanaf € 8,50. Rustiek eethuis in Engelse pubstijl, met een omvangrijke menukaart (gerechten uiteenlopend van salades en pasta tot steaks). Er hangt hier een prettige, jeugdige sfeer, mede veroorzaakt door de bijbehorende loungebar die een populair ontmoetingspunt is.

Pizza en meer – Le Saint Julien 2: Place Grégoire-de-Tours, tel. 04 71 50 20 10, menu € 10-22, pizza tot € 11,50. Keurige pizzeria, naast de basiliek gelegen, met een allervriendelijkste bediening. Behalve pizza kunt u hier ook verschillende traditionele gerechten uit Auvergne krijgen.

De keuken van Emilie – La Cave Gourmande 3: 27, rue du 4-Septembre, tel. 04 71 74 82 76, www.lacave-gourmande.fr, dag., behalve wo. en zo. 10-19 uur, in de zomer ook 's avonds, menu € 15. Een klein winkeltje voor regionale producten naast het Hôtel de la Dentelle met een paar restauranttafeltjes. Emilie kookt elke dag een menu, afhankelijk van wat er op de markt te koop is – voor een deel in de stijl van Auvergne, voor een deel mediterraan-internationaal – terug te vinden op Twitter.

Winkelen

Wijn en likeur – Cave St-Julien 1: Place Lafayette/Rue du Commerce, 's middags gesl. Wijnen en likeuren uit de streek (gentiane, birlouette, volc'an 2000, enz.).

Voor zoetekauwen – **Chocolatier Gilles Guinel** 2: 10, rue du Commerce, dag., behalve zo. middag en ma., 's middags gesl. Taart, koek en chocoladecreaties. Favoriet is de tarte aux myrtilles.
Regionale specialiteiten – **Boerenmarkt** 3: zie Favoriet, blz. 143.

Actief

Kanoverhuur – **COB Canoë** 1: Aan de brug over de Allier, de Pont de Lamothe, tel. 04 71 50 43 82. Botenverhuur, beginnerscursussen en opwindende wildwatertrajecten.

Info en festiviteiten

OdT: Place Lafayette, 43100 Brioude, tel. 04 71 74 97 49, www.ot-brioude.fr.
Weekmarkt: za., Place Lafayette.
Rommelmarkt: 1e weekend in aug., aan de ringboulevard.
Saison Musicale: concerten (van klassiek tot rock) in de St-Julienkerk, op de Place Grégoire-de-Tours of bij het Château de Paulhac, half juli tot eind aug.

Lavaudieu ▶ F 8

Het dorp Lavaudieu (van het Latijnse *vallis dei*, dal van God) ligt in idyllische afgeslotenheid aan het riviertje de Senouire. In het schilderachtige plaatsje gaat een kleinood van de romaanse bouwkunst schuil: de uit de 11e eeuw stammende **Abbaye de Lavaudieu**, het mooiste klooster van Auvergne.

Abbaye de Lavaudieu

Juli/aug. dag. 10-12, 14-19 uur, apr. tot juni, sept. tot half nov. dag. 10-12, 14-18 uur, om het uur een rondleiding; www.abbayedelavaudieu.fr, toegang € 5, 6-12 jaar €3

De voormalige benedictinessenpriorij heeft tot 1948 dienstgedaan als schuur en als koeienstal. Op die manier heeft de bekoorlijke, twee verdiepingen tellende kruisgang de vernielingen tijdens de Franse Revolutie en het verval van de overige kloostergebouwen overleefd. Alle zuilen zijn verschillend van vorm: enkel of dubbel, polygonaal of glad, gecanneleerd of gedraaid.
In de refter werden muurschilderingen uit de 12e eeuw te voorschijn getoverd van onder een latere overschildering, en in de eenvoudige kerk werden fresco's ontdekt uit 1355, waaronder een pestallegorie: de blinde dood, die dodelijke pijlen op de mensen afschiet.

Maison des Arts et Traditions Populaires de Haute-Loire

43100 Lavaudieu, juli/aug. dag. 10-19 uur, apr. tot juni, sept. tot nov. wo.-ma. 10-12, 14-18 uur

In het oude Maison du Boulanger (bakkershuis) wordt een traditionele inrichting van een huis in ▷ blz. 149

Tip

Château de Paulhac ▶ E 8

Slechts 3 km ten westen van Brioude troont het Château de Paulhac op een heuvel boven het dal. Het complex met donjon en complete verdedigingsmuren is in de 12e eeuw gesticht en behoort tot de mooiste burchten van Auvergne. Tijdens de rondleiding ziet u bijzondere stukken uit de collectie, zoals wandtapijten en meubilair uit alle eeuwen.
Château de Paulhac: juli/aug. rondleidingen 11, 15, 17 uur, Pasen tot Allerheiligen za., zo., feestd. rondleidingen 15 en 17 uur, toegang € 6, 6-15 jaar €3,50.

Op ontdekkingsreis

De bedevaartskerk St-Julien in Brioude

De St-Julienbasiliek 1 in Brioude is een van de mooiste kerken in Auvergne. Veel van de oorspronkelijke decoratie is bewaard gebleven, bijvoorbeeld de vloer van kiezelstenen en restanten van de wandschilderingen.

Kaart: ▶ F 8
Planning: ook als u niet zo goed Frans spreekt, moet u zich echt bij een rondleiding aansluiten, want alleen zo ziet u alle kapitelen en ook de Michaëlskapel. Verzamelen bij het Office de Tourisme; er zijn rondleidingen van anderhalf en een halfuur.

Openingstijden: Basiliek en Espace Notre Dame zie blz. 142.
Tip: de kapitelen zijn erg hoog, dus een verrekijker is aan te bevelen om de details te kunnen zien.

In het jaar des Heren 304 werd in de Keltische nederzetting Brivas de gevluchte Romeinse legioensofficier Julianus onthoofd, omdat hij als christen weigerde keizer Diocletianus als God te vereren. Het hoofd werd naar het legerkamp in Vienne teruggebracht, het lichaam zou in Brivas door twee oude mannen zijn begraven, die daarna weer jong zouden zijn geworden.

Bedevaart naar de soldaatheilige

Al in de late oudheid werd zijn graf als bedevaartsplaats vereerd. Eind 4e eeuw zou hier een martyrium zijn opgericht. Bouwhistorici gaan er tegenwoordig vanuit dat de crypte in het midden van de kerk op die ereplaats teruggaat. In de middeleeuwen, nadat Santiago de Compostela in 1037 op de Moren was heroverd, werd Brioude al snel een belangrijke etappe voor de jakobspelgrims (zie blz. 202). Daaraan herinnert nog het **marmeren beeld van de H. Jakobus (1)** met de kenmerkende schelp op zijn hoed in de hal van het noordportaal, een werk uit de 15e eeuw. Hoewel ze vervolgens over het Cantalgebergte moesten trekken, besloten veel pelgrims om de Via Arverna te nemen, met de belangrijke etappeplaats Brioude (www.via-arverna.com).

Tussen romaanse en gotische stijl

Rond 1060 werd begonnen met de bouw van een vergrote basiliek om de pelgrimsstromen te kunnen verwerken. Deze kerk, die er nog altijd staat, onderscheidt zich in enkele opzichten van de romaanse bouwstijl in Auvergne: allereerst door het zachte, rode, vulkanische tufsteen waarmee hij gebouwd is, dat als hout met een zaag kan worden doorgesneden en dat met zandsteen en basalt in warme schakeringen, van okergeel tot roze en grijs, werd gecombineerd. Ook wat de plattegrond betreft is de St-Julien een ongewoon bouwwerk, met een smal middenschip en zijbeuken van gelijke breedte, die door pijlers in onregelmatige afstanden worden verdeeld. De uit dakpannen opgebouwde kruisribgewelven in het middenschip zijn gotisch, want er werd tot in de 13e eeuw aan de St-Julien gewerkt.

De **westgevel (2)**, met een narthex (voorhal) die wordt bekroond door een vierkante toren, is het oudste deel. Aan de stenen is gemakkelijk te zien dat de delen direct onder de torenopbouw het oudst zijn. Het onderste gedeelte werd in de 19e eeuw afgedekt, waarbij ook de iets te perfecte zijingangen werden aangebracht.

Het **koor (3)** werd rond 1165 voltooid. Ook hier vallen de zeer verschillende stenen op, onder andere in de onderste gedeelten van de muren. De koorsluiting is versierd met een mooi uit steen gehouwen patroon en met veel uitdrukking vormgegeven kraagstenen, die het dak dragen. Ten slotte, tegen 1180, werd het dwarsschip gebouwd, tussen koor en schip. De vieringstoren werd uiteindelijk in de 19e eeuw nieuw toegevoegd, wat aan het gelijkmatige stenenpatroon nog goed te zien is. Aan het **noordportaal (4)** is af te zien wat voor indruk de kerk oorspronkelijk moet hebben gemaakt: zwarte, witte en rode stenen vormen samen een kakelbont metselwerk. En naast het ronde portaal zit een klein, middeleeuws schietgat. De deurknoppen aan het **zuidportaal (5)**, tegenwoordig de hoofdingang, zijn ook nog origineel 13e-eeuws: bronzen dierenkoppen van een leeuw en een aap.

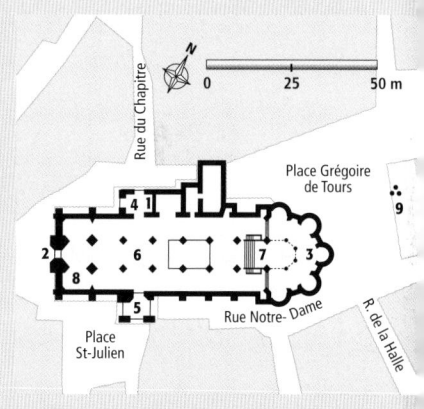

Kiezels en kapitelen

In het **interieur (6)** draagt vooral de fraaie mozaïekvloer van allierkiezels bij aan het bijzondere aanzien van de kerk. Het schip was vroeger met schilderingen versierd, waarvan nog enkele fragmenten op de pilaren getuigen. De ongeveer driehonderd kapiteelbeeldjes zijn opvallend verschillend van stijl en uitvoering, zodat ze vermoedelijk in verschillende werkplaatsen tot stand zijn gekomen. Te herkennen zijn de een schaap dragende 'Goede Herder,' maar ook wereldlijke scènes, zoals een joeste, een gewapend ridderlijk tweegevecht te paard, en een mens die een aap aan een lijntje houdt (alle drie scènes aan de beide tweede zuilen vanaf het westen).

Ridders en kanunniken

De eerste scène betreft nog een bijbels motief, maar het laatste moet een allegorie zijn, namelijk van de 'zwakke' mens die door zijn driften aan het lijntje wordt gehouden. Het riddermotief daarentegen zou verwijzen naar Willem de Vrome, die ook in de kerk begraven ligt.

Willem (*Guillaume*) was graaf van Auvergne (889-918), verwierf de titel van hertog van Aquitanië – en was sinds 893 lekenabt van het kapittel van Brioude. Dit bestond uit hogere adel die zijn bezittingen mocht behouden, en bezat bovendien de soevereiniteit over het land binnen Brioude, dat door schenkingen alleen maar meer werd. Met de inkomsten uit dit land, maar ook van de giften van de pelgrims kon de vrijwel onafgebroken bouw van de kerk meer dan tweehonderd jaar lang worden gefinancierd – toen de komst van de pelgrims door de Honderdjarige Oorlog onmogelijk werd gemaakt, bleef de kerk tot in de 19e eeuw onveranderd.

Midden voor het altaargedeelte doorbreekt de oorspronkelijk achthoekige **crypte (7)** de kiezelvloer. Het gewelf is jonger, maar de muren staan waarschijnlijk op de fundamenten van het martyrium uit de 4e eeuw, de eerste vereringsplaats van de H. Julianus. Beneden staat een kleine vergulde sarcofaag, die relieken van de heilige zou bevatten.

Strijd van de deugden

Michaëlskapel (8) boven aan de westkant is bijzonder uitvoerig beschilderd. Ten tijde van de grootste pelgrimsstromen dienden de gaanderijen van de kerk als slaapgelegenheid. Honderd jaar later werden ze niet meer gebruikt, zodat boven de voorhal, te bereiken via een prachtige spiltrap, een kapel werd afgescheiden waarin overleden kanunniken werden opgebaard.

Hier zijn bijzonder mooie fresco's bewaard gebleven, die lang achter een orgel verborgen zaten. Ze tonen de tronende Christus met de vier evangelisten, meer dan honderd engelen, de strijd van de deugden met de ondeugden en een afbeelding van de hel.

Begraven naast de soldaatmartelaar

Sinds 2005 zijn voor het koor een reeks **sarcofagen uit de Merovingische tijd (9)** blootgelegd. De kerk van de soldaatheilige was namelijk al van het begin af aan populair als begraafplaats. Gregorius van Tours, die de belangrijkste getuigenis van het Merovingische Rijk heeft nagelaten, was rond 571 in Brivas en schreef een boek over de bedevaart naar het graf van de soldaatmartelaar, waarnaast veel edellieden hun laatste rustplaats hadden gevonden. Avitus, een van de laatste West-Romeinse keizers, die uit Auvergne afkomstig was, heeft zich hier al laten bijzetten.

Auvergne getoond: u kunt een kijkje nemen in de keuken, de woonkamer en de stallen, en er liggen gereedschappen uitgestald. Het toegangskaartje voor de abdij is ook geldig voor het museum.

Frugières-le-Pin ▶ F 8

In dit kleine dorp, 4 km naar het oosten, kunt u het kleine **Musée de la Résistance** bezoeken (juni-okt. di.-zo. 10-12, 14-19, anders alleen zo. en vakanties 14-19 uur, € 4). Er zijn foto's en documenten te zien en bovendien gereedschappen, waarmee het verzet werd georganiseerd en sabotageacties werden uitgevoerd.

Château Domeyrat ▶ F 8

Juli/aug. zo.-vr. 14, 15, 16, 17 uur rondleidingen in middeleeuwse kostuums, za. 14-18 uur bezichtiging zonder animatie, apr. tot juni en sept. op afspraak via tel. 04 71 76 82 95, http://chateaudomeyrat.free.fr

Bij Domeyrat ligt een oude 'ezelsrug'-brug, die uit de 16e eeuw stamt, over de Senouire, aan de voet van een indrukwekkende burchtruïne met vier torens. Ondanks de vervallen toestand van het kasteel is het een mooi voorbeeld van middeleeuwse verdedigingswerken. In de zomer wemelt het in de burcht van soldaten, smeden en prinsessen en kinderen kunnen tijdens de animaties volop meedoen.

Château Lafayette in Chavaniac-Lafayette ▶ F 9

Juli/aug. dag. 10-18, apr. tot 15 nov. 10-12, 14-18 uur, behalve di., www.chateau-lafayette.com, € 6, jonger dan 16 jaar € 4

In het kasteel van Chavaniac-Lafayette, ten zuiden van Paulhaguet, dat rond 1700 werd gebouwd, werd in 1757 Gilbert du Motier, marquis de La Fayette geboren, die in de Onafhankelijkheidsoorlog de Amerikaanse troepen, aan de zijde van George Washington, ondersteunde. Later speelde hij in Frankrijk een belangrijke rol in de Revolutie van 1789, bij de val van Napoleon en in de Julirevolutie van 1830 tegen de restauratie van de Bourbondynastie.

In het in rococostijl ingerichte kasteel wordt aan de hand van diashows en persoonlijke voorwerpen het leven van de markies geschetst (ook in het Engels). Hier wordt op indrukwekkende wijze duidelijk gemaakt hoe de markies door zijn jeugd in het dorp tot zijn idee van 'gelijkheid, vrijheid, broederschap' kwam.

Overnachten

Oud dorpshuis – **Maison d'à Côté**: 43100 Lavaudieu, tel. 04 71 76 45 04, 2 pk vanaf € 55, incl. ontbijt. Vier chambres d'hôte in een gerestaureerd natuurstenen huis dat pal bij de oude brug is gelegen. Landelijk en vriendelijk geleid. Aantrekkelijke kamers.

Eten en drinken

Historisch gebouw – **Court La Vigne**: 43100 Lavaudieu, tel. 04 71 76 45 79, di. diner en wo. gesl., dagschotel € 13, menu € 16, 23 en 29. Een liefdevol gerestaureerd oud gebouw; in de keuken wordt alleen gebruikgemaakt van verse seizoensproducten uit de streek. De assiette du pèlerin (pelgrimsschotel), met salade, kaas en vleeswaren, is altijd een groot succes (€ 9).

Parc des Volcans – Monts Dômes en Monts Dore

Ten westen van Clermont-Ferrand rijgt zich de vulkaanketen van de Monts Dômes, over een afstand van ongeveer 20 km van noord naar zuid, aaneen. Hij gaat over in de eveneens vulkanische Monts Dore, die met hun meren en vakantieoorden zowel 's zomers als 's winters het toeristische centrum van het Massif central vormen. Dit ruige berglandschap werd in 1977 tot het eerste regionale park van Auvergne uitgeroepen.

Puy de Dôme ✸ ▶ D 5

De Puy de Dôme, met 1464 m de hoogste berg van de Monts Dômes (zie Op ontdekkingsreis blz. 152), ligt slechts 20 km ten westen van het centrum van Clermont-Ferrand – voor de Eerste Wereldoorlog ging er zelfs een tram naar de voet van de kegel! Een smalle steile weg slingert omhoog naar de top – hij was tussen 1952 en 1988 dertien maal een etappe in de Tour de France. De Puy is nog altijd een populaire bestemming, vooral bij goed weer, omdat het uitzicht dan schitterend is. In 2012 werd een tandradbaan naar de top geopend, de Panoramique, en is het informatiecentrum verplaatst naar het dalstation.

Uit de stad rijdt tegenwoordig een bus (navette, vertrek om 9, 10.30 en 12 uur, retour € 5,50) naar de Col de Ceyssat, met de grote parkeerplaats, en vanaf de extra parkeerplaats (*parking de délestage*). Van de Col de Ceyssat gaat het te voet over de Chemin des Muletiers naar de top. Het **informatiecentrum** is van mei tot okt. geopend (juli/aug. dag. mei, juni, sept. alleen za., zo., feestd.). Actuele info en wandeltips op www.planetepuydedome.com.

Op de top zorgen deltavliegers en parapenters voor een bont spektakel op deze sinds onheuglijke tijden ceremonieel belangrijke vulkaankegel. De Galliërs vereerden hier al een god, van wie de eigenschappen zich in de Gallo-Romeinse periode vermengden met die

INFO

Info
Parc naturel régional des Volcans d'Auvergne (www.parc-volcans-auvergne.com)
Infocentrum: Château de Montlosier op de Puy de la Vache, juni-sept. dag. 9-12.30, 13.30-18 uur, apr., mei, okt. en kerstvakantie, behalve di. 9-12.30, 13.30-17 uur.

Heenreis en vervoer
De bergwegen in het gebergte zijn goed geasfalteerd, maar vaak zeer smal en bochtig. U zult zelden harder kunnen rijden dan een gemiddelde van 35 km/u.

Pas op!
Let altijd goed op de weerberichten als u de bergen in gaat. Plotselinge weersomslagen en temperatuurdalingen zijn geen zeldzaamheid. Vergeet natuurlijk ook niet om regenkleding en een warme trui mee te nemen. In het hooggebergte is het koud!

van de Romeinse Mercurius: onder de naam Mercurius Dumias werd hij bij zowel de Galliërs als de Romeinen populair.

Rond 50 n.Chr. werd de grote Mercuriustempel op de top gebouwd, die door zijn aan weer en wind blootgestelde ligging een van de uitzonderlijkste Gallo-Romeinse monumenten van Frankrijk is. Voor een imposant, bijna 20 m hoog standbeeld van Mercurius verbleef de Griekse beeldhouwer Zenodorus tien jaar lang bij de Arverni en ontving niet alleen een ongelooflijk grote som geld, maar werd vervolgens door Nero naar Rome ontboden. Van het standbeeld is alleen een beschrijving door Plinius de Oudere overgeleverd, maar kapitelen, friezen en voorwerpen van ivoor en brons die van de tempel afkomstig zijn, kunnen in het Musée Bargoin (zie blz. 129) in Clermont-Ferrand worden bekeken.

Vulcania ▶ D 5

Juli/aug. dag. 10-19, anders 10-18 uur, sept. tot half nov. ma./di. gesl., half nov. tot half mrt. geheel gesl., volw. € 21-24, kinderen 6-16 jaar €15-16,50, www.vulcania.com

Over de fascinerende processen van het vulkanisme in de hele wereld en in Auvergne komt u alles te weten in het informatiecentrum 'Vulcania.' In het vier verdiepingen diep in het lavagesteente aangelegde complex aan de voet van de Puy de Côme (heenreis over de D 941, na Pontgibaud) worden met grote technische precisie vulkanische verschijnselen nagebootst. Een goede kennis van de Franse taal is wel een pre. De vele animaties, kunstmatige vulkaanuitbarstingen, reizen door het heelal, documentaires en interactieve multimediaborden zijn ook voor grotere kinderen interessant.

Orcival ▶ D 6

Deze kleine plaats ligt met zijn grijze huizen en grijze, met leisteen gedekte daken in een smalle dalzool in de donkere bossen van de Monts Dore. Orcival is een van de grote Mariabedevaartsoorden van Frankrijk en bezit een meesterwerk van de romaanse stijl in Auvergne: de **basiliek Notre-Dame d'Orcival,** die met zijn machtige gebouw het kleine plaatsje domineert (12.30-14 uur gesl.).

De door monniken uit La Chaise-Dieu in de 7e eeuw gestichte en in de eerste helft van de 12e eeuw door benedictijnen gebouwde kerk is vrijwel onveranderd bewaard gebleven. De westgevel ontbreekt – men betreedt de kerk door de zijingang, omdat het schip dicht tegen de rotswand gebouwd is. Volgens de legende is de maagd Maria hier in een bron verschenen. Inderdaad ontdekte men in de 19e eeuw onder de westhal restanten van de omranding van een bron. Deze wordt nu bijzonder vereerd en geldt als wonderdoend.

Buiten, aan de gevel van grijs vulkanisch andesiet, hangen ijzeren kettingen en kogels van bevrijde gevangenen, die deze aan de 'Notre-Dame-des-Fers' als patroonheilige van de gevangenen hadden gewijd (tijdens de renovatie zijn ze verwijderd). Het St-Jeanportaal bezit mooi oud ijzerbeslag dat is voorzien van gestileerde dierenkoppen en mensenhoofden. De kapitelen vertonen meestal bladvormen, maar ook de Goede Herder, Samson die de leeuw verslaat, en de engel van de Apocalyps.

De tronende Maria met Christus in het koor dateert van ca. 1170 en is een zeldzaam voorbeeld van een originele *Vierge en majesté* (zie blz. 70). De star, haast ontheugd lijkende madonna is uit notenhout gesneden en met verguld zilver bekleed. Net zo stijf zit het volwassen lijkende kindje Jezus op haar schoot. Maria neemt zo ▷ blz. 156

Op ontdekkingsreis

De keten van vulkanen

Tussen Volvic en het Lac d'Aydat loopt de Chaîne des Puys, een keten van ongeveer tachtig vulkaankraters. U kunt ze te voet beklimmen, er met de auto tegenop rijden (tegen een van de vulkaankraters tenminste) en een zelfs van onderen bekijken.

Kaart: ▶ D 5-6
Planning: bij een dagtocht is slechts een kleine wandeling inbegrepen, bijvoorbeeld een omweg vanaf de D 941 naar de Puy de Jumes. Wie de hele route te voet wil afleggen, moet er twee dagen voor uittrekken; hotels vindt u bij Laschamp (zie blz. 155).
Vertrekpunt: Volvic (▶ D 5), zie blz. 121 **Eindpunt:** Aydat (▶ D 6), zie blz. 157

Informatiecentra: er zijn onderweg vier informatiecentra: Lemptegy (steenwinning), Vulcania (vulkanisme), Puy de Dôme (tempel en *puys*), Montlosier (nationaal park).

Van alle kanten is de Chaîne des Puys, de 'keten van kegels' rond Clermont-Ferrand te zien. Als de stekels op de rug van een hagedis uit de oertijd rijgen de bergen zich in noord-zuidrichting aaneen. Gemiddeld bereiken de toppen van de Monts Dômes een hoogte van 1200 m, de bekendste berg, de Puy de Dôme (zie blz. 150) is met zijn 1464 m ook meteen de hoogste.

De geologen hebben zo'n 80 (tot zelfs 112) gedoofde vulkanen geteld, die zich over een afstand van 40 km ten westen van Clermont-Ferrand uitstrekken, van de Puy de Nugère ter hoogte van Riom tot de Puy de la Vache bij het Lac d'Aydat, de jongste krater van de Chaîne des Puys.

Vulkaantypologie

Het indrukwekkende uitzicht van de Puy de Dôme op deze keten van vulkanen is inmiddels door de reclame voor Volvicwater bekend geworden – alle kraters afgerond als door schuurpapier en met een groen tapijt bedekt. Op deze schitterende foto's kunt u goed de verschillende kratervormen van elkaar onderscheiden. Enkele *puys* hebben niet eens een krater; de taai vloeibare opwellende lava koelde af terwijl hij naar buiten kwam en deed kegelvormige bergen met steile hellingen en spitse pieken ontstaan. Het schoolvoorbeeld daarvan is de Puy de Dôme.

Andere, met duidelijk zichtbare kraters, danken hun vorm aan uitbarstingen: bij het Strombolitype bouwt de vulkaan door het voortdurend uitspuwen van slakken en lavabommen een kegelvormige berg op. Deze krater zijn soms aan de zijkant opengereten, zoals bij de Puy de la Vache het geval is, of vormen dubbele kraters, zoals bij de Puy de Côme – perfect ronde kraters zijn te zien bij bijvoorbeeld de Puy de Pariou en de Puy de Goules.

Over het geheel genomen zijn de vulkanen van de Monts Dômes – geologisch gezien – nog zeer jong: ze zijn nog maar zo'n achtduizend jaar gedoofd, en in Auvergne kwam pas rond 3500 v.Chr. een eind aan het vulkanisme met de krater van het Lac Pavin (Puy de Montchal). Het vulkanisme van de Monts Dômes zou overigens nog niet geheel zijn geëindigd. Sinds het begin ervan, circa 250.000 jaar geleden, waren er steeds weer tussenpauzes van zo'n vijftienduizend jaar. Binnen afzienbare tijd valt er echter geen nieuwe uitbarsting te verwachten.

Een vulkaan als steengroeve

Van Volvic rijdt u naar Pontgibaud. Na 5 km bereikt u het parkeerterrein aan de **Col de la Nugère**. Hier begint een wandelpad dat hemelsbreed over 5 km de Puys Jumes, Coquille, Chopine en Chaumont aandoet en dan weer uitkomt op de D 941B. Daarbij wordt de **Puy de Jumes** langs de perfect ronde kraterrand voor de helft omcirkeld, en in het westen rijst de 1200 m hoge Puy de Louchadière op. Wie daarna weer naar het parkeerterrein wil teruglopen, moet daar ongeveer drie uur voor uittrekken (300 m klimmen, in het begin schaduwrijke wegen).

Wie verdergaat, komt bij de **Puy de Chopine**, die binnen de krater van de Puy des Gouttes is ontstaan. Dit is een vulkaan van het Peléetype, die gloeiend hete gaswolken uitstoot – bij een dergelijke uitbarsting, 9500 jaar geleden, werden de bomen op de hellingen van de Puy de Lemptégy allemaal omver geworpen en volledig gecarboniseerd (verkoold). Deze rampzalige uitbarsting heeft de gehele Limagne getroffen en in de bodem een fijne aslaag achtergelaten.

De **Puy de Lemptégy** bestaat tegenwoordig niet meer; alleen een gat in de bodem getuigt van de krater die voor het winnen van puzzolaan volledig is afgegraven. Nu kunt u de steengroeve bezichtigen en komt u daarbij ook veel over het vulkanisme hier te weten – u kijkt bij wijze van spreken van onderen naar de vulkaan (heenreis vanaf de D 941B, www.auvergne-volcan.com, juli/aug. 9.30-19.30, anders 10.30 -18.30 uur, € 9, 6-14 jaar € 7).

Een kunstmatige vulkaan

Direct ertegenover, aan de andere kant van de weg, ligt daarentegen een door mensen aangelegde vulkaan ... in ieder geval doet het **Infotainment-Center Vulcania** alsof: een gloeiende kraterpijp, dof gerommel vanuit de diepte en een kunstmatige aardbeving. Geen goedkoop grapje, maar toch een bijzonder bezienswaardige hightechpresentatie met spectaculaire films en animaties (zie blz. 151) – reken hiervoor op minimaal twee uur oponthoud.

Het langeafstandspad GR 4 loopt nu verder naar de Puy de Côme met zijn dubbele krater, rechts ziet u de Puy de Pariou met zijn perfecte kegel. Voor u rijst de 'heilige' Puy de Dôme op, bekroond door de witte masten van het weerstation. Voor de beklimming over de oude Romeinse weg (volg de roodwitte markering) moet u ruim drie kwartier de tijd nemen en voor het informatiecentrum nog eens een halfuur (zie blz. 150).

Van boven kijkt u niet alleen neer op de keten van de *puys*, maar ook op Clermont – waarvan de oude stad overigens volgens de geologen in een reusachtige maar ligt, dus eveneens in een vulkanische uitbarstingskrater!

De wandelaar loopt de helft van de tijd rechtuit en kan op zicht lopen, maar de automobilist moet in haarspeldbochten om de *puys* heen rijden: vanuit Volvic over de D943 richting Pontgibaud tot St-Ours, over de D62 en de D941 naar Orcines, dan weer over de D68 naar de Puy de Dôme. Vandaar gaat het dan verder over de D942 richting Orcival tot de D 2089 en daar naar het zuiden, richting Lac d'Aydat, en ten slotte over de D5 naar het Château de Montlosier.

In een heteluchtballon over de kraters

In ieder geval de wandelaars, maar vaak ook de automobilisten kiezen nu de richting van het bergdorp Laschamps. Daar vindt u verschillende hotels voor wandelaars: naast de luxueuze Auberge de la Moreno van Logis de France (www.aubergemoreno.com) ook de grote, moderne Gîte 'Archipel Volcans' (tel. 04 73 62 15 15, www.archipel-volcans.com, 2 pk/halfpension € 120, bed op slaapzaal/halfpension € 33). Het restaurant is een bezoek waard. Hier komt op tafel wat de omringende bergen en boeren produceren. De eigenaren, Nathalie en Marc, bieden ook verschillende activiteiten aan (mountainbiketochten, wandelen met een ezel, enz.), en niet in de laatste plaats vertrekken vlak in de buurt de ballonvaarten van Objectif (zie blz. 157) over de Chaîne des Puys (u moet daarvoor wel een afspraak maken bij het bedrijf zelf).

Gegarandeerd behoort zo'n ballonvaart over de lange keten van groene vulkaankraters tot de mooiste belevenissen die Auvergne te bieden heeft. Want een wandelaar loopt vaak alleen onder langs de kegels en omdat het bos de hellingen bedekt, valt het nauwelijks op dat het niet om normale bergen gaat.

Lavastromen

Voor de wandelaar gaat de weg nu tussen de Puy Pelat en de Puy de Mercœur door en direct op de **Puy de la Vache** af, die boven het informatiecentrum Montlosier oprijst. De Puy de la Vache is slechts een halve krater: hij ontstond, toen de vroegere vulkaan van het Strombolitype bij een uitbarsting explodeerde, waarbij de helft van de bergkegel werd weggeslagen. Vervolgens welde vloeibare lava uit de krater en stroomde als een rivier in zuidoostelijke richting weg.

Deze afgekoelde lavastroom, nu de Cheire d'Aydat genaamd, verlegde de loop van verschillende rivieren en schiep zo het Lac d'Aydat in het dal van de Veyre. Automobilisten die bij het Maison du Parc Montloisier stoppen, kunnen de Puy de la Vache en zijn directe buurman, de Puy de Lassolas, tijdens een goed aangegeven wandeling van tweeënhalf uur beklimmen en rond de kraterrand lopen.

Hotspots

Van boven is het verloop van deze vulkaanketen, die waarschijnlijk inderdaad maar uit enkele vulkaan bestaat, goed te zien (tegenwoordig nog beter met Google Earth). Geologen menen dat er zich onder deze keten een zogenaamde hotspot bevindt, een gat in de aardkorst waardoor magma in hogergelegen lagen kan doordringen. Het magma baant zich door tectonische zwakke plekken een weg tot aan het aardoppervlak en vormt daar een vulkaan. Omdat de breuklijn van het Allierdal hier in het direct eraan grenzend gebied verticaal daarop staande breuken heeft veroorzaakt, konden in een groter gebied verschillende magmakanalen hun weg naar het aardoppervlak vinden.

Dat heeft ertoe geleid dat in de Monts Dôme oudere vulkanen, zoals de Puy de Côme en de Puy de Dôme (17.000 tot 11.000 jaar oud) tussen jongere, zoals de Puy de Pariou en de Puy de la Vache (11.000 tot 7000 jaar) liggen. Deze verbanden worden in het Maison du Parc des Volcans d'Auvergne (apr./mei en okt. 9.30-12.30, 13.30-17.30, juli/aug. tot 18.30 uur, inclusief speciliteitenshop, gîte d'étape met 28 bedden en restaurant) naast het Château de Montlosier uitvoerig uitgelegd. Hier wordt ook aandacht besteed aan de flora en fauna van het gebied.

de plaats in van een troon – Christus doet zich al als koning voor. Het beeld werd tijdens de Franse Revolutie ingemetseld en ontkwam zo aan vernieling. Nog altijd komen op Hemelvaartsdag talloze pelgrims naar de beschermheilige van de gevangenen. Net als elke bedevaartskerk heeft ook deze een kooromgang (*déambulatoire*), zodat de pelgrims biddend rond het beeld kunnen lopen.

Wandeling naar de Roche Tuilière en de Roche Sanadoire

Wandeling van 6,5 km, ca. 2 uur; Overnachten: Auberge du Lac de Guéry, 63240 Le Mont-Dore, met terras direct aan het meer, 2 pk € 62, ontbijt € 9, menu vanaf € 21

Slechts 9 km van Orcival verwijderd, aan de weg naar Le Mont Dore, ligt het Lac de Guéry; kort daarvoor is het de moeite waard om even op het grote parkeerterrein te stoppen. Daar kijkt u uit over een weids, door gletsjers in

Wandeling naar de Roche Tuilière

de ijstijd geschapen dal, de Vallée du Chausse. Rechts en links staan als wachters twee '*necks*,' vulkanische rotsformaties: de Roche Tuilière en de Roche Sanadoire zijn met 1288 m en 1286 m bijna precies even hoog en zijn rond twee miljoen jaar geleden ontstaan als kraterpijpen, die later door erosie zijn blootgelegd. Het zijn geen kraterpijpen van basalt, maar van fonoliet. Dit groengrijze vulkaangesteente heet ook wel 'klanksteen' vanwege de heldere klank als er stukken tegen elkaar worden geslagen.

Tijdens een wandeling kunt u door erosie afgebroken fonolietstukken oppakken en het proberen. Van het parkeerterrein volgt u de D80 en gaat u scherp rechtsaf het bos in. De weg loopt rond de naald van de Tuilière en beklimt vervolgens de restanten van de Sanadoirevulkaan, met op de helling een groot veld met klankstenen. Wie haast heeft, rijdt over de D80 naar een tweede parkeerterrein (3,5 km) en kan vandaar in 10 minuten het fonolietveld bereiken.

Overnachten, eten

Slapen in een toren – **Hôtel du Mont Dore**: tel. 04 73 65 82 06, 2 pk € 36-47, ontbijt € 7,50. Klein hotel (2*) naast de kerk, een middeleeuws gebouw met een romantische ronde toren, waarin twee kamers zijn ondergebracht. Met restaurant (echte Auvergnekeuken) en crêperie.

Winkelen

Worst, kaas, honing – **La Bresade**: aan het dorpsplein, juli/aug. dag., behalve ma. Ruime keus aan regionale producten: confitures (*myrtilles*, bosbessen), honing, taart, likeuren (o.a. gentiane), ham, worsten en natuurlijk saint-nectairekaas.

Info

OdT: Le Bourg, 63210 Orcival, tel. 04 73 65 89 77, orcival.stationverte.com.

Château de Cordès ▶ D 6

63210 Orcival, juli/aug. dag. 10-12, 14-18, mei, juni en tot half sept. alleen zo. 14-18 uur, toegang € 4, met korting € 3, kinderen gratis, www.chateau-cordes-orcival.com
Het noordelijk gelegen, uit de 12e en 15e eeuw stammende Château de Cordès kreeg zijn huidige aanzien in de 17e eeuw, toen de maréchal d'Allègre het kasteel tot een elegant landhuis met barokke inrichting liet verbouwen. De streng geometrische barokke tuin met zijn meters hoge hagen, pergola's en vijvers, is een werk van Le Nôtre, de beroemde tuinarchitect van de 'Zonnekoning' Lodewijk XIV.

Montlosier en Lac d'Aydat ▶ D 6

Via de N89 bereikt u het Maison du Parc bij het Château de Montlosier, het tweede informatiecentrum van het regionale park in het gebied van de Monts Dômes (zie blz. 150).

Vlakbij ligt het idyllische **Lac d'Aydat**, een heerlijk zwemmeer – 's zomers een openluchtbad voor Clermont-Ferrand. In het OdT in Aydat (www.tourisme-lescheires.com) hebben ze een kaart van de 'Route des Laves,' die door de Montagne de la Serre naar dorpen van zwart lavasteen, kaasmakerijen en boerderijwinkels leidt.

Overnachten

Camping – **Camping Chadelas:** 63970 Aydat, direct aan het meer, heenreis over de D90, tel. 04 73 79 38 09, www.camping-lac-aydat.com. Schaduwrijke plaatsen onder dennen, ook chalets en stacaravans. Met speeltuin, mountainbikeverhuur en zeilschool. Reserveren tussen 15 juli en 15 aug.

Actief

In een ballon over de kraters – Objectif: 14, impasse de Bellevue, 63970 Aydat, tel. 04 73 60 11 90. Vaarten met de *montgolfière* (heteluchtballon) vanaf Laschamps (zie blz. 155).

St-Nectaire ✹ ▶ D 6

St-Nectaire, iets naar het zuiden, bezit toch wel de mooiste romaanse kerk van de Auvergne. De plaats bestaat uit twee delen, St-Nectaire-le-Haut en St-Nectaire-le-Bas. De romaanse kerk staat in het oude, hogergelegen gedeelte, terwijl beneden in het dal van de Couze de hotels van een vroeger veel bezocht thermenbad liggen. In heel Frankrijk beroemd is de uitstekende saint-nectairekaas, die een AOC-merk kreeg en slechts in zeventig gemeenten in en rond de Monts Dore mag worden gemaakt. Hij heeft een zachte, iets notige smaak (zie blz. 75).

St-Nectaire-kerk

De St-Nectairekerk maakt vooral indruk door zijn ligging te midden van de beboste heuvels. U hebt het mooiste uitzicht als u de weg naar de dolmen volgt. Van hier is het voor Auvergne kenmerkende *massif barlong*, een verhoging van het dwarsschip voor de toren, goed te zien.

Vulkanisch Auvergne

De St-Nectairekerk, met op de achtergrond de door sneeuw bedekte Monts Dore

De met zijn bijna 38 m lengte relatief kleine kerk heeft twee torens aan de westzijde die in de 19e eeuw werden voltooid, en een achthoekige vieringstoren. De schutspatroon, de H. Nectarius, kwam eind 3e eeuw als apostel naar Auvergne; volgens de overlevering werd hij hier rond 314 op de berg Cornadore begraven.

In het interieur van de in de 12e eeuw gebouwde en sinds 2006 in lichte tinten gerenoveerde kerk vallen de levendig vormgegeven kapitelen op. Sommige zijn nog intensief polychroom, hoewel bij de restauratie nieuwere verflagen zijn verwijderd.

Vooral de zes figuratieve kapitelen in het koor verdienen de aandacht. Afgebeeld zijn onder andere scènes uit de passie van Christus en uit de apocalyps, de wonderbare broodvermeerdering, de ongelovige Thomas en episodes uit het leven van de H. Nectarius. Alle scènes hebben te maken met vergeving van zonden en opstanding, zaken die de opdrachtgever, een zekere Ranulfo,

St-Nectaire: adressen

Mont Cornadore

Op de Mont Cornadore, niet ver van de kerk, staat een **dolmen** uit de laatneolithische periode. Onderzoekers vermoeden dat deze dolmen door de Kelten/Galliërs als cultusplaats werd gebruikt. Dat de H. Nectarius vlakbij is bijgezet, bewijst dat deze plaats ook in de christelijke tijd als zodanig dienstdeed.

Overnachten

Klasse in de provincie – **Regina:** St-Nectaire-le-Bas Est, tel. 04 73 88 53 84, www.hotel-regina-saint-nectaire.com, 2 pk € 54-62, ontbijt € 9,50, menu vanaf € 19. Traditioneel hotel (2*) met een leuk restaurant (natuurstenen schoorsteen) en zeventien wat ouderwetse, maar verzorgde, lichte kamers (met WLAN).
Camping – **La Cle des Champs:** St-Nectaire-le-Bas, tel. 04 73 88 52 33, www.campingcledeschamps.com. Schaduwrijke camping aan de D 996 richting Sailant, aan de oever van een beek, met speeltuin, zwembad, chalets en snackbar. St-Nectaire telt drie kampeerterreinen, die allemaal in juli/aug. tot de laatste plaats bezet zijn.

met de stichting van dit gebouw probeerde te bereiken.

De pronkstukken van de kerkschat, een uit hout gesneden madonna en een met koperblik beklede romaanse reliekschrijn van de H. Baudimus, een van de metgezellen van de H. Nectarius, zijn ook bijzonder de moeite waard. De antieke edelstenen, waarmee het beeld bezet was, werden begin 20e eeuw gestolen, zodat tegenwoordig alleen nog lege vattingen aan deze pracht herinneren.

Eten en drinken

Potée & Co. – **Relais de Sennectaire:** Pl. de l'Église, tel. 04 73 88 51 66, zo. diner gesl., menu's € 16-32. traditioneel restaurant, bij de kerk, specialiteiten van Haute-Auvergne.

Info en festiviteiten

OdT: Les Grands Thermes, 63710 St-Nectaire-le-Bas, tel. 04 73 88 50 86 (alleen in het seizoen), www.ville-saint-nectaire.fr.

Vulkanisch Auvergne

Journées du St-Nectaire: 1e weekend in juni, twee dagen durend volksfeest met dans, rommelmarkt, veeoptocht, enzovoort.

Murol en Lac Chambon ▶ D 6

Château de Murol

63790 Murol, www.chateaudemurol.fr, bezichtiging zonder rondleiding apr. tot juni en sept. 10-18.30 uur, okt. tot mrt. alleen weekends en schoolvakanties € 6,30, 3-15 jaar € 5,20. Rondleidingen alleen juli/aug. zo. elk uur vanaf 10 uur € 7,80, met korting € 6,20.
Animatie juli/aug. ma., di., do., vr. 10.30-18 uur, joeste vanaf 12 uur, € 9,80, met korting € 8,20.

De vesting van Murol, een machtige burcht uit de 12e eeuw, domineerde de Grande Vallée als toegang tot de Monts Dore. Hij was een tijd lang eigendom van de familie d'Estaing, en kende verder een afwisselende en roerige geschiedenis. Ten tijde van de Franse Revolutie was het een rovershol en sinds de 19e eeuw raakte Murol in verval en diende als steengroeve voor het lagergelegen dorp.

De gedrongen gestalte van de binnenste burcht, met zijn hoge glacis, is bijzonder kenmerkend. Tegenwoordig is hier vaak wapengekletter te horen, want in de zomer worden er animatieshows gehouden. De burcht behoort tot de best bezochte van Auvergne, en het dorp Murol, waar vrijwel elk gebouw als winkel of snackbar dienstdoet, is al net zo toeristisch.

Lac Chambon

Boven Murol ligt op 877 m hoogte het Lac Chambon, een van de beroemdste vulkaanmeren van Auvergne. Een lavastroom heeft hier een dam gevormd, waarachter het water zich ophoopte. Langs het 60 ha grote en 12 m diepe meer met een vlakke en een steile oever nodigen wandelpaden uit tot uitstapjes, bijvoorbeeld naar de **Saut de la Pucelle**, een bijna 100 m hoge rotsnaald aan de noordoever. Met zijn toeristische aanbod als bootverhuur, strand en hotels is het Lac Chambon een populair vakantieoord voor Fransen.

Overnachten

Met een groot park – **Hôtel du Parc:** Rue George-Sand, Murol, tel. 04 73 88 60 08, 2 pk € 49, ontbijt € 8. Tweesterrenhotel van de keten Logis de France met tennisbaan en klein zwembad. Eenvoudige, maar vriendelijke kamers, ook familiekamers (€ 79).
Camping – **Le Pré Bas:** Lac Chambon, D 996, tel. 04 73 88 63 04, www.campingauvergne.com. Goed ingericht terrein aan de meeroever, met restaurant, zwembad met waterglijbaan, grote binnenspeeltuin, aan het strand waterfietsen. Ook chalets.
La Plage: Lac Chambon, tel. 04 73 88 60 04, www.lac-chambon-plage.fr. Iets eenvoudiger, maar met een klein hotel en een beter strand. Ligt naast de D 996 aan de oostoever.

Eten en drinken

Traditionele keuken – **Au Montagnard:** Rue d'Estaing, tel. 04 73 88 61 52, restaurantaumontagnard.wifeo.com, menu € 26. Rustiek eethuis, met specialiteiten uit Auvergne.

Info en festiviteiten

OdT: 63790 Murol, tel. 04 73 88 62 62, www.murol.fr

Spectacles Nocturnes: licht- en geluidevenementen bij de burcht, met vuurwerk, elke wo. en za. vanaf 21.30 uur.
Les Médiévales de Murol: grote middeleeuwse markt, met dans, voorstellingen, enzovoort. Eind mei.

Besse-et-St-Anastaise ✸ ▶ D 7

In de versterkte plaats Besse-et-St-Anastaise (vroeger: Besse-en-Chandesse) doen de donkere huizen van lavagesteente eerder voornaam-stedelijk aan dan dorps (zie blz. 162). Niet zo zeer de gebouwen op zich zijn een rondwandeling waard, maar het feit dat de plaats zijn historische stadsbeeld door de eeuwen heen bijna volledig in stand heeft kunnen houden. Sla de uit de 12e eeuw stammende St-Andrékerk niet over. Hij bevat enkele mooie romaanse kapitelen en (behalve in de zomer, zie kader) de zwarte madonna van Vassivière.

Het bijna cirkelronde **Lac Pavin**, 5 km ten zuidwesten, op 1197 m hoogte gelegen, gaat door voor het mooiste kratermeer van Auvergne. Over het pad rond de oever kunt u in ruim 45 minuten het 90 m diepe meer, waaraan als enig gebouw een restaurant staat, rondlopen of van de zuidzijde in ongeveer 30 minuten de Puy de Montchal (1411 m) beklimmen.

Super-Besse ▶ D 7

Boven Besse, aan de voet van de Puy de Perdrix, ligt de moderne wintersportplaats Super-Besse (1350 m, zie blz. 33). 's Zomers kunt u met de kabelbaan omhoog naar de top (1824 m), waar u een schitterend uitzicht rondom hebt op de hoogste bergen van het Massif central, de ernaast gelegen Puy de Sancy, de Puy Ferrand en de omringende dalen. In de zomer zijn aan de voet van de skipiste sportapparaten, zoals trampolines, neergezet; op de hellingen kunt u dan met een quad rondrijden.

Grotte de Jonas ▶ D 7

63610 Saint-Pierre-Colamine, www.grottedejonas.fr, mei, juni en sept. 13.30-18 uur, juli/aug. 10-12, 14-19 uur, toegang € 6,30, kinderen 5-12 jaar € 5,20

Bij het dorp St-Pierre Colamine, richting Champeix, kunt u een van de grootste grotwoningcomplexen van Europa bezoeken. Net als in het Klein-Aziatische Cappadocië hebben mensen hier een hele stad uit het zachte vulkanische tufsteen gegraven. Vermoedelijk gaan de eerste aanzetten terug tot de Keltische periode, maar in de middeleeuwen groeide het complex met woningen op verschillende verdiepingen, verbindende wenteltrappen, een kerk en verdedigingswerken. De meer dan zestig vertrekken werden het laatst door de maquisards (zie blz. 78) gebruikt. Een deel ervan is te bezichtigen.

Overnachten

In het oude wachthuis – **Hostellerie du Beffroy:** tel. 04 73 79 50 08, www.lebeffroy.com, 2 pk € 60-120, suite € 140-160, ontbijt € 12,   ▷ blz. 164

Fête de la Dévalade

Begin juli wordt het Mariabeeld uit de St-Andrékerk van Besse omhoog naar Vassivière gebracht, om eind september tijdens het Fête de la Dévalade naar haar winterverblijf teruggebracht te worden. De grote processie volgt de route naar de zomerweide, waar de Heilige Maagd dan in de zomer de rode runderen op het Artenseplateau beschermt.

Favoriet

Besse-et-Saint-Anastaise ▶ D 7
Van alle romantische plaatsjes in Auvergne staat Besse aan de top: het is er niet te druk en niet te toeristisch. Toch zitten er tussen de eerwaardige muren van regionaal vulkanisch gesteente verschillende oorspronkelijke restaurants en kleine winkels met regionale producten – van saint-nectairekaas tot bosbessenjam.

Spécialités de Fromages d'Auvergne

RUE NOTRE-DAME

menu vanaf € 28. Een gebouw uit de 16e eeuw, met twaalf kleine, wat kneuterig met antiek ingerichte kamers (2*). Het beste restaurant ter plaatse (ma. gesl.), creatieve, moderne keuken met regionale producten.
Dorpsherberg – **Hôtel de la Providence et de la Poste:** tel. 04 73 79 51 49, www.hotel-providence-besse.com, 2 pk € 60, ontbijt € 8, menu € 25. Gezellige dorpsherberg (2*) aan de rand van de plaats met tien schone, maar wel kleine kamers en zeven studio's (alleen in het weekend te huur).
Vlak bij Lac Pavin – **Auberge de la Petite Ferme:** Le Faux, Route de Super-Besse, 1,5 km van het Lac Pavin, tel. 04 73 79 51 39, www.auberge-petite-ferme.com, 2 pk € 65-105, gezinssuite € 110-160, ontbijt € 9,50, menu régional € 25. Authentieke, goed geleide herberg (2*), vriendelijke kamers met balkons met mooi uitzicht. Jacuzzi in de tuin; in de salon gratis WLAN (wifi).

Info en festiviteiten

OdT: Place du Dr-Pipet, 63610 Besse-et-St-Anastaise, tel. 04 73 79 52 84, www.super-besse.com.
Rommelmarkt (brocante): elk tweede weekend in juli en augustus.
Foire aux Vins et Fromages: eind juli.
Fête des Estives: groot feest, begin aug., waarbij salersrunderen worden opgedreven en een feest wordt gevierd aan het Lac Pavin, waar een salersos aan het spit wordt gebraden en met veel truffade wordt opgegeten.

Monts Dore en Puy de Sancy

Van Murol loopt de D 996 omhoog het gebergte van de Monts Dore in. Bij de **Col de la Croix-Morand** (1401 m) moeten wandelliefhebbers echt even omrijden: hier kunt u de **Puy de la Tache** beklimmen (1636 m, 2 uur heen en terug). Boven wacht u een grandioos uitzicht. De GR 4 loopt overigens van hier verder naar de Puy de Sancy (zie blz. 165), maar wordt hier minder druk bewandeld dan in de onmiddellijke omtrek.

Le Mont-Dore ▶ C 6

Onder aan de hoogste berg van Auvergne, de Puy de Sancy (1885 m), strekt zich Le Mont-Dore (1050 m) uit langs een smal dal aan de oever van de Dordogne. De plaats is niet alleen bekend als thermisch bad, met kiezelzuurhoudende bronnen van 33-44 °C, maar ook als kuuroord voor lijders aan bronchitis, astma en rheuma. In de zomer komen er vooral kuurgasten, in de winter brengen skiërs de plaats tot leven, die verder wordt gekenmerkt door hotels, restaurants en souvenirwinkels.

De **Thermes du Mont-Dore** (zie Actief) zijn na 1817 in neobyzantijnse stijl gebouwd en worden met hun antieke aanzien als een van de mooiste baden ter wereld beschouwd. Al in de Gallo-Romeinse periode werden de bronnen hier gebruikt, er zijn restanten van de Romeinse thermen in het huidige thermencomplex zichtbaar.

Kuurgasten en wandelaars kunnen in de omgeving kiezen uit mooie bestemmingen voor een wandeling (brochures bij het OdT). De waterval van **Grande Cascade,** 1 km naar het zuiden, stort zich van 30 m hoogte van een basaltrots af. De **Funiculaire du Capucin,** vlak bij het Office de Tourisme, een kabelbaan uit 1897, gaat naar een open plaats op 1250 m hoogte, de Salon du Capucin, vanwaar u in ongeveer een uur naar de voet van de top Le Capucin kunt klimmen.

Overnachten

Opgefrist – Hôtel Le Russie: 3, rue Favart, tel. 04 73 65 05 97, www.lerussie.com, 2 pk € 78-98, gezinskamer € 120-155, ontbijt € 9,50, salade vanaf € 9,50, Fondue Auvergnate € 17. Een van de oudste hotels (2*), maar naar moderne eisen opgefrist. Lichte kamers met moderne inrichting en WLAN (wifi). Een prettig restaurant, **Le 1050**, ingericht in moderne en rustieke stijl, streekgerechten, maar ook fondues, charcuterieschotels enz.

Boerenhuis – La Closerie de Manou: Le Genestoux, tel. 04 73 65 26 81, www.lacloseriedemanou.com, zo'n 4 km buiten het dorp, richting La Bourboule, aan de D996 (noordzijde van de Dore), 2 pk met ontbijt € 95, menu € 23. Een mooi oud boerenhuis van natuursteen, een beetje afgelegen, maar heel idyllisch. Rustieke kamers, maar ook elegantere, met antiek ingericht.

Eten en drinken

Cuisine de Terroir – Castelet: Av. Michel-Bertrand, tel. 04 73 65 05 29, www.hotel-castelet.com, menu's € 18-28. Een keurig hotel-restaurant, met gerechten die typisch zijn voor Haute-Auvergne, zoals *pounti*, *poté* en *petit salé*; de specialiteit is forel met gentiaan (*truite à la gentiane*).

Actief

Relax-kuren – Thermes du Mont-Dore: 1, place du Panthéon. De thermen zijn alleen toegankelijk voor een kuur. Via www.chainethermale.fr kunt u verschillende formules reserveren (steeds vier behandelingen, in het Frans *soins*). Klink eerst op 'Stations,' en vervolgens op 'Le Mont Dore.'

Info en festiviteiten

OdT: 96, av. de la Libération, 63240 Le Mont-Dore, tel. 04 73 65 20 21, www.mont-dore.com.
Weekmarkt: vr. op de Place de Gaulle.

Puy de Sancy ▶ C 7

Van de hoogste berg van de Monts Dore kijkt u ver uit over Auvergne – wat al in de jaren dertig van de 20e eeuw aanleiding was tot de aanleg van een kabelbaan, een van de eerste van Frankrijk (sept. tot juni 9.30-12.30, 13.30-17, juli/aug. 9.30-18 uur, retour € 6,80, 4-15 jaar retour € 5,30). Van het bergstation loopt u in een klein halfuur naar de top. Op deze helling ontspringt de Dordogne, een van de grote rivieren van Frankrijk.

De Monts Dore, die vaak ook naar de hoogste berg het Massif du Sancy worden genoemd, zijn de tweede opvallende bergketen van het Massif central en strekken zich over zo'n 800 km² uit. Het berglandschap is hier – met zijn puntige kammen, kiezelvelden, trogdalen, kratermeren, watervallen en groene weidevlakken op boomloze hoogvlakten – afwisselender dan in de Monts Dômes en in het Cantalmas-

Bergrace op Le Mont-Dore

Elk jaar rond 10 augustus ronken de motoren in de bergen bij Le Mont-Dore. Dan wordt de Course de Côte van de Franse autoracekampioenschappen verreden. Op de 'mooiste route van Europa' strijden alle autotypes, behalve de Formule 1. Fraai om te zien zijn de historische raceauto's (VHC). De race wordt gehouden op de D 36 tussen Moneaux/Chambon-sur-Lac en de Col de la Croix-St-Robert.

sief, omdat de vulkaanbergen hier ouder zijn en door erosie en gletsjers zijn uitgesleten.

Wandeling door het Val de Courre ▶ C 7

Duur: ca. 4,30 uur, begin 1324 m, hoogste punt: 1851 m, gemakkelijk, rondlopend pad. Kaart: Massif du Sancy IGN 2432 ET (1: 25.000)

Tegenwoordig gaat er een kabelbaan de **Puy de Sancy op,** maar voor wie de berg echt wil beklimmen, is dat natuurlijk nog altijd mogelijk. De wandeling is niet zwaar, maar overbrugt wel 550 hoogtemeters.

Van het eind van de parkeerplaats bij het dalstation van de kabelbaan loopt u door het brede Val de Courre, een groen, ooit door gletsjers uitgesleten trogdal, in de richting van de rotspunt van de Puy de Redon. De stijging is eerst nog zeer geleidelijk; op de sappige, groene hellingen grazen rode salersrunderen. Veel blootgeërodeerde basaltrotsen die aan de stekels op de rug van een oerwereldreptiel doen denken, steken steeds weer boven onze hoofden uit.

Uiteindelijk stijgt het pad in bochten naar de pas Col de Courre; dit is het enige zware deel van de wandeling. Aan uw rechterhand verheft zich de Tour Carrée, een machtige vierkante basaltpijler, tot een hoogte van 1746 m.

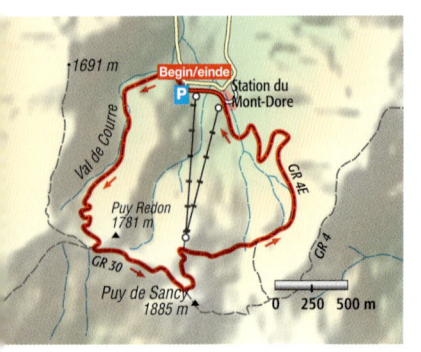

Boven op de kam komt ons pad uit op de GR 30 en volgt dit terwijl het minder steil wordt. Op de Pas de l'Ane zijn enkele technische constructies aangebracht om het klimmen gemakkelijker te maken.

Ten slotte voert de weg naar de Puy de Sancy over een gemakkelijk houten plankier naar de top, waar zich het panorama van een majesteitelijke bergwereld opent. Op de terugweg neemt u het eerste pad naar rechts, waar de GR 4E u in circa drie kwartier naar de parkeerplaats terugbrengt.

La Bourboule ▶ C 6

La Bourboule, na Le Mont-Dore het op een na grootste vakantieoord van het Massif du Sancy, is bekend als kuuroord tegen allergieën en atopisch eczeem en als belangrijkste centrum voor kinderkuren in Frankrijk. De twee grote baden stammen al uit het midden van de 19e eeuw, de **Grands Thermes** (zie rechts) bestaat sinds 1876, de **Thermes de Choussy** (Rue Louis-Choussy) gaan zelfs terug tot 1463. Halverwege de jaren zestig van de 20e eeuw werden ze door een leerling van Le Corbusier opnieuw vormgegeven en in 2005 gerenoveerd.

Het **Parc Fenestre,** het – als kuurpark rond 1880 aangelegde – indrukwekkende park vol reuzensequoia's (mammoetbomen) waar u op een toboggan omlaag kunt glijden, is een bezoek waard. De kabelbaan naar het **Plateau de Charlannes** (1146 m) werd eind 2012 jammer genoeg stilgelegd. Op de hoogvlakte kunt u in de zomer wandel- en mountainbiketochten maken. In de winter doorkruisen langlaufers op de lange latten de bossen.

Overnachten

Moderne ambiance – **Le Pavillon:** 209, av. d'Angleterre, tel. 04 73 65 50 18, www.hotellepavillon.fr, 2 pk € 48-78, ontbijt € 9,50, menu vanaf € 18. Gemoderniseerd belle-époquehotel, vlak bij het Parc Fenestre, rustig gelegen. Modern en stijlvol ingerichte kamers. Het bijbehorende restaurant Banquet 209 werd ook nieuw ingericht en biedt een moderne keuken die gebruikmaakt van regionale producten.

Camping – **Camping Les Clarines:** 1424, av. du Mal-Leclerc (D 996 richting Le Mont Dore), tel. 04 73 81 02 30, www.camping-les-clarines.com. Groot kampeerterrein met modern sanitair, zwembad en speeltuin. Op het zuiden gericht, maar veel schaduw. Ook chalets en stacaravans. Er zijn in La Bourboule acht campings, maar het is toch zaak om op tijd te reserveren.

Actief

Wellness – **Les Grands Thermes:** 7, bd Georges-Clemenceau, tel. 04 73 81 21 00, www.grandsthermes-bourboule.com. Het zwembad is meestal gereserveerd voor kuurgasten, maar u kunt ook aparte behandelingen boeken, bijvoorbeeld een badpakket (*forfaits balnéo*) met jetdouche, regendouche, stoombad, ontspanningsbad, jacuzzi of massagepakket met sauna en lichaamsmassages (op de website te vinden onder 'Offres bien-être').

Infos

OdT: 63150 La Bourboule, Place de la République, tel. 04 73 65 57 71, fax 04 73 65 50 21, www.labourboule.com.

In het Dordognedal

La Tour d'Auvergne ▶ C 7

Ten zuiden van La Bourboule bereikt u via de D 88 het dorp La Tour d'Auvergne, bijna 1000 m hoog op een basaltplateau gelegen voor de kam van de Puy de Sancy. Het plaatsje (650 inw.) heeft beroemde personen voortgebracht: Henri de La Tour d'Auvergne, de 'Grote Turenne,' die de Franse troepen in de 17e eeuw aanvoerde, en Catharina de Medici, dochter van Madeleine de La Tour en Lorenzo de Medici.

De burcht, vanwaar de graven De La Tour sinds de 11e eeuw de regio beheersten, zou bouwkundig op die van Murol hebben geleken. Hij werd, net als veel andere burchten in Auvergne, op bevel van kardinaal Richelieu ontmanteld en in 1665 volledig afgebroken, toen de burggraaf tijdens de Grand Jours (zie blz. 47) werd veroordeeld. Het kasteel stond op het hoogste punt van het dorp, waar zich nu de kerk verheft.

Vanhier loopt de D 47 over het eenzame **Plateau de l'Artense**.

Overnachten

Traditioneel – **L'Auberge de la Reine Margot:** Place de la Mairie, tel. 04 73

Het Sancymassief op internet

Alle plaatsen rond het Sancymassief presenteren zich op www.sancy.com en www.sancy-volcans.com. Op beide websites kunt u op plaats en klasse naar hotels, campings, winter-, thermen- en zomeraanbiedingen zoeken, maar u vindt er ook ambachtslieden, evenementen of wellnesspakketten.

Vulkanisch Auvergne

Het Château de Val in het stuwmeer bij Bort-les-Orgues uit de lucht gezien

21 58 37, aubergedelareinemargot.com, 2 pk € 38-42, ontbijt € 6. Met traditioneel restaurant en eenvoudige kamers.
Camping – **La Vallée**: toegang vanaf de D 47 richting Bagnol, tel. 04 73 21 54 43, www.camping-la-vallee.fr. Mooi in een klein bosje gelegen, goed uitgeruste camping aan een meer, met chalets en stacaravans. Goed uitgangspunt voor wandelingen in de Monts Dore.

Bort-les-Orgues ▶ B 7

Het stuwmeer van de Dordogne bij Bort-les-Orgues is met bijna 480 miljoen m³ water, 1400 ha wateroppervlak en 18 km lengte het op een na grootste van Frankrijk (bezichtiging van de stuw: 9-18 uur in het gehele seizoen; om het uur schepen vanaf de stuwdam naar het Château de Val, zie rechts).

De '**basaltorgels**' die er hun naam aan gaven, liggen aan de overkant van de rivier; achter Chantery gaat een kleine trap rechts naar boven. Als orgelpijpen rijgen zich de lavanaalden, die voor een deel helemaal vrijstaan, over een lengte van bijna 2 km, aaneen. Boven hebt u van het uitzichtpunt een weidse blik op de Monts Dore en het Cantalmassief.

In het Dordognedal

Tijdens een rondleiding kunt u het kasteel dat in de 15e eeuw door de familie d'Estaing werd gebouwd, van binnen bekijken. De muziekevenementen in de zomer, steeds op de woensdagavond, zijn bijzonder romantisch en sfeervol.

Overnachten

Camping – **Camping les Aubazines:** Rue de la Plage, aan de weg naar het Château de Val, tel. 05 55 96 08 38, www.les-aubazines.com. Camping aan het stuwmeer, met chalets en een strand. Ook worden hier kano's verhuurd en kan er beachvolleybal worden gespeeld.

Info

OdT: Pl. Marmontel, 19110 Bort-les-Orgues, tel. 05 55 96 02 49, www. bort-artense.com. Info over de gehele Artense-regio.

Château de Val ▶ B 7

15270 Lanobre, 15 juni tot 15 sept. dag. 10-12.30, 14-18.30 uur, apr. tot 15 okt. alleen tot 17.30 uur, behalve di., laatste rondleiding 45 min. voor sluitingstijd, € 5, 5-14 jaar € 3, 15 juli tot 15 aug. wo. liveconcerten in het kasteel, www.chateau-de-val.com

Over de D 922 bereikt u het Château de Val, dat als een van de mooiste kastelen in deze regio wordt beschouwd. Vroeger lag de net zo weerbaar als elegant ogende burcht op een rotspunt in het bos, maar sinds het opstuwen van de Dordogne in 1951 spiegelen de zes torens zich in het water van het stuwmeer.

Doorrijden naar Salers

Wie van Bort Les-Orgues verder wil rijden naar Salers (zie blz. 226) en het Cantalgebergte, gaat via Ydes-Bourg (▶ B 8) het lieflijke dal van de Sumène in. Midden in het dorpje staat een romaanse kerk uit de 12e eeuw. De oorspronkelijk beelden dragen veel bij aan de charme van dit eenbeukige gebouw: in het hoofdportaal van de St-Georgeskerk zijn aan de muren Daniël in de leeuwenkuil, de Annunciatie, de profeet Habakuk en aan de archivolten de sterrenbeelden te zien; boven het zuidelijke zijportaal vecht de H. Joris met de draak.

IN EEN OOGOPSLAG

Tussen Allier en Loire

Hoogtepunten ✸

La Chaise-Dieu: midden in de eenzaamheid van het Livradoisgebergte staat de imposante abdijkerk, waarvan de bouw door een paus is geïnitieerd. Zie blz. 181.

Le Puy-en-Velay: het panorama van Le Puy met zijn steile, door kapellen en enorme beelden bekroonde basaltrotsen, heeft iets sprookjesachtigs. De stad begint helemaal iets van een sprookje te krijgen als tijdens het 'Feest van de Vogelkoning' de inwoners zich kleden alsof ze nog in de renaissance leven. Zie blz. 192.

Op ontdekkingsreis

De messen van Thiers: in het dal van de Durolle worden al vijfhonderd jaar messen gesmeed en geslepen. Een buitengewoon museum laat zien hoe dat gedaan werd toen er nog geen elektriciteit was. Zie blz. 176.

Dodendans in La Chaise-Dieu: in de pauselijke grafkerk maken een wonderbaarlijke reeks wandtapijten over het Lijden van Christus en een unieke dodendansfresco veel indruk. Zie blz. 182.

De pelgrimsroute van Auvergne: over de Via Podiensis trokken vroeger de boetelingen naar Compostella – tegenwoordig is het een van de mooiste wandelroutes van Europa. Zie blz. 202.

Map labels: Thiers · De messen van Thiers · Ambert · Dodendans in La Chaise-Dieu · La Chaise-Dieu · Langeac · De pelgrimsroute van de Auvergne · Le Puy-en-Velay

Bezienswaardigheden

Maison de la Fourme-d'Ambert: het kaasmuseum in Ambert legt uit hoe de lekkerste kazen van Frankrijk worden gemaakt. Zie blz. 179.

Kathedraal in Le Puy: in deze Byzantijns aandoende kerk kwamen al duizend jaar geleden de pelgrims die op weg waren naar Compostela, bij elkaar. Zie blz. 195.

Actief en creatief

Route des Métiers bij Thiers: tijdens deze auto- of fietstocht bezoekt u ambachtslieden en kleine boerenbedrijven. Zie blz. 174.

Kanotochten bij Langeac: tussen Prades en Langeac ontsluiten kanotochten de Gorges de l'Allier, een wildwaterrivier met stroomversnellingen tot en met klasse III. Zie blz. 188.

Sfeervol genieten

Concerten in La Chaise-Dieu: hoogwaardige klassieke concerten in een schitterende abdijkerk in augustus. Zie blz. 185.

Renaissancefeest in Le Puy: tijdens het feest van de Roi de l'Oiseaux is de gehele bevolking in renaissancekostuums gekleed. Zie blz. 196.

Camping Le Pradeau in Langeac: dit grote terrein, direct aan de rivier behoort niet vanwege zijn comfort tot de mooiste van Auvergne, maar vanwege zijn ruime opzet: in plaats van kleine plekjes zijn er grote velden en vormen de tenten een bonte mengelmoes. Zie blz. 188.

Uitgaan

Café Tam-Tam in Le Puy: in deze trendy zaak aan de Place du Plot hebt u een mooi uitzicht. Zie blz. 198.

Livradoisbergen en de Velay

Tussen Thiers en Le Puy strekken zich de **Monts du Forez** en de **Monts du Livradois** uit, twee beboste middengebergten, waartussen het riviertje de Dore zijn dal heeft uitgegraven. Het landschap heeft hier niets vulkanisch meer, maar doet eerder denken aan het Zwarte Woud. Een deel van deze streek heet ook daadwerkelijk Bois Noirs.

Thiers, nog in het departement Puy-de-Dôme gelegen, is bekend als messenstad, het Franse Solingen, en uit Ambert aan de Dore komt de beste kaas van Frankrijk. In de weidse bosgebieden liggen pittoreske dorpen, en boven alles uit rijst de 'Stoel van God' – de beroemde abdij La Chaise-Dieu.

In het zuidoosten van Auvergne ligt de regio **Velay**, die qua landschap aan Noord-Italië doet denken, met zijn glooiende heuvels en groene weiden. De hoofdstad is Le Puy, sinds de middeleeuwen beginpunt voor pelgrims en wandelaars op hun tocht naar Santiago de Compostela.

In het westen snijdt de kloof van de Allier diep in het bergplateau. Hier is Langeac het belangrijkste vakantieoord en een steunpunt voor kanotochten op de rivier. Erachter verrijst de Montagne de la Margeride, met als hoogste punt de Mont Mouchet met een Résistance-monument.

Thiers ▶ F 5

Thiers was vroeger een van de grootste steden van Auvergne, want hier had zich sinds de 14e eeuw de messenmakerij *(coutellerie)* gevestigd, die het sterke verval van de Durolle voor haar smeedhamers en slijpmolens gebruikte. De metaalverwerkende industrie maakt nog altijd ongeveer een derde van de werkgelegenheid in deze stad uit; 70 % van de Franse messen en scharen komt hiervandaan. De industrie is nu beneden in het Doredal gevestigd, terwijl de traditionele messenslijperij alleen

INFO

Internet
Departement Puy de Dôme:
www.planetepuydedome.com (ook in het Engels)
Departement Haute Loire:
www.auvergnevacances.com
Regionaal park Livradois-Forez:
www.parc-livradois-forez.org;
www.vacances-livradois-forez.com/fr
Dorpen in de Livradois-bergen:
cc.hautlivradois.free.fr

Heenreis en vervoer
Thiers is dankzij de aansluiting op de **snelweg A 72** snel te bereiken.

De hoofdroute naar Le Puy loopt door het dal van de Dore, voor uitstapjes naar de Livradoisbergen of de Margeridehoogvlakten bent u aangewezen op bochtige weggetjes en moet u voldoende ruimte in de tijdplanning opnemen. Behalve Thiers en Le Puy is Langeac aan de Allierkloof een groter centrum om inkopen te doen.
Luchthaven: het **Aéroport Le Puy-en-Velay – Loudes** wordt op ma.-vr. door Hex'Air vanuit Parijs-Orly aangevlogen (aeroportlepuyenvelay.com, www.hexair.com).

Een dorpje in de Livradoisbergen

nog in een museum in de bovenstad te bekijken is (zie Op ontdekkingsreis blz. 176).

De bovenstad

Het Keltische Thiers lag op de linkeroever van de Durolle. Na de verwoesting door de Franken in 532 werd de stad aan de andere oever opnieuw gesticht. Daar strekt zich nu de bovenstad, de *ville haute,* met zijn steile, romantische straatjes tegen een helling op.

Van het **Terrasse du Rempart,** direct aan de smalle, bochtige hoofdstraat, hebt u een mooi uitzicht over de stad en het smalle dal van de Durolle. In de **Rue du Bourg,** tegenwoordig voetgangerszone, staan links en rechts historische gebouwen; nr. 10 bezit bijvoorbeeld een flamboyant-gotisch portaal. Aan de Place du Pirou staat het rond 1410 voor de vertegenwoordiger van het Bourbonhertog Lodewijk II gebouwde **Maison du Pirou.** In dit grote vakwerkhuis is tegenwoordig het Office de Tourisme ondergebracht.

Vanhier loopt de naar de messenmakers genoemde **Rue de la Coutellerie** de helling af. Deze vroegere hoofdstraat wordt geflankeerd door oude houten huizen en musea over de messenmakerij.

St-Genèskerk

Via het smalle trappenstraatje Pedde de St-Genès komt u bij de Place du Palais. Daar herinnert de **St-Genèskerk** uit de 11e eeuw aan de tijd waarin dit plein het middelpunt van Thiers was. Het wat lompe gebouw bezit de grootste romaanse vieringskoepel van Auvergne. Het eenvoudige interieur, de moderne glas-in-loodramen en het Christusfresco in de apsis maken indruk; de voorhal bevat een rijk gebeeldhouwd muurgraf uit de 14e eeuw.

De genoemde 'Pedde,' zoals een straatje met traptreden in Auvergne wordt genoemd, is overigens typerend voor deze tegen deze hoge helling gebouwde stad. Steil trap op, trap af gaat het naar de lagere stadsdelen door straatjes met huizen die na jaren van verval steeds vaker weer worden opgeknapt.

Durolle en Vallée des Rouets

Een wandeling door de Rue du 4-Septembre voert omlaag naar de oude handwerkerswijk van Thiers en naar de **St-Jeankerk** (Place Saint-Jean) met uitzicht op het Durolledal, waar de *rouets*, de werkplaatsen van de messenslijpers, lagen. Bij het Couteliersmuseum kunt u een routebeschrijving krijgen, waarmee u deze 'Vallée des Rouets' kunt verkennen.

Overnachten

Mooi in het park – **Le Parc Geoffroy:** 5 km buiten de stad aan de weg naar Clermont, 49, av. du Gal-de-Gaulle/N89, tel. 04 73 80 87 00, www.parcdegeoffroy.com, op dit moment wegens renovatie gesl. Voormalige messenslijperij, plus nieuwe aanbouw in een groot park (3*). 31 modern ingerichte kamers, bar en restaurant.

Traditioneel – **L'Aigle d'Or:** 8, rue de Lyon, tel. 04 73 80 00 50, www.aigle-dor.com, 2 pk € 59-80, ontbijt € 7, menu € 15-30. De Gouden Adelaar (2*) aan de doorgaande weg bestond al toen er langs de Durolle nog messen werden geslepen. In 1836 kreeg het deze naam als herinnering aan de doortrekkende troepen van Napoleon, onderweg naar Lyon. Onlangs gerenoveerd. De kamers zijn nu licht, voor een deel modern en voor een deel met antiek ingericht.

Camping – **Camping d'ILOA:** Base de Loisir d'ILOA, Courty, tel. 04 73 80 92 35, fax 04 73 80 88 81. Klein terrein met weinig schaduw bij het recreatiecentrum ILOA, 7 km van de bovenstad, half mei tot half sept. geopend.

Eten en drinken

Regionale keuken – **Les 7 péchés capitaux:** 9, rue du Pirou, tel. 04 73 80 06 49, menu € 14-17. Klein eethuis, midden in de toeristendrukte, links om de hoek van het Maison du Pirou. Goede regionale keuken, maar het oeroude huis is ook de moeite waard. Op de dwarsbalken zijn de Zeven Doodzonden afgebeeld die het huis zijn naam gaven.

Actief

Recreatiecentrum – **ILOA:** Courty, richting snelweg, dag. 11-20 uur. Minigolf, tennis, manege, picknickplaatsen; het recreatiebad is het grootste van Auvergne.

Regionale producten – langs de **Route des Métiers** (brochure bij het OdT) kunt u traditionele imkers, pottenbakkers en boerenbedrijven rond Thiers bezoeken.

Info en festiviteiten

OdT: Place du Pirou, 63300 Thiers, tel. 04 73 80 65 65, www.thiers.com, www.ville-thiers.fr.
Weekmarkt: za. in de bovenstad langs de N89.
Pamparina: 2e za. in juli, muziekevenementen in de bovenstad.

Thiers gezien achter de romaanse brug over de Durolle

Het dal van de Dore

Château d'Aulteribe ▶ F 5

63120 Sermentizon, half mei tot half sept. dag. 10-12, 14-18.30, anders alleen di.-zo. 10-12, 14-17.30 uur, aulteribe.monuments-nationaux.fr, toegang € 7,50, met korting € 4,50

Langs de Dore, die vroeger met zijn jaagschuiten een hoofdverkeersweg van deze streek was, nodigt nu de D 906 uit tot een snelle rit naar het zuiden, maar na nog niet eens 5 km voorbij Pont-de-Dore verlokt het Château d'Aulteribe al tot een pauze. Als een sprookjeskasteel met ronde torens ligt het in het bos. Toch kreeg dit gebouw uit de 15e eeuw pas in de 19e eeuw zijn huidige aanzien met spitse kegeldaken. Op de begane grond kunt u de vertrekken met schilderijen, meubels in Lodewijk-XV-stijl en de vijf kostbare Vlaamse wandtapijten bezichtigen.

Courpière ▶ F 5

Via St-Dier en het dorp Sauviat, dat zeer romantisch boven een bocht in de Dore ligt, bereikt u bij Courpière weer de D 906. Naast de kerk, in de romaanse stijl van Auvergne, met zijbeuk, galerijen en gebeeldhouwde kapitelen, staat het **Maison Aymard**, een gerestaureerd renaissancegebouw dat met zijn steile dak boven alle andere huizen uitsteekt.

Château de Vollore ▶ F 5

63120 Vollore-Ville, juli/aug. 14-19 uur, toegang € 6, kinderen € 4

Ook door de **Monts du Forez** in het zuiden, het beboste middengebergte ten oosten van de Dore, ▷ blz. 178

Op ontdekkingsreis

De messen van Thiers

Thiers is het Franse Solingen, een stad die lange tijd goed geleefd heeft van de messenmakerij. In het Maison de la Coutellerie kunt u alles te weten komen over deze vroegindustriële productie.

Kaart: ▶ F 5
Planning: voor de musea en een wandeling in het rivierdal met de fabrieken (zie foto) moet u minstens vier uur uittrekken.
Musée de la Coutellerie 3 : 58, rue de la Coutellerie, www.musee-coutellerie-thiers.com, okt.-mei di.-zo. 10-12, 14-18, juni, sept. dag. 10-12, 14-18.30, juli, aug. dag. 10-12.30, 13.30-19 uur.
Souvenirs: de winkels in de Rue du Bourg bieden ook veel laguiolemessen aan. Let op: een echt thiersmes heeft geen bijtje op het lemmet.
De kunst van het messen maken (*coutellerie*) zou door de terugkerende kruisridders uit de Oriënt naar Frankrijk zijn gebracht. In Thiers wordt dit handwerk al vijfhonderd jaar lang beoefend. Samen met de papierfabricage maakte het de stad tot ver in de 19e eeuw tot de enige streek in Auvergne met een noemenswaardige geïndustrialiseerde productiecapaciteit.

Smeden en slijpen

De productie concentreerde zich in het dal van de Durolle, langs de Route des Usines. Na het smeden en uitharden van de lemmeten gebruikten de couteliers een stuwdam in de rivier om hun slijpstenen aan te drijven – op plaatsen die zij Creux de l'Enfer ('gat van de hel') of Bout du Monde ('einde van de wereld') noemden. Het werk was zwaar: de messenslijpers lagen op hun buik op een plank en slepen in deze positie de lemmeten aan een door spetterend water aangedreven slijpsteen. Om zich tegen de kou te beschermen hadden ze honden afgericht om urenlang op hun benen te liggen. Er waren in de beste tijden meer dan honderdveertig stuwdammen over een afstand van slechts 3 km. Pas in de jaren vijftig van de 20e eeuw werd deze productiewijze geleidelijk aan opgegeven en door elektrische slijptollen vervangen.

Thiers versus Laguiole

In de bloeitijd waren zo'n tienduizend mensen in de messenproductie werkzaam. Uit deze periode stamt ook de voortdurende concurrentie met Laguiole. Daar had men namelijk een zakmes met een kenmerkende, haast elegante vorm ontwikkeld. Toen deze messen werden ontdekt door de Parijse demi-monde en iedereen er een wilde hebben, kon de productie in het dorp in de Aubrac het niet meer bijbenen. Thiers sprong bij en produceerde enorme hoeveelheden laguiolemessen. Het werd pas een probleem toen Laguiole in jaren tachtig nieuwe fabrieken bouwde en tegelijk probeerde zijn naam te beschermen. Sinds 1998 is echter door de hoogste rechter bepaald dat Thiers het laguiolemes mag maken.

Oude technieken

In het **Maison de l'Homme des Bois** 1 (Rue de la Coutellerie nr. 21) en het **Maison des Couteliers** 2 (nr. 23) kunt u zien hoe de oude technieken worden toegepast. Er zijn zelfs demonstraties waarbij een messenslijper met hond op een plank ligt. Bovendien zijn collector's items sinds de 16e eeuw bijeengebracht.

Het **Musée de la Coutellerie** 3 op nr. 58 was vroeger de ambtswoning van de burgemeester van Thiers, maar nu zijn er werkplaatsen van polijsters, afwerkers en houtsnijders (van het heft) nagebouwd. In de kelder is de smidse multimediaal vormgegeven en boven ziet u voorbeelden van messen en bestekken uit Thiers, die vroeger de tafels van de rijken sierden.

De Vallée des Rouets

De fabrieken rijgen zich in het dal van de Durolle stroomopwaarts aaneen tot het Bout du Monde, waar de kloof zo smal wordt dat er met de beste wil van de wereld geen werkplaats meer in gepast had. De oude, in 1956 gesloten fabriek **Creux de l'Enfer** 4 wordt tegenwoordig gebruikt als Centre d'Art Contemporain met wisselende exposities van moderne beelden, installaties en schilderingen (dag. 13.30-19.30 uur en tijdens exposities, www.creuxdelenfer.net). In de Rouet Lyonnet, die tot 1976 in gebruik was, kunt u nog enkele bewaard gebleven slijpinstallaties zien.

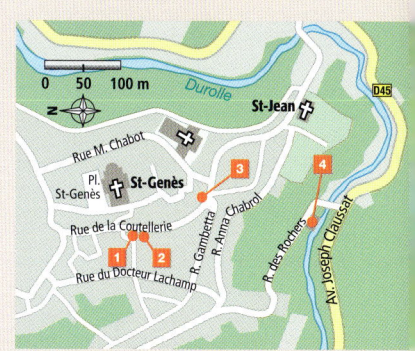

kunt u over bochtige bergwegen naar Ambert rijden.

Er gaat een mooie route via het Château de Vollore (17e eeuw) en het bergdorp Vollore-Montagne naar Aubusson d'Auvergne met zijn zwemmeer. In het kasteel Vollore, nu eigendom van afstammelingen van generaal La Fayette (zie blz. 149), worden 's zomers concerten gehouden en op wo. avond om 22 uur verlichte rondleidingen (€ 10). Ook de schitterend ingerichte salons zijn een bezoek waard en het is mogelijk om een kamer in empirestijl te huren (www.chateauvollore.com, 2 pk met ontbijt € 150-250).

Via Le Brugeron rijdt u de **Col du Béal** op (1390 m, hier bent u al op de hoge almen) en in haarspeldbochten omlaag naar **Job** met zijn mooie kerktoren (bijna 6 km voor Ambert).

Maison du Parc in St-Gervais-sous-Meymont ▶ F 6

Half juni tot half sept. ma.-vr. 9-12.30, 13.30-18, za., zo. 14-18 uur, anders tot 17.30, vr. tot 16.30 uur, za., zo. gesl., gratis toegang

Het informatiecentrum van het regionale park Livradois-Forez ligt op de linkeroever van de Dore en is bereikbaar via een houten brug. In verschillende gebouwen worden technieken uit oude tijden gedemonstreerd. Het **Atelier encyclopédique des Arts et des Techniques** is een modern gebouw dat met zijn houten betimmering doet denken aan de schuren waarin vroeger papier werd gedroogd. Hier komt u alles te weten over de papierfabricage, ooit een belangrijke industrie in de regio, en over het gebruik van waterkracht in de Livradois.

Olliergues ▶ F 6

www.paysdolliergues.com
De middeleeuwse natuurstenen huizen van Olliergues strekken zich uit op de oever van de Dore tegen de helling op naar het kasteel en de kerk met zijn houten klokkentoren. Deze mooie plaats met zijn oeroude ezelsrugbrug uit de 12e eeuw doet in de avondzon bijna Italiaans aan. In het Château is een **Musée des Vieux Métiers** ondergebracht, dat oude ambachten voorstelt (juni tot half sept. 10-19, apr., mei, okt. 14-18 uur, toegang € 4, 10-18 jaar € 2).

Overnachten

In het kasteel – **Château de Chantelauze:** 38, route du Brugeron, 63880 Olliergues, tel. 04 73 95 55 12, www.chateaudechantelauze.com, 2 pk € 85-135. Een echt kasteel met veel allure. Van de inrichting van de kamers zijn de kranen uit de jaren dertig waarschijnlijk het modernst. Hemelbedden en natuurstenen muren geven veel sfeer. Er is echter ook een sauna-afdeling met zwembad en een tv-kamer met een dvd-collectie.

Ambert ▶ G 6/7

Bij Ambert komt het dal van de Dore weer op een vlakte uit – tussen de Monts du Forez en de Monts du Livradois. Het met bijna 8000 inwoners grootste stadje in dit eenzame bosgebied was een centrum van de papierindustrie en vrijwel de enige leverancier van Lyon, de Franse drukkersstad in de 17e eeuw. Zo werden de eerste uitgaven van de encyclopedie van Diderot op papier uit Ambert gedrukt. Van de toenmalige rijkdom getuigen nog enkele mooie vakwerkhuizen in de oude stad.

Een bekende zoon van de stad was Henri Pourrat (1887-1959), die als schrijver en antropoloog oude overleveringen noteerde en in zijn romans het landelijke Auvergne en zijn christelijke tradities beschreef. Zijn conservatieve instelling bracht hem echter te dicht bij het fascistische Vichyregime (zie blz. 78), dat hem in 1941 voor zijn belangrijkste werk *Gaspard de Montagne* de Prix Concourt verleende.

Église St-Jean

In de bloeitijd van Ambert werd in 1471 met de bouw van een van de belangrijkste laatgotische kerken van Auvergne begonnen. De St-Jeankerk (Place St-Jean) vertegenwoordigt de flamboyant-gotische stijl, alleen het bovenste deel van de toren en een kapel tonen elementen van de renaissance. Het interieur is licht en ruim dankzij de grote vensters. Let vooral ook op het verguld loden altaar.

Tour Mandrin

Bij de toren, die de naam draagt van de als de Robin Hood van Auvergne bekendstaande roverhoofdman Mandrin (Place des Minimes), vindt u de laatste resten van de verdedigingsmuur, waar een mooi verhaal aan vastzit: tijdens de Godsdienstoorlogen zou de hugenotenleider capitaine Merle (zie blz. 248) zich hier hebben verschanst. Toen de troepen van de Katholieke Liga oprukten, wilde hij vanwege hun overmacht een gevecht vermijden. Hij plaatste beelden uit de kerk op het bastion, dat heftig onder vuur werd genomen. Toen de katholieken zagen dat de 'verdedigers' niet vluchtten, dachten ze dat het onschendbare soldaten te maken hadden en sloegen op de vlucht.

Maison de la Fourme d'Ambert

29, rue des Chazeaux, www.maison-fourme-ambert.fr, juli/aug. dag. 10-18.30 uur, apr. tot juni, sept. tot okt. di.-za. 10-12.30, 14.30-18.30 uur, toegang € 5, 6-16 jaar € 4; info over de kaas: www.fourme-ambert.com
Het kaasmakerijmuseum toont van alles over de productie van kaas in Auvergne, met name van de fourme d'Ambert. U ziet oude werktuigen, krijgt aan de hand van een videopresentatie het productieproces uitgelegd (in het Frans) en mag een echte affinagekelder betreden, waar honderden kazen op lange houten schappen liggen te rijpen. Deze kelder gaat terug op de gewelven van de na 1239 gebouwde burcht van Ambert. De fourme d'Ambert is een van de beste schimmelkazen van Frankrijk (zie blz. 74), de naam verwijst naar de hoge ronde vorm waarin de verse kaasmassa wordt geperst.

Hôtel de Ville (Mairie)

Net zo rond als de fourme is het stadhuis van Ambert (Boulevard Henri-IV), maar wel op een andere schaal – 20 m hoog en 30 m in doorsnee. Onder de arcaden staan marktkramen en deze ontmoetingsplaats is zelfs in een boek opgenomen: Jules Romain situeerde hier zijn roman *Les Copains*. De benedenverdieping gaat terug op een oude korenhal waarop in de 19e eeuw een verdieping is gebouwd.

Moulin Richard de Bas

www.richarddebas.fr, juli/aug. 9.30-19, anders 9.30-12.30, 14-18 uur, toegang € 7,30, 6-17 jaar € 5
Op 6 km afstand van Ambert (via de D 996, links D 57) ligt de papiermolen Richard de Bas, de laatste productieplaats uit de bloeitijd van Ambert. Hier wordt nog met oude technieken handgeschept papier gemaakt, 20-25 kg per dag, een product voor luxueuze boekproducties in beperkte oplagen. U kunt behalve de molen zelf een papiermuseum bezoeken en toekijken bij de productie. Specialiteit is tegenwoordig een *papier fleuré* met erin verwerkte bloemblaadjes, dat in de museumshop te koop is.

In de 15e en 16e eeuw waren er bijna driehonderd papiermolens werkzaam in het dal van de Lagat. Destijds leverden ze zelfs aan de koninklijke drukkerij. In de 18e eeuw begon de neergang van het handwerk tot het in de 19e eeuw volledig voor industriële concurrentie moest wijken.

Overnachten

Zeer centraal – **Les Copains:** 42, bd Henri-IV, tel. 04 73 82 01 02, www.hotel restaurantlescopains.com, 2 pk € 50-62, ontbijt € 7, menu's € 27-56. Traditioneel hotel (2*), tegenover het stadhuis. De kamers zijn eenvoudig, maar het restaurant biedt fantasievolle creaties van regionale producten.
Camping – **Camping les 3 Chênes:** Route du Puy, tel. 04 73 82 34 68, www.camping-ambert.com. Verzorgd terrein direct aan de Dore, vlak bij het Centre de Loisir met zwembad.

Eten en drinken

Pizzeria – **La Taverne:** 28, rue du Château, tel. 04 73 82 00 75, pizza vanaf € 9, salades vanaf € 8, menu vanaf € 13. In een oud vakwerkhuis vlak bij het Maison de la Fourme d'Ambert; pizza uit de houtskooloven, goede salades en grillgerechten.

Actief

Papiermolentocht – **Chemin des Papetiers:** deze tocht (gele markering, 2 uur, met Franse uitlegborden) gaat langs verschillende papiermolens. Start in Valeyre, eindigt bij Richard de Bas.

Info en festiviteiten

OdT: 4, place de l'Hôtel-de-Ville, 63600 Ambert, tel. 04 73 82 61 90, www.ambert-tourisme.fr.
Weekmarkt: elke do. tussen de kerk en het stadhuis.
Rommelmarkt (brocante): half juli en 15 aug. op de Place Charles-de-Gaulle (D996 richting Lyon).
Festival La Ronde des Copains: half juli, dans en gekostumeerde optocht (festival-ambert.fr).

Tip

Jasserie du Coq Noir
Een korte, maar steile rondwandeling gaat van Richard de Bas over de D67 verder omhoog naar de **Col des Supeyres**, met 1366 m de hoogste pas in de Forezbergen. Boven kunt u in de **Jasserie du Coq Noir** landelijke producten uit de streek kopen (juli/aug. 9-19 uur). U keert terug via **Valcivières** (▶ G 6), een zomernederzetting van herders; een iets langere weg gaat over **St-Anthème** (▶ G/H 7), dat bekendstaat om zijn tommekaas.

Arlanc ▶ G 7

In het dal van de Dore ten zuiden van Ambert ligt het stadje Arlanc met de romaanse **St-Pierrekerk**. Over het kantklossen in Livradois, in de 19e eeuw de belangrijkste bedrijfstak in de regio, komt u alles te weten in het Musée de la Dentelle (juli/aug. dag. 10-12.30, 15-18 uur, mei, juni, sept. za., zo., feestd. 15-18 uur, € 3, 10-16 jaar € 1,50). Tot in de kleinste dorpjes werd destijds thuis geklost; in geheel Auvergne hebben voor de Eerste Wereldoorlog naar schatting ongeveer 150.000 *dentellières* op deze manier het gezinsinkomen wat opgekrikt.

Marsac-en-Livradois ▶ G 7

Marsac, iets meer naar het noorden, heeft in de romaanse kapel tegenover de kerk een **Museum over de geschiedenis van de witte boetelingen** (Musée des Pénitents Blancs, juli/aug. 10-12, 14-19, juni, sept. 14-17 uur). De *pénitents blancs* waren een religieuze broederschap, die in de 17e/18e eeuw een belangrijke rol speelde. Hun lange pij met puntmuts die alleen de ogen vrijliet, roept herinneringen op aan middeleeuwse gruwelen. De broederschap werd echter niet zozeer door mysterieuze riten gekenmerkt, maar de leden namen als boete voor een persoonlijke fout maatschappelijk in laag aanzien staande taken op zich, met name de ziekenverpleging bij epidemieën of de verzorging van terdoodveroordeelden. Om daarbij niet te worden uitgelachen, verborgen ze hun gestalte, en vooral hun gezicht.

Naar La Chaise-Dieu

Vanuit Arlanc gaan twee routes naar La Chaise-Dieu (rechts). De oude weg, in haarspeldbochten door de **Gorges de la Dore** omhoog klimmend, is mooier. Wie de nieuwe weg neemt, via **Dore l'Église**, aan de samenstroming van Dore en Dorette, kan daar een romaanse kerk bezoeken, die meteen de naam van de plaats verklaart.

Overnachten

In het klooster – **Le Prieuré:** 63220 Chaumont le Bourg, 7 km naar het noordoosten, via Beurières, tel. 04 73 95 03 91, www.leprieurehotelrestaurant.com, 2 pk € 49-65, gezinskamer € 74-84, ontbijt € 7, menu's € 17-41. 27 goed geoutilleerde kamers (voor een deel rolstoeltoegankelijk) in een historische priorij, waarvan het oude gebouw zorgvuldig is gerestaureerd.

Camping – **Le Metz:** Loumas, 63220 Arlanc, Route d'Issoire (D300), tel. 04 73 95 18 92, www.arlanc.com. Mooi tussen het groen gelegen, verzorgd complex, groot zwembad, met stacaravans.

La Chaise-Dieu ✱ ▶ G 8

Hoog op het plateau, voorbij de 1000-m-grens en de beukenbossen, waar de duistere dennen het landschap domineren, ligt La Chaise-Dieu. De naam 'stoel van God' had niet beter gekozen kunnen zijn (ook al is hij eigenlijk van Casa Dei, 'huis van God,' afgeleid): hoog boven de dalen, aan al het aardse ontstegen, stichtte Robert de Turlande, kanunnik van de abdij van Brioude, in 1043 een klooster, dat zich al snel zou ontwikkelen tot een rijke abdij en profiteerde van schenkingen van de adel van Auvergne.

Een klein dorpje met wat restaurants en souvenirwinkels heeft zich rond het klooster ontwikkeld. Erboven verrijst de imposante abdijkerk **St-Robert** (zie Op ontdekkingsreis blz. 182). Een reeks hotels en restaurants profiteert van de stroom bezoekers die op deze mooie plaats afkomen. Het is met name erg druk tijdens het muziekfestival in augustus; dan is het nauwelijks mogelijk de kerk te bezichtigen.

Overnachten

Uit de tijd van de musketiers – **Hôtel de la Casadeï:** Place de l'Abbaye, tel. 04 71 00 00 58, www.hotel-la-casadei.com, nov.-apr. gesl., 2 pk € 49-69, ontbijt € 9. Goed geleid Logis-de-France-hotel (2*) met 9 kamers aan het plein voor de kerk. Eenvoudige, met antiek ingerichte kamers in een gebouw vol tradities. In het restaurant serveert men de regionale keuken van de Velay. ▷ blz. 185

Op ontdekkingsreis

Dodendans in La Chaise-Dieu

De abdij La Chaise-Dieu werd ooit als kartuizerklooster voor kluizenaars gesticht, maar ontwikkelde zich dankzij paus Clemens VI tot een van de rijkste kloosters van Auvergne. Daarvan getuigen de kostbare inrichting en een beroemde dodendansfresco.

Kaart: ▶ G 8
Planning: omdat de reis vanuit Thiers, Le Puy of Brioude ruim anderhalf uur duurt, is het raadzaam tegen de middag aan te komen, eerst een hapje te eten en na 14 uur de kerk te bezichtigen.
Openingstijden: juni-sept. ma.-za. 9-12, 14-19 (juli/aug. doorlopend), zo. 14-19; anders 10-12, 14-17 uur, www.abbaye-chaise-dieu.com.

Winkeltip: elke do. is er markt achter de kerk, waar regionale producten worden verkocht.

Grijze traptreden gaan omhoog naar een grijze gevel met een gedrongen portaal. Daarboven strekken zich dapper twee torens uit naar de hemel, waarvan de verschillende uitvoeringen getuigen van de plotselinge geldnood na de dood van paus Clemens VI. Deze paus, die eigenlijk Pierre Roger de Beaufort heette, behoorde tot de reeks pausen die in Avignon resideerden. Hij was als novice in het klooster gekomen en opgegroeid en in 1342 werd hij tot paus gekozen. In deze tijd deden aan het hof van de pausen verspillingszucht, overdreven luxe, en vriendjespolitiek, precies zoals Boccaccio het in zijn *Decamerone* beschrijft, nauwelijks onder voor latere toestanden in de renaissance. En Clemens VI was een van de spilziekste en ijdelste van hen allemaal.

Paus Clemens VI en de hugenoten

De paus liet de oude kerk van La Chaise-Dieu afbreken en begon met de bouw van een grote kathedraal. Daarvoor stelde hij de beste kunstenaars van zijn hof (dat betekende: van zijn tijd) beschikbaar en liet voor zichzelf een enorm grafmonument oprichten, omgeven door 44 marmeren beelden van heiligen, die een baldakijn droegen. De bouw zou 30.000 florijnen hebben gekost, dat is 100 kg goud, omgerekend naar nu 3,3 miljoen euro, volgens de huidige kosten van levensonderhoud zelfs 5,7 miljoen euro. Na de dood van Clemens VI in 1352 kwam de bouw stil te liggen, maar zijn latere opvolger, Gregorius XI, die ook zijn neef was, liet de kerk in 1378 voltooien. In de Godsdienstoorlogen hebben de hugenoten deze unieke getuigenis van pauselijke hoogmoed in 1562 verwoest. De liggende figuur van de paus zelf bleef echter bewaard, ook al zegt men dat de officier Blacons tijdens een drinkgelag de sarcofaag heeft geopend en uit de schedel verder heeft gedronken.

Deze plundering was het begin van het einde voor de abdij. Daarna werden vaak de buitenechtelijke zonen van de koning tot abt benoemd en het klooster, waarvan de bezittingen (en bronnen van inkomsten) zich tot ver buiten Auvergne uitstrekten, werd een lucratieve inkomstenbron. Ook Richelieu en Mazarin hebben er als titulair abt hun voordeel mee gedaan. Het clericale leven bereikte echter nooit meer het niveau van de bloeitijd in de middeleeuwen. Nadat La Chaise-Dieu tijdens de Franse Revolutie werd gesloten, begon men begin 20e eeuw met de restauratie. Sinds 1965 is het orgel hersteld en vormt het klooster eind augustus het middelpunt van een gerenommeerd muziekfestival.

Een middeleeuwse kerk

Het interieur in gotische stijl wordt geheel door het laatgotische **oksaal** (1) gedomineerd, een massieve muur, die het gedeelte van de monniken van dat van de leken scheidt. Een dergelijke afscheiding tussen het deel voor de geestelijken en het deel voor de leken was in de middeleeuwen overal aanwezig. Pas het Concilie van Trente, halverwege de 16e eeuw, gebood deze te verwijderen. Omdat er in La Chaise-Dieu geen leken waren, is de afscheiding blijven staan, waardoor deze kerk een van de zeldzame voorbeelden ervan is, en dan ook nog eens een bijzonder imposant voorbeeld.

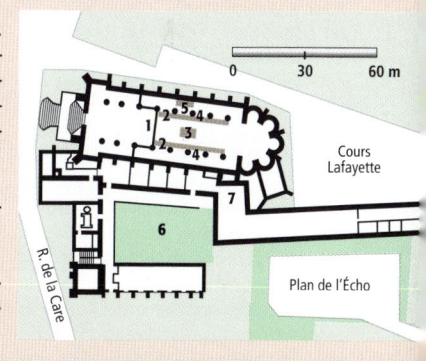

Pas achter het oksaal komt u bij de schatten van de kerk. Het schip wordt volledig ingenomen door het van schitterend houtsnijwerk voorziene **koorgestoelte** (2) van de monniken, dat in de 15e eeuw is gemaakt. Precies 144 uitvoerig gebeeldhouwde zitplaatsen telt u hier. In het midden daarvan rust de ijdele paus in zijn **praalgraf** (3). Het liggende beeld houdt zijn herinnering levend.

De wandtapijten

Naar aanleiding van de 450e sterfdag van de stichter van de abdij, Robert, bestelde het klooster een cyclus van veertien Vlaamse **wandtapijten** (4). Deze kostbare tapisserieën, die zich rond het gehele koorgestoelte uitstrekken, maken indruk door hun levendige kleurigheid. Het thema is het leven van Jezus, waarbij elke statie in de vorm van een triptiek steeds door twee zijafbeeldingen uit het Oude Testament wordt vergezeld, die iconografisch als daarop vooruitlopend worden gezien. De beeldvolgorde is ook interessant, omdat alle scènes in kleding, haardracht en ook achtergrond tot in de details en levensecht overeenkomen met de cultuur van de late 15e eeuw.

De cyclus begint rechts van het koor met de Annunciatie, waarnaast scènes van Eva en de slang en Gideon met het door goddelijke dauw bevochtigde schapenvel. Zo gaat het verder tot de intocht in Jeruzalem, geflankeerd door Davids overwinning op Goliath en de ontvangst van de profeet Elias in Jericho. Het eindigt met het Laatste Oordeel, dat slechts door een scène uit het Oude Testament wordt begeleid, het oordeel van Salomon. In totaal zijn het 24 scènes en om alles te begrijpen is een enorme bijbelvastheid nodig.

Maar ook wie die niet heeft, geniet van een nauwkeurige bestudering van de taferelen, want in veel details wordt de laatgotische maatschappij tot leven gewekt, bijvoorbeeld als Maria Magdalena in het hoofse geborduurde gewaad van een prinses voor Jezus knielt.

De dood danst

Ook de 26 m lange en 2 m hoge **dodendansfresco** (5) in de linkerzijbeuk stamt uit circa 1460. In het Frans wordt hij *dance macabre* genoemd. In verrassend vrije schetsen van schimmige figuren op een bruine ondergrond wordt verbeeld hoe de in lijkwaden gehulde Dood dansend mensen uit alle lagen van de bevolking uit het leven rukt, van paus tot boer. Ook hier zijn het de details die het hem doen: alle personen zijn eigentijds gekleed – en de Dood heeft zijn trucjes: de paus trapt hij op de zoom van zijn gewaad, zodat hij niet kan vluchten, een ridder wordt pootje gelicht, een monnik pakt hij de bijbel af, een koopman zijn geldbeurs.

De Dood is afgebeeld als een magere gestalte, in zijn borstkas zijn de ribben te zien. Dit motief van de Dood als 'bottenman' ontwikkelde zich pas kort voor de ontstaansperiode van dit fresco, rond 1460. In de middeleeuwen bestonden er geen gepersonaliseerde afbeeldingen van de Dood. Het sterven werd gezien als een overgang naar het rijk van God, er werd, voor zover men zonder zonden was, eerder naar verlangd dan dat het gevreesd werd. Pas de grote pestgolven van de 14e eeuw, met hun 20 miljoen doden in Europa, maakten de mensen onzeker en stelden de christelijke verwachting op de proef.

Schatkamer

Door een poort in de rechterzijbeuk komt u in de **kruisgang** (6) met zijn fraai vormgegeven zuilenvensters. Ter hoogte van het koor verheft zich de Tour Clémentine, een versterkte donjon, die zijn nut minstens eenmaal heeft bewezen: toen de hugenoten in 1562 de kerk plunderden, konden de monniken zich met de kerkschat in de toren verschansen tot de koninklijke troepen oprukten. Op de begane grond van de toren is tegenwoordig de **schatkamer** (7; *salle du trésor*) ondergebracht; behalve liturgische gereedschappen zijn er nog enkele kostbare tapisserieën uit de 14e tot de 17e eeuw te zien.

In een watermolen – Moulin de Mistou: 25 km oostelijk in 43500 Pontempeyrat (▶ G 8), tel. 04 77 50 62 46, 2 pk € 80-150, ontbijt € 8, menu's € 18-45. Watermolen uit 1730 aan de oever van de Ance, met 14 gezellig ingerichte kamers, een goed restaurant en zelfs een zwembad (3*).

Winkelen

Regionale producten – Auvergne Gourmand: Place de la Mairie. Eekhoorntjesbrood, cantharellen, morieljes, ingelegd of gedroogd, bosbessenjam, honing.

Info en festiviteiten

OdT: Place de la Mairie, 43160 La Chaise-Dieu, tel. 04 71 00 01 16, fax 04 71 00 03 45, www.la-chaise-dieu.info.
Weekmarkt: elke do. bij de kerk.
Festival de La Chaise-Dieu: concerten met barokke en klassieke muziek van 15 aug. tot begin sept., reserveren vanaf juni bij het OdT, www.chaise-dieu.com. Er wordt gespeeld in de abdijkerk, in de St-Pierre des Carmes in Le Puy en in de kerken in Brioude, Ambert en Chamalières-sur-Loire.

Allègre ▶ Kaart 2, G 8

Een mooie weg richting Le Puy (zie blz. 192) buigt bij Sembadel-Gare af (D 13) en loopt door de bossen van de Livradois naar Allègre. Van het marktplein van het pittoreske bergdorp (1107 m) met zijn fraaie stadspoort klimt u de heuvel met de burchtruïne op. Het gebouw, waarvan alleen nog een deel van het westbastion in de vorm van een reusachtige poortboog ('La Potence') overeind staat, bood in zijn hoogtijdagen onderdak aan koning François I op zijn bedevaart naar Le Puy. Het uitzicht naar het zuidwesten reikt tot de hoogvlakten van de Margeride.

In Allègre werd in 1907 Germaine Tillion geboren, die als etnologe onderzoek deed naar Algerije, tot haar deportatie naar het concentratiekamp Ravensbrück als commandante van de Résistance dienstdeed en zich steeds sterk maakte tegen foltering en voor vrouwenemancipatie. Kort voor haar dood in 2008 ondertekende zij nog de resolutie tegen folteringen in Irak. In 2004 ontving zij het Duitse Kruis van Verdienste. Haar motto was: 'Mijn vaderland is de waarheid, de gerechtigheid en het leven.'

Château de la Rochelambert
▶ G 9

43350 St-Paulien, apr. tot sept. 10-12 en 14.30-17.30 uur, do. gesl. www.chateau-de-la-rochelambert.fr

Vlak voor St-Paulien en zijn romaanse kerk met kleurige muurschilderingen voert een omweg naar het Château de la Rochelambert, dat zich boven het dal van de Borne bij Marcilhac verheft. De in 1562 door de hugenoten geplunderde burcht werd door de weduwe van de kasteelheer in renaissancestijl gerenoveerd. In 1859 situeerde de schrijfster George Sand, die met de heer des huizes bevriend was, in het kasteel met zijn romantische erkertoren haar roman *Jean de la Roche*. Tijdens een rondleiding kunt u meubelen en kunstobjecten bezichtigen uit de romaanse en gotische periode, maar ook wapens en herinneringen aan George Sand.

Naast de burcht zijn behalve een megalithisch monument (de *roche sacrée*, waarnaar de burcht genoemd is) grotten te bezichtigen die van de steentijd tot de middeleeuwen bewoond waren.

Overnachten

Camping – **Camping La Rochelambert:** Tel. 04 71 00 54 02, www.fr.camping-rochelambert.com. Mooi in het groen gelegen aan een wildwaterbeek, met chalets en animatie voor kinderen. Klimparcours en paintballterrein vlakbij.

Gorges de l'Allier

Ten noorden van Brioude (zie blz. 141) stroomt de Allier door de vruchtbare vlakte van de Limagne. Naar het zuiden, vanaf **Vieille-Brioude** (▶ F 8), een leuke, op een rotspunt gelegen plaats, begint het smallere deel van het Allierdal, de Gorges de l'Allier. Onderweg naar het zuiden is een eerste stop in **St-Ilpize** (▶ Kaart 2, F 8), een romantisch gehucht, hoog boven de rivier, met daarboven weer een middeleeuwse burchtruïne, de moeite waard. De rit erheen, over de oude brug, is een beetje spannend.

Lavoûte-Chilhac ▶ F 9

Lavoûte-Chilhac ligt aan een U-vormige bocht van de Allier, waarover een uit de middeleeuwen stammende ezelsrugbrug ligt. De gevelrij aan de linkeroever volgt de concave bocht in de rivier, en de classicistische kloostergebouwen aan de overkant herhalen de bolle vorm. De **benedictijnenpriorij** werd in 1025 gesticht door abt Odilon van Cluny, die in 1048 in Souvigny (zie blz. 90) overleed. Het tegenwoordige complex werd halverwege de 18e eeuw opgericht; alleen de kerk dateert nog van de 15e eeuw. Tegenwoordig is in de abdij het **Maison des Oiseaux** ondergebracht, waar de vogelwereld van de regio Allier-Livradois wordt toegelicht (juli, aug. dag. 9.30-12.30, 14.30-18.30, juni, sept. wo., zo. 14-18 uur).

Overnachten

Bij het klooster – **Hostellerie Le Prieuré:** Place du Fer-à-Cheval, 43380 Lavoûte-Chilhac, tel. 04 71 77 47 90, www.hotel-restaurant-leprieure-43.com, 2 pk € 50-65, ontbijt € 8,50, menu € 25-45. Charmant hotel (2*) direct naast het klooster, met uitzicht over de Allier, en een goed restaurant met regionale keuken. De kamers zijn eenvoudig.

Camping – **Camping de la Ribeyre:** tel. 04 71 77 40 85. Eenvoudig terrein, 500 m stroomopwaarts aan de Allier, met voldoende schaduw.

Langeac ▶ F 9

Langeac, een bedrijvige, kleine stad met zo'n 4000 inwoners, ligt direct voor de eigenlijke kloof van de Allier en is daarom in het hoogseizoen nogal druk met toeristen. De oude stad wordt omringd door de in een halve cirkel lopende Boulevard Charles-de-Gaulle, waaraan het Office de Tourisme, winkels en cafés liggen en die de loop van de oude stadsmuren volgt.

Alle met kinderhoofdjes geplaveide straatjes van de oude stad komen uit op de Place de la Liberté – hier biedt het **Maison du Jacquemart** exposities rond kunstnijverheid, kantklossen en regionale thema's (juli-sept. dag., behalve zon- en feestd. 15-18.30 uur).

De **St-Galkerk** ernaast grenst met zijn achterkant aan de langs de oever lopende Quai Voltaire. Het koor maakte ooit deel uit van de verdedigingswerken, waaronder vroeger de Allier stroomde. In de Rue Allier is van het stamslot van de familie La Fayette uit de 15e eeuw alleen het rustieke ingangsportaal bewaard gebleven.

Overnachten

Op het eiland – **Auberge de l'Île d'Amour**: 17, av. du Gévaudan, tel. 04 71 77 00 11, www.aubergeiledamour.fr, restaurant juli/aug. ma. en di. lunch gesl., 2 pk € 61-80, ontbijt € 9,50, menu's € 16-34. Aan de zuidoostrand, direct

Het voormalige klooster van Lavoûte-Chilhac

aan de Allier op een eilandje in de rivier gelegen, met allerlei recreatiemogelijkheden. Een in de natuur gelegen complex met vriendelijke kamers, elk met terras aan de Allier en gratis WLAN (wifi). Restaurant met regionale keuken. Het kanostation ligt ernaast.
Camping – **Camping le Pradeau:** Rue Jean-Baptiste-Tuja, tel. 04 71 77 05 01, www.campinglangeac.com. Grote, ruim opgezette camping, direct aan de Allier, ca. 500 m van het centrum, met zwembad en strand, ook chalets. Met snackbar, speeltuin en miniclub.

Eten en drinken

Decor van de oude stad – **Le Trèfle à quatre feuilles:** 9, pl. de la Liberté, tel. 04 71 77 33 66, zo. diner en ma. gesl., Menu du Terroir € 16,50. Leuk restaurant in de oude stad, overdag verkoop van regionale specialiteiten, 's avonds een iets alternatieve regionale keuken.
Pizza en pasta – **Le Pinocchio:** 11, rue de la Boucherie, tel. 04 71 77 30 47, pizza circa € 10, lasagne € 11. Bij het plein in de oude stad, met terras. Pizza uit de houtoven, creatieve creaties.

Actief

Kanotochten – **Sportival Haut-Allier:** www.sportival43.com, eerste basis in Langeac, Quai Voltaire, tel. 04 71 77 49 80, een tweede zit in Lavoute-Chilhac. Verschillende tochten 5-22 km, kano voor dagtocht € 40, ook bungeejumpen, wandelen en raften.

Info en festiviteiten

OdT: 42, av. Victor-Hugo en place Aristide-Briand, 43300 Langeac, tel. 04 71 77 05 41, www.gorges-allier.fr.
Weekmarkt: di. en do. in de oude stad.
Rommelmarkt: 14 juli (ring rond oude stad) en 1e week aug. (Île d'Amour).
Fête de St-Gal: 1e weekend van juli, groot feest ter ere van de kerkheilige. Optocht van met de bloemen versierde wagens, folkloremuziek, vuurwerk enz.
Belle Journée: laatste weekend van juli, feest ter ere van het bezoek van generaal La Fayette.

Kanotocht op de Allier

Kanoverhuur: **Tonic Aventure:** Île d'Amour, 43300 Langeac, tel. 04 71 77 25 64, www.tonic-aventure.fr.
De Gorges de l'Allier zijn een centrum voor rafting, kajak- en kanosport, met in vrijwel elke plaats aanbieders. Net als de Lot behoort de Allier tot de wat snellere rivieren, met duidelijk meer stroming dan de Tarn (zie blz. 266). Het traject van Monistrol naar Prades behoort zelfs tot klasse III – hier wordt dan ook alleen rafting aangeboden (kenners nemen hun eigen boot mee). Vanaf Prades vaart u in twee of drie dagen omlaag naar Vieille Brioude.

Een gemakkelijke dagtocht, die in de zomer bij een lage waterstand ook met kleinere kinderen te doen is, begint in Prades en voert over 14 km terug naar Langeac. Onmisbaar zijn: zwemkleding, waterschoenen, proviand voor een picknick en niet te vergeten zonnebrandcrème. U begint in Prades op de camping beneden de rotsen met de basaltorgels en stort zich meteen in de eerste stroomversnellingen. Geen paniek, er kan eigenlijk niets verkeerd gaan. Tot St-Julien-des-Chazes kunt u zich een beetje met de techniek van het sturen vertrouwd maken!

Als de eenvoudige kapel Ste-Marie-des-Chazes opduikt, splitst de Allier zich – de rechterarm is eenvoudiger te bevaren. Dan gaat de rivier onder een brug door, waarna even later, na een ietwat moeilijk te nemen S-bocht de mooiste zwemlocatie van de route volgt – hier kunt u van een rots springen, zonnebaden en picknicken. Ter hoogte van St-Arcons splitst de Allier zich weer, hier moet u links aanhouden. Op de volgende kiezeloever kunt u nog een pauze inlassen, maar de rots daartegenover is alleen voor ervaren duikers. Geleidelijk aan wordt de rivier nu breder en trager en aan het eind van de tocht zult u zelfs moeten peddelen om vooruit te komen tot aan de basis op het Île d'Amour.

In de Cévenol langs de Allier

Langs de bochten van de Allierkloof werd vanaf 1864 een spoorverbinding door het Massif central naar de Provence aangelegd, voor een deel over bruggen, voor een deel door bochtige, uit de rotsen gehakte tunnels. Met het 'Cévenol' genaamde treintje bereikte men Nîmes vanuit Parijs in twaalf uur. Over dit tracé rijdt tegenwoordig een *train touristique;* tijdens de reis krijgt u uitleg van een gids (in het Frans) en onderweg bezoekt u verschillende musea. Vertrek in het hoogseizoen vanaf Langeac (www.train-gorges-allier.com) om 9.10 en 11.40 uur, stroomopwaarts naar Langogne; u keert terug met de reguliere SNCF-trein.

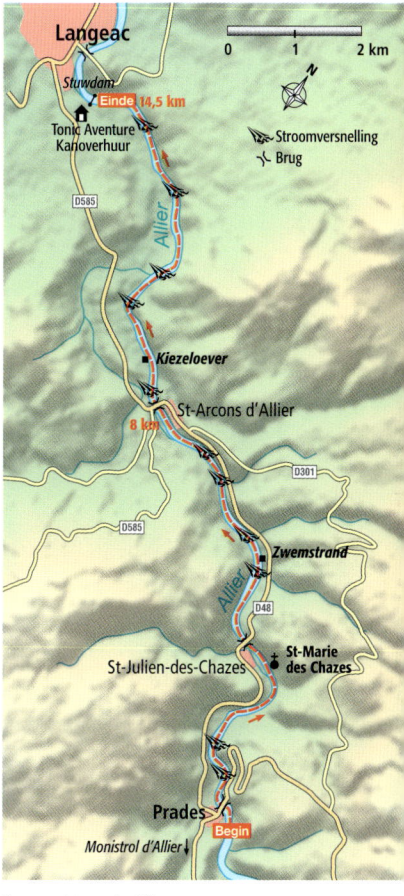

Kanotocht op de Allier

St-Arcons-d'Allier ▶ F 9

Boven het schilderachtig op een basaltheuvel gelegen dorpje St-Arcons-d'Allier rijzen een kleine romaanse kerk en een kasteel uit de 15e eeuw op die het hoogste punt van het dorp innemen. In de smalle, beklinkerde straatjes vindt u ongewoon veel gerestaureerde huizen. De harmonie in dit ensemble van hout en steen wordt door geen enkele kabel verstoord. Nog geen twintig jaar geleden was de toestand van het dorp dramatisch – er waren nog maar negentien inwoners achtergebleven. St-Arcons werd gered door een daadkrachtige burgemeester en het toerisme, in de verschijning van een van de mooiste luxehotels in Frankrijk. ▷ blz. 191

Favoriet

Romantische sfeer in Chanteuges ▶ F 9

In het Allierdal ten zuiden van Langeac ligt Chanteuges, een klein dorp met oeroude natuurstenen huizen en steile trappenstraatjes, tegen de helling. Vooral 's avonds is het mooi om door deze *calades* omhoog te klimmen naar het klooster dat boven op de heuvel troont. In de kerk ziet u mooie kapitelen en een eenvoudige romaanse kruisgang, maar de charme van de plaats wordt vooral bepaald door de romantische sfeer.

Gorges de l'Allier

Overnachten

Luxe met middeleeuwse allure – **Les Deux Abbesses**: 43300 Saint-Arcons-d'Allier, tel. 04 71 74 03 08, www.les deuxabbesses.com, 2 pk € 140-340, ontbijt € 25. Een prachtig luxehotel in enkele fraai gerestaureerde dorpshuizen en het kasteel. Waar u ook kijkt, u ziet alleen natuurstenen muren, middeleeuwse wenteltrappen en zware houten deuren. En tussen al deze romantiek wordt er ook nog op comfort en stijl gelet.

St-Julien-des-Chazes en Prades ▶ F 9

Het dorpje **St-Julien-des-Chazes** met een romaanse kerk met kamklokkentoren is kenmerkend voor het Allierdal: het donkere lavagesteente is als bouwmateriaal overal aanwezig. De piepkleine Ste-Marie-des-Chazeskerk uit de 12e eeuw staat eenzaam op de ertegenovergelegen oever van de Allier.

Bij het plaatsje **Prades** zijn op een kleine rots restanten van een burcht bewaard gebleven, verder is alles gericht op de enige levensmiddelenwinkel tot Langeac. Het zwembad op de 97 m hoge Rocher du Bac aan de oever ertegenover die aan de onderkant uit basaltorgels bestaat, is heel populair, vooral bij de gasten van de naburige camping.

Achter Prades klimt de D 48 omhoog naar het dorpje **Vergues**, waarbij u steeds weer een fantastisch uitzicht wordt vergund. Het verschil tussen dalbodem en hoogvlakte bedraagt maar liefst 200 tot 300 m. Hoog boven de plaats ligt de burchtruïne **Rochegude** als een adelaarsnest op een strategisch belangrijk punt in de kloof, met ernaast een kapel, die de wandelaars die de GR 65, het jakobspad, volgen, op hun weg passeren.

Overnachten

Midden in het bos – **Chalet de la Source**: 43300 Prades, tel. 04 71 74 02 39, www.chalet-source.com. Heel eenzaam, midden in het bos, ca. 5 min. rijden naar de dichtstbijzijnde zwemlocatie. Grote, goed ingerichte appartementen en studio's, ook kamers (Gîte d'Étape).
Camping – **Camping Les Escargots bleus**: Chemin du Breuil, 43300 Prades, tel. 04 71 74 00 41, www.lesescargots bleus.fr. Eenvoudig terrein, niet ver van de zwemplaats bij de basaltorgels, gedeeld sanitair, aangesloten bij een boerderij met ezelfokkerij (!) en een *gîte* voor wandelaars.

Eten en drinken

Boerenkeuken – **Le Pellegris**: 43300 St.-Julien-des-Chazes, tel. 04 71 74 03 91, alleen juli/ aug. open, menu € 17. Eenvoudig eethuis in de voormalige abdij van Chazes, streekgerechten.

Monistrol-d'Allier ▶ G 10

Monistrol-d'Allier ligt ingeklemd in een smal dal, waarheen de weg omlaag kronkelt. Al in de middeleeuwen was hier een oversteekplaats en ook nu nog schijnt de brug de bestaansreden van de plaats te zijn, naast de grote EDF-elektriciteitscentrale. Monistrol is daarnaast echter ook een belangrijk station voor wildwatersporters in het Allierdal; hier beginnen de raftingtochten door het klasse-III-traject van de kloof tot aan Prades.

Stroomopwaarts gaat er alleen nog een weg naar Le Pont-d'Alleyras, daarna peddelen de kajakvaarders helemaal alleen met de natuur naar het noorden; ze starten bij het kajakstation op de camping in **Chapeauroux**.

Tussen Allier en Loire

Overnachten

Kamperen – **Camping Le Vivier:** Le Bourg, 43580 Monistrol-d'Allier, tel. 04 71 57 24 14. Keurig terrein van de gemeente op de oostoever aan de D 589. Veel schaduw van hoge bomen, 47 plaatsen. **Camping Les Eaux Vives:** 48600 Chapeauroux, St-Bonnet-de-Montauroux, tel. 04 66 46 36 18. Schaduwrijke plaats aan de oever van de Allier, met kanoverhuur.

Actief

Rafting – **Tonic Rafting:** Le Bourg, 43580 Monistrol-d'Allier, tel. 04 71 57 23 90, www.raft-canyon.fr. Ervaren aanbieders van raftingtochten (ca. € 55), maar ook canyoning, avonturenparcours en mountainbiketochten.

Le Puy-en-Velay ✸ ▶ G 9

Een landschap als een reusachtig toneeldecor: drie basaltpunten van verstarde lava, en op de smalste, vrijwel loodrecht opstijgende vulkaannaald troont de piepkleine kerk St-Michel d'Aiguilhe (St-Michaël op de naald) zo'n 80 m boven de stad. Ernaast kijkt een Mariabeeld uit het Tweede Keizerrijk neer op de eerbiedwaardige kathedraal, een van de beroemste bedevaartskerken van Frankrijk.

Le Puy behoorde in de middeleeuwen tot de vier belangrijkste verzamelplaatsen van pelgrims naar Santiago de Compostela; in Le Puy begon de Via Podiensis. Bovendien is Le Puy naast Chartres een van de oudste Mariabedevaartsoorden van Frankrijk. Zes pausen en veertien koningen trokken in de loop van de eeuwen naar deze plaats. Uit alle landen stroomden de pelgrims erheen, niet in de laatste plaats ook omdat de dekplaat van een dolmen, waarop rond 420 Maria verschenen zou zijn en om de bouw van een kerk gevraagd zou hebben, zieken als wonderdoende *pierre des fièvres* ('koortssteen') genezing beloofde.

Tegenwoordig telt Le Puy ongeveer 20.000 inwoners en is de stad het bestuurs- en handelscentrum van de Velay en het departement Haute-Loire. Hij heeft echter wegens slechte bereikbaarheid economische problemen en het inwonertal loopt terug.

Place du Breuil 1

De Place du Breuil is een goed beginpunt voor een rondwandeling; rond dit grote plein aan de rand van de oude stad rijgen zich de 'officiële' gebouwen van de stad aaneen: het Palais de Justice, het departementsbestuur en de prefectuur. Het plein werd in de 19e eeuw buiten de oude stadsmuren aangelegd, die nu nog zijn terug te vinden in de ring van de de oude stad omsluitende boulevard, waaraan bioscopen, winkels, cafés en brasserieën voor levendigheid zorgen.

Place du Martouret

Via de Rue Porte-Aiguière komt u bij de Place du Martouret, met het oude Hôtel de Ville (stadhuis). Het plein is ge-

Boven Le Puy-en-Velay rijzen de Notre-Dame de France en de St-Michel d'Aiguilhe uit

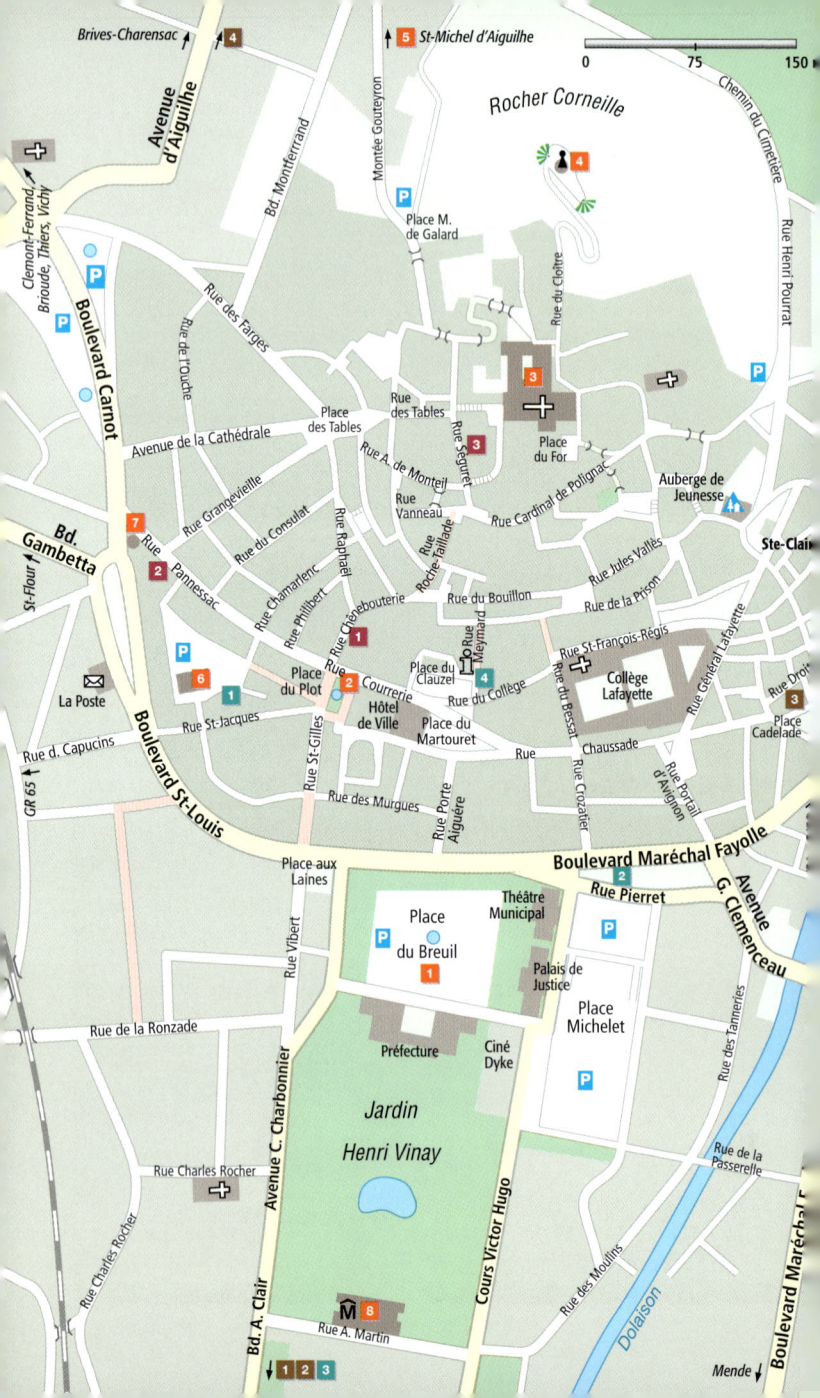

Map of Le Puy-en-Velay

Streets and Boulevards:
- Avenue d'Aiguilhe
- Boulevard Carnot
- Bd. Gambetta
- Boulevard St-Louis
- Bd. Montferrand
- Montée Gouteyron
- Chemin du Cimetière
- Rue Henri Pourrat
- Rue du Cloître
- Rue des Farges
- Rue de l'Ouche
- Avenue de la Cathédrale
- Rue des Tables
- Rue A. de Monteil
- Rue Séguret
- Rue Cardinal de Polignac
- Rue Grangevieille
- Rue Raphaël
- Rue Vanneau
- Rue Roche-Taillade
- Rue Jules Vallès
- Rue Pannessac
- Rue du Consulat
- Rue Chamarlenc
- Rue Philibert
- Rue Chênebouterie
- Rue du Bouillon
- Rue de la Prison
- Rue St-François-Régis
- Rue Meymard
- Rue Général Lafayette
- Rue Courrerie
- Rue du Collège
- Rue du Bessat
- Rue Droit
- Rue St-Jacques
- Rue St-Gilles
- Rue Porte Aiguière
- Rue des Murgues
- Rue Crozatier
- Rue Portail d'Avignon
- Rue Chaussade
- Rue d. Capucins
- GR 65
- Boulevard Maréchal Fayolle
- Rue Pierret
- Avenue G. Clemenceau
- Rue Vibert
- Avenue C. Charbonnier
- Rue de la Ronzade
- Rue Charles Rocher
- Rue des Tanneries
- Rue de la Passerelle
- Cours Victor Hugo
- Rue des Moulins
- Bd. A. Clair
- Rue A. Martin
- Boulevard Maréchal

Directions:
- ← Brives-Charensac
- ↑ St-Michel d'Aiguilhe
- Clermont-Ferrand, Brioude, Thiers, Vichy
- St-Flour
- Ste-Claire
- Mende ↓

Places and Landmarks:
- Rocher Corneille
- Place M. de Galard
- Place des Tables
- Place du For
- Auberge de Jeunesse
- Place du Plot
- Hôtel de Ville
- Place du Clauzel
- Place du Martouret
- Collège Lafayette
- Place Cadelade
- La Poste
- Place aux Laines
- Place du Breuil
- Théâtre Municipal
- Palais de Justice
- Place Michelet
- Préfecture
- Ciné Dyke
- Jardin Henri Vinay
- Dolaison

0 — 75 — 150

Le Puy-en-Velay

Bezienswaardigheden
1. Place du Breuil
2. Fontaine de Bidoire
3. Kathedraal Notre-Dame de l'Annonciation
4. Beeld Notre-Dame de France
5. St-Michel d'Aiguilhe
6. Marché Couvert
7. Tour Pannessac
8. Musée Crozatier

Overnachten
1. Hôtel Chris'tel
2. Hôtel Le Brivas
3. Hôtel Saint-Jacques
4. Camping Bouthezard

Eten en drinken
1. Tournayre
2. Le Poivrier
3. L'Âme des Poètes

Uitgaan
1. Le Médicis
2. Brasserie Le Majestic
3. Club Le Marquis
4. Café Tam-Tam

noemd naar de executies die hier vroeger plaatsvonden. In 1794 werd hier de zwarte madonna uit de kathedraal verbrand (zie blz. 70).

Place du Plot

Op het plein achter het stadhuis vindt u de **Fontaine de Bidoire** 2, de oudste fontein van de stad, uit de 13e eeuw, die later met dolfijnen en adelaars werd opgesierd. Sinds de 15e eeuw wordt hier op zaterdag de weekmarkt gehouden; brasserieën en cafés nodigen uit om iets te eten en vaak spelen hier straatmuzikanten.

Hier gaat u de **Rue Chênebouterie** in, waar enkele mooie renaissancepaleizen staan, en volgt dan de **Rue Raphaël**. De oude stad van Le Puy is een fascinerende wirwar van trappen en steile, beklinkerde straatjes, poortbogen en doorgangen. Enkele gebouwen werden in de afgelopen jaren gerenoveerd, maar vaak werd er de voorkeur aan gegeven om de van donkergrijs lavagesteente opgetrokken huizen te bepleisteren en in pastelkleuren te schilderen – u bent hier ten slotte in het zuidoosten. De Midi is niet ver meer.

Kathedraal Notre-Dame de l'Annonciation 3

Doorlopend geopend, gratis toegang

Vanaf de Place des Tables gaat het steil bergop door de Rue des Tables, een van de meest schilderachtige straten van de stad. U klimt langs souvenirwinkels en winkels met kant omhoog naar de indrukwekkende romaanse kathedraal Notre-Dame.

De aanblik van de majestueuze gevel, die hoog boven u uitrijst, heeft al ontelbaar veel pelgrims onderweg op het jakobspad aan het eind van een lange mars geïmponeerd. De kleurigheid van het gesteente, dat als een mozaïek in donkere en lichte, soms zelfs roodachtige tinten, is verwerkt, doet denken aan Byzantijns-Arabische invloeden. Een lange reeks traptreden brengt u vanuit de Rue des Tables via de Porte Dorée direct in het midden van de kerk, wat tot het gezegde heeft geleid dat men de kerk via de navel betreedt en hem weer door de oren verlaat.

Het doel van alle pelgrims is een zwarte madonna op het hoofdaltaar, onder een baldakijn in de viering, die uit de 17e eeuw stamt. In de reliekenkapel is daarentegen een kopie van het heilige beeld te zien, dat gedurende de Franse Revolutie werd verbrand. Volgens de overlevering zou koning Lodewijk IX (Lodewijk de Heilige) het originele beeld hebben meegebracht van een kruistocht uit Egypte.

Tip

Fête du Roi de l'Oiseau

In het derde weekend in september wordt elk jaar in Le Puy het Fête du Roi de l'Oiseau gevierd, een feest dat de stad een hele week lang terugbrengt in de renaissance. Iedereen, van inwoners tot honderden van heinde en verre gekomen gasten, draagt historische kostuums en gaat als bedelaar, burger, boer of edelman over straat. De restaurants serveren aangepaste menu's, straatartiesten, toneelspelers en muzikanten trekken door de stad en in de Jardin Henri-Vinay worden handwerktechnieken uit de periode gedemonstreerd. Centraal staat een op de 16e eeuw teruggaande wedstrijd, waarbij wordt vastgesteld wie de beste boogschutter van de stad is. Het programma van de drie dagen, prijzen en alles over kostuumverhuur vindt u op www.roideloiseau.com.

Kruisgang (cloître)

Juli/aug. 9-18.30, half mei tot half sept. 9-12, 14-18.30, half sept. tot half mei 9-12, 14-17 uur, toegang € 5, met korting € 3,50, onder 18 jaar gratis

Door een zijportaal bereikt u de kruisgang van het klooster, met kleurige boogstenen, geometrische motieven en fraaie driepasbogen, waarin de oosterse architectuurelementen met de romaanse een harmonische synthese aangaan: de kunsthistoricus Émile Mâle prees deze kruisgang als de 'mooiste van het christelijke Europa.' De kapitelen wekken met hun verhalende afbeeldingen van deugden en ondeugden, verdoemenis en verlossing belangstelling voor de middeleeuwse iconografie.

Notre-Dame de France [4]

Rue du Cloître, Rocher Corneille, juli/aug. 9-19.30, mei-sept. 9-19, okt.-mrt. 10-17 uur, toegang € 3

Boven de kathedraal troont op de Rocher Corneille het Mariabeeld Notre-Dame de France, dat na de Krimoorlog in 1855 van het metaal van 213 Russische kanonnen is gegoten. U bevindt zich daar ruim 130 m boven de Place du Breuil en met 755 m op het hoogste punt van Le Puy.

Ook zonder de trap binnen in het enorme beeld te beklimmen hebt u een fantastisch uitzicht rondom: beneden de kathedraal klimt de middeleeuwse oude stad tegen de helling op, terwijl het nieuwere stadsdeel zich aan de oever van de hier nog jonge Loire en de Borne uitstrekt. Helemaal in het westen is het monumentale Jozefsbeeld van Espaly op een vergelijkbare rotsnaald te zien.

St-Michel d'Aiguilhe [5]

Rue du Rocher, www.rochersaintmichel.fr, juli/aug. 9-19 uur, mei, juni, sept. 9-18.30, feb. tot half mrt. en kerstvakantie 14-17 uur, half mrt. tot eind apr., okt. tot half nov. 9.30-12, 14-17.30 uur, € 3,50, tot 14 jaar € 2

De op de 80 m hoge basaltkegel van de Rocher Aiguilhe gelegen romaanse kapel St-Michel d'Aiguilhe is via circa 270 traptreden te bereiken. Vanwege de hoge ligging is de plattegrond aan het terrein aangepast en het is moeilijk te zeggen wat men meer moet bewonderen: het kleine meesterwerk van romaanse architectuur of de bouwmeesters die het er hebben neergezet. Al voor het jaar 1000 is hier op de plaats van een Mercuriustempel een gebouw ter ere van de aartsengel opgericht. Rond 1100 werd het uitgebreid, maar het vierhoekige koor is nog afkomstig van het oorspronkelijke heiligdom.

Binnen omgeeft een zuilengalerij uit de 12e eeuw ellipsvormig het 4 x 4 m grote presbyterium uit de 10e eeuw, waarin restanten van de muurschildering (Christus en Dag des Oordeels) bewaard zijn gebleven. Bij de restauratie in 1955 werd in het altaar een reliekschrijn ontdekt die de stichter, bisschop Gothescalk, rond 950 uit Santiago de Compostela had meegebracht.

Op de terugweg kunt u nog een bezoek brengen aan de **kapel St-Clair**, die uit de 12e eeuw stamt. Deze is het laatste restant van het grote pelgrimshospitium St-Nicolas en deed ook dienst als grafkerk voor al degenen die hier aan hun inspanningen bezweken.

Marché Couvert 6

Place du Marché-Couvert

Van de kathedraal gaat u door de oude stad terug en steekt u de Rue Pannesac over, de winkelstraat van Le Puy. In de gemoderniseerde Marché Couvert, een hal van ijzeren balken uit de 19e eeuw, kunt u voor vertrek specialiteiten uit Le Puy inslaan, zoals een kruidige harde worst die jésus heet, of de verveine, een gelige ijzerhardlikeur, die als digestief wordt gedronken. Regionale rauwmelkse kazen zijn de crémeux du Puy en de velay met zijn schorsachtige gekreukelde korst. De *lentilles vertes*, de groene linzen van Le Puy, zijn beroemd.

Tour Pannessac 7

Bij het etalages kijken in de Rue Pannessac moet u ook wel even letten op de oude burgermanshuizen uit de 16e en 17e eeuw.

De Tour Pannessac aan de boulevardring is de laatste toren van een stadspoort uit de 13e eeuw, waarvan de andere toren is afgebroken. Dertien koningen van Frankrijk trokken onder deze poort door, als laatste François I om de maagd Maria van Le Puy voor zijn bevrijding uit Spaanse gevangenschap te bedanken.

Musée Crozatier 8

Jardin Henri-Vinay, tot zomer 2014 gesl., info bij het secretariaat, École Michelet, ma.-vr. 9-17 uur, tel. 04 71 06 62 40, musee.crozatier@ mairie-le-puy-en-velay.fr, toegang € 4, met korting € 2, onder 18 jaar gratis

Het Musée Crozatier aan de Jardin Henri-Vinay toont voorwerpen uit de geschiedenis en de kunst van de Velay. Opvallend is een kantverzameling met voorbeeldboeken, die het handwerk van het kantklossen aanschouwelijk maakt, dat in de 16e eeuw in deze streek opkwam. In de bloeitijd maakten hier ongeveer 10.000 kantklosters kant dat aan de vorstenhoven van Frankrijk en Europa bekend en gevraagd was.

Overnachten

Modern en vriendelijk – **Chris'tel** 1 : 15, bd Alexandre-Clair, tel. 04 71 09 95 95, www.christelhotel.com, 2 pk € 70-89, ontbijt € 9. Dit middenklassehotel (3*) vlak achter de Jardin Henri-Vinay is weliswaar al wat ouder, maar recent modern en chic in roodtinten ingericht. Er is een privéparkeerterrein en in alle kamers gratis WLAN (wifi).

Rustige locatie – **Le Brivas** 2 : 2, av. Charles-Massot, tel. 04 71 05 68 66, fax 04 71 05 65 88, www.hotel-le-brivas.com, 2 pk € 57-67, ontbijt € 9. Iets buiten de stad, in de voorstad Vals, modern en zeer rustig, met parkeerterrein en tuin, sauna en fitnessruimte.

Voor jakobspelgrims – **Saint-Jacques** 3 : 7, pl. Cadelade, tel. 04 71 07 20 40, www.hotel-saint-jacques.com, 2 pk € 56-90, pelgrimsbed ▷ blz. 200

Favoriet

Trendy Café Tam-Tam

Deze leuke café-bar aan de Place du Clauzel kijkt uit op het onlangs met waterwerken en zitgelegenheden nieuw vormgegeven plein. Tam-Tam serveert de hele dag kleine gerechten, binnen, buiten voor het dieprood geschilderde gebouw, of ook op een overdekt terras. Bezoek deze trendy ontmoetingsplaats voor jonge mensen vroeg in de avond. Het is hier dan nog niet zo druk als op de Place du Plot. **Café Tam-Tam** 4 : 8, rue Meymard, tel. 04 71 02 93 40, dag. 8-22 uur, met internet.

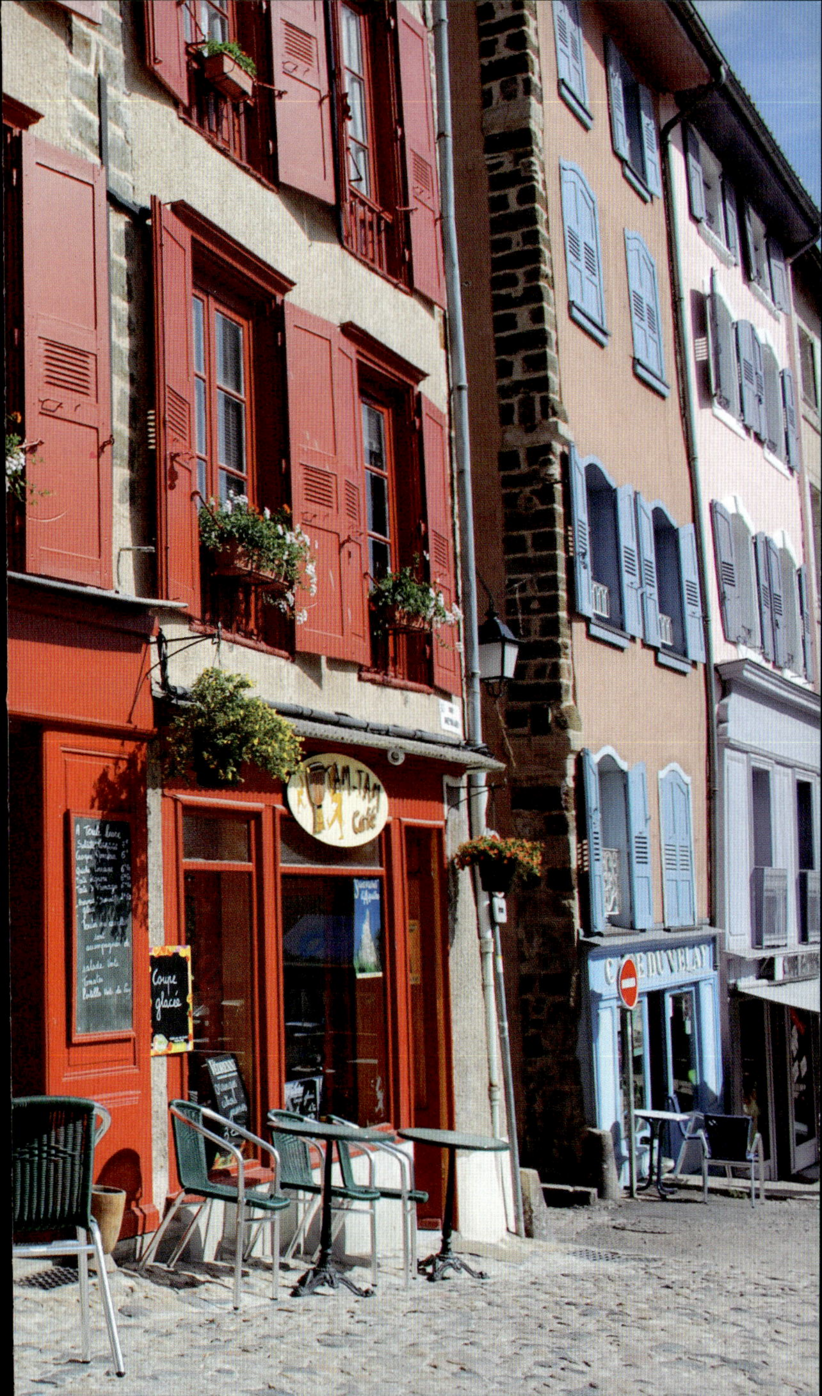
Café
DU VELAY

€38, ontbijt € 6,50. Mooi hotel (2*) in een gerenoveerd oud gebouw, aan een rustig plein, modern vormgegeven kamers, op pelgrims toegespitst. 's Zomers is het op het plein altijd gezellig druk, wat een mediterrane sfeer met zich meebrengt.
Kamperen – **Camping Bouthezard** 4 onder de Aiguilhe is niets te vinden. U kunt beter naar Brives-Charensac in het noorden: **Camping d'Audinet**, tel. 04 71 09 10 18, www.brives-charensac.fr, direct aan de Loire gelegen.

Eten en drinken

Een populaire uitgaansbuurt met brasserieën en café-bars is de **Place Cadelade** aan de oostrand van de oude stad.
Fijnproeverskeuken – **Tournayre** 1: 12, rue Chênebouterie, tel. 04 71 09 58 94, www.restaurant-tournayre.com, zo. en ma. gesl., vijf menu's €25-70, kindermenu € 12. Een goed verzorgde regionale fijnproeverskeuken in een oeroude kelder met gewelven uit de renaissance.
Modern en ambitieus – **Le Poivrier** 2: 69, rue Pannessac, tel. 04 71 02 41 30, www.lepoivrier.fr, ma. diner gesl., menu € 15 (lunch), anders € 25-46, goede salades vanaf € 10. Moderne, ambitieuze fijnproeverskeuken met mediterrane en regionale invloeden.
Rustig adres met tuin – **L'Ame des Poètes** 3: 16, rue Séguret, tel. 04 71 05 66 57, dag. 11-23 uur, buiten het seizoen ma. gesl., menu's € 12-25. Aan de voet van de kathedraal maakt dit rustige restaurant in een romantisch gebouw in de oude stad indruk met een alternatief geïnspireerde keuken waarvoor uitsluitend regionale producten worden gebruikt. Er hoort ook een mooie, rustige tuin bij.

Winkelen

Traditioneel – **Kantwerk**: aan de Rue des Tables worden in vele ateliers *dentelleries* verkocht, en kunt u toekijken hoe ze worden gemaakt.
Mode, lifestyle – **Rue Pannessac** en **Rue Chaussade** zijn de belangrijkste winkelstraten in de oude stad.
IJzerhardlikeur – **Verveine du Velay Pagès**: Saint-Germain-Laprade, tel. 04 71 03 04 11, www.verveine.com, rondleiding mrt.-dec. di.-za., juli/aug. ma.-za., 10.30, 14.30, 15.30, 16.30 uur, € 5,50. De destilleerderij van de verveinelikeur van Le Puy kunt u bezichtigen (ca. 20 km naar het oosten aan de N 88 richting St-Étienne, afrit Blavozy). Op 29, place du Breuil zit ook een winkel.

Uitgaan

Leuke bar – **Le Médicis** 1: Place du Marché-Couvert, tel. 04 71 02 50 35. Café-bar met historische ambiance aan het plein van de markthal.
Goed bier – **Brasserie Le Majestic** 2: 8, bd du Maréchal-Fayolle, tel. 04 71 09 06 30. Deze traditierijke brasserie biedt een uitstekend Elzasser bier en is ook na 21 uur nog gezellig druk.
Let's party – **Le Marquis Club** 3: Complexe Odyssée, 43370 Saint-Christophe-sur-Dolaison, vr./za. 0-5 uur. Sinds de sluiting van Le Clandestine is er geen disco meer in het centrum. Naar de Marquis (9 km) rijden echter bussen (*navettes*), tel. 06 20 00 25 99.
Internet en meer – **Café Tam-Tam** 4: zie blz. 198

Info en festiviteiten

OdT: Place du Clauzel, 43000 Le Puy, tel. 04 71 09 38 41, www.ot-lepuyenvelay.fr.

Weekmarkt: wo. en za. rond de Place du Plot.
Rommelmarkt: elke laatste zo. van de maand op de Place du Breuil.
Mariaprocessie: op 15 aug., een van de grootste van Frankrijk.
Fête du Roi de l'Oiseau: zie blz. 196

Naar de bron van de Loire

Forteresse de Polignac ▶ G 9

43000 Polignac, juni tot half sept. dag. 9-19 uur, rondleidingen 9.30, 11, 14, 15.30 en 17 uur; apr., mei, sept. di.-zo. 10-12.30, 14-18.30 uur, toegang € 5, met korting € 3,50

Al van verre biedt de burcht Polignac een fascinerende aanblik – de vroeger zo machtige vesting met haar opvallende vierkante toren ligt op een basaltplateau, dat abrupt uit de vlakte oprijst. De vrijwel onneembare burcht beleefde zijn grote tijd in de middeleeuwen, toen het geslacht Polignac hier tegen de bisschop van Le Puy en de koning streed. Maar al in de 16e eeuw, toen de Polignacs een comfortabeler kasteel bij Lavoûte aan de Loire lieten bouwen (zie onder), werd het verlaten.

Van het mooie dorp uit slingert zich een pad langs indrukwekkende muren omhoog naar de burchtruïne. Het uitzicht rondom is fantastisch: uit de nevelen in de verte rijzen in het zuiden het enorme Mariabeeld en de kathedraal van Le Puy op.

Château Lavoûte-Polignac ▶ G 9

43800 Lavoûte-sur-Loire, juli tot half sept. dag. 10-12.30, 13.30-18.30 uur, anders op afspraak, tel. 04 71 08 50 02, rondleiding juli/aug. di.-zo. 10.30, 14.30, 17.30 uur, www.lavoute-polignac.fr, toegang € 6, met korting € 3,50

De D 103 volgt de bovenloop van de Loire ten noorden van Le Puy en leidt vervolgens naar het Château de Lavoûte-Polignac, dat op een hoge uitstekende rots boven een bocht in de Loire lijkt te zweven. Het in de 16e eeuw gebouwde kasteel, met zijn twee torens met kegeldak, werd in de 19e eeuw vanbinnen gerestaureerd. Het is in empirestijl ingericht en bevat kostbare meubels en grote portretten van de adellijke familie. Het kasteel is nog altijd eigendom van de Polignacs, die al sinds het jaar 1000 als graven van de Velay worden genoemd.

Chamalières-sur-Loire ▶ Kaart 2, H 8

Deze plaats in de Gorges de la Loire bezit een interessante romaanse kerk uit de 11e-12e eeuw: de St-Gilles behoorde vroeger tot een halverwege de 9e eeuw gesticht klooster; omdat hij belangrijke relieken bezat, onder andere een spijker van het kruis van Christus, werd hij tot bedevaartsoord. Binnen maakt de Pilier des Prophètes, een wijwaterbekken met beelden van profeten uit het Oude Testament, indruk.

Aan de andere kant ligt hoog boven de oever de ruïne van het **Château d'Artias**. Daarna verlaat u bij Retournac het Loiredal en volgt u de D103 naar **Yssingeaux** (▶ H 9), een vroeger versterkte stad met stadhuis uit de 15e eeuw. Het stadje is in Frankrijk bekend omdat hier sinds 1984 de nationale hogere banketbakkersschool gevestigd is.

Gerbier de Jonc ▶ I 10

Het tweede deel van de tocht voert het hooggebergte in, naar de bron van de Loire op de Gerbier de Jonc. Via St-Julien-Chapteuil bereikt u **Moudeyres** (▶ H 10), een van de laatste dorpen, waar de daken nog traditioneel met stro zijn gedekt.

Les Estables (▶ H 10), op 1346 m hoogte, is een van de hoogstgelegen plaatsen van het Massif central – de muren van de huizen ▷ blz. 204

Op ontdekkingsreis

De pelgrimsroute van Le Puy-en-Velay

Wandelen in de sporen van middeleeuwse pelgrims – dat is tegenwoordig heel populair. Nog altijd voert deze ronduit zware route vanuit Le Puy door een grandioos natuurlandschap.

Kaart: ▶ G 9-B 11
Planning: er zijn verschillende gespecialiseerde reisgidsen en wandelkaarten beschikbaar (zie blz. 19). De interessantste trajecten voeren van Le Puy naar Saugues (via de Allierkloof) en van Espalion naar Conques (langs de Lot) – beide duren twee dagen.
Info: alle belangrijke informatie over de Via Podiensis (GR 65) vindt u op www.pelerins-compostelle.net; incl. etappes, accommodatie en een forum waarop vragen kunnen worden gesteld.

In Le Puy verzamelden sinds de 10e eeuw grote groepen mensen om te voet op weg te gaan naar het graf van de apostel Jakobus in Spanje. De pelgrimsroute door Auvergne goldt als de zwaarste van de vier grote routes door Frankrijk – maar was voor pelgrims uit het oosten korter en deed de heilige plaatsen van Maria in Le Puy en van de H. Fides in Conques aan.

Via Podiensis

De als 'Via Podiensis' bekendstaande route naar Conques was 220 km lang; tot het graf van de H. Jakobus bleven dan nog bijna 800 km over. Langs de pelgrimsroute ontstonden hospitia en herbergen, en kerken ter verering van plaatselijke heiligen, abdijen bloeiden op en met hen de beeldhouwkunst van de romaanse periode.

Het graf van de H. Jakobus was in de 9e eeuw in het afgelegen Asturië 'ontdekt': na de marteldood van de apostel konden zijn medebroeders zijn lijk aan boord van een schip brengen dat door een engel over zee werd geleid. Achthonderd jaar later vond een kluizenaar door het licht van de sterren (vandaar de naam *campus stellae* – sterrenveld) de plaats van het vermeende graf. Santiago (= Sant Jago) ontwikkelde zich tot een bedevaartsoord voor het westerse christendom, zeker toen er het ene na het andere wonder gebeurde.

In het teken van de jakobsschelp

De terugkerende pelgrims droegen op hun breedgerande hoed een jakobsschelp als teken van hun bedevaart. Al in de 12e eeuw had Santiago dezelfde status als Jerusalem en Rome bereikt. Men klaagde over overvolle kathedralen en herbergen: rond 1140 werd de eerste 'pelgrimsgids' geschreven, het *Liber Sancti Jacobi*, waarin naast een collectie legenden rond de apostel ook reisroutes en tips waren opgenomen. Een Franse geestelijke, genaamd Aimery Picaud, had het boek samengesteld, want ongevaarlijk was de pelgrimstocht niet: straatrovers en struikrovers zaaiden angst, 'slechte gastheren' en slechte herbergen maakten de reis nog moeilijker dan hij al was.

De meeste pelgrims gaven er vanwege de gevaren de voorkeur aan om in groepen te reizen; in het gunstigste geval waren ze na zes maanden weer thuis. De bedevaarten werden voor het eerst onderbroken tijdens de Honderdjarige Oorlog (14e eeuw), toen de Engelsen de wegen blokkeerden. In 1671 werden de pelgrimsreizen door Lodewijk XIV beperkt, omdat hij niet wilde dat er met zijn onderdanen ook Frans geld in vreemde landen terechtkwam.

Het paradijs voor de ogen, de hel voor de voeten

Sinds enige tijd beleeft deze traditie een opleving: sinds 1972 volgt het langeafstandspad GR 65 het jakobspad door Auvergne; sinds 1998 behoort het tot Wereldcultuurerfgoed van de UNESCO. Het eerste traject door de Velay wordt nog gekenmerkt door beboste hellingen, via Bains voert hij naar de spectaculaire Allierkloof, die bij Monistrol wordt overgestoken. Dan beginnen de boomloze Monts du Margeride; vanaf Saugues loopt u door eindeloze velden hoog over de Aubrac. Tot Nasbinal begeleiden weilanden, koeien van het aubracras en oude gebouwen van grijs, bij regen haast zwart basaltgesteente de wandeling. Pas bij de afdaling naar St-Côme d'Olt in het dal van de Lot wordt het landschap lieflijker, bossen flankeren het pad langs de rivier tot Estaing. Vanhier zijn het nog twee etappes, de laatste door een eenzaam bos, naar Conques (zie blz. 257).

zijn hier wel 1,50 m dik. Tegenwoordig is deze plaats, die vroeger van de veeteelt bestond, bekend als wintersportcentrum.

Langs de **Mont Mézenc** (1753 m) gaat het over de D36 en de D378 naar de **Gerbier de Jonc** (1551 m). Beide bergen verheffen zich slechts een klein beetje boven de hoogvlakte, maar ze vormen een belangrijke waterscheiding: enkele honderden meter verder en de Loire zou in Rhône hebben uitgemond. Er zijn hier nog nauwelijks bomen, alleen rotsen en weilanden met koeien. Bij de Loirebron verandert het eenzame berggebied zich echter in een bedrijvige toeristenbestemming – voor de Fransen is de rivier een nationaal symbool.

Voor de terugweg naar Le Puy rijdt u over de D 535 en langs **Le Monastier-sur-Gazeille** op 930 m (www.le-monastier-sur-gazeille.net). Hier begon Robert Louis Stevenson zijn wandeling door de Cevennen (zie blz. 80).

Overnachten

Gemoedelijke herberg – **Le Pré Bossu:** Moudeyres, 43150 Le Monastier-sur-Gazeille, tel. 04 71 05 10 70, www.auberge-pre-bossu.com, 2 pk € 105-140, met halfpension vanaf € 210, ontbijt € 15. Rustieke comfortabele kamers in een gemoedelijke, landelijke herberg (3*) in een bergdorp, met een verfijnde regionale keuken (Toques d'Auvergne), menu vanaf € 40). Een betoverend restaurant met natuurstenen muren en een *cantou*-schoorsteen.

Eten en drinken

Rustiek – **Auberge des Fermiers du Mézenc:** 43150 Les Estables, tel. 04 71 08 34 30. In een oude boerderij (waarvan echter alleen nog de buitenmuren overeind staan – binnen is alles nieuw) worden stevige gerechten op tafel gezet, gemaakt van producten uit de regio (worsten, rundvlees met le-puylinzen, kaas, kwark met honing, kastanjetaart), ook verkoop.

Montagne de la Margeride

In het westen grenzen de Margeridehoogvlakten aan de Allierkloof. Ze komen ongeveer overeen met het noordelijke deel van de historische provincie Gévaudan; de Allier was ooit de grens met het graafschap Velay (zie blz. 172).

Saugues ▶ F 10

Centrum van de Margerideregio is het drukke stadje Saugues met zijn vele winkels en souvenirwinkels. Boven de plaats uit verheft zich de **Tour des Anglais** (Rue de Gallard), een machtige, vierhoekige toren met weererkers, het enige wat resteert van een burcht die in 1788 afbrandde en daarna werd gesloopt om met de stenen huizen in de plaats te bouwen. De donjon is het opvallendste voorbeeld van middeleeuwse verdedigingsarchitectuur in Auvergne. Als een kroon zitten de kraagstenen van de weergang op het dak. De toren is genoemd naar een groep ontslagen huursoldaten die na de Honderdjarige Oorlog tussen Engeland en Frankrijk rovend rondtrokken en in 1362 de burcht veroverden. Ondanks een lange belegering door koninklijke troepen konden de graven van Auvergne de rovers alleen door hen geld aan te bieden kwijtraken. Boven hebt u een schitterend uitzicht rondom op de boomloze heuvels van de Margeridehoogvlakten (juli/aug. dag. 10-12, 14.30-18.30 uur, toegang € 4, kinderen € 2).

Ertegenover herinnert het **Musée de la Bête du Gévaudan** aan een door gruwelverhalen omgeven wolf die tussen 1764 en 1767 zo'n honderd mensen zou hebben gedood (15 juni-15 sept. dag. 10-12, 14.30-18.30 uur, toegang € 5, kinderen € 3).

In de gotische **St-Médardkerk** aan het marktplein (Place Abbé-François-Fabre) is een Mariabeeld uit de 12e eeuw te zien. De **Chapelle des Pénitents Blancs** (Place Saint-Noël-Chabanel) is het doel van een processie van witte boetelingen die op de avond van Witte Donderdag bij fakkellicht wordt gehouden.

Overnachten

Stadshotel – **Hôtel la Terrasse:** Route du Puy (D 589), tel. 04 71 77 83 10, www.hotellaterrasse-saugues.com, 2 pk € 75, 3 pk € 100, menu's € 25-70. Een prettig hotel, modern ingericht, met een goed restaurant.

Info en festiviteiten

OdT: 43170 Sauges, tel. 04 71 77 84 46, fax 04 71 77 66 40.
Weekmarkt: vr.; fruit, groenten en specialiteiten uit Gévaudan.

Mont Mouchet ▶ E 9/10

De bosrijke Margeridehoogvlakte met een gemiddelde hoogte van 1300 m strekt zich uit van het Allierdal in het oosten tot de hoogvlakte van Aubrac in het westen. Het hoogste punt ligt in het zuiden bij de Signal de Randon (1551 m). De Mont Mouchet (1465 m) in de uitgestrekte bossen in het noordelijke deel staat symbool voor het verzet tegen de Duitse bezetting (zie blz. 78).

Naast het **Monument National aux Maquis de France,** waarvoor al op 20 mei 1945 de eerste steen werd gelegd, staat het **Musée de la Résistance,** een interessant museum over de geschiedenis van het verzet en de collaboratie in Auvergne (mei tot eind sept. dag. 10-12.30, 14-18 uur, mei, juni en sept. ma. gesl., toegang € 5, kinderen en scholieren € 2, www.resistance-mont-mouchet.com).

Écomusée de la Margeride

Een van de plaatsen die bij de gevechten voor de bevrijding in 1944 door de Duitsers is platgebrand en met de executie van gijzelaars is bestraft, was **Ruynes-en-Margeride** (▶ E 9). Daar werd in een middeleeuwse verdedigingstoren het centrum van het Écomusée de la Margeride geopend, waartoe eveneens de **Ferme Pierre Allègre** (een boerderij in Loubaresse, ▶ E 10), het **Domaine de Longevialle** (tentoonstelling over het Garabitviaduct) en de **École de Clémence Fontille** (een schooltje in Signalauze) behoren (juni-sept. 14-18 uur, toegang elk € 4, met korting € 3, kinderen € 2).

Overnachten

Rustieke allure – **Auberge de la Pagnoune:** 15320 Loubaresse, tel. 04 71 73 74 69, www.aubergelapagnoune.com, 2 pk € 52-65, ontbijt € 8, met halfpension € 112. Een mooie oude hoeve te midden van de weilanden boven Loubaresse. Zeven rustieke, vriendelijke kamers, ingericht met antiek. Er hoort een mooi restaurant bij waar regionale gerechten worden geserveerd.

IN EEN OOGOPSLAG

De Cantal

Hoogtepunten ✷

Monts du Cantal: de twee hoogste toppen van het Cantalgebergte bieden prachtig uitzicht op de groene weiden van de *hautes terres,* een wereld voor wandelaars en marmotten. De Plomb du Cantal is per kabelbaan toegankelijk, voor de Puy Mary moet u een halfuur klimmen vanaf de pas. Zie blz. 220.

Salers: de meest karakteristieke stad van de Cantal, volledig opgetrokken uit het zwarte vulkaangesteente van de regio. Hier is alles nog als vierhonderd jaar geleden en daarom mag Salers de titel dragen van een van de 'mooiste dorpen van Frankrijk.' Zie blz. 226.

Op ontdekkingsreis

Leven in de Hautes Terres: het leven in het 'Opper-Auvergne' van het Cantalmassief in het Musée de la Haute-Auvergne in St-Flour vastgelegd. Zie blz. 212.

Het leven in de Hautes Terres

Bezienswaardigheden

St-Flour: de bovenstad troont schilderachtig op een basaltplateau, aan de voet van een zwarte kathedraal. Zie blz. 209.

Château d'Anjony: de burcht met zijn vier ronde torens en een schitterende renaissance-inrichting is een symbool van Auvergne. Zie blz. 229.

Actief en creatief

Te voet St-Flour rond: een kleine wandeling vol betoverende uitzichten op de versterkte bovenstad. Zie blz. 211.

De burons op de Puy Violent: van Salers klimt u omhoog naar de almen, naar de salersrunderen en de stenen hutten, waar in de zomer cantalkaas wordt gemaakt. Zie blz. 228.

Wandeling op de Route des Crêtes: Van Aurillac wandelt u over de bergketen boven de Jordanne naar het pittoreske dorpje St-Simon. Zie blz. 234.

Sfeervol genieten

Rommelmarkt in Allanche: dit stadje organiseert in augustus een bezienswaardige Foire Brocante. Zie blz. 219.

Le Col d'Aulac: een door een familie geleid restaurant met echte Cantalkeuken, dat op 1230 m hoogte bij de afrit naar Vallée du Mars ligt. Mooi panorama van de Cantaltoppen.
Zie blz. 224.

Festival de Théâtre de Rue in Aurillac: bij het festival van het straattheater ontmoeten acrobaten uit heel Europa elkaar en maken van de stad een reusachtig openluchttheater. Zie blz. 237.

Uitgaan

Le Bateau Lavoir: in Aurillac behoort clubbing zelfs weer tot de mogelijkheden. Tot 23 uur kunt u aan de rivier eten en dan de dansvloer opzoeken. Zie blz. 234.

Het hoogland van Auvergne

Het huidige departement Cantal omvat grote delen van Haute-Auvergne en is daarmee het ware hart van het Massif central. Op sappige, groene weiden staan harige, dieprode runderen en zelfs midden in de zomer waait er een koele wind over de passen. Men hecht hier aan tradities, ook al heeft het moderne leven zijn intrede gedaan. Boven alles uit rijst de Plomb du Cantal, die een restant vormt van wat ooit de grootste vulkaan van Europa was. De Monts du Cantal worden doorsneden door straalvormig verlopende dalen, die elk een eigen karakter bezitten. Kleine stadjes van grijs gesteente, zoals Murat, Riom-ès-Montagne, Salers en Vic-sur-Cère waken over deze dalen die ook belangrijke verkeersaders zijn.

De plateaus tussen de dalen, gecreëerd door gloeiende lavamassa's, heten hier *planèzes*. Op deze hoogvlakten met vruchtbare vulkanische grond wordt al eeuwen landbouw bedreven, veeteelt op de hogere en groenteteelt op de lagere delen. Op de uitloper van zo'n *planèze* ligt de bovenstad van St-Flour die trots op het oosten gericht is.

Het eenzame dal van de Truyère, die met verschillende stuwmeren zijn bijdrage levert aan de productie van groene stroom in Frankrijk, loopt naar het zuiden. Met het thermenbad Chaudes-Aigues begint de weidse hoogvlakte van de Aubrac (zie blz. 241), die al tot het departement Ayveron behoort. Daarna gaat het omhoog naar de toppen van de Cantal, de Puy Mary en de Plomb du Cantal. Zijwegen door de dalen voeren over het Cézallierplateau naar Allanche en Riom-ès-Montagne of westelijk naar Salers, de mooiste stad van de Cantal. Aurillac, in het alluviaalbekken van de Cère, is hoofdstad van de Cantal en universiteitsstad – een levendige plaats die in augustus een in heel Europa beroemd straattheaterfestival organiseert. De route loopt dan via de bossen van de Chataigneraie naar het dal van de Lot.

INFO

Internet en informatiecentrum

Département Cantal: www.cantaltourisme.fr; ook informatief en nuttig: www.cantal-nature.com (beide alleen in het Frans).
Regionaal park Vulkanen van Auvergne: www.parc-volcans-auvergne.com; infocentrum in de Cantal: Maison de la Faune, Murat, zie blz. 217.

Heenreis en vervoer

St-Flour is via de **snelweg A 75** goed te bereiken. Ook de doorgaande weg naar Aurillac over Route Nationale N 122 (vanaf Massiac) is ondanks grote hoogteverschillen goed te berijden. In de bergen rijdt u echter wel over bochtige wegen en moet u een flinke buffer in de tijdsplanning inbouwen.
Voorrangsregels: in de zomer zorgen de vele campers op de weg voor een extra probleem, omdat veel wegen te smal zijn voor twee brede voertuigen. In zo'n geval moet de auto die bergop rijdt, achteruit.
Luchthaven: de luchtvaartmaatschappij Airlinair vliegt op zo.-vr. vanuit Parijs Orly op *Aéroport Aurillac Tronquières* (airlinair.com).

St-Flour en de kathedraal St-Pierre

St-Flour ▶ D 9

De bovenstad van St-Flour troont schilderachtig op een steil naar het dal van de Ander aflopend basaltplateau, dat naar het westen oploopt richting het Cantalmassief. Daar worden tegenwoordig weer steeds meer *lentilles blondes* van St-Flour, een oude linzensoort, verbouwd. Het stadje is na Aurillac het op een na grootste van de Cantal en telt zo'n 7500 inwoners. Aan de beroemdste, de in het naburige Montboudif geboren vroegere president Georges Pompidou, herinnert een monument op het uitgestrekte plein aan de Allée Pompidou. Van de moderne benedenstad in het dal van de Ander kijkt u omhoog naar de bovenstad op een oude vulkanische lavatong, bekroond door de twee kenmerkende, rechthoekige torens van de kathedraal. Het donkere basalt kenmerkt ook de stad, want de meeste oude gebouwen zijn ervan gebouwd.

De bovenstad

De Rue des Lacs, de drukke hoofdstraat, doorkruist de nog middeleeuws aandoende bovenstad en loopt naar het centrale plein, de Place d'Armes. Omdat er in St-Flour bijzonder veel winkels met regionale producten zijn, kunt u hier op zoek gaan naar een souvenir. De Rue Marchande, Rue du Breuil en Rue Sorel maken bovendien indruk met hun prachtige gevels van het zwarte, vulkanische basaltsteen.

Op de Place d'Armes

Alle straten komen uit op de Place d'Armes, die in het Occitaanse dialect nog altijd Grant Plassa wordt genoemd.

St-Flour

Bezienswaardigheden
1. Kathedraal St-Pierre
2. Musée de la Haute-Auvergne
3. Musée Alfred-Douet
4. Terrasse des Roches
5. Porte des Roches
6. Porte du Thuile
7. La Main de Saint-Flour
8. Pont Vieux
9. Calvaire
10. Monument voor Georges Pompidou
11. Basaltorgels

Overnachten
1. Auberge de la Providence
2. Grand Hôtel de l'Europe
3. Le Ruisselet
4. Camping des Orgues
5. Camping La Roche Murat

Eten en drinken
1. Le Médiéval
2. Chez Geneviève

Winkelen
1. Maison Cathelat

Uitgaan
1. Bar des Arcades

De enorme gotische **kathedraal St-Pierre** 1, in 1400-1466 gebouwd, doet eerder denken aan een militair dan aan een religieus bouwwerk. Het weerbare uiterlijk geeft duidelijk aan dat hij is ontstaan in de periode van de Honderdjarige Oorlog en de Engels-Gasconse roversbenden, toen St-Flour in het fel betwiste grensgebied van groot strategisch belang was. Ook tijdens de Godsdienstoorlogen slaagden de protestanten er ondanks verscheidene belegeringen niet in de stad in te nemen. Oorspronkelijk had de kerk vier torens, waarvan er echter twee in de 19e eeuw werden gesloopt. Beroemd is ook de Bon Dieu Noir, een zwart Christusbeeld uit de 13e eeuw, waarvan de herkomst en de beschildering altijd in mysteriën gehuld bleven. In het voormalige bisschoppelijk paleis naast de kerk is het **Musée de la Haute-Auvergne** 2 ondergebracht (zie blz. 212).

Het Maison des Consuls met het **Musée Alfred-Douet** 3 ligt eveneens aan de Place d'Armes en is door zijn renaissancegevel van de overige, grotendeels nog gotische huizen te onderscheiden. In het museum zijn de Salle Consulaire en de Salle des Gardes, de bibliotheek, meubilair en wandtapijten te bezichtigen (www.musee-douet.com, dag. 9-12, 14-18 uur, okt. tot apr. zo. gesl., toegang € 3,50, 10-18 jaar € 1,80).

Achter het Huis van de Consuls biedt het **Terrasse des Roches** 4, een uitzichtterras op de stadsmuur, een adembenemend uitzicht op de benedenstad, het dal van de Ander en de Margeridehoogvlakten.

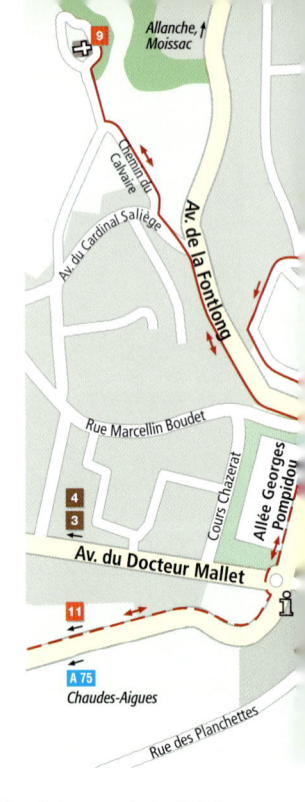

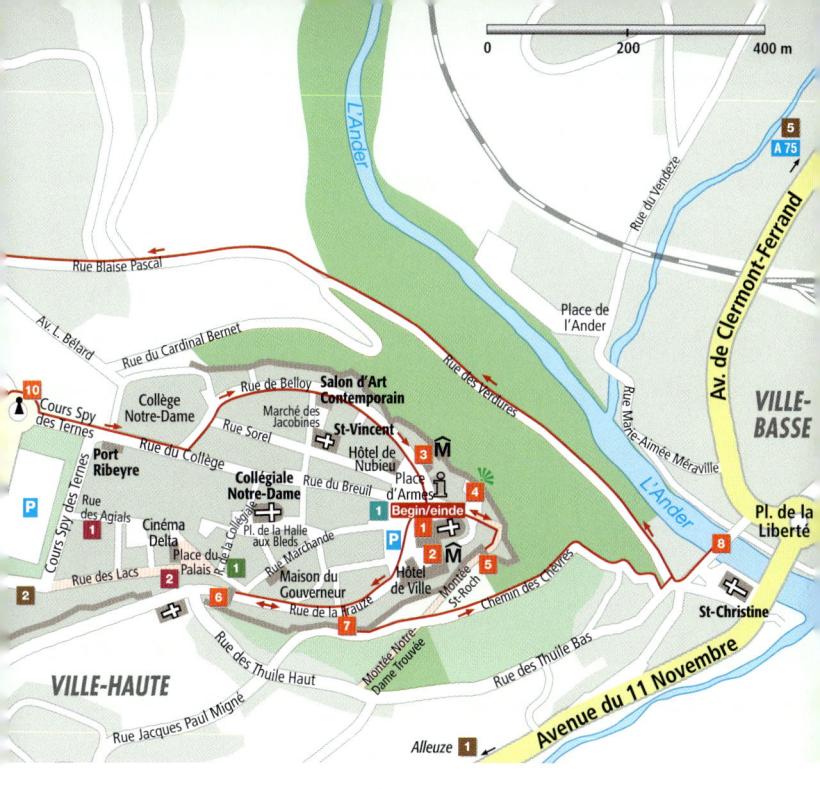

Te voet rond de bovenstad

Tijdens een wandeling kunt u rond de indrukwekkende verdedigingswerken van St-Flour lopen – de route brengt u in de benedenstad, langs de Ander, naar een kapel uit Merovingische tijd en ten slotte weer in de bovenstad. Van de Place d'Armes gaat het eerst naar de **Porte des Roches** 5 achter de kathedraal, een van de twee bewaard gebleven stadspoorten (hier is zelfs nog het valhek intact!). U zou nu kunnen doorsteken, maar het is beter om terug te gaan en door de,Rue de la Frauze, met zijn eerbiedwaardige stenen huizen uit de renaissance, naar de **Porte du Thuile** 6 te lopen, de voormalige hoofdpoort van de stad. Nog altijd kunnen hier alleen tweewielers doorheen, om de oude bestrating in stand te houden. Net als de kathedraal stammen de muren en de poorten uit de 14e/15e eeuw, toen Saint-Flour bisschopsstad en hoofdstad van Haute-Auvergne was geworden.

Op de terugweg van de kathedraal opent zich aan uw rechterhand een smalle poort, waardoor men door een nauwe rotsspleet ook de stad kon verlaten. Hij wordt **La Main de Saint-Flour** 7 genoemd, omdat de Heilige Florus hem met eigen hand zou hebben gecreëerd om op de vlucht voor de Keltische barbaren de stad binnen te komen. Over de **Chemin des Chèvres** (geitenpad) gaat u nu de steile helling af de benedenstad in, steeds met mooi uitzicht op het dal van de Ander. Over de rivier ligt naast de nieuwe brug de **Pont Vieux** 8 uit de ▷ blz. 214

Op ontdekkingsreis

Leven in de Hautes Terres

In de dalen van de Cantal was het leven altijd zwaar, een voortdurende strijd tegen kou, sneeuw en honger in de winter, en hard werken in de zomer. Een museum in St-Flour bewaart herinneringen aan het boerenleven hier, en een oude kaasmakershut, bij het 25 km verderop gelegen Murat, documenteert dit typische almambacht.

Kaart: ▶ D 9
Musée de la Haute-Auvergne: St-Flour, Place d'Armes, dag. 9-12, 14-18, okt.-apr. tot 17 uur, zo. en di. gesl., toegang € 3,50, 10-18 jaar € 1,80.

Maison du Buronnier: Fraisse-Haut, Laveissière, juli/aug. 10-12.30, 14.30-19 uur, half mei tot eind sept. alleen 14-18 uur, di. gesl.

In de dalen van de Cantal leefde men vijftig jaar geleden nog aan de rand van de wereld, nog altijd heten hier veel cafés 'Bout du Monde.' Toen er nog geen asfaltwegen door de dalen, laat staan over de bergen liepen, moesten de mensen het doen met wat ze zelf produceerden: de productie en verwerking van hout, wol, melk, graan en varkensvlees bepaalde de dagelijkse gang van zaken. Het **Museum van Haute-Auvergne** in

St-Flour probeert de herinnering aan deze tijd levend te houden.

Het werd in 1968 ingericht in het voormalige, sinds 1802 door de secularisering verlaten bisschoppelijk paleis, direct naast de kathedraal. Naast religieuze kunst (houten beelden, schilderijen, enz.) en Gallo-Romeinse vondsten, toont het vooral het traditionele leven in de streek: kaasproductie (cantal, salers), meubels met houtsnijwerk, muziekinstrumenten (draailier en doedelzak) en kledendracht.

Leven in de buron

Op de benedenverdieping van de zijvleugel, achter de zalen voor bijzondere tentoonstellingen, is een volledig ingerichte buronhut nagebouwd. Zo werden in de Cantal de eenvoudige natuurstenen berghutten genoemd, waarin vroeger de *buronniers* de zomer hoog op de almen bij de herders doorbrachten. Daar maakten ze van de verse koeienmelk direct cantal of salerskazen.

In de museumburon ziet u de houten gereedschappen, de koperen ketels en de houten kuipen, waarin de melk tot kaas werd gemaakt, en de grote persen om de resterende wei uit de enorme cantalkazen te drukken. De buronniers woonden er direct naast, tussen de *cantou*, een grote, open schoorsteen, en de ruwe houten tafel waaraan al het werk werd gedaan en ook de maaltijden werden gebruikt. Vanwege het ruwe klimaat waren de vensters zeer klein, waardoor het binnen donker was. Bovendien zagen de muren en de vloer door het voortdurend smeulende vuur van gedroogde koemest zwart van de roet.

Feestvieren met cabrette en vielle

De interessantste afdeling op de tweede verdieping is gewijd aan muziekinstrumenten en kledendracht. Behalve de *vielle à roue* (draailier, zie blz. 103) was de *cabrette* het instrument van de volksmuziek in Auvergne: de echt Keltische doedelzak (*cornemuse*) kreeg die naam vanwege het voor de luchtzak gebruikte geitenleer (Lat.: *capra, tsabre* in het Auvernhat). In de 18e eeuw was de cabrette het meest gebruikte instrument op alle feesten in de Cantal.

Feestklederdracht en kanten mutsen herinneren eraan dat het leven niet alleen uit hard werken bestond. Jammer genoeg ontbreken voorbeelden van de dagelijkse kleding, de traditionele, indigo werkkleding van vast dril (stevig linnen) is alleen nog op foto's te zien.

Een oude kaasmakerij

Wie meer over de praktische kanten van het leven in de buron wil weten, rijdt naar **Laveissière** (▶ C 9), tussen Murat en Le Lioran, waar een oude kaasmakershut museaal is heringericht. Een diapresentatie toont stap voor stap hoe de kaasmakerij op de *hautes terres* in zijn werk ging. En na afloop kunt u de echte cantal uit de bergen proeven, die dankzij de bijzondere hooglandmelk heel kruidig is en bovendien lang houdbaar.

vroege middeleeuwen, tegenwoordig een weinig gebruikte voetgangersbrug.

Aan de westoever van de Ander gaat de Rue des Verdures beneden langs de zo indrukwekkende, door de torens van de kathedraal bekroonde steile wand helemaal de bovenstad rond. U loopt in ongeveer een halfuur naar de **Calvaire** 9 aan de westzijde van de stad. De kleine kapel zou nog in de Merovingische tijd (6e eeuw) zijn gesticht, tijdens de Honderdjarige Oorlog werd hij als voorpost van de stad versterkt en in de 19e eeuw gereconstrueerd. Van boven hebt u een schitterend uitzicht over Saint-Flour en de Planèzevlakte.

Op de terugweg passeert u het moderne **monument voor Georges Pompidou** 10, de vroegere president van Frankrijk, en kunt u door de Rue de Belloy met zijn historische huizen weer het kathedraalplein bereiken. U kunt ook een omweg maken naar de '**orgels**' 11 van St-Flour. De door erosie blootgelegde basaltzuilen langs de weg naar de stad zijn door opwellend magma ontstaan in de tijd van het actieve vulkanisme in Auvergne.

Overnachten

Authentiek – **Auberge de la Providence** 1: 1, rue du Château-d'Alleuze, tel. 04 71 60 12 05, www.auberge-providence.com, 2 pk € 65-85, ontbijt € 10, menu € 20-28. Een leuke, traditionele, echt landelijke herberg (3*) in de benedenstad, aan de weg naar Alleuze. De kamers zijn nogal bloemrijk, maar wel licht en vriendelijk. Restaurant met regionale specialiteiten.

Charmant ouderwets – **Grand Hôtel de l'Europe** 2: 12-13, Cours Spy-des-Ternes, tel. 04 71 60 03 64 www. saint-flour-europe.com, 2 pk € 51-75, ontbijt € 9, menu's € 20 tot 35. Een groot hotel uit de 19e eeuw bij de ingang naar de bovenstad (2*). Ietwat ouderwetse, maar vriendelijke kamers met een mooi uitzicht op het land. Restaurant met regionale keuken.

Op de boerderij – **Ferme-Auberge Le Ruisselet** 3: Mazérat, 15100 Roffiac (4 km), tel. 04 71 60 11 33, www. ferme-le-ruisselet.com, apt. € 380/week, 2 pk/ avondeten € 38 p.p. Een echte boerderij, met een appartement, vier tweepersoonskamers en 18 slaapplaatsen in de wandelhut. Er is ook een kampeerterrein met vijftien plaatsen. Bovendien worden hier producten van de eigen boerderij verkocht.

Camping – **Camping des Orgues** 4: Avenue du Dr-Mallet, tel. 04 71 60 44 01. Eenvoudig terrein, vlak bij de stad, ten westen van de bovenstad. Alternatief: de camping **La Roche Murat** 5: tel. 04 71 60 43 63, www.camping-saint-flour. com, die echter ver buiten de plaats aan de noordelijke oprit van de A 75 ligt.

Eten en drinken

Aan de **Rue des Lacs,** de hoofdstraat in de bovenstad, rijgen zich eethuizen, pizzeria's en crêperies aaneen.

Met muziek – **Le Médiéval** 1: 4, rue des Agials, tel. 04 71 60 30 86, www.res taurantlemedieval.fr, ma.-za. 12-14, 19-22 uur, wo. en do. diner gesl., salades vanaf € 8,50, menu € 13. Rustig gelegen, authentiek eethuis met brasseriekeuken, terras aan de straat en op de binnenplaats. Elke maand een *dîner spectacle* met muziek en chansons.

Leuk eethuisje – **Chez Geneviève** 2: In de bovenstad, 25, rue des Lacs, tel. 04 71 60 17 97, salades vanaf € 11, menu € 20. Mooi ingericht, voor een deel modern en voor een deel met souvenirs uit Auvergne. Goed bereide specialiteiten uit de streek, ook met de 'blonde' linzen van St-Flour.

Winkelen

Regionale producten – **Maison Cathelat** 1 : 17, rue de la Collégiale. Kaas, wijn, likeur, vleeswaren.

Actief

Mountainbiken – Vanuit St-Flour of Ruynes-en-Margeride gaan er zo'n 260 km bewegwijzerde fietstochten, info bij het OdT.
Stadsrondleidingen – **Visite guidée:** di. 15 uur vanaf het toeristenbureau, 3 uur, € 5, **visite nocturne** do. 20.30 uur, 2 uur, € 5.

Uitgaan

Op zaterdag livemuziek – **Bar des Arcades** 1 : 7, place d'Armes, tel. 04 71 60 11 25, www.hoteldesroches.net, gesl. zo. na 15.30 uur, menu € 17 en € 30. De bar van het Hôtel des Rochers onder de arcaden aan het centrale plein is een populair ontmoetingspunt, vooral als er livemuziek is (meestal za. avond). Goede Cantalkeuken, ruime salades (vanaf € 11). Soms karaoke.

Info en festiviteiten

OdT: Place d'Armes, 15100 St-Flour, tel. 04 71 60 22 50, www.saint-flour.com. www.saint-flour.fr, www.pays-saint-flour.fr
Weekmarkt: za. ochtend in de bovenstad, di. in de benedenstad.
Rommelmarkt: juli/aug. wo. de hele dag op de Place d'Armes.
Festival des Hautes Terres: 3e week van juni, met plaatselijke en internationale muziekgroepen en producentenmarkt in de straten van de bovenstad, info: www.festivalhautesterres.fr.
Festa del Païs: begin aug. in de Allées Pompidou, zie Tip.
Nocturnes d'Alleuze: eind juli/eerste helft aug., zie hieronder.

Château d'Alleuze ▶ D 10
15100 Alleuze
De burchtruïne ligt 18 km ten zuiden van St-Flour op een schiereiland in het Truyèrestuwmeer – voor de Barrage de Grandval werd aangelegd, verhief hij zich op een rotspunt, hoog boven de kloof. In 1405 verwoestten woedende burgers uit St-Flour het roofriddernest, waarvan alleen de door vier ronde hoektorens geflankeerde donjon – als ruïne – bewaard bleef.

In augustus is de ruïne enkele dagen het toneel van de **Nocturnes d'Alleuze**, een nachtelijke rondleiding rond de geschiedenis van de burcht. Kaarten (toegang en busrit) verkrijgbaar bij het OdT van St-Flour, Aurillac en Chaudes-Aigues, toegang € 6, kinderen 6-12 jaar € 3; warme kleding, stevige schoenen en zaklantaarn meenemen!

Tip

Het Festa del Païs

Wie de boerentradities van Auvergne wil meemaken, moet begin augustus naar het Festa del Païs in St-Flour gaan. Het is een echte boerenjaarmarkt, waarop producten, zwaar landbouwgereedschap en vee worden gepresenteerd. Daarnaast is er een markt voor kunstnijverheid, optredens, proeverijen van regionale producten en demonstraties van landbouwproductie – en een heleboel levensechte, charmante Auvergnards. Het gaat er nog authentieker aan toe als er geen toeristen meer zijn, op de paardenmarkt eind april en op de veemarkt begin oktober.

De Cantal

Viaduc de Garabit ▶ E 10
15100 Anglards-de-Saint-Flour

De ragfijne, tegenwoordig rozerood geschilderde constructie van het Viaduc de Garabit over de Truyère, een van de meesterwerken van de ijzerarchitectuur, is vanaf 1881 door Gustave Eiffel gebouwd, die enkele jaren later met zijn toren in Parijs beroemd zou worden. Het ligt over de door de Barrage de Grandval opgestuwde Truyère, maar wordt inmiddels door de iets oostelijker gelegen betonnen brug van de A75 in de schaduw gesteld.

De brug is 564 m lang, zijn grote middenboog heeft een spanwijdte van 165 m, en er werd 3169 ton ijzer in verwerkt. De hoogte van de brug is echter sinds de aanleg van de stuwdam optisch afgenomen: hij komt nu nog maar 95 m boven het water uit. Oorspronkelijk was dat 122,20 m, wat ten tijde van de bouw een wereldrecord was. Van de aanlegsteiger aan de D909 beginnen rondvaarten: www.garabit-bateaux.com, vertrek om 11, 14.30, 16, 17 en 18 uur; het wordt aanbevolen om minstens drie dagen van tevoren te reserveren.

> ## Tip
>
> ### Herberg met charme
> De Auberge du Pont-de-Lanau is een traditionele herberg, zo'n 4 km ten noorden van Chaudes-Aigues (D13, D921). In een rustieke omgeving worden hier uitstekende Franse gerechten geserveerd, van producten uit Auvergne, bijv. gegrilde lamsfilet met truffelsaus en gratin dauphinois.
> **Auberge du Pont-de-Lanau:** 15260 Neuvéglise, tel. 04 71 20 31 41, www.aubergedelanau.com. 2 pk € 65-85, suite € 180, ontbijt € 8, menu lunch € 15, diner € 24-45.

Over de D 13 bereikt u de **Belvédère de Mallet** nog een keer aan de oever van het meer, dan verwijdert de weg zich weer van de Truyère.

Chaudes-Aigues ▶ D 10

In een smal dal strekt dit rustige kuuroord, met zijn gebouwen uit de belle époque zich uit langs het riviertje de Remontalou; Souvenirwinkels en eethuizen flankeren de straten. Chaudes-Aigues, midden in een landelijk-eenzaam landschap gelegen, is het kuuroord met de heetste bronnen van Europa. Het water komt hier op 82 °C uit de grond – onder meer uit de **Source du Par**, die midden in de plaats dampend in een kleine fontein klatert.

In de zomer wordt het hete water uitsluitend voor de kuurbaden gebruikt (tegen artritis en rheuma). In de winter worden met de vulkanische warmte van de hete bronnen via een kanalenstelsel zelfs 150 huizen verwarmd. Het kleine **Musée de la Géothermie**, boven in de oude stad laat de samenhang zien (5, quartier du Par, juli/aug. dag. 10-18.30, juni, sept. dag. 10-12, 14-18.30 uur, toegang € 5).

Overnachten

Nouveau chic – **Les Portes de l'Aubrac:** 21, av. Georges Pompidou, tel. 04 71 23 51 18, portes.de.laubrac@wanadoo.fr, 2 pk € 50-75, ontbijt € 8, menu vanaf € 18. Een gerenoveerd jaren-zestiggebouw aan de hoofdweg (2*), vriendelijke, lichte, modern ingerichte kamers, met uitzicht op het riviertje. Met restaurant (regionale keuken).

Camping – **Le Chateau Du Couffour:** tel. 04 71 23 57 08. Eenvoudig terrein, 2 km buiten de stad, aan de D921 richting Rodez; met voetbalveld en tennisbaan en het **sterrenrestaurant Serge Viera** (www.sergevieira.com).

Info

OdT: 1, av. G.-Pompidou, 15110 Chaudes-Aigues, tel. 04 71 23 52 75, www.chaudesaigues.com, met tips over de regio Aubrac, zie blz. 241.

Massiac ▶ E 8

Het stadje aan de uitgang van de Alagnonkloof is historisch van belang, omdat hier de oude handelswegen van Auvergne, vanuit Aurillac, St-Flour en Clermont, elkaar kruisen. Nu ligt de plaats direct aan de A 75 en is daarom eerder als doorreisetappe geschikt.

Aan de gezellige doorgaande weg zijn in enkele winkels specialiteiten uit Auvergne te koop, terwijl in het centrum een oud vakwerkhuis uit de 17e eeuw en het kasteel van de Seigneur d'Espinchal (nu Hôtel de Ville) te bezichtigen zijn. Van de oude muren is alleen een ronde toren bewaard gebleven. In Massiac hebt u overigens de meeste kans om Auvernhat (Occitaans) te horen spreken, want de inwoners houden hier vast aan de traditie, vooral tijdens het *Feira delhs Palhas,* eind oktober.

Een mooi uitzicht rondom op de stad, het Alagnondal en de Cantalbergen hebt u vanaf de **Chapelle Ste-Madeleine**, op de basaltkegel ten noordoosten van Massiac. Ertegenover liggen de hoogvlakten van St-Victor met ruïnes van een middeleeuwse nederzetting.

Overnachten

Met sauna – **Grand Hôtel de la Poste**: 26, av. du Gal-de-Gaulle, tel. 04 71 23 02 01, fax 04 71 23 09 23, www.hotel-mas siac.com, 2 pk € 49-59, ontbijt € 7,50, menu € 15-32. Provinciaal middenklassehotel (2*), goed geleid, met sauna, fitnessruimte en zwembad. Wat ouderwetse kamers. Met een brasserie met bar-tabac, waar de inwoners elkaar 's avonds ontmoeten.

Info en festiviteiten

OdT: 24, rue du Dr-Mallet, 15500 Massiac, tel. 04 71 23 07 76, www.paysde massiac.com.
Weekmarkt: elke di.
Foire à la Cerise (kersenmarkt): op de 2e zo. in juni.
Feira delhs Palhas: het traditionele oogstdankfeest, eind okt.

Murat ▶ D 9

Het charmante stadje Murat in het dal van de Alagnon, waar ook authentieke veemarkten worden gehouden, behoort door zijn unieke ligging aan de Rocher de Bonnevie tot de schilderachtigste plaatsen van de Cantal. Van verre ziet u al het monumentale witte Mariabeeld op de van 'basaltorgels' opgebouwde bergtoppen boven Murat. De oude stad is van het grijze basaltsteen tegen de helling aan gebouwd, wat het karakter van de stad heel gelijkvormig maakt.

Het **Maison de la Faune** aan de Place de l'Hôtel-de-Ville aan de doorgaande weg hoort bij het regionale vulkaanpark. In een mooi gebouw uit de 16e eeuw met kegeltorentjes worden de dieren uit het gebergte voorgesteld, waaronder een grote vlindercollectie (het hele jaar, op afspraak, tel. 04 71 20 00 52, toegang € 4,70, 6-12 jaar € 3,50).

Een **rondwandeling** voert langs het hooggelegen centrale plein, de Marché Couvert aan de Place Marchand (ijzerarchitectuur uit de 19e eeuw), de laatgotische kerk Notre-Dame des Oliviers ertegenover aan het plein, de **Ancien Baillage** uit de 16e eeuw in de Rue de l'Argenterie en het renaissancegebouw van het **Maison Hurgon** (vroeger Maison Rodier, 28, rue du Bon-Secours).

Bij het dorpje **Laveissière**, 4 km richting Le Lioran, is de oude kaasmakerij, die in de zomer als documentatiecentrum en 'levend' museum geopend is, een bezoek waard (zie blz. 212).

Overnachten

Herberg – **Les Messageries**: 18, av. du Dr-Mallet, tel. 04 71 20 04 04, www.hotel-les-messageries.com, 2 pk € 55-90, ontbijt € 9, menu € 12-32. Verzorgde, landelijke herberg (2*) aan de hoofdstraat, met gerenoveerde, vriendelijke kamers, met zwembad, kleine sauna en fitnessapparaten.

Pizza en eenvoudige kamers – **L'Auberge d'un Instant**: 14, place du Planol, tel. 04 71 73 17 09, p pk, incl. ontbijt (Chambre d'Hôte) ca. € 50, formule € 12, pizza vanaf € 8. Midden in de oude stad vindt u dit mooie natuurstenen huis, dat vroeger Auberge de Maître Paul heette.

Eten en drinken

Topkeuken – **Le Jarrousset**: Les Barraires, 15300 Murat, 3 km oostelijk aan de N122, tel. 04 71 20 10 69, www.restaurant-le-jarrousset.com, ma. en di. gesl. (behalve juli/aug.), menu's € 24-75. De chef Jérôme Cazanave behaalde zestien punten in de Gault-Millau en heeft daarmee een van de beste restaurants in het gehele departement (lid van de Toques d'Auvergne). Rustig in de natuur gelegen landhuis, 's zomers ook terras.

Info en festiviteiten

OdT: 15300 Murat, 2, rue du Faubourg Notre-Dame, tel. 04 71 20 09 47, www.murat.fr.
Marché de Pays: juli en aug. wo. vanaf 17.30 uur; boerenmarkt.
Processie Notre-Dame des Oliviers: op de laatste zo in aug.

De Cézallier

Tussen het Cantalgebergte en de Monts Dore liggen twee ruwe landschappen – in het zuiden de **Monts du Cézallier** met

Tip

De Madonna van Vauclair

Boven Murat is het de moeite waard om even halt te houden bij het dorp **Molompize** (Kaart 2, E 8), dat een eerbiedwaardige Vierge en Majesté bezit (zie blz. 70). De Madonna van Vauclair stamt uit de 12e eeuw en is van houtsnijwerk, dat met goud beschilderd pleisterwerk is bedekt. Het origineel wordt weliswaar in de hoofdkerk van de plaats achter slot en grendel bewaard, maar in de kleine, oude Chapelle de Vauclair wordt een precies gelijkende kopie getoond. Kenmerkend voor die tijd toont Maria het kindje Jezus als volwassene, die Zijn hand al ter zegening heeft opgeheven en het *Boek des Levens* vasthoudt. Maria zelf kijkt de toeschouwer met bijzonder wakkere blik aan; haar gewaad bestaat uit een enkele laag, die in geraffineerde plooien om haar lichaam lijkt te vallen.

gemiddelde hoogten van circa 1200 m, in het noorden het **Plateau de l'Artense** (zie blz. 167, ook wel het 'Scandinavië van Auvergne' genaamd, omdat vegetatie en klimaat aan het noorden van Europa herinneren.

De Cézallier strekt zich van Blesle (zie blz. 140) uit tot Riom-ès-Montagne, en van Allanche tot Condat. Het is een vrijwel boomloze, eenzame hoogvlakte, waarop in de zomer grote kuddes vee weiden. Verschillende infocentra van het regionale vulkaanpark documenteren natuur en tradities. Van de 1551 m hoge **Signal du Luguet** (▶ G 8), tussen Apcher en St-Alyre-ès-Montagne, kijkt u uit over dit weidse land (beklimming in 30 min. vanaf het gehucht Parrot).

Allanche ▶ Kaart 2, D 8

Allanche, dat zich met zijn basaltgrijze huizen en verdedigingsmuren te midden van groene weiden langs de gelijknamige rivier uitstrekt, is het centrum van de Cézallier. Op dinsdag is er markt, half juli, half augustus en in september worden er grote veemarkten gehouden – hier schijnt Auvergne nog precies zo te zijn als vijftig jaar geleden.

Actief

Vélorail: Allanche is beginpunt van de vélorail, waarmee u over stilgelegde spoortrajecten, bijvoorbeeld naar de Cascade des Veyrines of naar Moissac, kunt fietsen (reserveren: tel. 04 71 20 49 89, www.velorail-cantal.com).

Info en festiviteiten

OdT: Grand Rue de l'Abbé-de-Prade, tel. 04 71 20 48 43, www.allanche.net.

Foire Brocante: eind juli/begin aug., grote rommelmarkt.

Riom-ès-Montagne

▶ Kaart 1, C 8

Deze geheel van grijs gesteente opgetrokken plaats is bekend om zijn veemarkten, die zo'n zestien keer per jaar worden gehouden (info bij alle OdT's in de regio). Het **Musée de la Gentiane** (**Espace Avèze**) is een van de informatiecentra van het regionale vulkaanpark en documenteert wilde vruchten en medicinale planten (5, rue de la Gentiane, half juni tot half sept. dag. 10-12.30, 15-19 uur). Hier wordt onder meer de techniek van de oogst van de gele gentiaan uit de doeken gedaan. Van de wortel van deze plant wordt het aperitief gentiane gemaakt.

Overnachten

Les viandes de Salers – **Le Saint-Georges:** 5, rue du Capitaine-Chevalier, tel. 04 71 78 00 15, www.hotel-saint-georges.com, 2 pk € 50-58, ontbijt € 7,50, menu's € 13,50-26. In de oude stad gelegen, mooi oud natuurstenen hotel (2*) met moderne kamers en een restaurant waar regionale gerechten worden geserveerd. Specialiteit zijn gerechten met salersrundvlees.

Info en festiviteiten

OdT: Place de Gaulle, tel. 04 71 78 07 37, www.pays-gentiane.com.
Fête de la Gentiane: half juli, Gentianenfeest, gesponsord door de destilleerderij Louis Couderc, een van de grote producenten van de gentiane (gentiaanlikeur), die tijdens dit feest volop verkrijgbaar is.

Mauriac ▶ Kaart 2, B 8

Mauriac is een van de typische stadjes van grijs basalt in Haute-Auvergne (circa 4000 inwoners). De basiliek **Notre-Dame des Miracles** (Rue Notre-Dame) met achthoekige klokkentoren geldt als belangrijkste romaanse kerk in de streek.

Vooral het met beeldhouwwerk versierde portaal, dat in de 13e eeuw werd gemaakt, is interessant. Het timpaan stelt de hemelvaart van Christus voor, de buitenste archivolte de sterrenbeelden. Alle figuren – de maagd Maria en de twaalf apostelen – werden tijdens de Franse Revolutie onthoofd. In het interieur van de van donker lavagesteente gebouwde kerk zijn een zwarte madonna en met diermotieven versierde kapitelen te zien.

Tegenover de kerk, aan de Place Georges-Pompidou, ligt het voormalige **Klooster St-Pierre**, dat al in de tijd van de Merovingen door een koningsdochter werd gesticht. De hoofdgebouwen stammen uit de 11e eeuw. Nadat het in de Franse Revolutie was geseculariseerd, werd de kruisgang volgebouwd met particuliere woningen, waarbij een zijmuur van de kathedraal als achterwand werd gebruikt (met kasten in de kerkvensters). Alle andere delen werden als steengroeve gebruikt, merendeels voor de bouw van het stadhuis.

Overnachten

Eenvoudige herberg – **Bonne Auberge des Voyageurs**: 1, rue Fernand-Talandier, 15200 Mauriac, tel. 04 71 68 11 60, 2 pk € 42, ontbijt € 8, menu vanaf € 15. Een landelijke herberg met een bijbehorend restaurant waar uitstekende regionale gerechten worden geserveerd.

Monts du Cantal ✴

Het Cantalmassief tussen de Monts Dore in het noorden en de hoogvlakte van de Aubrac in het zuidoosten neemt bijna het gehele gelijknamige departement in beslag. Naar schatting was deze bergengroep 10 tot 20 miljoen jaar geleden een enkele reusachtige vulkaan van 60 tot 80 km doorsnee en 3000 m hoogte, tot nog toe de grootste van Europa. Traag stromende lava verstarde tot een landschap van basaltkegels dat door erosie en de gletsjers van de ijstijden meer dan 1000 m is afgesleten. Daarbij bleven de vulkaanpijpen als pieken overeind staan – bijvoorbeeld Puy Mary en Plomb du Cantal. Meer naar buiten vormden de stervormig in alle richtingen lopende basaltstromen uitgestrekte hoogvlakten, de Planèzes. Daartussen hebben de gletsjers van de ijstijden trogdalen uitgesleten.

Monts du Cantal

Salersrunderen worden door Allanche gedreven

De hoogvlakten in de hogere gebieden worden als zomerweiden voor het vee gebruikt. Hier, ver van economische centra en industrie, moeten de mensen zich aan de natuur aanpassen en ermee samenwerken. Vanwege de melkquota, de vleesprijzen en de 'vooruitgang' elders kunnen steeds minder mensen zich hier staande houden en verlaten steeds meer hun geboortestreek. Van de *burons* op de hellingen, waar de beroemde cantalkaas wordt geproduceerd (zie blz. 213), zijn er nog maar een paar in gebruik. Ook het aantal runderen, die vroeger bij duizenden de hoge almen bevolkten, daalt.

Puy Mary ▶ C 9

De piramidevormige Puy Mary (1787 m) kan 's zomers via de Pas de Peyrol met de auto worden overgestoken – u rijdt over de D 680 via Dienne, op het laatst over een indrukwekkende hooggelegen weg *(route des crêtes)*. Van november tot juni is de pas echter vaak wegens sneeuwval gesloten. Op het hoogste punt, meteen ook de hoogste pas van het Massif central, hebt u een hoogte van 1582 m bereikt en kunt u te voet de laatste 200 m over de bergkam relatief gemakkelijk naar de top klimmen (ongeveer 45 min. heen en terug; stevige schoenen zijn noodzakelijk). Bij een berghut zijn verfrissingen te krijgen, een informatiecentrum ▷ blz. 224

Pas op met navigatie

In de bergstreken van de Cantal zijn navigatiesystemen niet betrouwbaar en sturen u op grote omwegen. Het is daarom beter om hier maar weer gewoon een kaart te gebruiken.

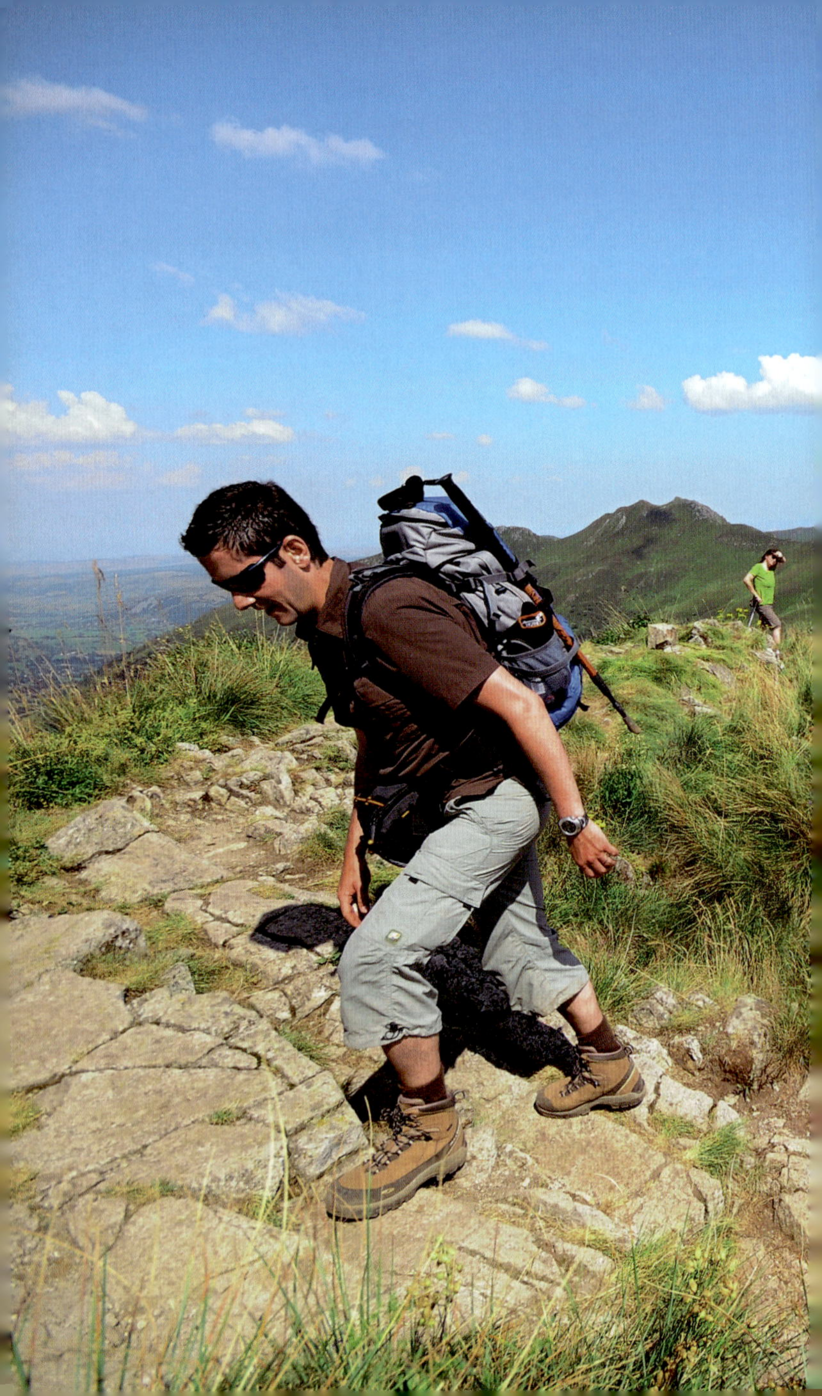

Favoriet

Wandelen op de Puy Mary ▶ C 9

Echt alleen wandelt u vrijwel nooit op de Puy Mary, maar toch kunt u volop genieten van het geweldige panorama: naar alle kanten strekken de bergkammen en dalen zich straalvormig, als spaken aan een wiel, naar de horizon uit. En als er genoeg tijd is, lokt het GR-langeafstandspad u naar de groene verten.

verklaart de geologische geschiedenis van deze enorme vulkaan (www.puymary.fr).

Op dit veel gelopen traject zult u de op de Cantalhellingen levende moeflons en gemzen niet vaak te zien krijgen, maar wel de wilde bloemen, waaronder de gele gentiaan, die de hoge almen verlevendigen; rondom liggen in een straal van slechts ongeveer 10 km de vele andere toppen van de Cantalbergen: een ongenaakbaar, rauw berglandschap van een weergaloze vredigheid. De naam is overigens afgeleid van de H. Marius, aan wie de kerstening van Haute-Auvergne wordt toegeschreven. Er zijn nog veel dorpen die de Franse vorm van zijn naam, St-Mary, dragen. Hij zou in Mauriac zijn begraven.

Naar de naburige **Puy Griou** met zijn grauwe kegel, die vermoedelijk uit de pijp van de oude vulkaankrater is ontstaan, loopt langs de zuidoostflank een in haarspeldbochten stijgende weg (1/2 dag, vanaf Les Chazes, boven de N 122, tussen de tunnel van Le Lioran en St-Jacques-des-Blats).

Cirque du Falgoux ▶ C 9

Van de Pas de Peyrol voert de smalle D 680 zeer steil (15 % verval) weer naar beneden. De automobilist kan zich nauwelijks een blik op het bergpanorama permitteren. Daarna beschrijft de weg een halve cirkel over de berghelling, Cirque du Falgoux genaamd. Op de D12 kunt u door de **Vallée du Mars** naar Mauriac (zie kader) afslaan.

Het is ook mogelijk om via de Col de Neronne (1244 m) over de andere berghelling naar het dal van de Maronne te rijden. U bereikt dan al spoedig Salers (zie blz. 226). Halverwege de helling kunt u in de **Burons de Salers** een oude kaasmakerij bezoeken, met diapresentatie en het proeven van *truffade* (gesmoorde aardappelen met cantalkaas).

Vallée de Cheylade ▶ Kaart 2, C 8

Het dal van Cheylade ontsluit de Puy Mary vanuit Riom-es-Montagne. Het is een vrijwel gesloten dal, waar de weg uiteindelijk in haardspeldbochten uit draait. De belangrijkste plaatsen zijn **Le Claux**, met enkele berghotels, en **Cheylade**, met de romaanse St-Légerkerk, die een bezienswaardig plafond van honderden beschilderde houten vierkanten bezit.

Vallée de la Jordanne ▶ C 9

Het Jordannedal loopt omlaag naar Aurillac (zie blz. 230). Tot Mandailles-St-Julien overbrugt een 15 km lange afdaling in haarspeldbochten 600 hoogtemeters. Op de D17 passeert u eerst de **Puy Griou** (vanaf Rudez loopt een iets langer wandelpad omhoog). Deze verbinding was er echter niet altijd. Vroeger eindigde de weg uit het zuiden in Rudez, het op 1050 m hoogte gelegen laatste plaatsje in het dal, en de bewoners bereikten de weg pas in het niet erg dichtbij gelegen Aurillac.

Tip

Restaurant Le Col d'Aulac

Dit restaurant ligt op zo'n 1230 m hoogte aan de D 12, voor de Vallée du Mars. Het biedt de authentieke Cantalkeuken in een rustieke eetzaal en een prachtig uitzicht op de bergen, en de clou is: alle stroom wordt opgewekt met zonne-energie.

Le Col d'Aulac: 15380 Le Vaulmier, tel. 04 71 69 52 40, menu € 13 en 15.

Het naar de hoofdplaats Mandailles-St-Julien ook **Vallée de Mandailles** genaamde dalgedeelte strekt zich smal en schilderachtig uit naar **St-Cirgues-de-Jordanne,** waar de kleine romaanse kerk een ongebruikelijke, van buiten rechthoekige en van binnen ronde apsis bezit. Mooier dan de hoofdweg, die beneden door het dal loopt, is de **Route des Crêtes,** die als D 35 over de bergkam loopt en het dal van de Jordanne in het noorden begrenst.

Château de Sédaiges ▶ B 9

15250 Marmanhac, www.chateausedaiges.com, ook kamerverhuur, 2 pk € 120-150, incl. ontbijt

Een zijweg voert naar het Château de Sédaiges, dat met zijn met klimop begroeide ronde torens met kegeldak een echt middeleeuws aanzien biedt. Sinds de 15e eeuw is het kasteel in het bezit van dezelfde familie. Tijdens een bezichtiging wordt met antiek en gekostumeerde poppen het leven en de bedrijvigheid in de 19e eeuw getoond.

Overnachten

Berghotel – **Auberge d'Aijean:** La Gandilhon, 15300 Lavigerie (▶ C 9), tel. 04 71 20 83 43, www.auberge-puy-mary.com, 2 pk € 55-60, ontbijt € 8, 2 pk met halfpension € 115-120. Een mooie oude berghoeve van basalteen aan de D 680, met restaurant en vriendelijke, maar rustiek-spartaanse kamers. Een geweldige accommodatie voor wandelaars, de laatste voor de hoge bergen beginnen.

Wandelhut – **Gîte d'Étape Vert-Azur:** Chemin de Larmandie, 15590 Mandailles, tel. 04 71 47 93 81, www.gite-vert-azur.fr, slaapplaats € 16, ontbijt € 7, 2 pk (chambres d'hôtes), incl. ontbijt € 59. Goede wandelhut in de belangrijkste plaats van het bovenste Jordannedal. De gîte is voorbehouden aan wandelaars en mountainbikers, verblijf van tenminste drie nachten.

Actief

Parapentevliegen – **Parapente Puy Mary:** 15400 Le Claux, tel./fax 04 71 78 95 21, www.parapente-puy-mary.com, kantoor aan de bergweg D62 ten noorden van de Pas de Peyrol.

Plomb du Cantal ▶ C 9

Het spreekt vanzelf dat de toppen waar een weg of kabelbaan de beklimming vergemakkelijkt, drukker worden bezocht: naar de Plomb du Cantal, de met 1855 m hoogste top van het massief, gaat van het 's zomers wat troosteloos aandoende wintersportoord **Super-Lioran** een kabelbaan. Hier lijkt inmiddels niets meer op hetgeen Grenouille, de held uit Patrick Süskinds roman *Het parfum,* daar aantrof, namelijk het punt binnen het koninkrijk dat het verst van alle mensen verwijderd was.

Het is mogelijk om vanaf de Col de Prat-de-Bouc de top aan de andere kant te voet te beklimmen (GR 4, 1/2 dag, 10 km zuidoostelijk van Murat, D39). Een tweede route loopt van St-Jacques-des-Blats in het dal van de Cère over de Puy Brunet naar de top (GR 400)

Achter Super-Lioran loopt de **Tunnel du Lioran** onder het gebergte door. Hij werd in 1839 aangelegd en was lange tijd de langste van Frankrijk. Daarvoor was het Cantalmassief een niet te overwinnen hindernis, omdat de wegen op de Col de Cère en over de Pas de Peyrol bijna de helft van het jaar door sneeuw werden geblokkeerd. In de zomer kunt u, als u geen haast hebt, heel goed over de oude wegen over de passen het gebergte oversteken.

Overnachten

Lioran en St-Jacques-des-Blats in het dal van de Cère bieden goede accommodatie, maar ook in veel dorpjes in de buurt van de top zijn hotels te vinden.
Met panoramaterras – Au Chalet Fleuri: 15800 St-Jacques-des-Blats (▶ C 9), tel. 04 71 47 05 09, www.hotel-chalet-fleuri.com, 2 pk € 50-58, ontbijt € 7,50, menu's € 20-32. Vriendelijk hotel van Logis de France (2*), nieuw ingerichte kamers, zij het in Franse bloemetjesstijl. Restaurant met regionale keuken. En altijd met een schitterend uitzicht op de bergen.
Landelijke herberg – Plomb du Cantal: 15300 Albepierre-Bredons (▶ D 9), tel. 04 71 20 04 02, www.hotelplombcantal.com, 2 pk met halfpension € 96. Traditionele herberg, iets ten zuiden van Murat. Eenvoudige kamers (ook voor 3 en 4 pers.), rustieke eetzaal met *cantou*, de grote schoorsteen. Regionale keuken.

Actief

In de plaats Super-Lioran zijn talrijke sportmogelijkheden voor adrenalineliefhebbers: quadrijden, bungeejumpen, trampolinespringen, enz.
Mountainbike – École VTT MCF: Résidence Les Sagnes, Le Lioran, kantoor juli/aug. dag. 17-19 uur, bijv. di. 9 uur rit vanaf de Plomb du Cantal met mountainbike (Frans: VTT).
Canyoning, klimmen – Murmur & Nature: Basis in 15, rue de Val, Aurillac, tel. 06 09 35 21 67, www.murmurnature.com. Groot aanbod aan adrenalinesporten in het Massif central, van klimmen (*escalade*) en canyoning tot wandelen in de bergrivieren (*randonnée aquatique*). Er is ook een uitdagend klimpark aan het Lac de Lascelles in de buurt van Mandailles.

Info

zie: Super-Lioran, blz. 33.
OdT Le Lioran: www.lelioran.com (ook voor accommodatie in St-Jacques-des-Blats).
Kabelbaan: *téléphérique* vanaf Super-Lioran, 's zomers dag ca. om het uur, buiten het seizoen alleen vanaf 20 personen. In de cabine passen 80 personen. U kunt ook een mountainbike mee omhoog nemen, wat veel wordt gedaan. 9-17 uur, retour € 7,90, 12-17 jaar € 7,10, onder 12 jaar € 5,70.

Salers ✳ ▶ B 9

Salers is een haast museale kleine stad als uit een prentenboek. Het historische stadsbeeld is grotendeels bewaard gebleven. Het stadje is typisch voor Auvergne, de muren zijn zwart, de daken donkergrijs en de koeien rood. Het is zeer populair bij toeristen, wat vooral blijkt uit de vele souvenirwinkels De kleur van het basalt staat een vrolijke sfeer wat in de weg en Salers is bij regenachtig of mistig weer dan ook zo donker dat men zich het liefst voor een open haard nestelt.

Sinds 1564, toen de stad zetel van het gerechtshof van de Hautes Montagnes d'Auvergne werd, lieten welgestelde rechters en advocaten voorname burgerwoningen van zwart lavagesteente bouwen. Het kasteel, waaromheen de renaissancestad ontstond, bestaat niet meer: het werd in 1666 in opdracht van koning Lodewijk XIV, na de veroordeling van de baronnen van Salers naar aanleiding van de Grands Jours d'Auvergne (zie blz. 47), ontmanteld. In 1790 werd het gerechtshof naar Aurillac verplaatst en begon de neergang van de stad.

Het middelpunt van Salers is de **Place Tyssandier d'Escous**, genoemd naar de fokker, die in de 19e eeuw het beroemde ras van het salersrund (zie blz. 58) door kruisingen verbeterde. Zijn buste staat op een basaltpilaar op het plein. Bijzonder de moeite waard zijn ook de **Ancien Bailliage**, het oude, door twee hoektorens geflankeerde gerechtsgebouw (links van het Office de Tourisme), het **Maison de Flogeac** (ertegenover), met hoektoren, en het **Hôtel de la Ronade** (rechts) met een toren van vijf verdiepingen. Ze zijn alle drie tussen de 15e en de 18e eeuw gebouwd.

Door de poortbogen van de klokkentoren en de schilderachtige Rue du Beffroi bereikt u de **St-Matthieukerk** (15e/16e eeuw), die een interessant laatgotisch grafmonument met uiterst realistische figuren bevat. Het **Maison des Templiers** (Rue des Templiers) was vroeger een herberg voor de jakobspelgrims, tegenwoordig is er een klein museum over kunst en tradities van de streek in ondergebracht (apr.-okt. 10.30-12.30, 14.30-18 uur, toegang € 4, onder 18 jaar gratis). Van het uitzichtterras aan de **Esplanade de Barrouze** hebt u een schitterend uitzicht op de Puy Violent (1589 m) en het Maronnedal.

Château de la Trémolière ▶ B 8

15380 Anglards-de-Salers, 1 juni tot 30 sept. dag. 14-19, juli/aug. ook 10.30-12.30 uur, behalve ma., tel. 04 71 40 05 72, toegang € 5, 8-15 jaar € 3,50, onder 8 jaar gratis

Het in de 15e eeuw gebouwde Château de la Trémolière ligt aan de rand van het dorpje Anglards-de-Salers (D 22). Het kleine kasteel met een nog helemaal middeleeuwse ronde toren met kegeldak bevat tien wandtapijten uit de 16e eeuw die in de beroemde werkplaats van Aubusson zijn gemaakt. Ze tonen een net zo naïef als schilderachtig bestiarium – eenhoorns, draken – maar ook

Keramiekwinkel in Salers

De Cantal

minutieus getekende dorpen en steden als motieven.

Wandeling naar de burons op de Puy Violent

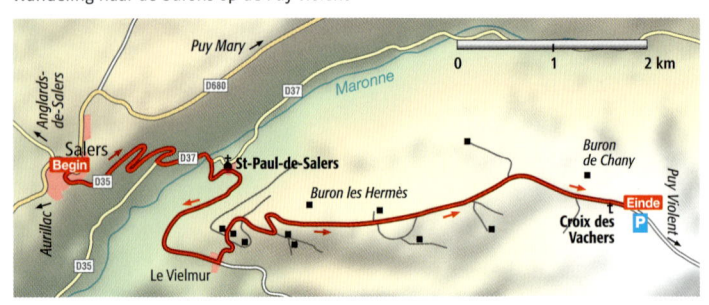

Gemakkelijke wandeling, ca. 5-6 uur
Behalve de echte bergwandelingen rond de Puy Mary (info: OdT Salers en www.puymary.fr, wandelgids bij het OdT in Salers) is er ook een relatief gemakkelijke wandeling die van Salers omhoog voert naar St-Paul-de-Salers en verder door een trogdal met verschillende kaasmakerijen richting de Puy Violent.

Neem de Rue de Saint-Paul (D35), die aan de oostrand van Salers eerst nog door een bos omhoog voert. Over deze weg worden eind mei de salersrunderen omhoog de bergen in gedreven. Via de D37 bereikt u St-Paul-de-Salers met een eerbiedwaardige romaanse kerk. Daar houdt u rechts aan en buigt onmiddellijk weer rechts af. U loopt door het bos nog ongeveer 1000 m verder tot zich een weids dal opent, dat omhoog gaat naar de karakteristieke puntige toppen van de Puy Violent.

Aan de voet van de toppen van de Cantalvulkanen strekt zich een alpien paradijs uit. Bij mooi weer werpen de wolken een vlekkenpatroon op de eindeloze hellingen, waarop de salersrunderen als kleine zwarte stippen grazen. Hoe hoger ze grazen, des te beter het weer is. Op de velden staan geheel vrij de *burons*, met leisteen gedekte gehuchten van grijs vulkaansteen, waarin de melk tot kaas wordt verwerkt – dat is de voorwaarde om het AOC-merk te verkrijgen. Overal kunt u de echte cantalkaas ook kopen.

Het is 7 km tot aan de *buron* Les Hermès, na nog eens 10,5 km hebt u het Croix des Vachers, een middeleeuws kruisbeeld, bereikt. Het parkeerterrein vlak daarna is het eindpunt voor automobilisten, die vanhier nog slechts 200 m moeten klimmen naar de Puy Violent (▶ C 9). Van 1589 m hoogte kijkt u uit op de Puy Mary (zie blz. 221), hoog boven de Cirque du Falgoux.

Overnachten

Met wellness – **Le Bailliage:** Rue Notre-Dame, tel. 04 71 40 71 95, www.logishotels.com, 2 pk € 65-115, suite € 135, ontbijt € 12,50, menu's € 23-42. Een groot, charmant hotel (2*) in een historisch gebouw met gourmetrestaurant, direct bij de ingang van de oude stad. 27 kamers in moderne stijl, gemengd met antieke meubels. Met spa (wellnessprogramma) en sauna.

Wandeling naar de burons op de Puy Violent

Met uitzicht – Hôtel des Remparts: Esplanade de Barrouze, tel. 04 71 40 70 33, www.salers-hotel-remparts.com, 2 pk € 72-98, ontbijt € 11, menu's € 15-28. Goed geleide dorpsherberg (2*); u bereikt hem via de D 680 aan de stadsrand, richting Aurillac. 18 rustieke, eenvoudige kamers, die met uitzicht op het berglandschap zijn het mooist. Een groot restaurant met voedzame lokale keuken en een fraai uitzicht.

Eten en drinken

Authentiek – La Diligence: Rue du Beffroi, tel. 04 71 40 75 39, www.ladiligence-salers.com, salades vanaf € 8,50, potée auvergnate voor twee € 35. Een dorps familierestaurant, met een ontspannen sfeer in een authentieke gelagkamer. Grote keus aan regionale gerechten, specialiteit zijn de *bourriols,* crêpes van Auvergne.

Info en festiviteiten

OdT: Place Tyssandier-d'Escous, tel. 04 71 40 70 68, www.salers-tourisme.fr.
Fête de la Vache et du Fromage: begin aug.; met rundermarkt.

Château d'Anjony ▶ B 9

15310 Tournemire, www.anjony.com, rondleiding juli/aug. 11 en 11.30 (behalve zo.), 14-18.30, apr., mei, juni, sept. dag. 14-18, feb., mrt., okt., nov. dag. 14-17 uur, toegang € 7,50, 6-12 jaar € 4, onder 6 jaar gratis

Het laatmiddeleeuwse Château d'Anjony, ooit een van de mooiste voorbeelden van de burchtarchitectuur van Auvergne, ligt op een verhoging in het dal van de Doire boven het dorpje Tournemire. Rond 1430 liet een wapenbroeder van Jeanne d'Arc de donjon met vier ronde hoektorens bouwen; het woongedeelte werd in de 18e eeuw toegevoegd. Het is bijzonder dat hier nog altijd dezelfde familie eigenaar is.

De burchtkapel op de begane grond werd in de 16e eeuw tot in het laatste hoekje met fresco's beschilderd. Ook in de Salle des Preux ('Heldenzaal') op de tweede verdieping zijn de wanden van fresco's voorzien: helden uit de oudheid, uit het Oude Testament en historische helden – allemaal in kleding uit de renaissance – rijden op paarden of olifanten. De pronkzaal op de derde verdieping werd met wandtapijten gedecoreerd.

Vallée de la Cère

De Cère is de meest waterrijke rivier van de Cantal. Het dal, van de Plomb du Cantal, waar hij op de Col du Font de Cère ontspringt, tot aan Aurillac, vormt van oudsher de hoofdverkeersas door het gebergte. Het dal wordt gekenmerkt door de erosie-effecten van grote watermassa's, want van november tot maart voert de Cère ongeveer tien keer meer water dan in augustus. Let bijv. bij Thiézac op de **rotsformatie bij Casteltinet** of de **Cascade de la Roucolle** in de buurt van de Pas de Cère.

Vic-sur-Cère ▶ C 9

De belangrijkste plaats van het gletsjerdal van de Cère is het stadje Vic-sur-Cère, waar in de bovenstad de historische huizen zich aaneenrijgen, waaronder het **Maison des Princes de Monaco** uit de 16e eeuw. Vic en de regio Carladez behoorden tot de Franse Revolutie inderdaad aan de familie Grimaldi; prins Albert draagt nog altijd de titel graaf van Carladez. Dankzij het hotel in de benedenstad is Vic een goed startpunt voor tochten door de Cantalbergen.

Thiésac ▶ C 9

In Thiézac loopt van de gotische kerk, midden tussen de mooie huizen met hun buitentrappen en houten balkons een voetpad naar de kapel **Notre-Dame-des-Consolations** met naïeve fresco's – 45 medaillons met de symbolen van de Maagd Maria.

Achter **St-Jacques-des-Blats** kunt u over de Col du Pertus naar de Vallée de Mandailles (zie blz. 225) en dan via het Jordannedal naar Aurillac terugrijden.

Château de Pesteils ▶ C 10

15800 Polminhac, www.chateau-pesteils-cantal.com, juli/aug. 10-19, apr., mei, juni, sept. 14-18.30 uur, toegang € 7,50, studenten en kinderen vanaf 5 jaar € 4,50, eind juli tot half aug. op sommige dagen middeleeuwenfeest, toegang € 12,50, kinderen ouder dan 5 jaar € 8

Het Château de Pesteils in Polminhac is voor verschillende films als locatie gebruikt en is vooral mooi als de wingerd tegen de gevel en de rode beuken van het bos op de achtergrond geel en rood kleuren. De imposante, 40 m hoge donjon werd in de 13e eeuw gebouwd om het Cèredal te verdedigen en weerstond in de Honderdjarige Oorlog alle aanvallen. De woongebouwen met hun oorspronkelijke rococo-inrichting werden in de 16e-18e eeuw toegevoegd. Voor kinderen zijn de middeleeuwenshows het interessantst.

Overnachten

Met wandeltips – **Hôtel des Bains:** Avenue de la Promenade, 15800 Vic-sur-Cère, tel. 04 71 47 50 16, www.arvernehotel.com, 2 pk, incl. ontbijt € 78-92, met halfpension € 100-140. Rustig aan de overkant van de Cère gelegen 2*-hotel, ver van de N122 aan de rand van het Bois de la Salle. Moderne, eigentijdse inrichting, klein zwembad, grote tuin. Chef Christoph geeft tips voor wandelingen en uitstapjes.

Charmant en afgelegen – **Les Demeures de Montagne:** 15800 Pailherols, ten zuidoosten van Vic aan de D 54, tel. 04 71 47 57 01, www.auberge-des-montagnes.com, 2 pk € 56-97, 2 pk met halfpension € 51-97 p.p. Een stil en achteraf in een heuvelachtig landschap gelegen charmant complex (3*), bestaand uit een *auberge* in landelijke stijl, het rustieke Chalet de Jean en de Clos de Gentiane met zijn middeleeuwse ronde toren. Daarbij ook nog een zwembad, fitnessruimte en spabehandelingen in de Ferme du Détente (4 dagen wellness vanaf € 305). Halfpension is de moeite waard, omdat de keuken niet zonder ambities is.

Camping – **Le Carladez:** 15800 Vic-sur-Cère, Allée des Tilleuls, tel. 04 71 47 51 04. Grote camping municipal met 250 plaatsen aan de oever van de Cère vlak bij het centrum. Bereikbaar via de Rue Basse vanaf de N122. Vic heeft nog een tweede camping, **La Pommeraie** (tel. 04 71 47 54 18, www. camping-la-pommeraie.com).

Eten en drinken

Mooi buiten zitten – **Bar Les Tilleuls:** 15800 Vic-sur-Cère, 2, rue Basse, tel. 04 71 47 50 64, Menu vanaf € 12. Café en brasserie in het centrum met groot terras onder de platanen en de kastanjes, er worden regionale Cantalgerechten geserveerd voor gunstige prijzen.

Aurillac ▶ B 10

De kleine stad Aurillac, met ca. 30.000 inwoners is bestuurscentrum van het departement Cantal en maakt indruk

Op de markt in Aurillac

met zijn levendige cultuurscene, die zijn hoogtepunt beleeft in het grote straattheaterfestival 'Éclat,' met deelname van groepen jonge mensen uit heel Europa, vooral echter uit Spanje en Italië. Vergeleken bij de grauwe, met leisteen gedekte bergdorpen van de Monts du Cantal lijken in Aurillac, aan de zuidwestelijke uitlopers van het Massif central, het noorden en het zuiden van Frankrijk elkaar te ontmoeten.

Aurillac staat ook bekend om zijn parapluproductie, wat aanleiding gaf tot allerlei spotternij. De paraplu wordt hier al sinds 1840 gemaakt; u mag zelf uitmaken of u de hoeveelheid neerslag die hier valt, daarvoor verantwoordelijk wilt houden, maar het is wel een feit dat hier 's zomers veel kan regenen.

De plaats aan de samenvloeiing van de Jordanne (die het huidige stadsgebied doorkruist) en de Cère wordt al sinds de Gallo-Romeinse tijd bewoond. In de 9e eeuw stichtte de H. Géraud, nazaat van de Merovingische feodale heren op het Château St-Étienne, een klooster, dat door zijn familie uitgebreid werd ondersteund.

In dit convent, een van de intellectuele centra van Europa in de middeleeuwen, kreeg de boerenzoon Gerbert, die in 999 als Silvester II tot paus werd gekozen, zijn eerste onderwijs. Hij was zeer intelligent en leergierig; net als de pelgrims van zijn tijd reisde hij naar Spanje; hij bad er echter niet alleen, maar bestudeerde er ook de Arabische boeken – Gerbert van Aurillac was de eerste, die Aristoteles naar Europa bracht en hier de Arabische cijfers en de nul introduceerde. Zijn tijdgenoten bekeken hem altijd wat argwanend

Aurillac

Bezienswaardigheden
1. Marché aux Fromages
2. St-Géraudkerk
3. Maison Consulaire
4. Notre-Dame-des-Neigeskerk
5. Musée d'Art et d'Archéologie
6. Château St-Étienne / Muséum des Volcans

Overnachten
1. Hôtel La Thomasse
2. Grand Hôtel St-Pierre
3. Hôtel Le Renaissance
4. Camping de L'Ombrade
5. Camping de la Cère

Eten en drinken
1. Le Pavé de Boeuf
2. Le Bouchon Fromager
3. Bar du Marché
4. Tafta – Le Palais d'Argan

Winkelen
1. Distillerie Louis Couderc
2. Destannes
3. Boutique des Artisans
4. Chocolats Yves Thuriès
5. Boulangerie Troupenat
6. Cochon d'Or
7. Fromagerie Morin

Actief
1. Centre Aquatique La Ponétie

Uitgaan
1. Le Bateau Lavoir en Restaurant Le Birdland

en veel van zijn vernieuwingen raakten na zijn dood tot aan de renaissance weer in de vergetelheid.

Aan de oever van de Jordanne

Het centrum van Aurillac is de grote **Place du Square,** die met zijn park een groen eiland in de stad vormt. Eromheen zorgen hotels, het Palais de Justice, het Office de Tourisme, cafés en winkels voor een gezellige drukte.

Naar het oosten strekt zich de Cours Monthyon langs de Jordanne uit, waaraan de Promenade du Gravier afwisselend als park en als marktplein dienstdoet. Van de Place Gerbert gaat de Pont Rouge naar de overkant van de Jordanne, waar een schilderachtige rij gevels zich in het water spiegelt. Terug in de oude stad is een bezoek aan de oude **Marché aux Fromages** 1 – tegenwoordig Kaasmakerij Monrin – (7, rue du Buis) de moeite waard: u kunt hier de kaas niet alleen kopen, maar de specialiteiten bij een glas wijn ook proeven.

De oude stad

De **St-Géraudkerk** 2 (Place St-Géraud) is het enige wat rest van het eind 9e eeuw gestichte klooster, dat een tijd lang de belangrijkste abdij van het Massif central was. In 1569, tijdens de Godsdienstoorlogen, werd het klooster door de protestanten afgebrand. Het pelgrimshospitium ertegenover, met een grote fontein, waarbij de wandelaars zich vroeger konden wassen, is echter bewaard gebleven.

U bereikt het grote plein via de Rue du Collège en de Rue du Consulat, die worden geflankeerd door oude huizen, grotendeels uit de 17e en 18e eeuw. Vooral het **Maison Consulaire** 3, een renaissancegebouw uit 1580, waar in het portaal het wapen van Aurillac, de schelp van de jakobspelgrims en de lelie van de Franse koningen te zien zijn, is een kijkje waard.

Een wandeling door de drukke oude stad, voor een deel voetgangerszone, voert u over het uitgestrekte Stadhuisplein met het classicistische **Hôtel de Ville** (stadhuis, Place de l'Hôtel-de-Ville) en vervolgens door de Rue des Forgerons terug naar de Square.

Rue des Carmes

Op de hoek van de Rue des Carmes staat de **Notre-Dame des Neigeskerk** 4, die een bijzonder vereerde

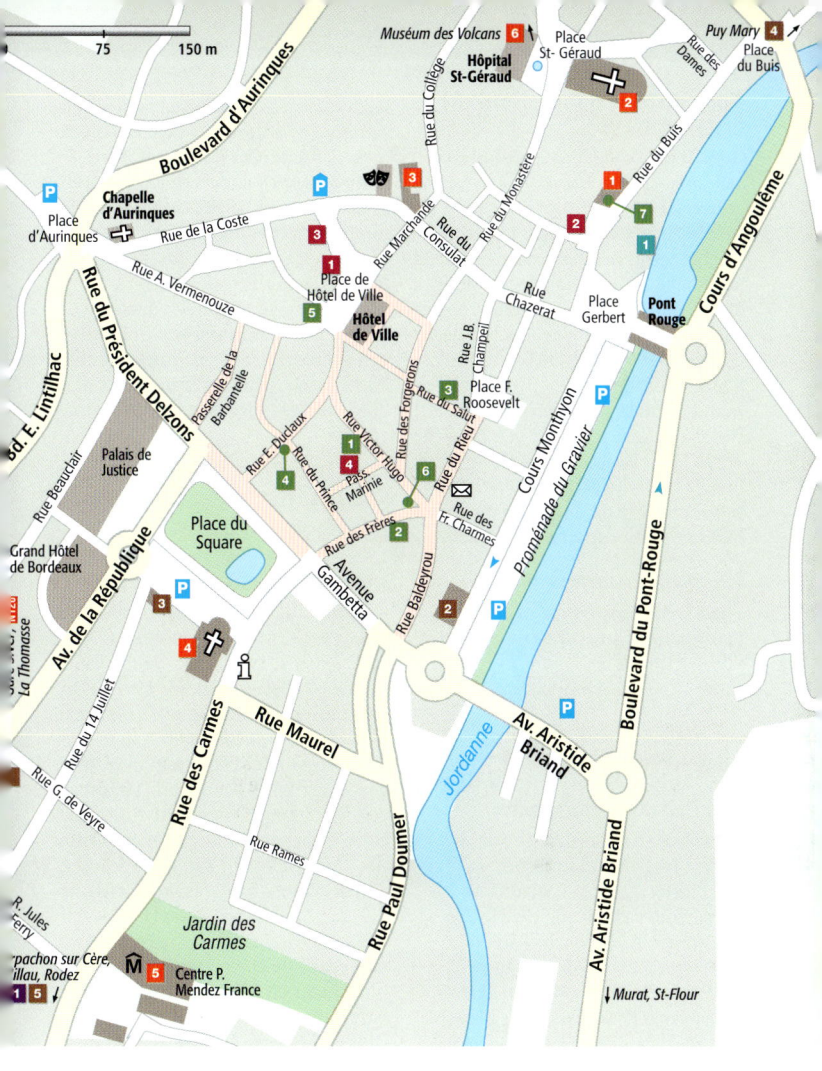

Vierge noire, een zwarte madonna, herbergt, die op de eerste zondag van augustus in een processie door de straten wordt gedragen. Vanhier voert de Rue des Carmes, een van de belangrijkste winkelstraten, naar het **Musée d'Art et d'Archéologie** 5 in de Jardin des Carmes (37, rue des Carmes). Hier worden voorwerpen getoond die de geschiedenis van de streek illustreren, waaronder Gallo-Romeinse archeologische vondsten, het gereconstrueerde interieur van een boerenstulp in de Cantal, schilderijen van inheemse kunstenaars, een fotocollectie – en natuurlijk paraplu's (di.-za. 10-12, 14-18 uur, in juli/aug. ook zo. 14-18 uur, toegang € 2,50, met korting € 1,50).

De Cantal

Château St-Étienne / Muséum des Volcans [6]

Rue du Château, eind juni tot begin sept. ma.-za. 10-18.30, zo. 14-18.30, anders di.-za. 14-18 uur, toegang € 4, met korting € 2,75, tot 18 jaar gratis

Van het terras aan het verhoogd aan de noordelijke stadsrand gelegen Château St-Étienne kijkt u helemaal tot de bergen van de Cantal en het dal van de Jordanne. Alleen de donjon stamt nog van het middeleeuwse gebouw, dat na een brand in 1868 werd gereconstrueerd. Verder heeft het kasteel een barokke gevel. Het Muséum des Volcans in de burcht is gewijd aan de geologische geschiedenis van de Cantal en toont geologische en biologische preparaten.

Château de Conros ▶ B 10

15130 Arpajon-sur-Cère, www.chateau-conros.com, juli tot 10 sept. zo.-vr. 14-18 uur, toegang € 6, kinderen vanaf 12 jaar € 4, jonger gratis

Het Château de Conros ten zuiden van Aurillac in Arpajon-sur-Cère is wel een omweg waard: het is in de 12e eeuw gebouwd en werd later verbouwd tot een renaissanceresidentie. De twee ronde torens en de machtige vierkante donjon die later een mansardedak kreeg, stammen uit de middeleeuwen.

Naast het indrukwekkende interieur kunt u hier historische tentoonstellingen bekijken en een verzameling volkskunst uit de Cantal. 's Zomers zijn hier evenementen met middeleeuwse muziek.

Wandeling over de Route des Crêtes

Van Aurillac naar Saint-Simon

Gemakkelijke wandeling, 13 km, 3-4 uur

Ook Aurillac was een etappeplaats van de jakobspelgrims, die over de Via Arverna vanuit Brioude (zie blz. 147) over het Cantalgebergte trokken; hier vonden ze onderdak in een hospitium tegenover de St-Géraudkerk. Daar start een wandeling van een halve dag, die eerst de pelgrimsroute over de Route des Crêtes volgt en dan van St-Simon aan de andere kant van het Jordannedal naar Aurillac terugkeert.

Van het Hôpital St-Géraud nemen we de Avenue de Dône, die met een mooi uitzicht op het kasteel omhoog voert en dan rechts afslaat, de Route des Crêtes (D35) op. Tussen groene weiden door volgt u het dal over de helling, laat de afsplitsing naar St-Jean de Dône links liggen en bereikt dan een zwaar natuurstenen kruis, waarbij de pelgrims met een eerste blik op Aurillac een dankgebed zeiden, omdat ze heelhuids over het gebergte gekomen waren. Kort daarvoor buigt links een landweg af naar het gehucht St-Jean-de-Dône. Daar is de kapel St-Géraud een bezoek

---

Tip

Hier kunt u weer losgaan

Aurillac heeft dankzij zijn universiteit veel jong uitgaanspubliek; er woedt binnen de scene zelfs een bittere strijd om welke stad de beste dj's van Auvergne heeft (waarom in Clermont-Ferrand het hoofd wordt geschud). Hoe dit ook zij – in Aurillac kunt u weer eens aan clubbing denken. Een aanrader is de Bateau Lavoir aan de oever van de Jordanne, die met restaurant Le Birdland een fraai terras aan de rivier deelt. Het publiek is meestal jong en er klinkt actuele dancemuziek, hiphop en trance.

Le Bateau Lavoir : 16, rue du Buis, tel. 04 71 48 56 16, do.-zo. 23-5 uur, toegang € 5-10; **Le Birdland:** ma.-zo. 12-14, 19-23 uur, salades vanaf € 8, menu vanaf € 17.

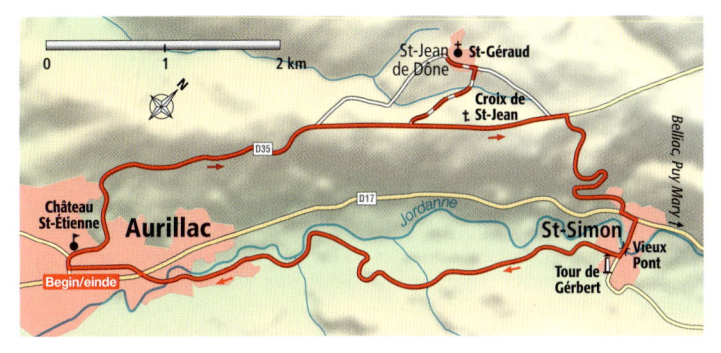

Wandeling over de Route des Crêtes naar St-Simon aan de Jordanne

waard, die met zijn vulkaanstenen en kamklokkentoren karakteristiek is voor Auvergne (in het dorp ongeveer 100 m naar links). Over de hoofdstraat naar het oosten lopend, klimt u langs kleine kudden salersrunderen weer omhoog en bereikt u de Montée du Cardi (D58), die in haarspeldbochten omlaag voert naar het dorp St-Simon.

De Jordanne vormt bij St-Simon verscheidene lussen, zodat hier al sinds de 11e eeuw een molen stond die door een wachttoren werd beschermd. Deze opvallende toren diende als graanopslag en als waarschuwingsstation; in het geval van een aanval kon op het bovenste platform een vuur worden gemaakt. De toren staat nu naast de modern beschilderde St-Sigismondkerk (16e eeuw). Daarvoor steekt de wandelaar een zeer romantische oude brug over, die nog uit de 10e eeuw zou stammen. In deze tijd zou ook Gerbert, de latere paus, in het nabijgelegen plaatsje Belliac zijn geboren.

Direct voor de kerk en de enorme lindeboom, die bijna vierhonderd jaar geleden werd geplant, buigt rechts de weg af, die als Rue des Terres-Blanches over de zuidelijke helling van het dal naar Aurillac terug voert. Daarbij passeert u op het laatst de camping en bereikt over de Boulevard Jean-Jaurès weer het uitgangspunt van de wandeling.

Overnachten

Romantisch – **La Thomasse** 1: 28, rue du Dr-Louis-Mallet, tel. 04 71 48 26 47, www.hotel-la-thomasse.com, 2 pk € 84-94, ontbijt € 10, menu € 24-42. Een romantisch met klimop begroeide voormalige schuur, die nu een fraai vormgegeven hotel (3*) is. Rijd over de Avenue de la République vanaf de Square naar het westen en volg dan de Rue du Dr-Francis-Fesq naar rechts. Vriendelijke kamers, moderne inrichting, met antieke accessoires en gratis WLAN (wifi). Met zwembad en goed restaurant.

Comfortabel en central – **Grand Hôtel St-Pierre** 2: 16, cours Monthyon, tel. 04 71 48 00 24, www.inter-hotel-saint-pierre.com, 2 pk € 85-95, suite vanaf € 115, ontbijt € 12, menu € 15-30. Aangenaam hotel (3*) met goed geoutilleerde kamers en een leuke bar; bezienswaardige ontbijtzaal met historische houten betimmering.

Modern en goed – **Le Renaissance** 3: 13, place du Square, tel. 04 71 48 09 80, www.hotel-le-renaissance.fr, 2 pk € 49-59, ontbijt € 7, 2 pk met halfpension vanaf € 84. Vriendelijk, modern ingericht hotel aan het centrale plein (2*), met een brasserie op de begane grond.

Camping – **Camping de L'Ombrade** 4: Rue du Gué-Bouliaga, tel./fax 04 71 48 28 87. Eenvoudig terrein, direct aan de Jordanne en aan de weg richting Puy Mary, maar geen zwemstrandje.

Camping de la Cère 5: Rue Félix-Ramond, 15130 Arpajon-sur-Cère, tel. 04 71 64 55 07. In de voorstad Arpajon, 5 km naar het zuiden, kunt u hier zelfs tijdens het straattheaterfestival nog terecht. Dit terrein is met zwembad en modern sanitair iets beter ingericht.

Eten en drinken

Eenvoudige eethuizen en pizzeria's vindt u aan de Square en in de oude stad (Rue des Frères, Place de Hôtel-de-Ville, Place Gerbert). Ook de genoemde hotels hebben uitstekende restaurants.

Grillgerechten – **Le Pavé de Boeuf** 1: 14, place de l'Hôtel de Ville, tel. 04 71 43 51 40, à la carte € 15-30. Fraai gelegen aan het centrale stadhuisplein, met een grote eetzaal. Grillgerechten van salersrundvlees met *truffade*, goede salades, en overheerlijke desserts.

Wijnbar – **Le Bouchon Fromager** 2: 3, rue du Buis, tel. 04 71 48 07 80, zo. lunch en ma. gesl., à la carte vanaf € 9,50. Wijnbistro aan de Marché aux Fromages, 's zomers staan er ook tafels buiten. De regionale wijnen zijn er ook per glas. Regionale keuken, ook kleine gerechten.

Jeugdige sfeer – **Bar du Marché** 3: 17, place de l'Hôtel-de-Ville. Goedkope, moderne bistrogerechten, à la carte vanaf € 8. Populair bij jonge mensen.

Marokkaans – **Tafta – Le Palais d'Argan** 4: 14, rue Victor-Hugo, Passage Marinie, tel. 04 71 46 53 20, juni-apr. wo. lunch tot zo. diner, tajines € 8-15. Dit kleine restaurant serveert Marokkaanse gerechten in een etnische ambiance, met zitkussens.

Winkelen

Likeuren – **Distillerie Louis Couderc** 1: 14, rue Victor-Hugo, bedrijfsverkoop van de spiritualiënfabriek: gentiane (gentiaanlikeur), crème châtaigne (kastanjelikeur) en birlou (appelkastanjelikeur).

Messen – **Destannes** 2: 7, rue des Frères. Jachtmessen en bestek, een groot aanbod uit Laguiole.

Poppen – **Boutique des Artisans** 3: 7, rue du Salut, oude poppen in een ambachtelijk decor.

Chocolade – **Chocolats Yves Thuriès** 4: 13, rue E.-Duclaux, www.yvesthuries.com, pralines en andere zoete verleidingen van eigen makelij.

Bakwaren – **Boulangerie Troupenat** 5: 6, place de l'Hôtel-de-Ville, grote sortering brood, gebak, maar ook pasteitjes en kleine lunchgerechten.

Pasteien – **Cochon d'Or** 6: 2, rue des Frères, vleesproducten van *pountí* tot ganzenlever. Ook heel geschikt om boodschappen te doen voor een picknick.

Kazen – **Fromagerie Morin** 7: 7, rue du Buis, in de Marché aux Fromages. Kazen van Auvergne, ook zeldzame specialiteiten als de salers, de mandailles uit het Jordannedal, de chèvre du Fel en de fouchtra, een kruising van cantal en saint-nectaire (zie blz. 74).

Actief

Recreatiebad – **Centre Aquatique La Ponétie** 1: juli/aug. ma. 14-19, di.-za. 10-19, zo. 10-13, 15-19 uur, toegang € 4,90, 4-17 jaar € 4,15, saunaruimte € 7,70, centreaquatique.caba.fr. Groot recreatiebad met sauna-afdeling op

het recreatie- en sportterrein La Ponétie, richting Arpajon. Denk eraan dat in Frankrijk zwemshorts verboden zijn en dat ook in de sauna zwemkleding moet worden gedragen.
Wandelen – Volcan Vert: volcan.vert@wanadoo.fr. Wandeltochten op de Col de Legal, contact alleen per e-mail.
Canyoning, klimmen – Murmur & Nature: zie blz. 226, contactadressen in het Cantalmassief via de website www.murmurnature.com.

Uitgaan

Dansschuur – **Le Bateau Lavoir** 1 : zie Tip blz. 234.

Info en festiviteiten

OdT: 7, rue des Carmes, 15000 Aurillac, tel. 04 71 48 46 58, www.iaurillac.com.
Festival de Théâtre de Rue: straattheaterfestival, 3e week van augustus, info: www.aurillac.net. Gratis optredens in de openlucht in de Rue des Carmes, op de Square en op de Place de l'Hôtel-de-Ville.
Grote veemarkten: op 25 mei (St-Urbain) en op 14 okt. (St-Géraud).

Montsalvy ▶ B 11

Ten zuiden van Aurillac, richting Lotdal (zie blz. 251), ligt het geheel door muren omringde plaatsje Montsalvy, dat zijn naam ('Heilige Berg') dankt aan zijn stichting door middeleeuwse monniken. De plaats is het centrum van de Châtaigneraie, het heuvelgebied ten zuiden van Aurillac, waar vroeger kastanjebomen een wezenlijke bijdrage leverden aan de voeding van de mensen. Bossen met de eetbare tamme kastanje *(Castanea sativa)* zijn er nog altijd op de hoger gelegen hellingen, terwijl in de dalen en op de vlakten grotendeels op veeteelt is overgegaan.

Een wandeling door de oude stad met zijn twee volledig bewaard gebleven stadspoorten, prachtige oude huizen, de ten tijde van de stichter van de stad, Gausbert, begonnen kerk en het Château bij de zuidpoort (tegenwoordig een bejaardenhuis) kunt u het beste maken met een brochure van het OdT in de hand, waarin veel gebouwen worden beschreven.

Overnachten

Klein liefdesnest – **L'Auberge Fleurie:** Place du Barry, tel. 04 71 49 20 02, www.auberge-fleurie.com, 2 pk € 50-70, ontbijt € 8, menu € 16-45. Volledig met klimop begroeide dorpsherberg met plezierige kamers, tussen modern en traditioneel in. Kamer nr. 1 is een echt liefdesnest met een ijzeren ledikant en een grote spiegel. De keuken is ambitieus en creatief en biedt kreeft en foie gras.

Winkelen

Keramiek – **Poterie Le Don du Fel:** 12140 Le Fel, www.poteriedudon.com, dag. 10-18.30 uur. Grote aardewerkfabriek, enkele kilometers ten zuiden van Montsalvy, met een verkooptentoonstelling.

Info en festiviteiten

OdT: Tour de Ville, 15120 Montsalvy, tel. 04 71 46 94 82, www.chataigneraie-cantal.com.
Les Nuits de Marcolès: half juli illuminatie van het middeleeuwse stadje, 23 km ten westen van Montsalvy.

IN EEN OOGOPSLAG

Tussen Lot en Tarn

Hoogtepunt ✳

Gorges du Tarn: de steile rotswanden van de Tarnkloof rijzen meer dan 400 m hoog op, een soort Grand Canyon van Frankrijk. Pas sinds ruim honderd jaar loopt er een weg langs de rivier. Vroeger moest alles over de rivier worden vervoerd – waar nu de kleurige boten van de kanovaarders dobberen. Zie blz. 266.

Op ontdekkingsreis

Capitaine Merle en de kathedraal van Mende: in de Franse Godsdienstoorlogen zorgde een man voor opschudding in het zuiden van Frankrijk. Matthieu de Merle schijnt het daarbij vooral op de hoogste en grootste kerk van Gévaudon voorzien te hebben gehad. Zie blz. 248.

De Corniche des Cévennes en de Camisardsoorlog: bij de volksopstand van de camisards stierven er duizenden protestanten of werden verdreven toen de koninklijke dragonders de rust terugbrachten in de bossen van de Cevennen. De tocht volgt de Corniche (Route des Crêtes) tot het Camisardsmuseum bij St-Jean du Gard. Zie blz. 262.

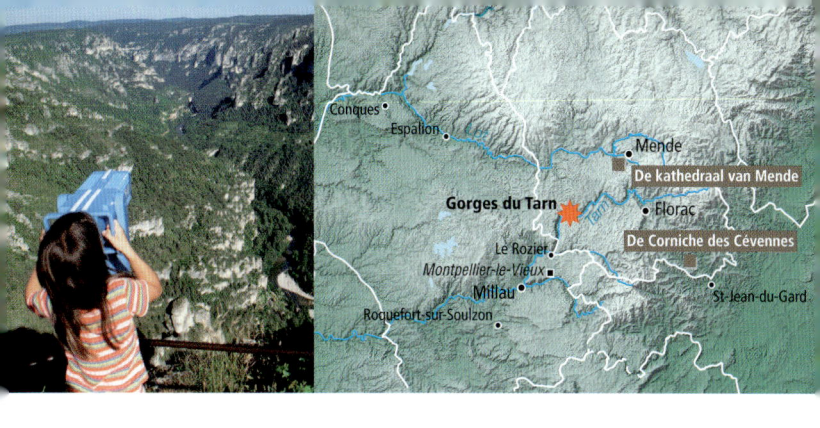

Bezienswaardigheden

Burcht Calmont d'Olt bij Espalion: de grote burcht is elke zomer vol leven als hier het middeleeuwse leven wordt nagespeeld. Zie blz. 252.

Conques: alles bij de pelgrimskathedraal aan het eind van het jakobspad maakt een middeleeuwse indruk; uniek is de in 1974 na vierhonderd jaar teruggevonden kerkschat. Zie blz. 257.

Actief

Kanotochten op de Tarn: een must, zeker voor wie niet bang is voor water. In elk plaatsje vindt u wel aanbieders. Wie van snelheid houdt, moet begin juni komen, als de rivier nog veel water voert. Zie blz. 188.

Montpellier-le-Vieux: te voet of met een tractortreintje door een bizar rotslandschap. Zie blz. 279.

Via ferrata: de 'IJzerweg' bij Le Rozier voert op een hoogte van enkele honderden meters over de steile rotsen – tussen twee staalkabels. Aanbieders vindt u aan de Tarn en in Millau. Zie blz. 273 en 278.

Sfeervol genieten

Grand Hôtel de la Muse in Le Rozier: als een kasteeltje staat dit hotel aan de Tarn, van binnen is het in zenstijl ingericht – een echte vakantieoase. Zie blz. 272.

La Source du Pêcher in Florac: dit restaurant heeft een mooi terras aan het stuwmeer, waar u heerlijk kunt zitten en lekker eten. Zie blz. 260.

Uitgaan

Mende: de bar van het Hôtel du Commerce is zorgvuldig als een echte Engelse pub ingericht en voert zoveel biersoorten dat het onmogelijk is alles te proeven. Zie blz. 246.

Van de Aubrac naar de Cevennen

Ten zuiden van de lijn van Aurillac in het westen over St-Flour naar Le Puy in het oosten eindigt Auvergne; het departement Lozère behoort al tot de regio Languedoc-Roussillon. Historisch betreft het het graafschap Gévaudon, dat zich uit het nederzettingsgebied van de Gallische stam de Gabali ontwikkelde. Nog meer dan in Auvergne was de heerschappij hier echter versplinterd in talrijke kleine vorstendommen, waartegenover alleen de koningsstad Marvejols en de bisschopsstad Mende stonden.

Geografisch is het een bijzonder veelzijdige regio. Op de hoogvlakte van de Aubrac, waar op de schijnbaar eindeloze grasvlakten een lichtblond runderras graast, volgt naar het zuiden het beboste dal van de Lot, geflankeerd door burchten en versterkte stadjes die nog middeleeuws aandoen.

Nog verder naar het zuiden hebben rivieren als de Tarn, de Jonte en de Dourbie diepe kloven uitgesneden en daarmee kale verkarste hoogvlakten, de Causses, van elkaar gescheiden. De Tarn en de Causses behoren tot de populairste vakantiegebieden van Frankrijk, waardoor het 's zomers druk is op de bochtige weggetjes, maar de Cevennen lijken daardoor des te verlatener. Eindeloze bossen strekken zich over het heuvellandschap uit dat zijn hoogtepunt vindt in de kale toppen van de Mont Lozère en de Mont Aigual.

Alles in Gévaudon lijkt nog verder van de bewoonde wereld verwijderd dan in Auvergne, de hoogvlakten en bossen zijn nog eenzamer, de plaatsen nog verlatener. En toch schemert in het zuiden van het Massif central al de glimlach van de Midi door, in ieder geval in de zomer. Op de Tarn zetten de kano's van de toeristen kleurige accenten, in Millau en Florac geniet men op de talrijke terrassen van de allure van het zuiden.

INFO

Internet en informatiecentra

Departement Lozère: www.lozere-tourisme.com (ook in het Engels)
Departement Aveyron: www.tourisme-aveyron.com (ook in het Ned.)
Regio Causses & Cevennen: www.causses-cevennes.com
Nationaal park Cevennen: www.cevennes-parcnational.fr; informatiecentrum: Maison du Parc de Florac, 6 bis, place du Palais, Florac, zie blz. 266
Regionaal park Grands Causses: www.parc-grands-causses.fr; informatiecentrum: Maison du Parc de Millau, 71 B, bd de l'Ayrolle

Heenreis en vervoer

Marvejols en Millau zijn over de **snelweg A 75** goed bereikbaar. Verder moeten de wegen de rivieren volgen, wat moeizaam en omslachtig rijden is. Pas op met campers aan de Tarn: het is alleen mogelijk om zonder schade door de ronde tunnels te rijden, als u precies in het midden rijdt.
Luchthaven: Lozère heeft geen luchthaven met reguliere verbindingen. De dichtstbijzijnde luchthaven is de **Aéroport Rodez-Marcillac** met dag. een vlucht naar Parijs-Orly met Britair (www.britair.com).

Stenen kruis langs de weg op het Aubracplateau

De Aubrac

Vrijwel boomloos strekken 's zomers de weilanden en 's winters de sneeuwvelden zich uit op de hoogvlakte van de Aubrac. In het voorjaar, als witte en gele narcissen de velden kleuren, worden de runderen van het aubracras erop gedreven – veeteelt is vrijwel de enige bron van inkomsten hier.

Tussen de Aubrac en het dal van de Lot (zie blz. 251), dat in het zuiden de grens vormt, ligt een verschil van zo'n 1000 m hoogte. De eerste sneeuw kan al eind oktober op de hoogvlakten vallen, de laatste eind mei. Vaak komt er nog een ijzige wind bij. Ook in de middeleeuwen, toen de jakobspelgrims over de hoogvlakte naar Santiago de Compostela trokken, vreesde men het rauwe klimaat en de roversbenden op dit traject. Tegenwoordig, in het tijdperk van de moderne verkeersverbindingen en verspreid gelegen agglomeraties, kunt u genieten van de oneindige weidsheid – schijnbaar zonder tekenen van de beschaving. In de winter is de steppenachtige hoogvlakte een aantrekkelijk skigebied voor langlaufers – rond Laguiole werden meer dan 200 km loipen aangelegd.

Laguiole ▶ D 11

Het gezellige stadje Laguiole is vooral beroemd om zijn messen. Langs de hoofdstraat vindt u de winkels met messen en bestek, allemaal in de kenmerkende gebogen vorm van het traditionele jachtmes. Aan de stadsrand staan grote messenmakerijen, waaronder de Forge de Laguiole, ontworpen door designicoon Philippe Starck –

bekroond door een 18 m hoog mes van aluminiumplaten. Starck heeft voor de smeden bovendien een messenserie in de oude stijl ontwikkeld, die inmiddels een cultobject is, maar ook zeer duur.

Het geval Laguiole laat overigens goed zien wat design en marketing teweeg kunnen brengen. In de jaren zeventig liep de traditionele messenproductie ook in Laguiole op zijn eind. Het door smid Pierre-Jean Calmels in 1829 ontwikkelde vouwmes werd in de fabrieken van Thiers goedkoper geproduceerd. Met de bouw van de grote fabriek Forge de Laguiole begon een langdurige strijd om de rechten op de vorm en de naam van het mes waarop Laguiole alleen voor zichzelf aanspraak maakte. Het hoogste gerechtshof in Frankrijk besloot echter anders en nu kunnen ook messen uit Thiers of uit Azië als laguiole worden verkocht. Maar de echte en peperdure laguioles uit Laguiole kwamen terecht in de sterrenrestaurants van Frankrijk en in het Museum of Modern Art in New York. Inmiddels zijn messen, vorken, lepels, maar ook kelnermessen en andere keukengerei in de herkenbare vorm met de bij op het heft cultobjecten geworden.

Een andere specialiteit van de stad is de op de cantalkaas gelijkende laguiole, van de melk van het aubracras, die met een AOC werd bekroond.

Overnachten

Superdure keuken – **Ginette et Michel Bras:** 5 km buiten de stad, Route de l'Aubrac, tel. 05 65 51 18 20, www.michel-bras.fr, 2 pk € 280-430, ontbijt € 29, menu's € 125-197. Michel Bras behoort tot de bekendste koks van Frankrijk. Haute cuisine midden in de eenzaamheid, met uitzicht over de halve Aubrac; het restaurant behaalde 19 van de 20 mogelijke punten in de Gault Millau en 3 sterren in de Michelin; 11 kamers, 2 appartementen.

Goede keuken – **Auguy:** 2, allée de l'Amicale, tel. 05 65 44 31 11, www.hotel-auguy.fr, 2 pk met ontbijt € 52/72-112, ontbijt € 12, menu voor 2 pers. € 99 en 269. Mooie, verzorgde kamers, midden in de stad (3*), goede prijs-kwaliteitverhouding; regionale keuken met een Michelinster, fantastische desserts.

Landelijke herberg – **L'Aubrac:** Maison Brouzes, tel. 05 65 44 32 13, www.hotel-aubrac.fr, 2 pk € 45-65, gezinskamer vanaf € 70, ontbijt € 8,50, menu's € 12,50-29,50. Gemoedelijke herberg met rustiek restaurant (regionale keuken); de kamers zijn vriendelijk en modern ingericht.

Winkelen

Laguiolemessen – De beroemde messen worden in veel winkels ter plaatse verkocht. De producten van Forge de Laguiole (www.forge-de-laguiole.com) en Coutellerie de Laguiole (www.layole.com) stammen direct uit Laguiole. Voor een echt handgemaakt mes moet u rekenen op een prijs tussen € 35 en 120, Tafelbestek kost vanaf € 150 (6-delig).

Gebak – **La Maison Roux:** 12, rue Bardière. Bakspecialiteiten van Rouergue zoals *fouace* (krans van gistdeeg met sinaasappelaroma) of *rissole aux pruneaux* (deegenvelop met pruimen).

Info en festiviteiten

OdT: Allée de l'Amicale, 12210 Laguiole, tel. 05 65 44 35 94, www.laguiole-online.com.

Fête de la Transhumance: 3e weekend in mei in Aubrac (bij de Dômerie d'Aubrac), 20 km ten zuidoosten van Laguiole en 9 km ten zuidwesten van Nasbinals. Feest rond het opdrijven van de aubracrunderen naar de almen, met boerenmarkt, muziek en *aligot*-proeven, 10-19 uur.

Nasbinals ▶ D 11

Het dorpje Nasbinals, met zijn mooie romaanse kerk uit de 12e eeuw, is zeker een bezoek waard. Al in de 9e eeuw stond hier een abdij langs de pelgrimsweg, die later werd toegewezen aan de Dômerie in Aubrac. Het Offfice de Tourisme is ondergebracht in het vroegere huis van notaris Charrier, die als leider van de katholieke contrarevolutie van het zuiden tegen het revolutionaire Parijs in 1793 onder de guillotine stierf. Vooral op woensdag, als hier markt wordt gehouden en regionale kaas, ham en worst, maar ook aubracrunderen worden verkocht, is Nasbinals bijzonder pittoresk.

Dômerie d'Aubrac ▶ D 11

In het plaatsje Aubrac getuigt de Dômerie d'Aubrac van de vroegere pelgrimsstromen op het jakobspad: hij is rond 1120 gebouwd als hospitium, nadat een Vlaamse graaf hier op de kale hoogten eerst door rovers was aangevallen en op de terugweg in een sneeuwstorm terecht was gekomen. Al snel zorgden honderdtwintig broeders, dertig zusters, drie ridders en vijftien priesters voor de veiligheid van de vrome wandelaars. 's Nachts werd onophoudelijk de klok geluid, zodat niemand verdwaalde. Door giften werd het klooster rijk. Het bezat ooit goederen in het hele zuiden van Frankrijk. Maar behalve de romaanse kerk en de machtige, vierkante toren uit de tijd van de Honderdjarige Oorlog, die nu als gîte voor wandelaars is gerestaureerd, hebben weinig onderdelen van het complex de tand des tijds doorstaan.

Luxe tafelmessen van Forge de Laguiole

Overnachten

Comfortabel – **Le Bastide**: 48260 Nasbinals, D987 richting Malbouzon, tel. 04 66 32 50 03, www.bastide-nasbinals.com, 2 pk € 42-72, ontbijt € 8,50. Een nieuw hotel in landelijke stijl, iets buiten het dorp, met comfortabele, moderne kamers en een goed restaurant.

Mooie herberg – **Relais de l'Aubrac**: Pont de Gournier, 48260 Recoules d'Aubrac, 3 km noordelijk, tel. 04 66 32 52 06, www.relais-aubrac.com, 2 pk € 53-69, ontbijt € 8,50, menu's € 28-40. Landelijke herberg met grijs natuursteen midden in de natuur, bij een oude brug over het riviertje de Bès. Oudere, maar vriendelijke kamers met veel hout (WLAN-toegang), en een meermaals bekroond restaurant met creatieve Aubrackeuken.

Actief

Wellness – **La Chaldette**: 48310 Brion, 13 km noordelijk, richting Chaudes-Aigues, tel. 04 66 31 68 00, www.lachaldette.com. Thermencentrum met 35 °C warm water. Een halve dag met sauna, jacuzzi, fitnesscentrum, massage enz. € 60-141, plus behandelingen van hydromassage tot epilatie.

Aumont-Aubrac ▶ E 11

Aumont-Aubrac is een klein stadje aan de oude, Romeinse handelsweg van St-Flour naar het zuiden. Nu ligt het aan de snelweg A 75, wat voor enige drukte in het stadje zorgt. Op vrijdag is er een mooie regionale markt.

De regio tussen de Margeridehoogvlakten in het noorden en Marvejols is in Frankrijk berucht als thuisland van het 'Bête du Gévaudan' (zie Saugues, blz. 205). Een reusachtige wolf joeg eind 18e eeuw als menseneter de bewoners de stuipen op het lijf, de koning stuurde jagers en uiteindelijk zelfs dragonders. Tegenwoordig zijn de oude afbeeldingen van het beest populair voor reclamedoeleinden. In Aumont-Aubrac siert de wolf zelfs een fontein.

Javols ▶ E 11

Juli/aug. dag., behalve zo. ochtend 10-12, 14-18.30 uur, juni, sept. ma., di., do., vr. 10-12, 14-17 uur, www.archeologie-javols.org toegang € 3, kinderen vanaf 12 jaar € 2

Het kleine gehucht, 7 km naar het zuidoosten, was vroeger de Gallische hoofdstad van het gebied van de Gabali, de Galliërs die volgens Caesar bij Alesia wisten te ontkomen. De Gallo-Romeinse stad Anderitum, later Gabalum genaamd, telde zo'n 3000 inwoners en wordt al jarenlang in de zomermaanden opgegraven. In een klein museum zijn de vondsten te zien en u kunt een rondgang over het opgravingsterrein maken.

Overnachten

Elegant – **Prouhèze**: Avenue de la Gare, tel. 04 66 42 80 07, fax 04 66 42 87 78, www.prouheze.com, 2 pk € 79-90, gezinskamer € 110, ontbijt € 13. Het chic ingerichte Grand Hôtel (3*) biedt 23 comfortabele kamers en twee restaurants: regionale brasseriekeuken in Le Compostelle (menu € 29), geraffineerde keuken in het Prouhèze (menu à la carte € 58); natuurlijk staat ook filet van aubracrund op de kaart.

Info en festiviteiten

OdT: Maison du Prieuré, 48130 Aumont-Aubrac, tel. 04 66 42 88 70, www.ot-aumont-aubrac.fr.

Kerkwijding St-Étienne: begin augustus, met *pétanque*wedstrijd, vuurwerk en een traditioneel bal musette.

Marvejols ▶ E 12

Verder naar het zuiden aan deze route ligt Marvejols, een bedrijvige kleine stad, die vroeger versterkt was en als koningsstad *(ville royale)* speciale bescherming genoot. Tijdens de Reformatie ging hij echter tot het protestantisme over. In de Godsdienstoorlogen brandden de katholieken de stad af – capitaine Merle (zie blz. 248) had hier zijn hoofdkwartier - drie kwart van de bevolking werd afgeslacht. Koning Henri IV, aan wie een beeld voor de noordelijke Porte de Soubeyran herinnert, financierde de wederopbouw.

Behalve de imposante Soubeyranpoort markeren nog drie goed bewaard gebleven stadspoorten de loop van de vroegere stadsmuur. Loop 's ochtends eens door de Grand'Rue, de belangrijkste winkelstraat. 's Middags kunt u beter in een van de bistro's aan de Place Henri-Cordesse gaan zitten.

Parc des Loups du Gévaudan
▶ E 11

Bij het dorpje Ste-Lucie, vlak bij Marvejols, werd met geïmporteerde wolven een wolvenpark aangelegd. Hoewel de dieren achter meer dan manshoge hekken op een veel te kleine ruimte zijn opgesloten, volgde een landelijk protest tegen het wolvenpark – zo diep zit de collectieve angstneurose voor deze dieren de Fransen in het bloed. Brigitte Bardot, de beroemdste dierenbeschermster van Frankrijk, haalde als spreekbuis van de wolven de kranten (nov. tot mrt. dag. 10-17, apr. tot juni, sept./okt. 10-18 uur, juli/aug. 10-19 uur, jan. gesl., www.loupsdugevaudan.com, toegang € 7,50, 3-11 jaar € 4,50).

Tip

Réserve de Bisons d'Europe
▶ F 10

Bij Ste-Eulalie-en-Margeride grazen tegenwoordig weer wisenten, die in West-Europa in de Romeinse tijd zijn uitgestorven. Deze majestueuze dieren, die door de prehistorische mensen op grottenwanden zijn vereeuwigd, worden wel 2 m groot. Op 200 ha is begin jaren negentig van de 20e eeuw een reservaat voor circa twintig uit Polen ingevoerde wisenten ingericht; al in 1993 werden de eerste jongen geboren. U kunt de reuzen zien tijdens een koetstochtje van een uur (juni-sept. dag. 10-18, anders 10-17 uur, www.bisoneurope.com, toegang/koetstocht € 13,50, 3-11 jaar € 7).

Overnachten

Eerbiedwaardig stadshuis – L'Europe: Place du Barry, tel. 04 66 47 16 35, www.hotel-marvejols.fr, 2 pk € 56-74, ontbijt € 10, menu's € 13-30. Goed geleid 3*-hotel in een oud stadshuis, dicht bij het centrum aan het riviertje ten oosten van de oude stadsring gelegen. Modern gerenoveerde kamers, goede keuken.

Info en festiviteiten

Maison du Tourisme: Porte du Soubeyran, 48100 Marvejols, tel. 04 66 32 02 14, www.ville-marvejols.fr.
Weekmarkt: za. ochtend, op de Place de Soubeyran.
Festival Henri IV: eind juli wordt hier een groot feest gevierd, met straattheater, kunstenaarsmarkt en concerten. Er is ook een boekenmarkt. Informeer naar de datum, want die ligt niet altijd vast.

Mende ▶ F 12

Binnen het in vele kleine heerlijkheden versplinterde graafschap Gévaudon was Mende als bisschopszetel steeds de machtigste stad en is tot nu toe de belangrijkste stad van het departement Lozère, waar nog maar 73.000 mensen wonen, slechts 14 per km². De circa 11.000 inwoners tellende hoofdstad van Lozère was ooit overslagplaats voor de producten van de schapenhouderij, de belangrijkste bron van inkomsten op de Causses (zie blz. 53). Tot in de 19e eeuw waren het vooral de wol en de verwerking daarvan die in de plaatsen aan de Lot aan het levensonderhoud bijdroegen, terwijl de huiden in Millau werden verwerkt (zie blz. 274).

Vooral de machtige gotische **kathedraal** 1 (Place Urbain-V), die met zijn westgevel aan de ringvormige boulevard grenst die de oude stad op de plaats van de vroegere stadsmuur omringt, is bezienswaardig (zie Op ontdekkingsreis blz. 248).

In het centrum markeert de Rue Notre-Dame het vroegere Joodse ghetto. In de parallelstraat is de **synagoge** 2 uit de 13e eeuw bewaard gebleven. Een vergelijkbaar gotisch portaal ziet u ook aan het **Couvent des Carmes** 3 in de Rue de l'Ange, een oud klooster, waarin tegenwoordig een salon de thé en een kunstenaarsinitiatief gevestigd zijn.

In de afgelopen jaren werd in Mende veel gerestaureerd en de straten worden geflankeerd door mooie vakwerkhuizen. U kunt hier kleine pleintjes, het **Maison du Prévôt** 4 (Huis van de Voogd) of het **Lavoir de la Calquière** 5 (Washuis van de looiers) ontdekken. Aan de Place au Blé staat de **Tour des Pénitents** 6, een laatste overblijfsel van de oude stadsmuur. Elk twee van zulke ronde torens met kegeldak flankeren de poorten van de oude vestingwerken. In het **Musée départemental** Ignon-Fabre 7 (3, rue Épine) ten slotte wordt een min of meer curieuze collectie over de geschiedenis van de stad en de omgeving getoond.

Een kleine wandeling brengt u bij de Lot, met de brug **Pont Notre-Dame** 8 uit de 12e eeuw. Deze was lange tijd de enige plaats in de hele regio waar de rivier kon worden overgestoken en maakte Mende tot een knooppunt tussen Velay, Rouergue en Cévennes. Door zijn hoge boog is hij nooit door hoog water vernield.

Bagnols-les-Bain ▶ G 12

Aan de bovenloop van de Lot, niet ver van de bron, vormt het kleine thermenkuuroord een etappe op de rit naar de Mont Lozère, de hoogste berg van het naar hem genoemde departement (zie blz. 258). Met zijn hotels, enkele restaurants, een kuurcentrum en een camping is de plaats ook geschikt als uitgangspunt voor wandelingen in het eenzame natuurlandschap (www.ot-bagnolslesbains.com).

Overnachten

Klassiek-elegant – **Hôtel de France** 1: 9, bd Lucien-Arnault, tel. 04 66 65 00 04, www.hoteldefrance-mende.com, 2 pk € 95-103, ontbijt € 11, menu € 29-51. Verzorgd hotel (3*) aan de oude stadsring in een mooi oud gebouw, een gemoedelijk, elegant restaurant met voortreffelijke seizoenskeuken en een groot terras in de zomer.

Elegant en traditioneel adres – **Lion d'Or** 2: 12, bd Britexte, tel. 04 66 49 16 46, 2 pk € 62-90, ontbijt € 9,50, menu € 20-34. Een nabij het centrum gelegen middenklassehotel (3*), met ondanks de uitvalsweg erachter aangenaam rustige en grote kamers, klassiek-chic restaurant met goede visgerechten en heerlijke desserts.

Mende

Bezienswaardigheden
1. Kathedraal
2. Synagoge
3. Couvent des Carmes
4. Maison du Prévôt
5. Lavoir de la Calquière
6. Tour des Pénitents
7. Musée Départemental
8. Pont Notre-Dame

Overnachten
1. Hôtel de France
2. Hôtel Lion d'Or
3. Hôtel du Commerce
4. Camping Le Tivoli

Eten en drinken
1. Le Mazel
2. Les Voûtes
3. Drakkar Pub

Winkelen
1. La Fromagerie
2. Patissier Majorel
3. Antiquités Bonnal
4. Sans Dessous Dessus

Modern – **Hôtel du Commerce** 3: 2, bd Henri-Bourrillon, tel. 04 66 65 13 73, www.lecommerce-mende.com, 2 pk € 54-57, ontbijt € 7. Charmant en stijlvol ingericht hotel (2*), met modern vormgegeven kamers en op de begane grond de Bar du Commerce in de stijl van een Irish Pub met groot bierassortiment en goede brasseriekeuken.

Camping – **Le Tivoli** 4: Route du Gorges du Tarn, tel. 04 66 65 00 38, www.camping-tivoli.com. Beschaduwd terrein onder grote bomen aan de Lot, zonder zwemstrand. Ook verhuur van stacaravans.

Eten en drinken

Veel geprezen – **Le Mazel** 1: 25, rue du Collège, tel. 04 66 65 05 33, 12-14, 19.30-21.30 uur, ma. diner, di. gesl., menu € 13 (lunch) tot € 32. Geraffineerde keuken met regionale ingrediënten uit Lozère in een elegante sfeer.

Oude gewelven – **Les Voûtes** 2: 13, rue d'Aigues-Passes, tel. 04 66 49 00 05, www.les-voutes.com, 12-14, 19-23 uur, menu € 27, pizza vanaf € 8. Een jonge ambiance onder historische gewelven, ook buiten in de tuin. Stijlvol gepresenteerde lichte keuken, incl. pizza, pasta en salades. Reserveren!

Engelse stijl – **Drakkar Pub** 3: Place Urbain-V, tel. 04 66 47 38 83, drakkar mende.com, dag. 9-24 uur, menu € 21, salades € 11 (ook hotel: 2 pk € 50-61, ontbijt € 8). Een gezellige pub in Engelse stijl aan het kathedraalplein, regionale brasseriekeuken, goede salades.

Winkelen

Kaas – **La Fromagerie** 1: 32, rue du Soubeyran. Regionale ▷ blz. 251

247

Op ontdekkingsreis

Capitaine Merle en de kathedraal van Mende

Vredig rijst de kathedraal van Mende boven het rustige stadje uit. Voor de ingang heft het beeld van paus Urbanus V zegenend de hand. Uit niets valt af te leiden dat zich hier een van de ongelooflijkste verhalen van de Godsdienstoorlogen heeft afgespeeld.

Kaart: ▶ F 12
Planning: de kathedraal is alleen buiten de missen te bezichtigen. In juli en aug. zijn er op ma., di. en vr. vanaf 16 uur interessante rondleidingen, tijdens welke de klokkentoren kan worden beklommen; verzamelen voor het Office de Tourisme.

Leestip: het ongelooflijke leven van capitaine Merle is beschreven in *Mémoires de Mathieu Merle,* Éditions Paleo, in Mende in boekwinkels te verkrijgen.

Kerstnacht 1579, de burgers en soldaten van Mende bezochten juist de avondmis, klom de protestante aanvoerder Mathieu de Merle met zijn mannen over de stadsmuur, sloot in een brutale coup de gehele bevolking van de stad in de kerk op en riep zichzelf uit tot heer van Mende. Die katholieke geestelijken werden vermoord, de stad geplunderd; capitaine Merle betrok het bisschoppelijk paleis voor de kathedraal.

Het bloedbad en de wraak

De oorlog van capitaine Merle was in 1572 begonnen met de 'Parijse bloedbruiloft.' Na het huwelijk van de protestantse Henri de Navarre en de katholieke koningsdochter Margot werden bijna drieduizend naar Parijs gekomen protestantse edelen vermoord, onder wie de baron Astorg de Peyre, wiens rijk ten noorden van Marvejols lag. Zijn weduwe Marie haalde de 24-jarige ridder Mathieu de Merle over om wraak voor haar te nemen. Met aanvankelijk niet meer dan dertig man begon hij aan zijn vergeldingsveldtocht tegen steden en abdijen. Hij doodde geestelijken en perste de adel af. In 1573 overviel Merle Malzieu, in 1574 Ambert, in 1575 Issoire, in 1577 Marvejols, en in 1578 St-Flour, kleine plaatsen niet meegerekend. Tot het eind van zijn privéoorlog rond 1589 zou hij 1600 katholieke geestelijken hebben gedood.

Paus en bisschop

Voor wie nu in Mende staat, lijkt de kerk nog altijd zeer groot, maar de dimensies waren in de 15e eeuw nog veel imposanter. In plaats van de boulevardring liep er een verdedigingsmuur rond de stad, waarboven de kathedraal met kop en schouders uitstak – hij was de grootste kerk van Lozère en symbool van kerkelijke macht.

Met de bouw was in 1368 begonnen, met financiële middelen van paus Urbanus V, die uit Gévaudan afkomstig was. Pas ruim honderd jaar later was het koor voltooid. In 1508 werd de eerste steen voor de klokkentorens gelegd; de linker werd door de bisschop betaald, de rechter door de kanuniken en daarom duidelijk bescheidener van proporties.

De onvergelijkelijke

In 1516 kreeg de kerk zijn klokken, waaronder de 'Non-Pareille,' die met een gewicht van 25 ton en een hoogte van bijna 3 m de zwaarste van de gehele christelijke wereld geweest zou zijn. Er waren 180 muildieren nodig om het metaal vanuit Lyon aan te voeren en hij werd waarschijnlijk gegoten in de kapel van de toren, direct links van de hoofdingang.

Aan de muur naast het portaal ziet u nog de klepel, die alleen al 470 kg zou wegen. De klok werd door capitaine Merle omgesmolten om er kanonnen en mortieren van te gieten. Zo kon hij zijn troepen duidelijk versterken, wat ook nodig was, want inmiddels was zijn veldtocht uitgelopen op een echte oorlog tegen de troepen van de koning en de Katholieke Liga.

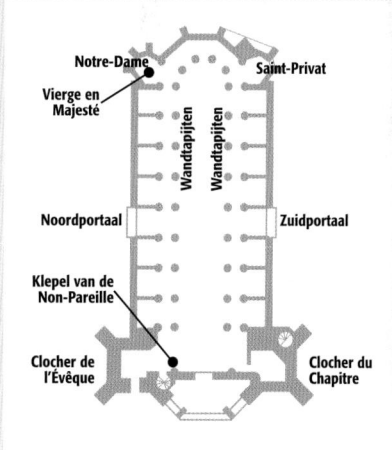

Hoe verwoest je een kathedraal

Twee jaar later keerde Merle terug naar Mende en eiste 4000 écu van de stad om de protestantse leider Henri de Bourbon, prince de Condé, vrij te kopen. Als het geld niet zou worden opgebracht, zou hij de kathedraal verwoesten. Zouden de burgers het geld werkelijk niet bij elkaar hebben kunnen brengen, of dachten ze dat hij zijn plan nooit zou kunnen uitvoeren zonder zijn eigen mensen te doden?

Ze betaalden in ieder geval niet. En dus liet Merle ijskoud een laag stenen uit de pilaren weghakken en door hout vervangen, waarna een enorm vuur binnen de kerk werd aangestoken. Toen het hout bij alle zestien pilaren verbrand was, braken de bogen en stortte het hele middenschip in. De klokkentorens raakte de listige legerleider echter niet aan, want die hadden op zijn residentie in het bisschoppelijk paleis kunnen vallen.

Van het vuur gered

De kathedraal is gewijd aan twee heiligen, eenmaal aan Notre-Dame (Maria), en eenmaal aan de heilige Privatus – ze worden in de twee zijkapellen naast het koor vereerd. In de Chapelle Notre-Dame aan de linkerkant wordt de ideëel grootste schat van de stad bewaard, een zwarte Vierge en majesté, dus in starre, verheven houding met de volwassen aandoende Jezus op haar schoot. Maar het kind ontbreekt, net als haar handen – de schuldige is natuurlijk weer Merle.

Bij de plundering was het zeer vereerde beeld beroofd van al zijn zilver; het verhaal wil dat een oude vrouw 'het oude stuk hout' van een soldaat losgepraat heeft, omdat ze hem wijsmaakte dat ze naar brandhout op zoek zou zijn. En zelfs tijdens de Revolutie ontkwam het beeld aan de op veel plaatsen gebruikelijke verwoesting. Anders dan bij de beroemdere zwarte madonna van Le Puy (blz. 70 en 195) gaat het hier dus werkelijk om het origineel van een uit het oosten meegebracht Mariabeeld van olijfhout, dat vermoedelijk teruggaat tot de 11e eeuw. Het werd voor het eerst genoemd in 1249 – als souvenir van een kruisridder.

Heilige bisschop

In de andere kapel wordt de heilige Privatus vereerd, die in de 3e/4e eeuw de eerste bisschop van Gévaudon zou zijn geweest. Volgens de kroniekschrijver Fredegarius zou hij rond 407 bij een inval van de heidense Alemannen, die zich vervolgens in het 'Frankendal' (Vallée Française) vestigden, zijn omgekomen. Gregorius van Tours meldt echter dat hij rond 260 in de nog altijd vereerde hermitage op de Mont Mimat is gedood.

Sindsdien hebben zijn botten grote omzwervingen gemaakt. Ze werden eerst op de Mont Mimat begraven, vervolgens naar Parijs overgebracht, vandaar naar Salone in Lotharingen gebracht, dan weer terug naar Gévaudon, naar Mende, waar ze rond 1170 onder de kathedraal werden 'teruggevonden,' in een praalgraf herbegraven, dat echter door de hugenoten werd vernield, in de late 19e eeuw opnieuw 'herontdekt,' tot 1971 in het oude hoofdaltaar bewaard en sindsdien weer in de hermitage op de Mont Mimat. Wie kan dat geloven? Waarschijnlijk hebben de hugenoten al niet de echte botten door de kathedraal gesmeten.

De klok van Henri IV

De kostbare wandtapijten uit Aubusson, die in het koor hangen, zijn in ieder geval wel echt. Ze stammen uit de 18e eeuw en illustreren het leven van Maria met in de kleding uit de tijd gehulde figuren. Bij de beklimming van de toren wordt het originele uurwerk uit 1598 getoond, dat koning Henri IV aan de stad schonk – als compensatie voor de door capitaine Merle aangerichte schade. Een pikant detail daarbij is dat tijdens de Godsdienstoorlogen Merle de heerschappij over Mende had gekregen van de toen nog protestantse Henri.

kaassoorten, zoals de pélardon van geitenmelk en de fédou van schapenmelk.
Gebak – **Patissier Majorel** 2: 2, rue de la République. Gebak, waaronder de croquant de Mende, een knapperige specialiteit met amandelen.
Antiek – **Antiquités Bonnal** 3: 26, rue Notre-Dame. Antiquiteiten.
Lingerie - **Sans Dessous Dessus** 4: 7, rue de la République. De grote Franse merken.

Info en festiviteiten

OdT: 14, bd Henri-Bourillon, 48000 Mende, tel. 04 66 65 02 69, www.ot-mende.fr.
Weekmarkt: wo. en za. bij de kathedraal.
Grande Foire de Mende: 1e wo. in juni en sept.
Foire à la Brocante: half juli.

Pays d'Olt – in het dal van de Lot

Aan de Lot, die op de Mont Lozère ontspringt, strekken zich al wijngaarden uit. Dat Espalion *premier sourire du Midi* (eerste glimlach van het zuiden) wordt genoemd, onderstreept dit contrast tussen de vulkanische bergwereld en het lieflijke Zuid-Frankrijk. Ook in het verleden vormde de naar het westen stromende rivier, die in het Occitaanse dialect Olt wordt genoemd, de grens tussen Rouergue en Auvergne.

Chanac ▶ E 12

Gedomineerd door een reusachtige toren beheerst Chanac het meanderende Lotdal. Als decor heeft het pittoreske plaatsje de Causse de Sauveterre, het eerste karstplateau van de Caussesregio. De toren werd vanaf 1194 gebouwd en diende later als zomerresidentie van de bisschoppen van Mende. Iets verderop in het dal documenteert het **Domaine Médieval des Champs** het dagelijks leven in de middeleeuwen, met werkplaatsen, veehouderij en een taveerne (14 juli-10 aug. en 16 aug.-31 aug. 17-21 uur, toegang € 7, kinderen € 4).

La Canourgue ▶ E 12

La Canourgue is vanwege de uit de 15e/16e eeuw stammende, vrolijk door de plaats kabbelende kanalen, de oude klokkentoren en de smalle, bochtige straatjes een wandeling waard, vooral op dinsdagochtend, als in de straten van de oude stad markt wordt gehouden. Op de 2e zondag in augustus is er bovendien een rommelmarkt. In het Office de Tourisme is een brochure verkrijgbaar, waarmee u de historische gebouwen rond de markante Tour de l'Horloge kunt verkennen.

St-Laurent-d'Olt ▶ E 12

In het Pays d'Olt, onderweg richting Espalion, passeert u enkele mooie plaatsen aan de meestal ontoegankelijke Lot: St-Laurent-d'Olt ligt boven de rivier op een uitstekende rots; het middeleeuws aandoende wijndorpje kleeft tegen de helling naast de burcht en lijkt elk plaatsje te benutten. Een bezoek aan de avondmarkten *(marchés nocturnes)* in juli (data bij het OdT in Mende) is zeer aan te bevelen.

St-Geniez-d'Olt ▶ D 12

Het door zijn leerlooierijen en lakenproductie vroeger rijke St-Geniez-d'Olt is de enige plaats die zich aan beide oevers van de rivier uitstrekt, die door een oude brug uit de 17e eeuw wordt overspannen. De plaats maakt indruk door zijn vrijwel gesloten historische bebouwing rond de **Église des Pénitents** uit de 14e eeuw, waarin u een gotisch retabel, dat de aanbidding door de Heilige Drie Koningen voorstelt, kunt zien. Ernaast resteert van het vroegere augustijnenklooster een galerij van de kruisgang. Enkele kilometers verderop ligt het middeleeuwse dorpje Ste-Eulalie d'Olt, dat als een van de mooiste dorpen van Frankrijk wordt aangemerkt.

St-Côme-d'Olt ▶ C 12

St-Côme-d'Olt, eveneens tot een van de mooiste dorpen van Frankrijk uitgeroepen, bezit een kasteel en een kerk uit de 15e eeuw. De plaats behoort tot de etappe van het jakobspad tot Estaing (GR 65), dat door de UNESCO tot Werelderfgoed is verklaard.

Overnachten

Traditionele herberg – **Le Portalou:** Place du Portalou, 48500 La Canourgue, tel. 04 66 32 83 55, www.hotelleporta lou.com, 2 pk € 41-69, ontbijt € 8, menu's € 13,50-20. Traditioneel hotel van natuursteen aan de rand van de oude stad. Oudere, maar verzorgde kamers, eenvoudig restaurant met regionale keuken.

Rustiek – **Hostellerie de la Poste:** 3, place Ch.-de-Gaulle, 12130 St-Geniez d'Olt, tel. 05 65 47 43 30, www.hotelde laposte12.com, 2 pk € 49-77, ontbijt € 9, menu's € 13-27. Een oud landhuis met moderne aanbouw (3*), 50 wat ouderwetse, maar verzorgde kamers, met zwembad en tennisbaan. Restaurant met terroir-keuken.

Camping – **La Boissière:** Route de la Cascade, St-Geniez, tel. 05 65 70 40 43, www.camping-aveyron.info. Goed uitgerust terrein aan de Lot, slechts 400 m van het centrum, met zwembad. Ook chalets en stacaravans.

De la Grave: 12130 Ste-Eulalie d'Olt, tel. 05 65 47 44 59 (Mairie). Eenvoudig terrein zonder veel schaduw, maar direct aan een strandje aan de Lot en naast een van de mooiste dorpen van de Aveyron.

Espalion ▶ C 12

Espalion is een bedrijvig stadje, omdat de wegen naar Rodez, St-Flour, Laguiole en Aurillac hier bij elkaar komen. Vanaf de oude boogbrug uit de 13e eeuw over de Lot kijkt u uit op het schilderachtige oeverfront van de plaats, met voormalige leerlooierijen aan het water.

Het **Musée du Rouergue** aan de Place Pierre-Frontin presenteert heemkundige voorwerpen in de voormalige gevangenis van de stad, die in 1833 als eerste in Frankrijk met individuele cellen en gescheiden mannen- en vrouwenafdelingen werd gebouwd.

Ook de **Église de Perse**, iets buiten de plaats aan het kerkhof gelegen, een romaans kerkje met kamklokkentoren, is bezienswaardig. Het timpaan van het zuidportaal verbeeldt met naïeve figuren het pinksterverhaal, een zeldzaam motief in de romaanse portaalbeeldhouwkunst. De kerk is gewijd aan St-Hilarian, die hier in 793 door de Saracenen werd onthoofd, en was een van de stations aan het jakobspad.

Château Calmont d'Olt ▶ C 12

Calmont, 12500 Espalion, www.cha teaucalmont.org, juli/aug. dag. 9-19, mei, juni za.-wo. 10-12, 14-18, mrt., apr., sept., okt. za.-wo. 14-18 uur; juli/aug. elke vr. rondleidingen in het Engels, toegang € 8/5,50, 5-12 jaar € 5,60/3,60

De burcht, die vroeger de rivierovergang bewaakte, troont nu als ruïne op een uitstekende rotspunt boven de stad. Tegenwoordig worden hier in de zomer door gekostumeerde 'ridders' demonstraties gegeven van middeleeuwse belegerings- en vechttechnieken, inclusief boog- en kruisboogschieten, schermen, katapulten en kanonnen. Op de binnenplaats zijn bovendien opgravings- en reconstructiewerkzaamheden aan de gang.

Pays d'Olt – in het dal van de Lot

Bij Espalion ligt een oude boogbrug over de Lot

Overnachten

Mooi vakwerkgebouw – **Hôtel Moderne**: 27, bd Guizard, tel. 05 65 44 05 11, fax 05 65 48 06 94, www.hotelmoderne12.com, 2 pk € 46-61, ontbijt € 8. Centraal, maar niet erg rustig gelegen hotel (2*) in een mooi vakwerkgebouw met eenvoudige, ietwat ouderwetse kamers – voor een tussenstop echter alleszins acceptabel. Het authentieke restaurant L'Eau vive dat erbij hoort wordt veel geprezen. Specialiteit: vis uit de Lot.

Iets buiten de stad – **Le Relais de Boralde**: 76, route de St-Côme, 1,5 km over de D987, tel. 05 65 44 06 41, fax 05 65 44 78 10, www.relaisdeboralde.com, 2 pk € 27-45, gezinskamer € 42-46, ontbijt € 6. Landelijke herberg op een mooie rustige locatie aan de Lot waar deze samenstroomt met de Boralde. Verzorgd restaurant, rustieke kamers.

Eten en drinken

Creatieve regionale keuken – **Méjane**: 8, rue Méjane, tel. 05 65 48 22 37, menu vanaf € 24. Creatieve gerechten van regionale producten, gecombineerd met Aziatische specerijen.

Actief

Kanovaren – **ELAN (Espalion Loisirs Aventure Nature)**: Base de Perse, tel. 05 65 51 46 13, kanoverhuur in juli/aug. Tochten tussen St-Côme-d'Olt en Estaing.

Info en festiviteiten

OdT: 2, rue St-Antoine, 12500 Espalion, tel. 05 65 44 10 63, www.ot-espalion.fr.
Weekmarkt: di. en vr., Place du Marché.

Marché Nocturne: 2 x in juli, 2 x in aug.; regionale producenten, vanaf 18 uur, met livemuziek, Bd Joseph-Poulenc.
Marché de Producteurs: elke zo. ochtend in St-Côme-d'Olt.
Festival de Bandas: begin juni, optredens van *bandas* (Zuidwest-Frans-Spaanse muziekgroepen die volksliederen, salsa en jazz spelen), dansen tot diep in de nacht.
Brocante en plein air: 1e zo in juli, grote rommelmarkt.
Festival de la Randonnée Pleine Nature: half juli tot half augustus, wandelingen in de nabije omgeving; www.festirando.fr.

Estaing ▶ C 12

Deze schilderachtige plaats aan de Lot wordt volledig gedomineerd door het middeleeuwse kasteel; van de zuidzijde van de oude brug is het uitzicht het mooist. Over de rivier ligt hier een **gotische boogbrug**, die sinds 1998 tot UNESCO-Werelderfgoed wordt gerekend. Hij werd in de 15e eeuw gebouwd onder François d'Estaing, bisschop van Rodez, wiens standbeeld op de brug staat. Van de oeverweg lopen romantische klinkerstraatjes langs oude natuurstenen huizen omhoog naar het kasteel.

Château d'Estaing
Juli/aug./half sept. di.-zo. 10.30-12.30, 14-19 uur, mei, juni tot half okt. di.-za. 9.30-12.30, 14-18 uur, toegang € 4, met rondleiding € 9; 's zomers wordt hier elke wo. een Nuit Lumière gehouden, begin sept. een middeleeuwenfeest

Het indrukwekkende kasteel uit de 15e eeuw, dat tot een nooit verwoeste barokke residentie werd verbouwd, rijst uit boven de huizen aan de oever. Uit het geslacht Estaing stamt overigens, zij het langs allerlei zijwegen, ook de vroegere president van Frankrijk Valéry Giscard d'Estaing – in 2005 kocht hij het verlaten landgoed en laat het nu restaureren.

Overnachten

Vriendelijk en chic – **L'Auberge Saint-Fleuret:** 19, rue François-d'Estaing, tel. 05 65 44 01 44, www.auberge-st-fleuret.com, 2 pk € 48-58, ontbijt € 9,50, menu € 19-40. Vriendelijk, goed geleid hotel (2*) in het centrum, in een zeer oud, fraai natuurstenen huis. Mooie kamers in landhuisstijl, met een klein zwembad. In het verzorgde restaurant serveert men moderne gerechten, tussen traditie en fusion in.
Camping – **La Cavalerie:** tel. 05 65 44 18 45, 3 km buiten de plaats. Schaduwrijke camping aan de Lot, die hier tot een klein meer is opgestuwd.

Info en festiviteiten

OdT: 24, rue François-d'Estaing, 12190 Estaing, tel. 05 65 44 03 22, www.estaingdouze.fr.
Saint-Fleuret: 1e zo. in juli; grote processie met volksfeest ter ere van de stadsheilige.
Illumination de la cité aux chandelles: 15 aug.; de hele plaats met kaarsen verlicht. Ook avondmarkt.
Fête des Médiévales: 2e weekend in sept.; middeleeuwenfeest.

Entraygues ▶ C 11

Deze kleine plaats wordt ook wel *ville entre-les-eaux* genoemd, omdat hij aan de samenvloeiing van de Lot en de Truyère ligt (en daarom populair is bij kajakvaarders). Oude vakwerkhuizen en een tegenwoordig als school gebruikt château bepalen het stadsbeeld. In het OdT kunt u een stadsplattegrond halen met een stadswandeling met uitleg. Ook de oude molen achter het kasteel, die in 1902 werd verbouwd tot de eerste elektriciteitscentrale van de streek, en de oude brug over de Truyère, waar de weg richting Aurillac de plaats verlaat, zijn bezienwaardig. 's Avonds zit u mooi in een van de restaurants aan de Place de la République en kunt u kijken naar de boulespelers die hier op woensdag en vrijdag om het stadskampioenschap strijden.

Overnachten

Met zwembad – **Hôtel Lion d'Or:** Rue Principale, tel. 05 65 44 50 01, www.hotel-lion-or.com, 2 pk € 52-78, ook studio's € 460/4 p./week, ontbijt € 7,50, menu's € 18-36. Groot gebouw (2*), in het centrum aan de doorgaande weg, met tuin, zwembad, tennisbaan, en soms wat ouderwetse kamers. Het restaurant heeft een mooi terras en serveert de Franse keuken.

Aan de rivier – **Les Deux Vallées:** Avenue du Pont-de-Truyère, tel. 05 65 44 52 15, fax 05 65 44 54 47, www.hotel-les2vallees.com, 2 pk € 49-69, ontbijt € 7, menu's € 17-37. Dit oude hotel aan de Truyèrebrug (3 km voorbij het centrum, richting Aurillac) werd mooi gerenoveerd en biedt een goede prijs-kwaliteitverhouding. Ook het restaurant is fraai ingericht en is een omweg waard.

Mooi uitzicht – **Auberge du Fel:** in Le Fel, een plaatsje uit een prentenboek, boven de Lot (4 km verder westelijk langs de rivier), tel. 05 65 44 52 30, www.auberge-du-fel.com, 2 pk € 64-70, ontbijt € 8,50, kamer met halfpension ca. € 60/p., menu's € 20-43. Eenzaam gelegen, stijlvol geleid hotel; mooie, lichte, moderne kamers, enkele ook geschikt voor gehandicapten. Het restaurant, met creatieve keuken en mooi uitzicht, is een bezoek waard – hier komen alleen producten van kleine boeren uit de streek op tafel.

Camping – **Val de Saures:** tel. 05 65 44 56 92, www.camping-valdesaures.com. Goed geoutilleerd terrein met veel schaduw, aan de oever tegenover de plaats. Ook verhuur van chalets. Met kajakstation, openluchtbad en voetbalveld er direct naast. Pas op: na 19 uur geen aanmelding meer mogelijk.

Eten en drinken

Ontmoetingsplaats – **Café de l'Independance:** Place de la République, tel. 05 65 44 52 27. Mooi onder de schaduw van platanen gelegen brasserie (regionale keuken, ook kleine gerechten) met restaurant 'Le Dancing' (alleen diner, alleen menu's). Prettige bediening, goede salades en desserts.

Actief

Kanovaren – **Asv'olt:** station aan de Lot achter de camping, tel. 04 71 49 95 81, www.asvolt.com. Kano's en kajaks, in het voorjaar ook rafting.

Wandelen – **Camin d'Olt:** meerdaagse tocht (54 km en 67 km) door het Lot- en het Truyèredal, te voet, per mountainbike of te paard, info bij het Office de Tourisme. Het OdT biedt bovendien tussen mei en augustus verschillende wandelingen met gids aan.

Info en festiviteiten

OdT: 12140 Entraygues, tel. 05 65 44 56 10, fax 05 65 44 50 85, www.tourisme-entraygues.com.   ▷ blz. 257

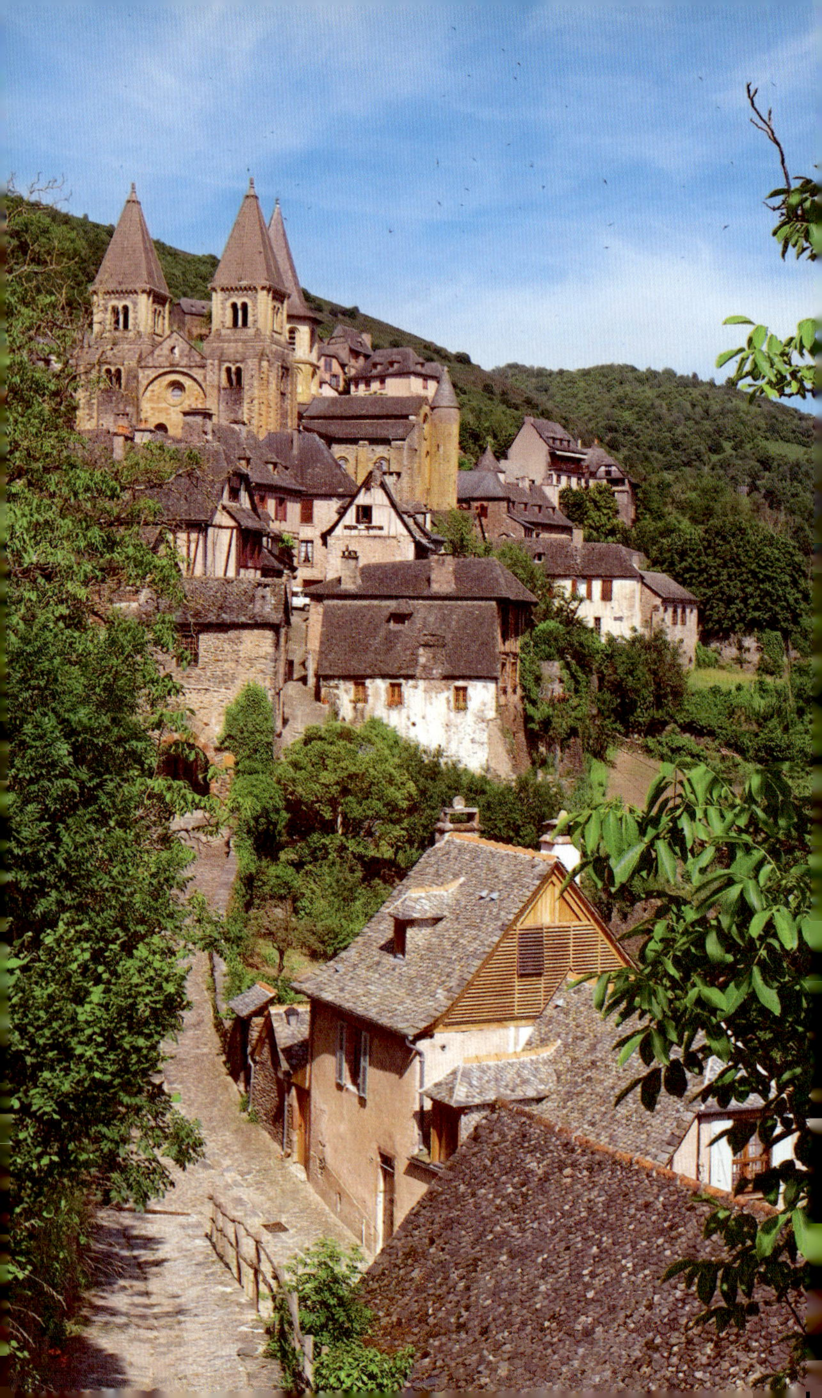

Weekmarkt: Place de la République en Quai du Lot, het hele jaar vr. ochtend, juli/aug. ook di. ochtend.
Marché des Producteurs: wo. avond in juli/aug., Place de la République.
Rastaf'Entray: 3e weekend in mei; festival met reggaegroepen.

Conques ▶ B 11

Voorbij Entraygues wordt het Lotdal smaller. Steeds weer vindt u kleine kampeerterreinen met kanostations. Dan buigt de D 901 over de rivier heen af naar de in het bos gelegen abdij Conques. De weg erheen, door de eenzaamheid, is sprookjesachtig en de drukte in het dorpje is dan ook verrassend. Al ver ervoor wijzen borden naar een enorm parkeerterrein.

Conques was het eindstation van het jakobspad door Auvergne en bezit met de Ste-Foykerk (H. Fides) het belangrijkste romaanse gebouw in het Massif central. In 1998 is het door UNESCO tot Werelderfgoed uitgeroepen. Sinds de middeleeuwen is er in het stadje met zijn klinkerstraatjes nauwelijks iets veranderd, alleen worden de meeste met leisteen gedekte vakwerkhuizen nu als hotel, restaurant of winkel gebruikt.

Abdijkerk Ste-Foy

Place de l'Abbaye, www.tourisme-conques.fr, wisselende openingstijden, info bij het OdT, rondleiding € 4, kinderen € 2, bezichtiging gaanderijen € 4, avondrondleiding € 5
Met de bouw van de kerk werd op het hoogtepunt van jakobsbedevaarten in de 11e eeuw, onder abt Odoloric, begonnen. Volgens plan zou hij zowel als abdijkerk, waar de monniken zevenmaal per dag zouden bidden, dienstdoen als de enorme massa's pelgrims opnemen en ze op de gaanderijen slaapplaatsen ter beschikking stellen. Door zijn hoogte en grootte was de kerk het meest ambitieuze project van zijn tijd, wat later dan ook tot bouwkundige problemen leidde. Al tijdens de Godsdienstoorlogen was de abdij verlaten en het dak ingestort; in de 19e eeuw werd hij gesloopt.

Het timpaan van het westportaal van de basiliek behoort tot de mooiste van Frankrijk: het thema is het Laatste Oordeel, dat hier met zo'n 120 personen is weergegeven. Vooral de weergave van de hel en al zijn verschrikkingen is heel beeldend. In het centrum troont Christus in de mandorla, zijn opgeheven rechterhand wijst naar de uitverkorenen die het paradijs in trekken, zijn linker naar de verdoemden die een met hun zonden overeenkomend lijden te wachten staat. Het interieur doet door de moderne glas-in-loodramen een beetje koel aan. Interessant is echter een kruisigingsfresco uit de 14e eeuw, waarop de figuren in kleding uit de tijd waarin het fresco gemaakt werd, zijn afgebeeld.

Trésor

Apr. tot sept. 9.30-12.30, 14-18.30, anders 10-12, 14-18 uur, toegang € 6,20, kinderen € 2
Het waardevolste object van de kerkschat, die pas in 1875 bij de renovatie werd herontdekt, is het gouden beeld van de H. Fides. Lang werd aangenomen dat het beeld uit de 9e eeuw stamt en later met juwelen bezet werd en van nieuwe handen en voeten voorzien. Bij de restauratie ontdekte men echter dat als gezicht een laatantiek gouden masker is gebruikt. Het past helemaal niet bij de legende van de H. Fides, die als twaalfjarige de martelaarsdood zou zijn gestorven.

Dorp en kathedraal van Conques

Ondertussen gaat onafhankelijk onderzoek, gebaseerd op de zeer verschillende vitae op verschillende plaatsen, ervan uit dat het bij Fides (Trouw), net als bij haar moeder Sophia (Wijsheid) en zusters Spes (Hoop) en Caritas (Liefde) om fictieve personificaties van de christelijke hoofddeugden gaat.

Daarnaast is de 'A' van Karel de Grote, een reliekschrijn, die ondanks zijn naam eerder uit de 12e eeuw stamt, indrukwekkend. Veel stukken zijn met edelstenen bezet, waarvan de inkervingen (oosterse en Romeinse motieven) aantonen, dat het om hergebruikte antieke zegelringen gaat. Het **Musée Joseph-Fau** (ook wel Trésor II genoemd) tegenover de kerk toont ook beelden, liturgisch gereedschap en meubels, voor het overgrote deel uit de 17e/18e eeuw.

Overnachten

Luxe – **Hostellerie de l'Abbaye:** Rue Charlemagne, tel. 05 65 72 80 30, www.hostellerie-de-l-abbaye.fr, 2 pk € 115-175, ontbijt € 10, menu's € 37-53. Viersterrenhotel met middeleeuwse sfeer, stijlvolle, eenvoudige kamers – ook Prins Charles heeft hier overnacht. Goed restaurant met regionale keuken (alleen diner).
Aan de brug – **Auberge du Pont Romain:** Conques Faubourg, tel. 05 65 69 84 07, 2 pk € 38-52, ontbijt € 7, menu € 17 en 25. Aangenaam pension vlak bij de Romeinse brug en 300 m van de abdijkerk. Regionale keuken.

Info en festiviteiten

OdT: 12320 Conques, Place de l'Église, tel. 05 65 72 85 00, www.tourisme-conques.fr. Het OdT biedt rondleidingen door de kerk en naar de gaanderijen aan (elk 45 min., € 5), de gaanderijen (*tribunes*) zijn alleen met OdT toegankelijk.
Festival du Musique: juli tot aug. klassieke concerten in de kerk, www.festival-conques.com.
Bedevaart op het feest van de H. Fides: zo. na 6 okt.

De Cevennen

Het ruige bergland van de Cevennen is een wilde, dicht beboste en extreem dunbevolkte streek. Het gebied behoort tot de armste van Frankrijk, omdat schaapsteelt en landbouw steeds maar een zeer bescheiden inkomen opleverden. Natuurliefhebbers en sportieve fietsers beschouwen het verlaten gebied vanwege zijn landschappelijke schoonheid echter als geheime tip.

Mont Lozère ▶ G 12

De Mont Lozère in het noordelijke deel van de Cevennen is begroeid met heide, brem en bosbessen. Hier heerst een ruw klimaat met plotselinge weersomsla-

---

Ondernemingen tussen Tarn en Cevennen

De website www.mescevennes.com somt onder 'Loisirs' talrijke aanbieders op voor uiteenlopende ondernemingen, waarbij de gehele regio van de Cevennen en de Causses tot aan Millau is inbegrepen. Hier vindt u verbazend veel contactadressen, van kanotochten tot parapente. U kunt een wandeling met een ezel boeken, in grotten afdalen of bij de via ferrata klimmen, vissen of informatie inwinnen over de langlaufskipistes. Een snel overzicht wordt ook geboden op de website www.ot-gorgesdutarn.com/sport-loisir.html.

gen, zelfs in de zomer kan het gevoelig koud zijn. Van Mende rijdt u via het dorp Le Bleymard het dal van de Lot in en van het parkeerterrein van het skistation wandelt u het korte stukje (250 hoogtemeters) de **Sommet de Finiels** op. Met 1699 m rijst deze boven alle andere toppen van het zuidelijke Massif central uit. Het uitzicht reikt ver over de kale, eenzame bergwereld.

De weg volgt een van de oude *drailles*, waarover vroeger duizenden schapen in juni naar de zomerweiden werden geleid. De concurrentie van goedkopere importproducten, de bebouwing van de voorjaarsweiden op de Languedocvlakte en ook het gebruik ervan voor de wijnbouw lieten de traditie van de transhumance (verticale verplaatsing van vee) echter vrijwel verdwijnen.

Le Pont-de-Montvert ▶ G 13

Aan de zuidzijde van de Mont Lozère gaat de D20 omlaag naar Le Pont-de-Montvert, dat beneden in het dal van de nog heel jonge Tarn ligt. In de zomer is hij maar een smal stroompje, maar als de sneeuw smelt, kan de rivier tot in de straten stijgen. In de plaats met zijn romantische natuurstenen huizen kwam in 1702 een eind aan de bloedige Camisardsoorlog (zie blz. 262). Van de pastorie aan de brug zijn alleen de fundamenten bewaard gebleven. Het werd door het hoge water meegesleurd, net als verscheidene keren met de brug gebeurde.

Écomusée du Mont Lozère

Juni tot sept. dag. 10.30-12.30, 14.30-18.30 uur, apr., mei, okt. dag. 15-18 uur, anders alleen za. 15-18 uur, toegang € 3,50, 6-18 jaar € 2,50
Boven Le Pont-de-Montvert bevindt zich het Écomusée du Mont Lozère, het hoofdgebouw van een ecomuseum over regionale architectuur- en landbouwgeschiedenis. Dwars door de (open) benedenverdieping van het natuurstenen gebouw, waarin een wandelhut (*gîte d'étape*) is ondergebracht, loopt de weg, die Stevenson ooit met zijn ezel nam (zie blz. 80). Tot het museum behoren nog enkele instellingen: de Mas Camargues bij het plaatsje L'Hôpital, een almhut met natuureducatiepad, nog een weg, de Sentier de Mas de la Barque, en de Ferme de Troubat met molen en broodbakoven.

Overnachten

Met blik op het dal – **Aux Sources du Tarn:** 48220 Pont-de-Montvert, tel. 04 66 45 80 25, www.hotellozere.com, 2 pk € 50-60, ontbijt € 7,50. Antiek natuurstenen huis aan de oeverweg langs de Tarn met standaardkamers.

Eten en drinken

Mooie rustplek – **Café Le Commerce:** Route de Vialas, tel. 04 66 45 80 19. Het oude vertrouwde café aan de brug is een populaire stop voor fietsers op Cevennentocht. Er worden lekkere salades en meestal goede *plats du jour* geserveerd.

Florac ▶ F 13

Florac (2000 inw.) ligt aan de samenloop van Tarn, Tarnon en Mimente. Het sympathieke stadje vlijt zich uiterst schilderachtig tegen de rotswand van de Causse Méjean – hier loopt de grens tussen de beboste heuvels van de Cevennen en de karstige hoogvlakten van de Causses. In het centrum klatert vrolijk de Source du Pêcher. De schaduwrijke, bij zon zeer mediterraan aandoende platanenesplanade met ▷ blz. 265

Favoriet

Eten aan het stuwmeertje in Florac ▶ F 13

Met het stadje Florac aan de overgang van de Cevennen naar de Caussestreek begint het zuiden van Frankrijk. Op een warme dag zit u het mooiste in het **Restaurant La Source du Pêcher** aan het stuwmeertje van een bronbeek dat een beetje verkoeling geeft. De keuken is uitstekend, maar de gerechten zijn niet onbetaalbaar. Een bijzondere verleiding zijn de fantasievol samengestelde desserts. Zie blz. 265.

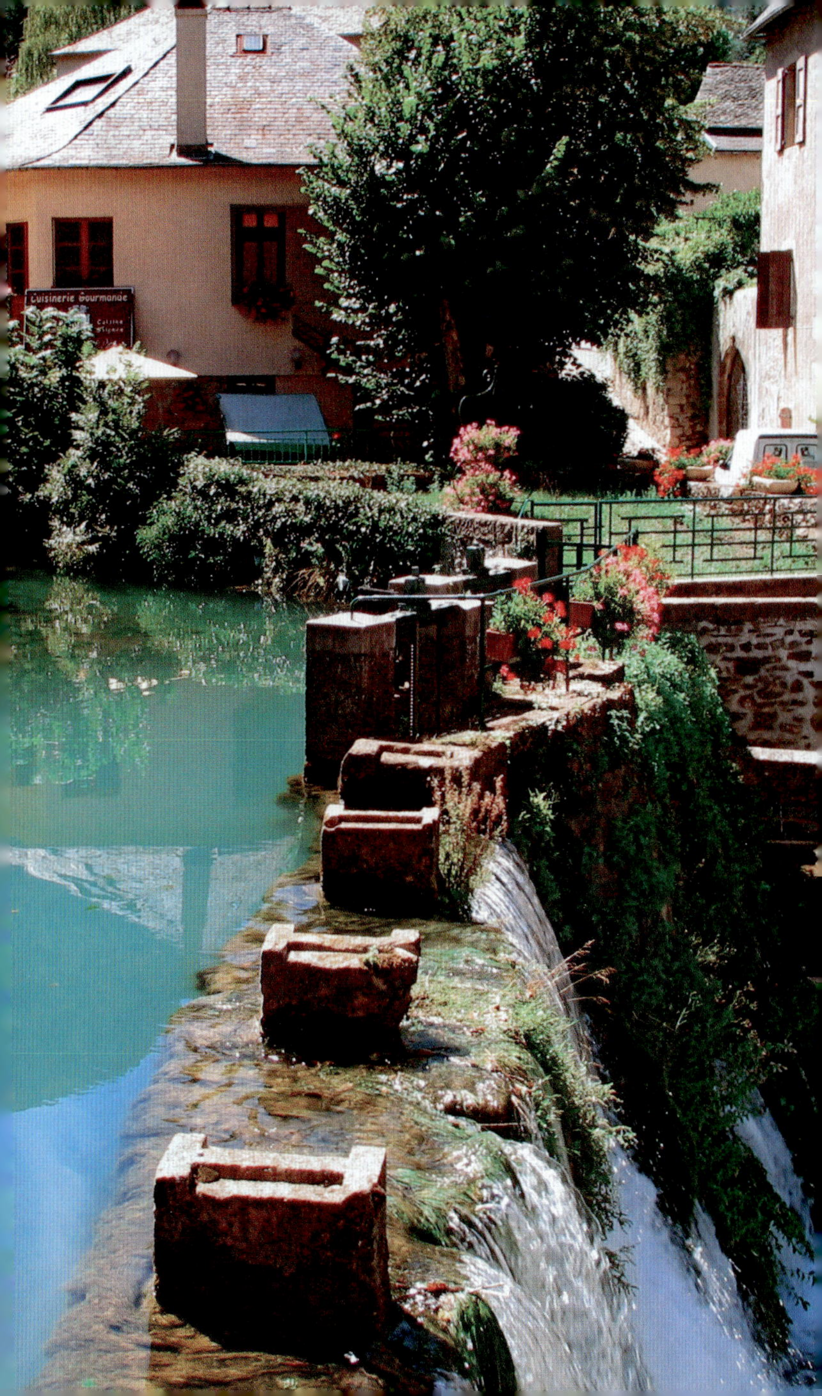
Cuisinerie Gourmande

Op ontdekkingsreis

De Corniche des Cévennes en de oorlog van de camisards

De Corniche is een hoogteweg, die eind 17e eeuw om strategische redenen is aangelegd met het doel de 'camisards' te onderwerpen. Na tientallen jaren van pesterijen waren de protestanten in de Cevennen een volksopstand begonnen.

Kaart: ▶ F 13-G 14
Planning: u rijdt ruim 50 km van Florac St-Jean-du-Gard (ca. 1 uur zonder pauzes), en na Le Mas Soubeyran nog eens 12 km (15 min.). Eetgelegenheden zijn er in St-Jean-du-Gard.
Terugreis: wie na afloop wil terugkeren naar Florac, kan de D983 nemen, de snellere weg door de Vallée Française langs de Gardon, het meest afgesloten dal van de Cevennen.

De Corniche des Cévennes, tegenwoordig Route Nationale D9, loopt over een bergrug door het historische kernland van de Cevennen, vroeger een ondoordringbare woestenij zonder enige begaanbare weg, waar het gemakkelijk was om onder te duiken. Nu wonen hier nauwelijks nog mensen, in de afgelopen honderd jaar hebben meer dan 70 % van alle Cevenoles hun thuisland verlaten. Overal getuigen verlaten gebouwen en ingestorte terrasmuren langs de steile hellingen van de voortschrijdende ontvolking.

De camisards

De opstand van de camisards begon in Pont-de-Montvert (zie blz. 259). Op de avond van 24 juli 1702 bestormde een horde jonge boeren, onder aanvoering van de wolkammer Séguier, genaamd Esprit ('Geest van God'), de pastorie bij de brug. Er werd van binnen geschoten, maar zij sloegen de deur in en staken, nadat ze vele gevangenen uit de kelder hadden bevrijd, het huis in brand. De verdedigers brachten zich via beddenlakens in veiligheid, maar terwijl dienders en soldaten over de oever van de rivier ontkwamen, werd de heer des huizes, de gehate abbé du Chaila, gegrepen en naar de brug gesleept, waar men hem de volgende ochtend met 52 messteken in de borst aantrof.

De camisards waren protestanten, die voor hun godsdienstvrijheid streden. De Reformatie had in het zuiden talrijke aanhangers in het Massif central gevonden. De arme boeren zagen zich in hun oordeel over de papen, die ijverig meededen aan het uitbuiten van de derde stand, gesterkt; de letterlijke uitleg van de Bijbel en het voorbeeld van de armoede van Christus werden gespiegeld in hun armoedige leven. In de Godsdienstoorlogen, vanaf 1562, waren vele hugenoten voor de moordpartijen van de katholieken naar de afgelegen Cevennen gevlucht – die na de verwoesting van de katholieke kerken al spoedig helemaal gereformeerd waren.

In de woestijn

Van Florac rijdt u naar het zuiden tot de afsplitsing van de D983; na St-Laurent-de-Trèves splitst de D9 zich af. Deze loopt over de bergkam tussen de Vallée Borgne en de Vallée Française in zuidoostelijke richting. Steeds weer openen zich nieuwe weidse vergezichten. Parallel lopende dalen, waarin de waterlopen allemaal 'Gardon' heten, brengen een ritme aan in het landschap, opeenvolgende bergruggen vervagen in de verte in de blauwe lucht aan de horizon. St-Roman-de-Tousque behoort tot de weinige dorpen die boven op de kam liggen.

Het Edict van Nantes uit 1598 en de heerschappij van Richelieu hadden een eind gemaakt aan de Godsdienstoorlogen, maar toen Lodewijk XIV zelf de regering overnam, nam de onderdrukking van de hugenoten snel weer toe. In 1679 begonnen de beruchte dragonnades, waarbij koninklijke dragonders in de dorpen en huizen van protestanten werden ingekwartierd – met alle denkbare gevolgen voor have en goed, de voorraden en de vrouwen. Daarbij kwamen beroepsverboden en werden er veel protestantse 'tempels' verwoest. In 1685 hief de koning ten slotte het edict op dat Frankrijk zo'n honderd jaar lang vrede had gebracht – de protestanten hadden nu de keus tussen bekering of emigratie. De meesten kozen voor het laatste en niet veel later was bijvoorbeeld 20 % van de inwoners van Berlijn Frans.

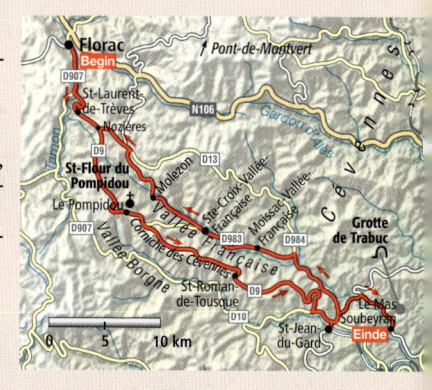

Het lukte echter alleen de meer welgestelden om naar het buitenland te vluchten. Voor de arme inwoners van de Cevennen was dit onmogelijk. Ze waren van hun pastoors beroofd en oefenden hun godsdienst verder in het geheim uit. Ze verzamelden zich op afgelegen bergen voor een mis onder de blote hemel. Zo'n dienst noemden zij assemblée du désert. Als *désert,* woestijn, duidden de hugenoten hun diaspora aan, analoog aan de woestijnwandeling van de Israëlieten, onder leiding van Mozes. Geleidelijk aan nam het steeds wreder onderdrukte geloof profetische, apocalyptische vormen aan, helemaal toen er katholieke geestelijken werden gestuurd die met een fanatieke missie-ijver bewoners dwongen te spioneren en stelselmatig verdachten lieten folteren en zelfs ophangen.

De opstand

In haarspeldbochten slingert de weg zich nu zo'n 50 km omlaag van de Col de l'Exil naar het schilderachtige plaatsje St-Jean-du-Gard (▶ G 14), waar de Corniche eindigt. Nog 12 km verder naar het zuiden (over de D50) komt u bij het gehucht **Le Mas Soubeyran** (▶ H 14) waar een museum de geschiedenis van de protestanten in de Cevennen documenteert. Het **Musée du Désert** werd ondergebracht in het geboortehuis van Pierre Laporte, een leider van de camisards, die onder de naam Rolland bekend is geworden (museedudesert.com, juli/aug. 9.30-19 uur, mrt.-nov. 9.30-12, 14-18 uur, toegang € 4,50, 10-18 jaar € 3,50).

Met zijn onverwachte overval in Pont-de-Montvert bevrijdde Esprit Séguier een groep hugenoten, die op hun vlucht naar Genève in handen waren gevallen van de om zijn gruwelijke foltermethoden en snelle terdoodveroordelingen beruchte abbé du Chaila. Dat deed de vonk van de opstand ontbranden. Op de dood van de hoogste missie-inspecteur volgden al snel meer wraakacties. Onder invloed van militante profeten formeerden zich regelrechte bendes.

Toen de troepen van de koning ingrepen, hadden de opstandelingen zich militair georganiseerd: met een bakkersgezel (Jean Cavalier), een schaapherder (Gédéon Laporte) en een wolkammer (Abraham Mazel) als generaals. Omdat de 'boerensoldaten' geen uniform droegen, maar in hun boerenkiel (*chemises*) gehuld waren, kregen ze de naam camisards. Maar de strijd van de hugenoten-partizanen tegen de legers van de koning – godsdienstoorlog en volksopstand in één – was gedoemd te mislukken.

Ondergronds

Een voor een werden de leiders gedood; alleen Jean Cavalier slaagde erin naar Engeland te ontkomen – hij bracht het later tot gouverneur van het Britse eiland Jersey. Cavalier had de koninklijke troepen enkele nederlagen kunnen toebrengen, maar de meeste dorpen in de Cevennen werden platgebrand. Na twee jaar bloedige strijd stortte de opstand in. Tot 1710 waren er steeds weer pogingen om de strijd voort te zetten, maar pas het Edict van Tolerantie uit 1787 gaf de overgebleven protestanten de godsdienstvrijheid terug.

De grot van de camisards

Op de terugweg is na Le Mas Soubeyran een omweg naar de **Grotte de Trabuc** zeker de moeite waard. Het is een grote druipsteengrot, die door de camisards als schuilplaats en wapenopslagplaats werd gebruikt. Behalve een meer met een groenig weerschijn en watervallen ziet u hier de '100.000 soldaten,' een heel 'leger' van circa 10 cm hoge stalagmieten, en de 'kroonluchter'(openingstijden gelijk aan het Musée du Désert, toegang € 9, 5-12 jaar € 5,50).

zijn vele restaurants nodigt uit tot een rustpauze, voor u aan de kleine, bewegwijzerde wandeling achter het château begint. In het kleine kasteel uit de 17e eeuw zetelt het bestuur van het nationale park van de Cevennen. Het organiseert er tentoonstellingen over fauna en flora, speleologie, vulkanisme, architectuur, kunstnijverheid en de geschiedenis van de streek.

Corniche des Cévennes

Florac is beginpunt van een rit over de Cevennenhoogteweg, in de voetsporen van de camisards (zie blz. 262). Daarbij passeert u **St-Laurent-de-Trèves** (▶ F 13), ca. 9 km zuidelijk (D907, D983), waar op het rotsplateau pootafdrukken van dinosauriërs zijn ontdekt, die zo'n 200 miljoen jaar oud zijn.

Overnachten

Op het land – **La Lozerette**: in Cocurès, 6 km richting Le Pont-de-Montvert (D998), tel. 04 66 45 06 04, www.lalozerette.com, 2 pk met ontbijt € 60-86, ontbijt € 9, halfpension € 59-72/p., menu € 26-49. Verzorgd pension (2*), met kleine, maar gezellige kamers, fraai gelegen. Met een uitstekend restaurant (di. en wo. gesl.).
In het centrum – **Grand Hôtel du Parc**: 47, av. J.-Monestier, tel. 04 66 45 03 05, www.grandhotelduparc.fr, 2 pk € 53-72, ontbijt € 8, menu € 19-42. Aan de hoofdweg in het dorp (aan de linkeroever), een oud hotel met nieuwe aanbouw (3*), grote tuin en zwembad. De kamers zijn voor een deel in romantisch-antieke stijl en voor een deel modern; klassiek-chic restaurant met groot terras.
Aan de nieuwe brug – **Le Pont Neuf**: tel. 04 66 45 01 67, www.hoteldupontneuf.com, 2 pk € 49, ontbijt € 6, menu's € 13 tot 30. Gezellig, modern hotel (2*) aan de noordrand van de stad met een restaurant aan de rivier; eenvoudige kamers.
In de oude stad – **L'Esplanade**: 21 Esplanade, tel. 04 66 47 45 15, 2 pk vanaf € 26-46, gezinskamer € 56, ontbijt € 6, menu € 12,50. Weliswaar slechts een eenvoudig hotel, maar midden in het centrum aan de mooie esplanade, met een populair restaurant.
Camping – vier terreinen aan de Tarn en aan de Tarnon in de buurt van de stad. Mooie zwemstrandjes aan de Rocher des Fées vindt u bijvoorbeeld bij de eenvoudige **Camping La Tière**, 1,5 km richting Vebron/Mont Aigoual, D 907 (tel. 04 66 45 04 02, www.mescevennes.com). De meeste comfort en ook stacaravans bieden **Camping L'Ère Buissonnière** (tel. 04 66 31 34 20, www.caussescevennes.com/erebuissoniere), 1 km naar het noorden aan de Tarn aan de afsplitsing naar Le Pont-de-Montvert, en **Camping Le Pont-du-Tarn**, iets verderop (tel. 04 66 45 18 26, www.camping-florac.com).

Eten en drinken

Aan de Esplanade rijgen zich in de schaduw van de platanen de restaurants aaneen, waaronder ook eenvoudige pizzeria's.
Idyllisch – **La Source du Pêcher**: 1, rue du Remuret, tel. 04 66 45 03 01, menu € 15-30, vanaf 20.30 uur alleen menu voor € 30. Restaurant met een leuk terras direct aan het stuwmeertje (zie blz. 260).
Net als thuis – **Les Tables de la Fontaine**: 31, rue du Thérond, tel. 06 81 44 89 56, www.tables-de-la-fontaine.com, menu € 19-21, Formule midi € 12, 2 pk incl. ontbijt € 49-55. In een straat die van de Esplanade naar het noorden loopt, met een rustig terras en vier gezellig ingerichte Chambres d'hôtes; goede authentieke keuken.

Winkelen

Regionale producten – **Maison du Pays Cévenol**: 3, rue du Pêcher, mooie winkel met de artikelen van 35 landelijke producenten: van honing, worst, conserven tot wol.
Messen – **Coutellerie Canoge**: 5, pl. de l'Esplanade. Laguiolemessen.
Wijn – **Le Bouchon Cévenol**: 16, pl. de l'Esplanade. Wijnen uit de Languedoc (www.vins-du-languedoc-lauze.com).
Leer – **Octopus**: 1, rue du Pêcher. Tassen en jasjes.

Actief

Wandelen en mountainbiken – **Cévennes Évasion**: 5, pl. Boyer, tel. 04 66 45 18 31, www.cevennes-evasion.com. Mountainbiken, wandelen, kanoën, canyoning, grottentochten.

Info en festiviteiten

OdT: Av. Jean-Monestier, 48400 Florac, tel. 04 66 45 01 14, www.mescevennes.com; ook Cevennen en Causses.
Nationaal park Cevennen: infocentrum in het kasteel van Florac, 16bis place du Palais, tel. 04 66 45 01 14, www.cevennes-parcnational.fr.
Weekmarkt: do. ochtend, Place de la Mairie. In de zomer ook met (hippie) kunstnijverheid.
Florac en fête: half aug. feestweek met concerten en een grote boerenmarkt op 15 aug.

Gorges du Tarn ✳

▶ E/F 13

De Tarn, die op de Mont Lozère ontspringt, heeft zich diep in het kalkgesteente van de Causses ingegraven en een indrukwekkende kloof gecreëerd. Tussen Ispagnac en Le Rozier rijzen de steile rotswanden enkele honderden meters omhoog. De Tarnkloof behoort tot de meest bezochte natuurmonumenten van Frankrijk. De adembenemende canyon is vooral beroemd om zijn bloedstollende kanotrajecten. Hij scheidt de hoogvlakten van de Causse de Sauveterre en de Causse Méjean – een ongenaakbaar, eenzaam weidelandschap waarover schaapskudden trekken. Daarboven kunt u zich nauwelijks voorstellen hoe druk het in de zomer beneden op de rivier is.

Ispagnac ▶ F 13

De Gorges du Tarn beginnen bij Ispagnac, een bijzonder sympathiek stadje, met mooie oude straatjes en talrijke populaire restaurants. Het romaanse portaal en het roosvenster van de kerk aan het dorpsplein zijn zeker een blik waard; in het oosten is een middeleeuwse brug bewaard gebleven. Omdat er hier nog een relatief brede strook groen in het dal ligt, gold Ispagnac altijd als de 'Tuin van de Tarn.' Quézac, aan de andere oever, is ook bekend vanwege zijn minerale bron. In Ispagnac en omgeving zijn alleen al drie kampeerterreinen, bovendien is de plaats ontmoetingspunt van alle vakantiegangers uit de wijde omtrek; er is ook een kanostation.

Het dal wordt nu langzaam smaller; in **Blajoux**, waar een groot complex met vakantiehuisjes wordt gebouwd, vindt u de enige grote supermarkt tussen Ispagnac en Le Rozier. Bij het uitzichtpunt, kort voor Prades, is het de moeite waard even te stoppen: u kijkt van heel hoog op de Tarn en op het schilderachtig tegen de rotsen gekleefde plaatsje **Castelbouc** aan de ertegenover gelegen oever neer.

Overnachten

Via de website www.ispagnac.com wordt een hele reeks mooie vakantiewoningen te huur aangeboden.

Tussen rivier en oude stad – **Le Vallon:** tel. 04 66 44 21 24, hotel-ispagnac.com, 2 pk € 45-49, ontbijt € 7, menu's € 13-27. Modern hotel tussen dorp en rivier, vlak bij de Camping Les Cerisiers, met gezinskamers (€ 55-63) en restaurant. Er worden hier ook wandelingen met een ezel aangeboden.

Alleen aan de rivier – **Auberge du Cheval Blanc:** Molines, 3 km buiten de plaats, richting Montbrun, tel. 04 66 44 20 79, 2 pk € 35-59, ontbijt € 8, menu € 12-23. Het oude romantische postkoetsenstation is met zijn mooie terras de moeite waard om eens te gaan eten. Ook eenvoudige kamers.

Camping – **Le Pré Morjal:** tel. 04 66 44 23 77, www.lepremorjal.fr. Goed ingericht terrein, met zwembad, aanbevolen door de ANWB. Ook chalets.

Del Ron: 48320 Blajoux, tel. 04 66 48 54 71, www.camping-delron.com. Schaduwrijke, moderne camping met een groot zwemstrand aan een kiezeloever, met pizzeria, zwembad, minigolf, klimrots en speeltuin.

Eten en drinken

Aan de dorpsstraat – **La Table Ronde:** Rue de la Ville, tel. 04 66 44 27 63, dag. vanaf 18.30 uur, pizza vanaf € 6,50, menu vanaf €14. Gezellig restaurant met tafels aan de romantische dorpsstraat, pizza, grillgerechten, salades.

Actief

Kanotochten – **Ispa Canoë:** tel. 04 66 44 20 73, www.ispa-canoe.com. Kiosk in het centrum van Ispagnac aan de hoofdstraat, tochten van verschillende lengte, maximaal tot de Cirque des Baumes.

Info en festiviteiten

OdT: Quartier le Pavillon, in het nieuwe stadhuis waar u de plaats binnenrijdt, richting Florac, 48320 Ispagnac, tel. 04 66 44 20 89, www.ispagnac.fr.
Weekmarkt: di. en za. ochtend op het oude stadsplein.

Ste-Énimie ▶ F 13

Aan weerszijden van de rivier rijzen de steile wanden tussen Ste-Énimie en Le Rozier, in het smalste gedeelte, tot 500 m hoog op. Ste-Énimie, aangewezen als een van de mooiste dorpen van Frankrijk, is daarom een geliefd vertrekpunt voor wandelaars, fietsers en wildwatervaarders. Langs de oeverweg, waar de oude brug de Causse Méjean en de Causse de Sauveterre met elkaar verbindt, zitten talloze souvenirwinkels, restaurants en crêperies. Het beeld wordt bepaald door overwegend in sporttenue rondlopende mensen.

In de steile straatjes van het oude centrum van Ste-Énimie, met zijn middeleeuwse huizen, wordt het echter al snel rustiger. Aan de bovenrand van de plaats ligt het door de H. Enimie, een Merovingische prinses, gestichte klooster, met een tentoonstelling over de geschiedenis van de stad.

Overnachten

In Ste-Énimie zijn veel hotels; omdat het hier in het hoogseizoen erg druk is, moet u wel reserveren.

Eerste keus – **L'Auberge du Moulin:** Rue Combe, tel. 04 66 48 53 08, www.aubergedumoulin.free.   ▷ blz. 269

Favoriet

Met de kano de Tarn op ▶ E/F 13

U hoeft niet bijzonder sportief te zijn voor deze tocht, maar u moet wel van contact met andere mensen houden. U bent op de rivier nooit alleen en er zijn veel aanknopingspunten, of het nu gaat om een verloren peddel die moet worden opgevist of dat u een sprong van een rots bewondert. Het kan ook zijn dat u elkaar ter afkoeling nat spat. Zelden krijgt u zo'n prachtig landschap met zoveel plezier.

fr, 2 pk € 60-75, ontbijt € 9, menu € 14-36. Een mooi hotel (2*) van natuursteen aan de hoofdstraat, met terras aan de Tarn. Vriendelijke, lichte kamers, elegant ingericht. Restaurant met een creatieve keuken met regionale producten.
Voor gezinnen – **Hôtel Burlatis:** tel. 04 66 48 52 30, hotelburlatis.monsite-orange.fr, 2 pk € 42-65, ontbijt € 7. Nog een historisch hotel aan de oeverweg, natuurstenen muren, gekleurde luiken en een rustieke ambiance. De kamers zijn eenvoudig, maar modern en vriendelijk. Mooie gezinskamers (vanaf € 54)!
Camping – **Les Fayards:** 3 km naar het zuiden, tel. 04 66 48 57 36, www.camping-les-fayards.com. Schaduwrijk, goed geleid terrein, aan de Tarn, met groot zwemstrand en rots om af te springen aan de andere oever. Ook chalets.

Actief

Kanotochten – **Locanoë:** onder de brug van Ste-Énimie, tel. 04 66 48 55 57. Tochten van 2 uur (ca. € 18/p.) tot 2 dagen (€ 42/p.). Een gemakkelijke, kindvriendelijke route is bijvoorbeeld van Castelbouc terug naar Ste-Énimie.
Wandelen en mountainbiken – **ADN La Cazelle:** tel. 04 66 48 46 05, www.lacazelle.com. Klimmen op de via ferrata, freeclimbing, grottenklimmen, canyoning.

Info en festiviteiten

OdT: 48210 Ste-Énimie en La Malène, tel. 04 66 48 53 44, www.gorgesdutarn.net.
Weekmarkt: de volgende in Ispagnac.
Marché Nocturne: elke do. avond (19-23 uur) in juli en augustus langs de doorgaande weg.

St-Chély-du-Tarn ▶ E 13

St-Chély-du-Tarn lijkt een dorp uit een plaatjesboek: het is alleen te bereiken over een smalle brug met één rijbaan, waarnaast een waterval in de Tarn stort. Het dorp zelf bestaat eigenlijk alleen uit een plein, een paar romantische natuurstenen huizen, een watermolen en een piepkleine, onder een overhangende rots weggestopte kapel. Kanovaarders vinden hier een mooi zwemstrandje op een kiezeloever, waar u zelfs onder de waterval door kunt rijden.

Ook heel fotogeniek zijn het **Château de la Caze**, 5 km verderop, een als hotel gebruikte kasteel uit de 15e eeuw, en kort daarna aan de andere oever het fraai gerestaureerde gehucht **Hauterives**, dat tegen de steile wand geplakt lijkt te zijn.

Overnachten

Aan de waterval – **Auberge de la Cascade:** St-Chély-du-Tarn, tel. 04 66 48 52 82, www.aubergecascade.com, 2 pk € 49-60, halfpension/p. € 49-55, menu € 18-30. Dit kleine hotel (2*) heeft inmiddels verschillende verlaten dorpshuizen in beslag genomen. In een tuin is een zwembad aangelegd. De kamers zijn licht en plezierig ingericht.
Eene echte burcht – **Château de la Caze:** La Caze, tel. 04 66 48 51 01, fax 04 66 48 55 75, www.ila-chateau.com/caze, 2 pk € 120-250, studio vanaf € 170. Het mooiste kasteelhotel (4*) van het Massif central, direct aan de Tarn, met 130 ha park en zwembad. Het gebouw is een echte burcht uit de 15e eeuw, met ronde torens en kegeldaken. De reusachtige donjon werd later voorzien van renaissancevensters. Binnen valt overal de gedistingueerde luxe op. De kamers hebben hemelbedden en WLAN (wifi)! Ook het restaurant is zeker het bekijken waard.

La Malène ▶ E 13

La Malène is duidelijk kleiner dan Ste-Énimie; in de restaurants hier ontmoeten vooral de toeristen van de campings in de buurt elkaar. Bij de brug bieden de *bateliers* uitstapjes op platte schuiten aan door de kloof (1 uur, 8 km tot de Cirque des Baumes, terugreis per bus).

Dit wat bedaagde tochtje voert door het smalste en spectaculairste deel van de Gorges, **Les Détroits** genaamd. Nog iets verder wordt het dal breder en wordt als in een cirkel door de steile rotsen omringd. Daarom heet het hier **Cirques des Baumes**.

Pas de Soucy

Aan de Pas de Soucy, iets verder stroomafwaarts, kunt u over een ijzeren trap naar een uitzichtrots klimmen. Van het platform kijkt u op de als door een reus neergeworpen rotsblokken neer, die de rivierbedding versperren. Hier eindigen de trajecten van de meeste kanoverhuurders en moet u de terugreis aanvaarden.

Overnachten

In het kasteel – **Manoir de Montesquiou**: La Malène, tel. 04 66 48 51 12, www.manoir-montesquiou.com, 2 pk € 80-150, ontbijt € 13, menu € 29-50. Prachtig herenhuis (3*) uit de 15e eeuw. De kamers zijn historisch ingericht in de stijl van de 18e eeuw, maar met veel comfort. In het hele gebouw WLAN (wifi). In het klassiek-elegante restaurant wordt verfijnd, maar nogal zoet gegeten. De brasserie in de tuin is in juli/aug. de gehele dag geopend. Daar zit u in een romantische omgeving en kunt u salades en plate-service bestellen.

Onder de steile wand – **Les Détroits**: La Croze, 4 km van La Malène, tel. 04 66 48 55 20, www.hotel-restaurant-lesdetroits.com, 2 pk € 46-56, gezinskamer vanaf € 92, ontbijt € 7, menu € 15-28. Een eenvoudig door een familie geleid hotel in een natuurstenen gebouw op een weergaloze locatie, midden in de smalle Les Détroits. In het restaurant en op het terras met zicht op de steile rotswanden van de kloof serveert men lokale specialiteiten.

Actief

Kanoën – **Canoë Au Moulin de la Malène**: 48210 La Malène, tel. 04 66 48 51 14, www.canoeblanc.com. Tochten van La Malène naar Pas de Soucy.
Canoë Le Soulio: Cirques de Baumes, tel. 04 66 48 81 56, www.le-soulio.com. Kanotochten van Prades (ten oosten van Ste-Énimie) naar de Cirque des Baumes.

Les Vignes ▶ E 13

Bij Les Vignes is er weer een brug. Hier steekt de weg de Tarn over en verbindt de Causse de Sauveterre met de Causse Méjean, aan beide kanten gaat het in indrukwekkende haarspeldbochten ruim 450 m omhoog. Een grote muur stuwt de Tarn op – daar kunt u goed zwemmen, voor kanovaarders is de oversteek echter niet zo eenvoudig. Het gedeelte van de rivier tot Le Rozier is iets moeilijker. Wie hier wil kanoën, moet wel enige oefening hebben. De plaats

> **Point Sublime**
>
> Enkele kilometers voor Les Vignes gaat een weggetje uit de Gorges du Tarn omhoog naar het Point Sublime: daar hebt u kort voor een bocht in het dal het mooiste uitzicht op een lang deel van de kloof en de Causse Méjean ertegenover.

Prachtig zicht over de Tarnkloof vanaf het Point Sublime

kent vele winkels, restaurants, hotels en heeft zelfs bereik voor mobiel telefoonverkeer, wat zeker niet overal het geval is.

Causse de Sauveterre ▶ E 13

De grootste plaats op de hoogvlakte Sauveterre is het gehucht **Massegros**, een schapenhouderscentrum met 320 inwoners en de grootste zuivelfabriek voor schapenmelk ter wereld. Iets verder naar het noorden ligt Sévérac-le-Château met zijn burcht (zie blz. 273).

Op het karstplateau, ruim 400 m boven de Tarn, kunt u langs kleine, half verlaten plaatsjes rijden tot u het stadje **Chanac** bereikt, waar de Causse aan het Lotdal grenst. In het hoogseizoen verkopen de boeren hun – niet industrieel vervaardigde – producten langs de rand van de weg.

Overnachten

Direct aan de brug – **Gévaudon**: tel. 04 66 48 81 55, www.hotel-restaurant-legevaudan.fr, 2 pk € 35-46, ontbijt € 7,50, menu € 14-28. Direct aan de brug gelegen, traditierijk hotel, pas gerenoveerd en vriendelijk ingericht.

Camping – **La Blaquière**: tussen Les Vignes en La Malène, tel. 04 66 48 54 93, www.campingblaquiere.fr. Een groot, schaduwrijk terrein, met een breed, zonnig zwemstrand aan de Tarn, een speeltuin en een kleine markt. Ook chalets.

Le Beldoire: 48210 Les Vignes, tel. 04 66 48 82 79, www.camping-beldoire.com. Een 1 km voor het gehucht Les Vignes gelegen kampeerterrein, iets verhoogd boven de Tarn, met zwembad, pizzeria en winkel. Direct bij het terrein is ook een kanoverhuur.

Le Rozier-Peyreleau ▶ E 14

Bij Le Rozier, dat zich aan de Jonte uitstrekt, stromen de Tarn en de Jonte samen. In het op een rots gelegen Peyreleau liggen een klein kasteel, een met klimop begroeide toren en oude huizen dicht opeen. 's Zomers verveelvoudigt de plaats zijn inwonertal, als de bezoekers van de camping in de omtrek worden meegerekend. Veel jongerengroepen kiezen voor deze centrale standplaats, omdat tochten in beide kloven mogelijk zijn.

Een net van wandelpaden voert tussen de steile wanden door naar de Caussevlakten, steeds weer met mooi zicht op de Jonte- en de Tarnkloof, bijvoorbeeld van het uitzichtplatform op de Rocher du Capluc.

Overnachten

Romantisch – **La Grange Templière:** Route de Caussse-Noir (D29), 12720 Peyreleau, tel. 05 65 59 94 84, www.lagrangetempliere.com, vier kamers met bad, als 2 pk, incl. ontbijt € 70, menu's € 13-35. Mooi ingerichte kamers in een voormalig boerenhuis. In de gewelven beneden zit een leuk restaurant met tafels buiten, dat een creatieve keuken met verse regionale producten biedt (alleen diner).

Camping – **Brouillet:** tel. 05 65 62 63 98, camping-lerozier.com. Goed uitgerust terrein met zwembad, speelplaats enz., aan de westrand van Le Rozier in de bocht van de Jonte. Ook stacaravans.

La Muse: Pont du Rozier, 12720 Mostuejouls, tel. 05 65 62 60 20. Veel schaduw onder hoge bomen, direct aan de Tarn, stroomopwaarts, beneden de brug van Le Rozier. Een strand aan de breed opgestuwde Tarn. Kanoverhuur.

Eten en drinken

Meer dan pizza – **Le Pas du Loup:** Le Rozier, tel. 05 65 62 69 96, menu's € 21 en 44, in het hotel 2 pk € 45-52, ontbijt € 8. Naast de vele pizzeria's het beste restaurant ter plaatse, in het Hôtel des Voyageurs met een klein terras aan de straat ertegenover. Fantasievolle creaties en een ontspannen sfeer. De roquefortterrine met peer en kruidkoek was bijvoorbeeld heel bijzonder!

Tip

Chic hotel aan de Tarn

Toegegeven: als u niet veel te besteden hebt, bent u in het Grand Hôtel de la Muse (3*) niet op uw plaats. Als dat wel zo is, welkom! Dit hotel werd tijdens de belle époque als eerste hotel in de Tarnkloof gebouwd, direct aan de rivier, ruim vijf minuten van Le Rozier vandaan. In 2004 is het eerbiedwaardige natuurstenen gebouw, dat wat aan een château doet denken, volledig vernieuwd – van boven naar beneden in een chique zenstijl. Zelfs de keuken presenteert zijn gerechten nu à la japonaise. Bij zoveel smaak kunt u niet anders dan tijdelijk het nirvana betreden en van de rust te genieten.

Grand Hôtel de la Muse et du Rozier: D907, 12720 Peyreleau, tel. 05 65 62 60 01, www.hotel-delamuse.fr, 2 pk € 90-175, gezinskamer € 185-255, ontbijt € 15, voor kinderen € 8, menu 35-50.

Gorges du Tarn

Tip

Burcht en kaasmakerij van Peyrelade ▶ E 14

Bij de plaats **Rivière sur Tarn** mag u een bezoek aan het **Château de Peyrelade** echt niet overslaan. Op een indrukwekkende locatie troont de ruïne boven de rivier. De machtigste burcht van het graafschap Rouergue is in de 12e eeuw gebouwd, maar in 1633 door kardinaal Richelieu gesloopt. 's Zomers gebeurt er echter weer van alles: troubadourvoorstellingen, boogschietcursussen voor kinderen, vechtdemonstraties enz. Sinds meer dan 25 jaar wordt elke zomer aan de restauratie gewerkt – volgens archeologische kennis en met passende materialen.

Château de Peyrelade: 12640 Rivière-sur-Tarn, heenreis via het dorp Boyne, juli/aug. dag. 10-18, juni tot sept. zo.-vr. 10-12, 14-18 uur, toegang € 3,50, 8-12 jaar € 1,50, rondleiding op afspraak, tel./fax 05 65 59 74 28
Beneden kunt u bovendien de natuurlijke karstgrotten de **Caves de Peyrelade** bezichtigen, waar de bleu des Causses wordt gemaakt – een kaas die op de van schapenmelk gemaakte roquefort lijkt, maar van koemelk is gemaakt (eind juni tot begin sept. ma.-za. 9-13, 15-20, zo. alleen 15-20 uur, winkel zo. gesl.).

Actief

Van kanoën tot klimmen – **La Barbote:** 12720 Mostuéjouls (rechteroever van de Tarn), tel. 05 65 62 66 26, www.canoekayak-gorgesdutarn.com. Kanoverhuur bij de brug, organiseert tochten vanaf La Malène en tot Pailhas, ook het klasse-3-traject tussen Les Vignes en Le Rozier en tweedaagse tochten met bivakkamp. Er wordt bovendien mountainbiken, canyoning en steilewandklimmen bij de via ferrata, boven Le Rozier, aangeboden.

Wandelen met ezels – **Anatole Rando Âne:** Mostuéjouls, tel. 05 65 62 64 73, www.ane-et-rando.com/anatole. Tochten met een ezel als pakdier op de Causse Noir.

Info

OdT: 48150 Le Rozier, 12720 Peyreleau, tel. 05 65 62 60 89, www.officedetourisme-gorgesdutarn.com.

Sévérac-le-Château ▶ D 13

Burcht juli/aug. 9.30-19 uur, rondleiding 10.30, 15.15, 18 uur, valkeniershow 16 uur, de Pass'Découverte voor € 6,50 (6-16 jaar € 4) geeft recht op toegang tot alle bezienswaardigheden in de stad; apr., mei, juni, sept. 10-12.30, 14-18 uur, okt. alleen za., zo., ma.

In het noorden van de **Causse de Sauveterre** domineert het stadje Sévérac-le-Château de vlakte, waarop de rivier de Aveyron ontspringt. De aan een belangrijke handelsroute (kruising van de wegen tussen Rodez, Mende, Millau) gelegen plaats was al in de oudheid versterkt. Nu klimt u door een middeleeuwse oude stad naar de machtige ruïne van de burcht, die in renaissancestijl is verbouwd. De laatste marquise de Sévérac, Amélie de Boufflers, stierf in 1794 onder de guillotine.

Bezienswaardig zijn de stadspoort **Porte du Peyrou**, het **Maison Consulaire**, met een videopresentatie over de geschiedenis van de burcht (11bis, rue Amaury-de-Sévérac, 10-12, 15-19 uur) en het **Maison de Jeanne** uit de 14e eeuw, gewijd aan de middeleeuwse kookkunst (10, rue de Belvezet, 11-13 uur). Op de burcht worden in juli en augustus shows met jachtvalken en andere animaties gegeven – alles stijlecht in middeleeuwse kledij.

Info en festiviteiten

OdT: 5, rue des Douves, 12150 Sévérac-le-Château, tel. 05 65 47 67 31, www.aveyron-tourisme.fr.
Son et Lumière: 1e/2e week van aug. Avondshow met het verhaal van Jean le Fol, vuurspuwen en vuurwerk, www.memoiresdeseverac.fr. Toegang € 15, 6-12 jaar € 7.

Millau ▶ D 14

Een zuidelijk elan bepaalt de eerste indruk van dit levendige stadje (22.500 inw.), dat zich op een weidse vlakte aan de voet van de Causses uitstrekt: hier hebt u de bergen verlaten en de Midi bereikt. Millau, vroeger grafelijke stad met een zelfbestuur onder vier consuls, haalde het nieuws met het Viaduc de Millau, de in 2004 gebouwde hoogste brug ter wereld (zie blz. 276).

In Frankrijk wordt de stad ook in verband gebracht met de 'Démontage de McDonald' door milieuactivist José Bové: deze schapenfokker van de Causse du Lazarc vernielde in 1999 in Millau de bouwplaats van een nieuwe vestiging van deze fastfoodketen.

De belangrijkste bron van inkomsten in de Cevennen is van oudsher de schapenfokkerij, wat Millau tot het centrum maakte van de Franse leerverwerking. Het vlees van de Causselammeren wordt door fijnproevers veroorberd, de wol aan de Tarn gesponnen, van de melk wordt de pittige roquefort gemaakt. De huiden ten slotte worden in Millau tot tassen en jasjes verwerkt, vooral echter tot fijne leren handschoenen, waaraan de stad zijn bijnaam 'Ville du gant' dankt.

Place du Mandarous

Niets staat een gezellig middagje winkelen dus in de weg, zeker omdat de smalle straten in de oude stad, binnen de boulevardring, meest autovrij zijn. De halfronde, door brasserieën omzoomde **Place du Mandarous** vormt het uitgangspunt.

Beffroi [1]

Rue du Beffroi, juni tot half sept. dag., behalve feestd. 10-12, 14-18 uur, toegang € 3,50, onder 18 jaar gratis
Bij het slenteren door de straten van de oude stad ziet u al snel de enorme Bef-

Uitzicht over Millau in de kloven van de Tarn en de Dourbie

froi, een 42 m hoge toren met een mooi uitzicht over de daken van de oude stad. Het onderste, vierkante deel ontstond in de 12e eeuw als donjon voor de graven van Millau. Het is de hoogste feodale woontoren van het graafschap Rouergue. Het achthoekige bovenstuk liet de stad in de 17e eeuw toevoegen om daarin vervolgens een uurwerk te installeren.

Onder de Beffroi ligt de oude, inmiddels gemoderniseerde **Marché Couvert** 2 met regionale producten. Vlakbij ligt de **Place Foch**: dit is het mooiste plein van de stad, omzoomd met oude arcadehuizen.

Musée de Millau 3

Place Foch, www.museedemillau.fr, juli/aug. dag. 10-18, anders dag. 10-12, 14-18 uur, okt. tot mei zon- en feestd. gesl., toegang € 5,20, jonger dan 12 jaar € 4

In een eerbiedwaardig stadspaleis uit de 17e eeuw is het Musée de Millau ondergebracht. Thema's zijn de handschoenfabrieken uit het verleden, en de Gallo-Romeinse keramiek uit Graufesenque, een groot keramiekindustriecentrum van het Romeinse Rijk. De stad heette destijds Candatomagus en telde naar schatting meer dan zeshonderd pottenbakkerijen. De paleontologische afdeling bevat onder meer een compleet dinosaurusskelet: de 4 m lange elasmosaurus leefde 180 miljoen jaar geleden.

Vieux Moulin 4

Rue Antoine-Guy, momenteel gesl.
Millau is bijzonder romantisch aan de rivieren, aan de samenstroming van de Dourbie en de Tarn bij de Pont Cureplat of bij de Pont Lerouge, waar vroeger watermolens in werking waren. De Vieux Moulin troont op antieke brugpijlers

Millau

Bezienswaardigheden
1. Beffroi (Klokkentoren)
2. Marché Couvert
3. Musée de Millau
4. Vieux Moulin
5. Espace Millau Viaduc
6. Viaduc de Millau

Overnachten
1. Hôtel des Causses
2. Cévenol Hôtel
3. Camping Deux Rivières

Esten en drinken
1. La Mangeoire
2. La Braconne
3. Les Arcades
4. L'Écrevisse

Winkelen
1. L'Âme du Causse
2. Estret-Mellencamp
3. Le Buron
4. Pâtisserie Saint-Jacques
5. Pâtisserie Bonami

Actief
1. Antipodes
2. Roc et Canyon
3. Horizon Millau Vol Libre

Uitgaan
1. Bar de la Fontaine

en is een van de mooiste foto-objecten van de stad.

Espace Millau Viaduc 5

Av. de Saint-Affrique, apr.-okt. dag 10-19, nov.-mrt. 10-17 uur
In dit nieuwe 'museum' geeft de stad informatie over de in 2004 geopende, spectaculaire snelwegbrug, het Viaduc de Millau, en over de Causseregio. Voor het gebouw vertrekken shuttlebussen (*navettes*) naar de Tarnbrug.

Viaduc de Millau 6

Een rit over het Viaduc de Millau, sinds 2004 de hoogste snelwegbrug ter wereld (270 m), die in het westen van de stad het Tarndal overbrugt, is een geweldige belevenis (het beste met de zon in de rug vanaf de oprit Beaumescure naar het noorden, tol personenauto € 8,20/6,40, www.leviaducdemillau.com). Onder het viaduct (aan de D 992) is een infocentrum ingericht.

Overnachten

Chic en modern – **Hôtel des Causses** 1: 56, avenue Jean-Jaurès, tel. 06 99 45 19 23 95, 2 pk € 69-90, ontbijt € 9, menu € 25. Een klein traditioneel hotel, dicht bij het centrum aan de D911, moderne, recent gerenoveerde kamers, aardig restaurant met tuinterras en regionale keuken.

Moderne ambiance – **Cévenol** 2: 130, rue du Rajol, tel. 05 65 60 74 44, www.cevenol-hotel.fr, 2 pk € 54-63, gezinskamer € 85, ontbijt € 8. Rustig gelegen hotel in de stijl van een ketenhotel tussen rivier en oude stad. Modern ingerichte kamers. Met zwembad.

Camping – **Les Deux Rivières** 3: 61, av. Aigoual, tel. 05 65 60 00 27, www.camping-des-deux-rivieres.fr. Dicht bij het centrum gelegen terrein aan de samenstroming van de Tarn en de Dourbie. Veel sportmogelijkheden (kanoën, bungeejumpen, canyoning) in de buurt, bij het station van Roc et Canyon (z.o.).

Eten en drinken

Eenvoudige eethuizen en pizzeria's flankeren de Rue de la Capelle in de oude stad, een mooie autovrije straat met vakwerkhuizen.

Rustiek – **La Mangeoire** 1: 8, bd de la Capelle, tel. 05 65 60 13 16, www.restaurantmillau.com, menu € 21-49. Grillgerechten van het houtskoolvuur in een rustieke omgeving, stevige keuken, met aubracsteak en gerechten met eekhoorntjesbrood, terras aan de boulevard.

In het gewelf – **La Braconne** 2: 7, pl. du Maréchal-Foch, tel. 05 65 60 30 93, zo. diner en ma. gesl., menu € 19-39. In het restaurant onder de arcaden aan het mooiste plein van Millau serveert men regionale gerechten met producten van de beste leveranciers uit de omtrek.

Mooi aan het plein – **Les Arcades** 3: 3, pl. Foch, tel. 05 65 60 87 88, dag. 11-23 uur, menu's vanaf € 15-22. Gezel-

lig restaurant met tafels op het plein, doorlopend geopend, lekkere salades en kleine hapjes.
Populair – **L'Ecrevisse** 4: 26, rue Droite, tel. 05 65 61 01 90, menu € 14-29. Een populaire kroeg in de oude stad, met een terras aan een fontein. Regionale keuken, grillgerechten, pizza.

Kanoën op de Tarn en de Dourbie – **Roc et Canyon** 2: 55, av. Jean-Jaurès, Route de Nant ('s zomers), www.roc-et-canyon.com.
Paragliding – **Horizon Millau Vol Libre** 3: 6, place Lucien-Grégoire, www.horizon-millau.com, eveneens tandemvluchten voor beginners.

Winkelen

Leer – Aan de Rue Droite en langs de Avenue Gambetta, de oude leerlooierswijk, vindt u veel leerwinkels (www.cuirmillau.fr).
Tassen – **L'Âme du Causse** 1: 39, rue Droite. Prachtige leren tassen (Sac de Berger).
Leren kleding – **Estret-Mellencamp** 2: N9/Av. du Languedoc. Jasjes, pakjes, broeken en handtassen van fijn leer.
Kaas – **Le Buron** 3: 18, rue Droite. Regionale kaassoorten, veel blauwe kazen.
Gebak – **Pâtisserie Saint-Jacques** 4: 4, place du Mandarous. Fijn gebak, zoals gâteau de broche, een soort boomstam, en specialiteit van Millau, of flaune, een kaastaart met sinaasappelaroma.
Pâtisserie Bonami 5: 4, rue Peyssière. Specialiteit: avelinettes, koekjes met noten, en gimbelette, cake met anijs.

Actief

Millau is een centrum voor actief toerisme. Spectaculair zijn bijvoorbeeld de via ferrata en de via corda, beklimmingen langs staalkabels langs de rotswanden van de kloven. Ook begeleide wandelingen, canyoning, rafting en verhuur van mountainbikes (VTT).
Bungeejumpen – **Antipodes** 1: Place des Halles, in juli/aug. aan de Tarn achter de camping (Av. de Millau-Plage), www.antipodes-millau.com.

Uitgaan

De klok rond – **Bar de la Fontaine** 1: 1, place de la Tine, tel. 05 65 59 29 00. De bar van Hôtel Mercure is dag en nacht geopend, met WLAN-/wifiverbinding en Business Corner. De brasserie van het hotel met internationale standaard serveert 19-21.30 uur de Franse keuken.

Info en festiviteiten

OdT: 1, pl. du Beffroi, 12103 Millau, tel. 05 65 60 02 42, www.ot-millau.fr.
Parc naturel régional des Grands Causses: 71, bd de l'Ayrolle, infocentrum van het regionale park Grands Causses, www.parc-grands-causses.fr.
Weekmarkt: wo. en vr. rond de Marché Couvert, Place des Halles.
Millau en Jazz: half juli, jazzfestival (www.millauenjazz.org).
Les Lundis en Fête: steeds twee maandagen in juli en aug. Avondmarkt van de *producteurs* met muziek en improvisatietheater in de oude stad.

Rond de Causse Noir

De kloof van de Jonte is nauwelijks minder spectaculair en grandioos, maar minder bekend dan de Gorges du Tarn. Het groene dal van de Dourbie is lieflijker en groener. Tijdens een tocht naar de Mont Aigoual (1567 m) in het zuidelijke deel van de Cevennen kunt u de Causse Noir rond rijden en dan het ene dal voor de heenreis en het andere voor de terugreis kiezen. Vanuit Millau volgt u eerst de D110, die in steile haarspeldbochten met mooi uitzicht op het stadje aan de samenstroming van de Tarn en de Dourbie omhoog leidt naar de Causse Noir.

De **Causse Noir** behoort, net als de Causse du Larzac en de Causse de Sévérac ten zuiden en ten noorden van Millau, tot het in 1995 opgerichte Parc naturel régional des Grands-Causses (zie blz. 53). De wilde kloven, de kale toppen met hun vergezichten en de met grind bedekte kalksteenhoogvlakten met hun bizarre rotsformaties beloven steeds nieuwe adembenemende indrukken, het meest in de namiddag als de schuin vallende zonnestralen de vooruitspringende rotsen mooi doen uitkomen. Verre horizonten kenmerken het landschap op de hoogvlakten. Er is hier nauwelijks een huis, laat staan een dorp, te zien.

Wandeling door Montpellier-le-Vieux ▶ E 14

Causse Noir, D110, www.montpellier levieux.com, half mrt.-nov. dag. 9.30-17.30, laatste trein 16.30, juli/aug. 9-19 uur, laatste trein 18 uur. Toegang € 5,95, korting voor bezoekers jonger dan 20 jaar

Montpellier-le-Vieux, midden op de Causse Noir gelegen, is de beroemdste rotsformatie van deze streek. Omdat het reusachtige rotslabyrint aan de kant van de kloof uit de verte op een stad leek, gaven langstrekkende schaapherders uit de Languedoc het de naam 'Oud Montpellier.' Verschillende wandelroutes van uiteenlopende lengte (vanaf 40 min.) lopen er door het terrein met de fantastische rotsformaties, en er gaat ook een klein boemeltreintje waarin luid schallend uitleg wordt gegeven over het landschap waar u doorrijdt (in het Frans).

Via de rode hoofdroute (borden) wandelt u langs rotsformaties als 'Koningin Victoria') naar 'Belvédère,' met uitzicht op de Causse du Larzac; vanhier gaat het verder naar de 'Duivelsstoel,' waarna een omweg mogelijk is naar een uitzichtpunt over de Gorges de la Dourbie. Wie ruim drie uur de tijd neemt, kan nog naar de 'Arc de Triomphe,' de 'Sfinx' en de 'Olifant' doorlopen, voor wie dat niet doet voert de rode route langs de 'Remparts' (verdedigingswerken) terug naar het parkeerterrein.

Wandeling in Montpellier-le-Vieux

Gorges de la Jonte ▶ E 14

Na de Causse Noir te zijn overgestoken rijdt u in haarspeldbochten weer omlaag en bereikt u bij Le Rozier-Peyreleau (zie blz. 272) het dal van de Jonte, dat de Causse Noir en de Causse Méjean van elkaar scheidt en hier aan de Gorges du Tarn grenst. De Jonte is smaller en daarom in tegenstelling tot de Tarn minder interessant voor kanovaarders. Hij is niet altijd bevaarbaar.

Belvédère des Vautours

Le Truel, 48150 Saint-Pierre-des-Tripiers, apr. tot okt. dag. 10-18, juli/aug. tot 19 uur, www.vautours-lozere.com, toegang € 6,50, 5-12 jaar € 3, gezinnen € 17

Richting Meyrueis bereikt u de Belvédère des Vautours, het observatiestation voor uitgezette gieren. Behalve een goede tentoonstelling kunt u de gieren ook live zien: met een verrekijker vanaf een uitzichtplatform en via in de rotsen geïnstalleerde videoinstallaties.

Meyrueis ▶ F 14

De weg blijft het smalle dal volgen tot aan Meyrueis (1050 inw.), dat in de 19e eeuw het hele zuiden van vilten hoeden voorzag en tegenwoordig op het toerisme gericht is. Er zijn zeven campings in de omgeving, want de stad is een goede standplaats voor het verkennen van het Causses- en Cevennengebied. Aan de voet van de oude Tour de l'Horloge liggen mooie natuurstenen huizen; restaurants en crêperies liggen aan de Quai Sully onder oude platanen langs de oever van de in de Jonte uitmondende beek Bétuzon. 's Zomers worden er zelfs tafels op de smalle stenen bruggetjes gezet.

Aven Armand ▶ E 13

Juli/aug. 9.30-19, mrt., apr., mei, juni, sept., okt. 10-12, 13.30-18 uur, www.aven-armand.com, toegang € 9,10, 5 tot 15 jaar € 5,25

Ten noorden van de Jonte ligt de Causse Méjean. Door erosie ontstonden niet alleen de wilde kloven, maar ook onderaardse grotten, die hier *aven* worden genoemd. De Aven Armand, niet ver van de D 986 van Meyrueis naar Ste-Énimie, werd aan het eind van de 19e eeuw voor het eerst betreden door de speleoloog Martel. Een bezoek aan de weloverwogen uitgelichte zaal met tot 30 m hoge, naalddunne stalactieten is een van de indrukwekkendste belevenissen in het Massif central.

Ferme Caussenarde ▶ E 13

Hyelzas, 48150 Hures-la-Parade, juli, aug. dag. 11-19.30, apr., mei, juni, sept., okt. 12.30-18 uur, http://ferme.caussenarde.free.fr, toegang € 5,90, 12-15 jaar €2,40

Rond de Causse Noir

Een van de grootste druipsteengrotten van Frankrijk – Aven Armand

Slechts 3 km verderop is de Ferme Caussenarde in Hielzas een bezoek waard. De gerestaureerde museumboerderij is een karakteristieke hoeve van de Causses. Hier wordt herinnerd aan het harde boerenleven van de 18e tot in de jaren vijftig van de 20e eeuw.

Grotte de Dargilan ▶ F 14

Apr.-juni, sept. 10-17.30, juli/aug. 10-18.30, okt. 14-16.30 uur, nov.-mrt. gesl., www.grotte-dargilan.com, toegang € 9,10, 6-18 jaar € 5,80

Ertegenover, op de Causse Noir, zo'n 5 km ten westen van Meyrueis, kan nog een grote druipsteengrot worden bezocht. De Grotte de Dargilan wordt vanwege zijn roodachtige kleurenpracht ook wel 'Grotte rose' genoemd. Er stroomde ooit een rivier doorheen die een enorme versteende waterval, de Grande Cascade, heeft geschapen.

Overnachten

In het kasteel – **Château d'Ayres:** tel. 04 66 45 60 10, www.chateau-d-ayres.com, 2 pk standaard € 99-136, 's zomers € 136-176, menu € 55. Aan de rand van de stad gelegen kasteelhotel (3*, Relais du Silence), mooie tuin, kamers in historische stijl. Met restaurant ('s zomers tafels in het park) en zwembad.

In het centrum – Hôtel du Mont Aigoual: 34, quai de la Barrière, tel. 04 66 45 65 61, www.hotel-mont-aigoual.com, 2 pk € 62-80, ontbijt € 9, menu € 23-50. Aangenaam hotel in het centrum met een klein zwembad in de tuin (2*, Logis de France). 28 chic en modern ingerichte kamers en vriendelijke ontvangst. Regionale keuken.
Renaissancestijl – Le Sully: 28, place de Sully, tel. 04 66 45 68 38, www.hotellesully.com, 2 pk vanaf € 31, hoogseizoen ca. € 60, ontbijt € 10. Mooi renaissancegebouw (2*) met vriendelijke kamers in geel, oranje en rood; klein zwembad. Populair hapjesrestaurant met tafel aan de beek, pizza ca. € 9.
Camping – Le Champ d'Ayres: tel./fax 04 66 45 60 51, www.campinglechampdayres.com. Dicht bij de stad gelegen, schaduwrijk terrein (bij het kasteel) met zwembad. Verhuur van stacaravans en chalets.

Actief

Outdoor-sport – Fremyc: tel. 04 66 45 61 54, www.nature-cevennes.com. mountainbiketochten, wandelen, kanoën, klimmen.
Wandelen met ezels – Anatole Rando Âne: Meyrueis-Ribevenes, tel. 04 66 45 66 48, www.ane-et-rando.com/anatole. Ezelwandeling op de Causse Noir.
Canyoning – Atom-roc: La parade, 48150 Meyrueis, tel. 06 66 34 84 88. Canyoning, via ferrata, wandelen; filiaal van de hoofdbasis in Ste-Énimie, www.meyrueis-office-tourisme.com.

Info en festiviteiten

OdT: 48150 Meyrueis, Tour de l'Horloge, tel. 04 66 45 60 33, www.meyrueis-office-tourisme.com.
Weekmarkt: wo. en vr.

Naar de Mont Aigoual

Nîmes-le-Vieux ▶ F 13
48400 Fraissinet-de-Fourques
Op de Col de Perjuret (1028 m) ten oosten van Meyrueis splitst de weg zich; rechtuit gaat naar Florac (zie blz. 259), rechtsaf omhoog naar de Mont Aigoual. Niet ver voorbij de splitsing kunt u bij het gehucht Le Veygalier de rotsformatie Nîmes-le-Vieux bezoeken. In tegenstelling tot Montpellier-le-Vieux (zie blz. 279) betaalt u geen toegangsprijs, maar u moet het (minder spectaculaire) rotslandschap op boom- en schaduwloze wegen dan ook geheel te voet verkennen.

Mont Aigoual ▶ F 14
Hoe hoger u komt, hoe kaler de berghellingen worden. Op de slechts met gras begroeide Mont Aigoual (1567 m) slingert zich een smalle weg omhoog. Op een heldere dag ziet u van het uitkijkpunt van het observatorium aan de andere kant van de beboste heuvelrug rondom in de verte in het oosten de Alpen, de Middellandse Zee in het zuiden en de Pyreneeën in het zuidwesten. Daarom bent u hier in de zomer nooit alleen – heldere dagen zijn echter zeldzaam, want twee derde van het jaar ligt het hoogste punt van de Zuid-Cevennen in nevelen gehuld.

Abîme de Bramabiau ▶ F 14
30750 Saint-Sauveur-Camprieu, www.abime-de-bramabiau.com, juli/aug. 9.30-18.30, apr. tot okt. 10-17 uur, met rondleiding, toegang € 8, kinderen € 4, temperatuur in de berg 10 °C!
Van de Mont Aigoual rijdt u zuidwaarts het dal van het riviertje de Bonheur in. In dit dal opent zich na enkele kilometers naar rechts het uitzicht op de breukzijde van de Causse ertegenover, met de Abîme de Bramabiau. In deze

smalle, donkere rotsspleet ontspringt de Bonheur, die als de sneeuw smelt, met donderend geweld uit de spleet stroomt. De 700 m ver onderaards doorlopende rotsspleet kan via ijzeren traptreden worden bezichtigd.

Gorges de la Dourbie ▶ E 14

Vanaf L'Espérou loopt de D151 door kastanjebossen en garriguevegetatie langs de Gorges de la Dourbie, de D151A loopt door de kloof. De twee vakantieoorden St-Jean-du-Bruel en Nant profiteren van hun mooie ligging aan de Dourbie, die hier de leisteenbergen van de Cevennen verlaat.

Nant ▶ F 14

Bij Nant wordt het dal een brede, voor groenteteelt gebruikte vlakte met een mild klimaat, beschermd tegen de winden die over de plateaus jagen. De centrale Place du Claux met de arcaden van een markthal uit de 14e eeuw en een klaterende fontein nodigt uit om even pauze te nemen, vooral op dinsdag, als er markt is. Door schilderachtige straatjes bereikt u een romaanse kerk, een restant van een voormalige benedictijnenabdij.

Cantobre ▶ E 14

Al snel wordt het Dourbiedal weer smaller. Cantobre ligt als een uit een prentenboek weggelopen middeleeuws stadje hoog op een uitstekende rots, bij de samenvloeiing van de Dourbie en de Trévezel. Enkele kilometers verder stroomafwaarts is het de moeite waard om even om te rijden naar het erboven gelegen, niet minder schilderachtige St-Véran. Dan versmalt het dal zich weer tot een nauwe canyon, die zich pas kort voor Millau weer opent tot een vlakte.

Overnachten

In het klooster – **Hermitage St-Pierre:** 30750 Revens, 6 km voorbij Cantobre uit het dal afbuigen, tel. 05 65 62 27 99, hermitage.st.pierre.voila.net, 2 pk, incl. ontbijt € 79, 3e p. € 15. Een prachtig oud gebouw van een klooster uit de 12e eeuw, iets boven de Dourbie gelegen, met historisch ingerichte kamers, voor een deel met hemelbedden.

Camping – **Val de Cantobre:** 12230 Nant, tel. 05 65 58 43 00, www.rcn.nl. Een viersterrenkampeerterrein, voor een deel met historische bebouwing uit de tijd van de tempelridders, door de ANWB tot een van de mooiste campings van Frankrijk verkozen. Tentplaatsen onder de schaduw van de bomen, stacaravans. Op het terrein is ook een zwembad en veel mogelijkheden tot vermaak.

Tip

Causse du Lazarc

Van de Causse du Larzarc komt de beroemde roquefort, de blauwschimmelkaas van schapenmelk met zijn kenmerkende pittige smaak. De grottenkelder van de Société des Caves bij **Roquefort-sur-Soulzon** (D15), 20 km ten zuiden van Millau, waarin de kazen liggen te rijpen, kunt u bezichtigen, incl. proeverij (juli/aug. dag. 9.30-18.30, anders 9.30-12, 13-17 uur, www.roquefort-societe.com, toegang € 5, 10-18 jaar € 3).
Ook het buitengewoon goed bewaard gebleven middeleeuwse stadje **La Couvertoirade** (▶ E 15) is een bezoek waard. Half juli (datum aangekondigd in brochures) wordt hier ook een middeleeuwenshow gehouden, met ridderoptochten en vechtdemonstraties.

Toeristische woordenlijst

Algemeen

goedemorgen/dag	bonjour
goedenavond	bonsoir
goedenacht	bonne nuit
tot ziens	au revoir
neem me niet kwalijk	pardon
hallo/dag	salut
alstublieft	s'il vous plaît
bedankt	merci
graag gedaan	de rien
ja/nee	oui/non
in orde	d'accord
tot later	à plus tard
wat zegt u?	pardon?
wanneer?	quand?

Onderweg

halte	l'arrêt
bus	le bus/car
auto	la voiture
uitrit/-gang	le sortie
benzinestation	le station-service
benzine	l'essence
rechts	à droite
links	à gauche
rechtuit	tout droit
inlichtingen	l'information
telefoon	le téléphone
postkantoor	la poste
station	le gare
luchthaven	l'aéroport
stadsplattegrond	le plan de ville
alle richtingen	toutes directions
eenrichtingsverkeer	rue à sens unique
ingang	l'entrée
geopend	ouvert/-e
gesloten	fermé/-e
kerk	l'église
museum	le musée
strand	la plage
brug	le pont
plein	la place
haven	le port
hier	ici
daar	là

Tijd

uur	l'heure
dag	le jour
week	la semaine
maand	le mois
jaar	l'année
vandaag	aujourd'hui
gisteren	hier
morgen	demain
's ochtends	le matin
's middags	le midi
middag	l'après-midi
avond	le soir
vroeg	tôt
laat	tard
voor	avant
na	après
maandag	lundi
dinsdag	mardi
woensdag	mercredi
donderdag	jeudi
vrijdag	vendredi
zaterdag	samedi
zondag	dimanche
feestdag	jour de fête
winter	hiver
lente	printemps
zomer	été
herfst	automne

In geval van nood

help!	au secours!
politie	la police
arts	le médecin
tandarts	le dentiste
apotheek	la pharmacie
ziekenhuis	l'hôpital
ongeval	l'accident
pijn	la douleur
kiespijn	le mal aux dents
pech	panne

Overnachten

hotel	l'hôtel
pension	le pension
eenpersoonskamer	la chambre individuelle

tweepersoonskamer	la chambre double	maat	la taille
tweepersoonsbed	le grand lit	betalen	payer
twee aparte bedden	les deux lits		
met/zonder badkamer	avec/sans salle de bains		
toilet	le cabinet		
douche	la douche		

Getallen

met ontbijt	avec petit-déjeuner	1 un	17 dix-sept
halfpension	demi-pension	2 deux	18 dix-huit
bagage	bagages	3 trois	19 dix-neuf
rekening/kwitantie	note/facture	4 quatre	20 vingt
prijs	le prix	5 cinq	21 vingt et un
		6 six	30 trente

Winkelen

		7 sept	40 quarante
winkel	le magasin	8 huit	50 cinquante
markt	le marché	9 neuf	60 soixante
creditcard	la carte de crédit	10 dix	70 soixante-dix
geld	l'argent	11 onze	80 quatre-vingts
geldautomaat	le guichet automatique	12 douze	90 quatre-vingts-dix
bakkerij	la boulangerie	13 treize	100 cent
levensmiddelen	l'aliments	14 quatorze	150 cent cinquante
duur	cher/chère	15 quinze	200 deux cent(s)
goedkoop	bon marché	16 seize	1000 mille

Belangrijke zinnen

Algemeen

Spreekt u Engels/Nederlands?	Parlez-vous anglais/néerlandais?
Ik begrijp het niet.	Je ne comprends pas.
Ik spreek geen Frans.	Je ne parle pas français.
Mijn naam is …	Je m'appelle …
Hoe heet jij/heet u?	Comment t'appelles-tu/vous appelez-vous?
Hoe gaat het?	Ça va?
Dank u, goed.	Merci, bien.
Hoe laat is het?	Quelle heure est-il?

Onderweg

Hoe kom ik in/naar …?	Comment est-ce que j'arrive à …?
Waar is …?	Pardon, où est …?
Kunt u mij alstublieft … wijzen?	Pourriez-vous me montrer … ?

In geval van nood

Kunt u mij alstublieft helpen?	Pourriez-vous m'aider?
Ik heb een dokter nodig.	J'ai besoin d'un médecin.
Hier doet het pijn.	Ça me fait mal ici.

Overnachten

Hebt u een kamer vrij?	Avez-vous une chambre de libre?
Hoeveel kost de kamer per nacht?	Quel est le prix de la chambre par nuit?
Ik heb een kamer gereserveerd.	J'ai réservé une chambre.

Winkelen

Hoeveel kost dat?	Ça coûte combien?
Ik wil …	J'ai besoin de …
Wanneer opent/sluit …?	Quand ouvre/ferme …?

Culinaire woordenlijst

Bereiding

à la jardinière	met groenten
à la nage de ...	in een saus van ...
à point	medium
bien cuit	doorbakken
braisé	gesmoord
chaud	heet, warm
confit de ...	ingekookt van ...
jus de noix	saus met walnoten
cru	rauw
farci	gevuld
glacé	bevroren
grillé	gegrild
saignant	rood

Keuken van Auvergne

aligot	aardappelpuree met tommekaas
boudin aux pommes	bloedworst met appel
chiffonnade au cantal	salade met cantalkaas en ganzenborst
chou de la ménette	ovenschotel van kool, spek en cantalkaas
farinettes	gevulde pannenkoek
potée	stoofpot van groenten met casselerrib
pounti	groentepastei met pruimen
salade auvergnate	salade met blauwe kaas, walnoten en ham
tripoux	gevulde ingewanden
truffade	aardappelpuree met cantalkaas

Vis en zeevruchten

anchois	ansjovis
bouillabaisse	vissoep
coquilles St-Jacques	jakobsschelpen
daurade	dorade, goudbrasem
espadon	zwaardvis
filet de féra	houtingfilet
huître	oester
lotte de mer	zeeduivel
omble chevalier	trekzalm
saumon	zalm
thon	tonijn
truite au lard	forel met spek

Vlees

bavette d'aloyau	runderfilet uit de flank
bœuf	rundvlees
brochette	spiesje
carré d'agneau	lamsfilet
charcuterie	vleeswaren
côte de ...	ribstuk van ...
entrecôte	tussenribstuk
escalope	schnitzel
jambon à os	beenham
jambon cru	gerookte ham
joue de porc	varkenswang in de darm gebraden
papillote de veau	kalfsrollade
pavé	filet
petit salé	casselerrib
pied de porc	varkenspoot
rillettes	ingekookt varkensvlees
ris de veau	kalfszwezerik
steak frites	steak met frites
steak haché	gehakt
tripes	ingewanden

Gevogelte, wild, slakken

coq au vin	haantje in wijn
escargot	slak
foie gras	ganzenleverpastei
gésier	kippenmaagjes
lapin	konijn
lièvre	haas
magret de canard	eendenborst
petits gris	een slakkensoort
poulet	kip
sanglier	wild zwijn

Groenten, bijgerechten, kruiden

ail	knoflook
artichaut	artisjok
avocat	avocado
basilic	basilicum

câpre	kapper
cèpe	eekhoorntjesbrood
chanterelles	cantharellen
châtaignes	kastanjes
courgette	courgette
épinard	spinazie
fenouil	venkel
lentilles vertes	groene linzen uit Le Puy (Velay)
lentilles blondes	gele linzen uit St-Flour
oignon	ui
poireau	prei
poivron	paprika
thym	tijm
truffe	truffel

Fruit

cerise	kers
figue	vijg
fraise (de forêt)	(bos)aardbei
framboise	framboos
griotte	zure kers
pêche	perzik
poire	peer
pomme	appel

Kaas

bleu (d'Auvergne)	blauwschimmelkaas
brebis	schapenkaas
cabécou	kleine geitenkaas
chèvre	geitenkaas
fromage blanc	kwark, verse kaas
tomme	harde kaas

Nagerechten en taart

clafoutis	roerdeeggebak met kersen
cornets de Murat	zanddeeghoorntjes met room en vruchten
coupe de glace	beker ijs
crème Chantilly	slagroom
fouace	gistdeegkrans
fruits confits	gesuikerde vruchten
gâteau	cake
île flottante	ijssneeuw in vanilleroom
profiterolles	soesjes
tarte aux myrtilles	zanddeegtaart met bosbessen

Dranken

bière (pression)	bier (van de tap)
café	koffie
eau de vie	borrel, brandewijn
eau gazeuse/plate	mineraalwater met/zonder koolzuur
jus	sap
lait	melk
infusion	kruidenthee
vin blanc/rouge	witte/rode wijn
vin mousseux	mousserende wijn/sekt

In het restaurant

Ik wil een tafel reserveren.	Je voudrais réserver une table.	bijgerechten	garniture
De kaart, alstublieft.	La carte, s.v.p.	dagschotel	plat du jour
wijnkaart	carte des vins	couvert	couvert
De rekening, alstublieft.	L'addition, s.v.p.	mes	couteau
		vork	fourchette
		lepel	cuillère
amuse	amuse bouche	glas	verre
voorgerecht	hors d'œuvre	fles	bouteille
soep	soupe	zout/peper	sel/poivre
hoofdgerecht	plat principal	suiker/zoetje	sucre/saccharine
nagerecht	dessert	ober m/v	serveur/serveuse

Register

Abîme de Bramabiau 282
Abrest 109
Aéroport Rodez-Marcillac 240
Alagnon 54, 140
alarmnummer 24, 38
Albepierre-Bredons 226
Allanche 35, 207, 219, 221
Allègre 185
Alleuze, Château d' 215
Allier, departement 14, 18, 86
Allier, rivier 54, 86, 170, 186, 188
Ambert 171, 178
ambulance 39
Anglards-de-Salers 227
Anjony, Château d' 73, 207, 229
apotheken 38
Arlanc 180
Artias, Château d' 201
Arvernales 133
Arverner 64
Aubeyrat 141
Aubière 120
Aubrac, Plateau 52, 56, 241
aubracrund 59
Augustonemetum 44, 65, 67, 125
Aulac, Col d' 207, 224
Aulteribe, Château d' 175
Aumont-Aubrac 244
Aurillac 35, 230
Austromonius 44, 65, 136
auto 21
autopech 39
autorijden 23
Auzon 140
Aven Armand 280
Aveyron, departement 15, 19
Aydat, Lac d' 33, 155, 157
Ayres, Château d' 281
Azérat 140
Bagnols-les-Bain 246
Barrage de Besserve 104
Barrage de Grandval 216
Bartholomeusnacht 47
Basse-Auvergne 114
Batisse, Château de la 133
Bayet 97
Béal, Col du 178
Beaujeu, Anne de 87, 91
bedevaarten 35
Belvédère de Mallet 216

Belvédère des Vautours 280
benzinestation 21, 24
Besbre 111
Besse-et-St-Anastaise 35, 112, 161, 162
Bête du Gévaudan 205, 244
bevolking 43
Billom 111
Billy, Château de 96
Blajoux 266
Blanzat 120
Blesle 140
bleu d'Auvergne 75
bleu des Causses 75, 273
Blum, Léon 48, 115
boetes 24
Borne 185
Bort-les-Orgues 33, 168
Botz, Château de 95
Boudes 120, 140
Boufflers, Amélie de 273
Bourbon, Château des Ducs de 93
Bourbon, hertogen van 47, 87
Bourbon l'Archambault 91
Bourbonnais 14, 84, 86
Bourrée 62, 102
brandweer 38
Brion 244
Brioude 113, 141
bungeejumping 188
buron 58
Busséol, Château de 134
Cabrette 102, 213
Calmont d'Olt, Château 239, 252
Camisarden 47, 81, 262
campers 25, 39, 208, 240
camping 18, 20, 25
Cantal, departement 19, 208
cantal, kaas 31, 59, 74
Cantal, Monts du 51, 55, 56, 206, 220
Cantobre 283
Carladez 229
Cascade de la Roucolle 229
Castelbouc 266
Casteltinet 229
Causse de Sauveterre 251, 266, 267, 271, 273
Causse du Lazarc 283
Causse Méjean 266
Causse Noir 273, 278
Causses 53

Caze, Château de la 269
Cère 54, 229, 231
Cesset 96
Cevennen (Cévennes) 53, 258
Cévenol 189
Cézallier, Monts du 51, 56, 218
Cézalmalières 113, 130
Chamalières-sur-Loire 201
Chambon, Lac 33, 160
Chambre d'hôte 26
Champeix 136
Chanac 251, 271
Chantelle 100
Chanteuges 190
Chanturgue 119
Chapeauroux 191
Chareil-Cintrat, Château 96
Charles de Bourbon-Montpensier, Connétable 47
Charroux 85, 98, 100
Châtaigneraie 28, 54, 237
Châteaugay 73, 120, 123, 124
Châteauneuf 104
Château Rocher 101
Châteldon 111
Châtelguyon 121
Châtel-Montagne 111
Chaudes-Aigues 57, 216
Chavaniac-Lafayette 149
Chazeron, Château de 122
Cheylade, Vallée de 224
Chilhac 44
Chopine, Puy de 153
Chouvigny, Château de 101
Cinq-Mars 110
Clafoutis 29, 287
Clavières 79
Clemens VI., paus 182
Clermont-Ferrand 14, 30, 42, 76, 125
Cocurès 265
Côme, Puy de 56, 154
Comité Régional du Tourisme 18
Comté d'Auvergne 134
confit 28
Conques 239, 257
Conros, Château de 234
Contre-Plongées de l'Été 36, 131
coq au vin 28
Cordès, Château de 73, 157
Corent 120, 135

288

Register

Corniche des Cévennes 238, 262, 265
Côtes d'Auvergne 119
Courpière 175
Coutellerie 176
creditcard 37
Croix-Morand, Col de la 164
Cusset 109
deltavliegen 32
Dévalade 35, 161
Domaine de Longevialle 205
Domaine Médiéval des Champs 251
Dômerie d'Aubrac 243
Domeyrat, Château 149
Dordogne 54, 167
Dore 54, 172, 175
Dore l'Église 181
Dormoy, A. Marx 92
douane 21
Dourbie 283
draailier 62, 102
Ébreuil 101
Écomusée de la Margeride 205
economie 42
Edict van Nantes 47
Effiat, Château d' 110
Eleonora van Aquitanië 46
Ennezat 124
Entraygues 254, 255
Espalion 202, 251, 252
Estaing 169, 203, 254
eten en drinken 27
Falgoux, Cirque du 224
Fayette, Gilbert du Motier, marquis de La 47, 149
feestagenda 35
feestdagen 37
feesten 35
Feira delhs Palhas 217
Ferme Caussenarde 280
Festa del Païs 215
Festival de Théâtre de Rue 36, 237
Festival du Court Métrage 131
festivals 36
Fête du Roi de l'Oiseau 35, 196
fietsen 22
fietstochten 31
Filips II Augustus 46
Florac 81, 239, 259, 260
Fontaine Salée,

Vallée de la 34
fooi 37, 39
Forez, Monts du 52, 111, 172, 175
Fourchault, Château de 95
fourme d'Ambert 75, 179
Frugières-le-Pin 149
Gabalum 244
Gallier 44, 133, 244
Gallo-Romeinse vondsten 88
Gannat 35, 97
Gaperon 75
Gaulle, Charles de 48
geld 37, 39
gentiane 29, 236
geografie 42
Gerbier de Jonc 201
Gergovia 65, 132
Gergoviaplateau 56
Gévaudan 80, 204
gieren 52, 280
Giscard d'Estaing, Valéry 48, 63
gîtes 26
gîtes d'étape 26
godsdienstoorlogen 47, 183
Gouden Madonna van Clermont 70
golf 32
Gorges d'Alagnon 140
Gorges de Chouvigny 101
Gorges de la Dore 181
Gorges de la Dourbie 283
Gorges de la Jonte 53, 279
Gorges de l'Allier 24, 32, 141, 171, 186, 188
Gorges de la Sioule 85, 101
Gorges du Tarn 238, 266
gotiek 69
Grands Jours d'Auvergne 47, 226
Grangefort, Château 140
Gregor van Tours 67, 148
Griou, Puy 224
Grotte de Dargilan 281
Grotte de Jonas 161
Grottes de Perrier 137
Guéry, Col de 156
Guéry, Lac de 16, 156
Haute-Auvergne 58, 208
Haute-Loire, departement 15, 19
Hauterives 269
Hautes Terres 206
heenreis 21

Henri IV 47, 139, 250
heteluchtballon 33, 155
Honderdjarige Oorlog 46
hotels 25, 27
hugenoten 47, 263
huurauto 24
Hyelzas 280
informatie 18
internet 18, 114, 167, 172
Ispagnac 266
Issoire 136
jakobspad 239
Jasserie du Coq Noir 180
Javols 244
Jean de Berry 46, 114, 117, 124
Jenzat 84, 100, 102
jeugdherbergen 27
Job 178
Jonte 52, 272, 279
Jordanne 231, 235
joue de porc 28
kaarten 19
kanoën 32, 90, 113, 145, 169, 188, 239, 253, 255, 266, 278
kantklossen 117, 180, 187, 195, 197
Karel de Grote 45
Karel Martel 45
Karel V 47
Karolingen 67
kasteelhotels 26
kazen 29
Kelten 44, 64
kinderen 34
kleding 20
klimaat 20
koffie 29
koningin Margot 139
kranten 38
La Bourboule 113, 166
La Canourgue 251, 252
La Chaise-Dieu 151, 170, 181, 182
La Couvertoirade 283
La Fayette 101, 149, 178, 187
La Fayette, Gilbert du Motier, marquis de 149
Laguiole 177, 241
laguiole, kaas 75
La Malène 32, 270
Lamothe, Château de 142
Langeac 171, 187
langeafstandspaden 33
Langue d'Oc 46, 62

289

Register

La Palice, Château de 85, 110
Lapalisse 110
Laschamps 155
La Tour d'Auvergne 134, 167
Laval, Pierre 105
Lavaudieu 145
Laveissière 213, 218
Lavigerie 225
Lavoûte-Chilhac 186
Lavoûte-Polignac, Château 201
Le Bleymard 259
Le Claux 224
Le Fel 237, 255
Le Jarrousset 218
Le Lioran 226
Le Mas Soubeyran 264
Lembron 140
Le Monastier-sur-Gazeille 204
Le Mont-Dore 164
Lemptégy, Puy de 153
Léotoing, Château de 140
Le Pont-de-Montvert 259
Le Puy-en-Velay 22, 35, 70, 170, 192
Le Rozier-Peyreleau 53, 239, 272
Les Estables 201
Les Martres-de-Veyre 120
Les Vignes 270
Liguriërs 44
likeuren 29
Limagne 114
Lioran, Tunnel du 225
Livradois 52, 172
Loire 54, 201
Longues 135
Lot 32, 238
Loubaresse 205
Louchy 96
Loudes 22
Lozère, departement 15, 19
Madargue 120
madonna's, zwarte 70, 93, 128, 195, 233
Maison de la Faune 217
Maison du Buronnier 212
Maison Mantin 88
Mandailles-St-Julien 224
Mandailles, Vallée de 230
Marchidial, Château du 136
Mareugheol 140

Margeride, Montagne de la 52, 56, 172, 204
Marguerite de Valois (Reine Margot) 47
Maringues 124
Marius, missionaris 44, 224
markten 31
Maronne 224
Marsac-en-Livradois 181
Marvejols 245
Massegros 271
Massiac 217
Massif Barlong 69
Mauriac 220
Mayet-de-Montagne 111
medische verzorging 37, 38
Méjean, Causse 259, 267
Mende 238, 239, 246, 248
Merle, Matthieu de, capitaine 47, 179, 248
Merovingen 44, 65, 67
Meyrueis 280
Michelin 76, 129
middeleeuwenfeesten 34
Millau 274
mobiele telefoons 39
Molompize 218
Monistrol d'Allier 188, 191, 192
Montagne Bourbonnaise 111
Montagne de la Serre 56
Mont Aigoual 278, 282
Mont Dômes 55
montée 35, 59
Montferrand 35, 129
Montlosier, Château de 150, 155, 157
Mont Lozère 81, 258
Mont Lozère, Écomusée du 259
Montluçon 85, 92
Mont Mézenc 80, 204
Mont Mimat 250
Mont Mouchet 48, 79, 205
Montmorin, Château de 132
Montpellier-le-Vieux 239, 279
Montpeyroux 136
Montsalvy 137
Monts Dômes 14, 51, 112, 150, 152
Monts Dore 51, 55, 56, 150, 164
Moudeyres 201

Moulins 84, 85, 86
mountainbikes 31
Mourjou 35
Mozac 117
munteenheid 37
MuPop (Musée des Musiques Populaires) 93
Murat 210, 217
Murol 160
Murol, Château de 73, 160
Musée Anne de Beaujeu 88
Musée Bargoin 129
Musée de la Gentiane (Espace Avèze) 219
Musée de la Haute-Auvergne 212
Musée du Ranquet 128
Musée Régional d'Auvergne 117
Muséum des Volcans 234
Muséum Henri-Lecoq 129
muziek 62
Nant 142, 283, 286
Napoléon III, keizer 48, 105, 107, 108
Nasbinals 243
nationale parken 51
Nectarius, missionaris 44, 158
neolithicum 44
Néris-les-Bains 85, 94
Nîmes-le-Vieux 282
Nonette 139
noodgevallen 38
Notre-Dame de l'Assomption 128
Notre-Dame-du-Marthuret 117
Notre-Dame du Port 68, 69, 128
Nouvelle Vague, Vichy 36, 109
Nugère, Col de la 153
Occitaans 42
Office du Tourisme 19
Olliergues 178
Omble chevalier 28
ongeval 24
openingstijden 38
Orcival 35, 70, 151
overnachten 25
paardrijden 32
paragliding 32, 278
parapente 32
Parc des Loups du Gévaudan 245

Register

Parc National des Cévennes 54
Parc Régional des Grands Causses 53, 240, 278
Parc Régional des Volcans d'Auvergne 51, 55, 150
Parc Régional du Livradois-Forez 52, 178
Parentignat, Château de 139
parkeren 24
Pascal, Blaise 47, 128
Pas de Soucy 270
Paulhac, Château de 145
Pavin, Lac 33, 161
Pays d'Olt 251
péage 21
pech 24
pelgrimsroute 68, 202
Pérignat-les-Sarliève 133
Perse, Église de 252
Pesteils, Château de 230
Pétain, Philippe, maarschalk 48, 78, 105, 106
Peyrelade, Caves de 273
Peyrelade, Château de 73, 273
Peyrol, Pas de 221, 225
Pierre II de Bourbon, hertog 87, 91
Planèzes 208, 220
Plateau de l'Artense 219
Plomb du Cantal 225
Point Sublime 270
Polignac, Château de 73
politie 38
Pompidou, Georges 48, 63
Pont de Menat 101
Pontempeyrat 185
post 39
Pounti 28
Pourrat, Henri 78, 178
Prades 171, 188, 191
Privatus, Heilige 250
Puy de Dôme 56, 112, 153, 154
Puy-de-Dôme, departement 14, 15, 19, 114
Puy de Jumes 153
Puy de Pariou 55, 56, 154
Puy de Sancy 113, 164, 165
Puy de Violent 228
Puy d'Ysson 137
Puy Mary 221, 223
Puy Violent 207
Queuille 104

raften 32, 188, 191, 255, 278
religie 43
Réserve de Bisons d'Europe 245
Résistance 78
Richard de Bas 179, 180
Richard Leeuwenhart 46
Richelieu, kardinaal 47, 72, 183, 273
rijbewijs 23
Riom 31, 35, 114
Riom-ès-Montagne 59, 219
Rivière sur Tarn 273
Robert de Turlande 46, 181
Rochegude, Château de 191
Rochelambert, Château d la 185
Rocher d'Aiguilhe 56
Roi de l'Oiseau, Fête 171
romaanse kerken 67
Romeinen 44, 94
rommelmarkten 36
rondreizen 21
Roquefort 283
Route des Crêtes 225, 234
Route des Vins 95
Royat 57, 113, 132, 133
Ruynes-en-Margeride 79, 240
saint-nectaire, kaas 31, 75
Salers 206, 226
salers, kaas 75
salersrunderen 58, 74
Sanadoire, Roche 156
Sand, George 185
Sarpoil 138
Sauges 202, 204
Saulcet 96
Sédaiges, Château de 225
Sévérac-le-Château 273
Sidonius Apollinaris 67
Signalauze 205
Signal du Luguet 219
Silvester II, paus 46
Sioule 32, 54, 86, 97
skiën 33
SNCF 24
souvenirs 39
Souvigny 35, 90
spoedgeval 38
staat en regering 42
St-Anthème 180
St-Arcons-d'Allier 189
St-Bonnet-près-Riom 120

St-Chély-du-Tarn 269
St-Cirgues-de-Jordanne 225
St-Côme-d'Olt 252
Ste-Énimie 32, 267
Ste-Eulalie d'Olt 252
Ste-Eulalie-en-Margeride 245
Stevenson, Robert Louis 80
St-Flour 63, 207, 209
St-Geniez-d'Olt 251
St-Gervais-sous-Meymont 178
St-Ilpize 186
St-Jacques-des-Blats 224, 225, 230
St-Jean-du-Gard 81
St-Julien-des-Chazes 191
St-Laurent-de-Trèves 265
St-Laurent-d'Olt 251
St-Menoux 90
St-Nectaire 112, 157
St-Paulien 185
St-Pourçain 35, 85, 95, 119
St-Rémy-sur-Durolle 111
St-Roman-de-Tousque 263
St-Saturnin 133
St-Simon 235
St-Yorre 111
Super-Besse 33, 161
Super-Lioran 33, 225
Supeyres, Col des 180
taal 62
Tache, Puy de la 164
Tarn 32, 52, 238, 268
telefoneren 39
Thalys, hogesnelheidstrein 21
thermencentra 109
Thiers 170, 172
Thiésac 230
Tillion, Germaine 185
toerisme 43
toeristenbureaus 18
tol 21
Toques d'Auvergne 29
Tournemire 229
Tournoël, Château de 122
Trabuc, Grotte de 264
Trans'Urbaines 36, 131
trein 21, 24
Trémolière, Château de la 227
Tronçais, Forêt de 86
Truffade 27, 28
Truyère 54

291

Register

Tuilière, Roche 156
uitgaansleven 36
Urbanus II 46
Usson 139
Vache, Puy de la 55, 155
vakantiehuizen 26
Val, Château de 169
Valcivières 180
Val de Courre 166
Valeyre 180
Vallée Borgne 263
Vallée de la Cère 229
Vallée de la Jordanne 224
Vallée de Mandailles 225
Vallée des Saints 113, 140
Vallée du Mars 207, 224
Vallée Française 250, 263
Vassivière 35, 161
Vauclair 218
veiligheid 39
Velay 55, 172
vélorail 219

Vercingetorix 44, 64, 65, 127, 132
Vergues 191
verkeersregels 23
Verneuil-en-Bourbonnais 96
Verveine 197, 200
vervoermiddelen 24
Via Arverna 147, 234
Viaduc de Garabit 24, 216
Viaduc de Millau 49, 276
Viaduc des Fades 104
via ferrata 239, 269, 273, 278, 282
Vialatte, Alexandre 63
Via Podiensis 68, 170, 192, 203
Vichy 57, 84, 85, 105
Vichyregime 78
Vic-le-Comte 134
Vic-sur-Cère 229
Vieille-Brioude 186
Vielle 213

Vierge à l'Oiseau 117
Vierge en majesté 151
Villeneuve-Lembron, Château 140
vissen 31
vliegtuig 22, 24
vliegveld 86, 114, 172, 208, 240
Vollore, Château de 175
Volvic 57, 121
Vulcania 49, 151
wandelen 33
wandelhutten 26
wandelkaarten 19, 33, 131
weer 20
wijn 112, 118
wildparken 34
Willem de Vrome 45
Ydes-Bourg 169
Yssingeaux 201

Notities

Notities

Notities

Fotoverantwoording en colofon

Omslag: Appartementencomplex met blauwe luiken (Getty Images)
Binnenzijde voor: De middeleeuwse Notre-Dame-brug over de Lot in Mende (laif, Köln, hemis.fr/Jacques)

laif, Köln: blz. 52 (hemis.fr/Body); 243 (hemis.fr/Frances-Wysocki); 6, 50, 59, 206 l, 220/221, 238 l, 256 (hemis.fr/Frilet); 207 l, 231 (hemis.fr/Giuglio); 262 (hemis.fr/Guiziou); 7, 16/17, 34, 45, 55, 58, 71, 84 r, 110, 112 l, 118, 152, 170 l, 171 l, 173, 182, 186/187, 202, 241 (hemis.fr/Guy) 113 l, 158/159, 175 (hemis.fr/Hughes); 12 lo, 28, 123, 168, 206 r, 209 (hemis.fr/Sudrès); 49, 57 (REA)
Hans E. Latzke, Bielefeld: blz. 6, 9, 11, 12 rb, 13 lb, 13 lo, 13 ro, 30, 36, 53, 74, 76, 78, 85 l, 93, 102, 143, 198/199, 212, 227, 260/261, 268, 292

Look, München: blz. 170 r, 192/193 (Age Fotostock); 12 lo, 162/163 (Photononstop); 80 (Wothe)
Mauritius Images, Mittenwald: blz. 10 (IB/Guy); 176 (Photononstop)
Thomas Stankiewicz, München: blz. 12 lb, 12 ro, 13 rb, 22/23, 40/41, 60/61, 64, 66, 68, 72/73, 82/83, 84 l, 87, 91, 98/99, 100, 104/105, 112 r, 115, 124/125, 134/135, 146, 190, 222/223, 238 r, 239 l, 248, 253, 271, 274/275, 280/281

Hulp gevraagd!

De informatie in deze reisgids is aan verandering onderhevig. Het kan dus wel eens gebeuren dat u ter plaatse een andere situatie aantreft dan de auteur.
Is de tekst niet meer helemaal correct, laat ons dat dan even weten. Ons adres is:

ANWB Media
Uitgeverij reisboeken
Postbus 93200
2509 BA Den Haag
anwbmedia@anwb.nl

Productie: ANWB Media
Uitgever: Marlies Ellenbroek
Coördinatie: Els Andriesse
Tekst: Hans E. Latzke
Vertaling: Willemien Werkman, Werkman Tekstverzorging, Ouderkerk aan de Amstel
Eindredactie: Marcel Marchand, Amsterdam
Opmaak: Hubert Bredt, Amsterdam
Ontwerp binnenwerk: Jan Brand, Diemen
Ontwerp omslag: Yu Zhao Design, Den Haag
Concept: DuMont Reiseverlag, Ostfildern
Grafisch concept: Groschwitz/Blachnierek, Hamburg
Cartografie: DuMont Reisekartografie, Fürstenfeldbruck

© 2014 DuMont Reiseverlag, Ostfildern
© 2014 ANWB bv, Den Haag
Eerste druk
ISBN: 978-90-18-03783-3

Alle rechten voorbehouden
Deze uitgave werd met de meeste zorg samengesteld. De juistheid van de gegevens is mede afhankelijk van informatie die ons werd verstrekt door derden. Indien die informatie onjuistheden blijkt te bevatten, kan de ANWB daarvoor geen aansprakelijkheid aanvaarden.